Kurfürst Carl Theodor von Pfalz-Bayern

Bernhard Graf

Kurfürst Carl Theodor von Pfalz-Bayern

Musiker, Mäzen und Reformer

Verlag Friedrich Pustet
Regensburg

Die Drucklegung dieses Buches wurde in großzügiger Weise gefördert von
S. K. H. Herzog Franz von Bayern und der Ernst Pietsch-Stiftung Deggendorf.

Bibliografische Information der Deutschen Nationalbibliothek
Die Deutsche Nationalbibliothek verzeichnet diese Publikation
in der Deutschen Nationalbibliografie; detaillierte bibliografische
Daten sind im Internet über https://dnb.dnb.de abrufbar.

Gutenbergstraße 8 | 93051 Regensburg
Tel. 0941/920220 | verlag@pustet.de

ISBN 978-3-7917-3522-1
Umschlagmotive: Vorderseite: Carl Theodor Kurfürst von der Pfalz à la „Robe de chambre". – Ölgemälde von Johann Georg Ziesenis dem Jüngeren, 1757 (München – Bayerisches Nationalmuseum (Inv.-Nr. R 5783), Foto: Bernhard Graf; Rückseite: Monogramm mit Carl Theodors Initialen am Düsseldorfer Rathaus, Foto: Bernhard Graf
Umschlaggestaltung: Heike Jörss, Regensburg
Satz: Vollnhals Fotosatz, Neustadt a. d. Donau
Druck und Bindung: Friedrich Pustet, Regensburg
Printed in Germany 2024

eISBN 978-3-7917-7548-7 (pdf)

Unser gesamtes Programm finden Sie unter
www.verlag-pustet.de

INHALT

GELEITWORT

Als Chef des Hauses Wittelsbach begleite ich die Veröffentlichung der Publikation „Kurfürst Carl Theodor von Pfalz-Bayern. Musiker, Mäzen und Reformer“ sehr gerne. Heutzutage ist Kurfürst Carl Theodor im Freistaat teilweise in Vergessenheit geraten und wird zudem in seinen ehemaligen Territorien ganz unterschiedlich wahrgenommen. So genießt er nach wie vor in seinen einstigen kurpfälzischen Residenzstädten Mannheim, Schwetzingen und Heidelberg sowie in Frankenthal, Oggersheim, Düsseldorf, Benrath und Jülich hohe Anerkennung. Auch in Sulzbach-Rosenberg und Neuburg an der Donau erinnert man sich positiv an die Zeit, als der Vorgänger und Onkel von König Max I. Joseph die Herzogtümer regierte. Doch in Kurbayern war er weniger beliebt, obgleich er für dieses Land Zukunftsweisendes geleistet hat.

So freue ich mich, dass der Autor Dr. Bernhard Graf diesem Wittelsbacher Kurfürsten eine neue Biografie widmet, sich differenziert mit dessen Persönlichkeit, Leidenschaften und Wirkung auseinandersetzt und ihn damit in ein anderes Licht rückt.

Dazu gehören viele Stationen seines Lebens: seine Kindheit in Drogenbusch und Brüssel; der frühe Verlust seiner Eltern; seine schwierigen Jugendjahre in der kurpfälzischen Residenzstadt Mannheim; seine arrangierte, unglückliche Ehe mit Elisabeth Auguste Prinzessin von Pfalz-Sulzbach; sein Aufstieg zum Kurfürsten von der Pfalz, zum Herzog von Berg, Jülich, Sulzbach und Neuburg sowie zum Markgrafen von Bergen op Zoom – und dies in schwierigsten Zeiten während des Österreichischen Erbfolgekriegs; die Übernahme Kurbayerns als siebtes Territorium; seine Flucht nach Rom und Italien, um den Zwängen der Münchner Hofgesellschaft zu entfliehen; sein soziales wie wirtschaftliches Engagement für das damalige Armenhaus Bayern; und in den letzten Lebensjahren seine zweite unglückliche Ehe mit Maria Leopoldine Erzherzogin von Österreich-Este; sein Kampf im Spiel der europäischen Großmächte und gegen die Auswirkungen der Französischen Revolution.

Ich wünsche allen Leserinnen und Lesern viel Freude beim Eintauchen in die spannende Lebenswelt des Kurfürsten Carl Theodor, der seine Bibliotheken, kunst- und naturwissenschaftlichen Sammlungen und Gärten mit der Allgemeinheit teilte und damit ein bleibendes Vermächtnis hinterlassen hat.

S. K. H. Herzog Franz von Bayern

GELEITWORT

Jubiläen sind immer eine Gelegenheit, sich seiner Geschichte bewusst zu werden und sie im Kontext der Zeit neu zu sehen. Sie spiegeln die Bedeutung historischer Entwicklungslinien immer auch mit der Gegenwart und stärken so die Identität eines Landes und einer Region. Historische Ereignisse sind nie gänzlich vergangen, sondern wirken in unserer Zeit weiter. Zu wissen, warum etwas in welcher Form entstanden ist, leistet einen wichtigen Beitrag zum tieferen Verständnis der Gegenwart.

Bayern und Oberösterreich verbindet mehr als eine geografische Nachbarschaft. Wir stehen als zwei starke Regionen im Herzen Europas für das, was unseren Kontinent ausmacht: eine selbstbewusste Identität, geprägt von sozialem Zusammenhalt, einer lebendigen Kulturszene sowie Innovationsgeist in Wirtschaft und Technologie. Als dynamische Partner treiben wir gemeinsam die friedliche Entwicklung unseres Kontinents voran.

Der 300. Geburtstag des Kurfürsten Carl Theodor von Pfalz-Bayern führt zurück in eine Zeit, in der Bayern und Oberösterreich, das damals das „Land ob der Enns" war, oft zu Spielbällen der Politik wurden. Für Oberösterreich hatte dies gerade 1779 mit dem Frieden zu Teschen eines der wichtigsten Ereignisse seiner Geschichte zur Folge, als aus „Innbaiern" das „Innviertel" wurde. So entstand das Oberösterreich, so wie wir es heute kennen.

2024 ist ein besonderes Jahr für Oberösterreich: Wir feiern rund um Bad Ischl im Salzkammergut die Europäische Kulturhauptstadt und gedenken des 200. Geburtstages des großen Komponisten Anton Bruckner. Der 300. Geburtstag des Kurfürsten Carl Theodor verleiht diesem besonderen Jahr 2024 eine weitere Dimension, die dazu beiträgt, unsere europaweiten Verbindungen zu stärken und auszubauen.

Ich wünsche dem Buch über das Leben des Kurfürsten Carl Theodor von Pfalz-Bayern viele interessierte Leserinnen und Leser. Es ist eine spannende Reise in die mitteleuropäische Geschichte.

Mag. Thomas Stelzer
Landeshauptmann von Oberösterreich

PROLOG

Wie viele Passanten kreuzen tagtäglich den berühmten Münchner Stachus, benannt nach dem Wirt Eustachius Federl, der zusammen mit seiner Ehefrau Catharina, geb. Eisgrueber, seit 1755 hier im „Stachusgarten"[1] seine Gäste verwöhnte? Doch eigentlich heißt der Stachus Karlsplatz und die zur Innenstadt führende Durchfahrt Karlstor. Eine Demoskopie anlässlich der BR-Filmproduktion zu Carl Theodor Kurfürst von Pfalz-Bayern im Oktober 2023 ergab auf die Frage „Welcher Berühmtheit sind das Karlstor und der Karlsplatz in München gewidmet?" die Antworten: „Aber ich schätze mal, dass es wahrscheinlich irgendwer war, der für München eine so starke Bedeutung gehabt hat. Ja – ist

Abb. 1: Fernblick auf die Hof- und Theatinerkirche St. Kajetan und Adelheid, in deren Wittelsbacher Fürstengruft Kurfürst Carl Theodor 1799 beerdigt wurde, erbaut von Agostino Barelli, Enrico Zuccalli und François de Cuvilliés, München, 1663/75 und 1765

Abb. 2: Kurfürst Carl Theodor im Alter von etwa 39 Jahren. – Ölgemälde von Anna Dorothea Therbusch, geb. Lisiewska, 1763

doch so! – aus der Vergangenheit, der im Krieg oder irgendetwas erreicht hat!" „Eventuell einer der Herrscher früher – keine Ahnung. Kann ich Ihnen nicht sagen!" „Karl der Große wahrscheinlich nicht, oder doch?" „Aber Karl Valentin ist es auch nicht! Also das schließe ich mal aus!"[2] Und schließlich kam einem alten Herrn mit verhaltener Stimme „Carl Theodor" über die Lippen.

Zeitzeugen konnten sich da schon weitaus konkreter äußern. Von einem „religiösen Heuchler"[3], einem „faulen Kerl"[4], einer „Puppe in den Händen der Höflinge und Mätressen"[5], einem „gekrönten Schädling"[6] und einem „schlimmen Regenten"[7] war die Rede. Wie sehr hassten sie seine „höllischen Mannheimer"[8] und verachteten deren „Sünden"[9], die gegen uns Bayern, wie sie meinten, gerichtet waren. Ohne Umschweif sollte angeblich Friedrich II. König in Preußen (reg. 1740–1772/86) gefordert haben, „wenn dieses Vieh doch sterben wollte"[10]. Und als dies geschehen war, schrien die Untertanen, erst jetzt „frei atmen"[11] und ihr „Jubelgeschrei"[12] den Wolken überantworten zu können. Indessen erklang die „Missa pro defunctis" (1756), das Requiem des württembergischen Hofkapellmeisters Niccolò Jommelli (1714–1774), in der Münchner Hof- und Theatinerkirche St. Kajetan und Adelheid (Abb. 1).

Um wen handelte es sich, der heute in der Allgemeinheit in Vergessenheit geraten ist? Welche unverzeihlichen Unfähigkeiten, verletzenden Umgangsformen und abstoßenden Charakterzüge mussten seine Persönlichkeit geprägt haben, dass seine Untertanen ihn zutiefst verteufelten? Wie konnte dennoch der damalige Sulzbacher Stadtkaplan und Lehrer der lateinischen Klassen Thomas Leinberger sich herausnehmen, seinen Landesvater (Abb. 2) als „Liebling der Gnade und des Glueckes Wunder [...]"[13] zu bezeichnen?

1. »GROSS ALS KIND UND SCHON VATER SEINES VOLKES«

„Schloß Drogenbusch bey der Stadt Bruessel"

Weit entfernt von der kurbayerischen Residenz- und Hauptstadt München begann die facettenreiche Geschichte des Wittelsbachers und nachmaligen Kurfürsten Carl Theodor von Pfalz-Bayern (reg. 1742/78–1799). Zunächst feierten die Untertanen die Hochzeit seiner Eltern im fernen Bergen op Zoom in den Österreichischen Niederlanden: „Johann Christian, Pfalzgraf [...] zu Sulzbach [reg. 1732–1733] [...] vermaehlte sich mit Maria Anna Henrietta, der Tochter und Erbin Franz Egon [de La Tour d'Auvergne], Markgrafens von Bergenopzoom 1722 [und] wohnte als Erbprinz mit ihr eine Zeit in dem fuerstlichen Schlosse zu Hiltpoltstein"[14] im Herzogtum Pfalz-Neuburg (Abb. 3). Die junge

Abb. 3: Johann Christian Joseph Pfalzgraf von Pfalz-Sulzbach, der Vater Carl Theodors. – Porträt von Jean-Pierre Gaudréau, 1730

Abb. 4: Maria Anna Henrietta Markgräfin von Bergen op Zoom, Carl Theodors Mutter. – Ölgemälde von Jan Philips van Schlichten, um 1724

Abb. 5: Schloss mit der benachbarten Sint-Niklaaskerk, Carl Theodors Geburts- und Kindheitsort in den Jahren 1724 bis 1734, Drogenbusch (heute: Drogenbos)

Pfalz- und Markgräfin Maria Anna Henrietta (1708–1728) (Abb. 4) zog sich allerdings auf das Schloss Drogenbusch (Abb. 5) – heute: Drogenbos – zurück, um im Sommersitz ihrer Großmutter Maria Enrichetta, geb. del Carretto Marchesa de Grana e Savona (1671–1744), der Witwe des verstorbenen Philippe Charles François duc de Ligne van Arenberg en Aarschot (reg. 1681–1691), ihr Kind zur Welt zu bringen.

„Sulzbach ist das gesegnete Stammhaus dieses erhabensten Fuerstens, unsers gnaedigsten Herrns. Das Jahr seiner Geburt war 1724. Das Monat, der Dezember, der Tag der elfte [sic!], der Ort, das Schloß Drogenbusch bey der Stadt Brüssel in den [Österreichischen] Niederlanden“[15], sollte 1783 der Stadtkaplan Thomas Leinberger als Vertreter des Sulzbacher Klerus in das Werk „Die Beherrscher der Stadt Sulzbach durch achthundert Jahre“ schreiben. Mit dem Geburtsjahr allerdings irrte er sich, da die Taufe des Prinzen Carl Theodor (1724–1799) (Abb. 6) bereits für den 10. Dezember 1724 im Taufregister der Sint-Niklaaskerk in Drogenbos verzeichnet ist.[16] Wer interessierte sich schon für seine Geburt – galt er doch als Sohn eines nachgeborenen Prinzen des Hauses Pfalz-Sulzbach, einer Nebenlinie der pfälzischen Wittelsbacher, die seit 1614 über ein unbedeutendes Fürstentum herrschte. Dennoch war Carl Theodors Onkel, Pfalzgraf Joseph Carl Emanuel August (1694–1729), infolge der Totgeburt des Kurprinzen (*† 1695) von Carl III. Philipp Kurfürst von der Pfalz (reg. 1716–1742) zu dessen Erben aufgerückt und hatte dessen einzig überlebende Tochter Elisabeth Auguste Sophie (1693–1728) geheiratet. Wie sehr hatte sich das junge Ehepaar gefreut, als ihr Sohn und Erbe Karl Philipp August (1718–1724) zur Welt gekommen war!

Damit konnte Carl Theodor zunächst einmal nur auf das Erbe seiner Mutter hoffen: auf die Markgrafschaft Bergen op Zoom an der Rheinmündung, zu der auch die Territorien um Breskens, Winnendal und Gestel gehörten. Sollte dennoch die „providentia divina“, die göttliche Vorsehung, für ihn einen weitaus bedeutenderen Weg bereithalten?

Zwischen Carl Theodor und den Eltern konnte sich keine enge Beziehung entwickeln. Während ihr Sohn in den Österreichischen Niederlanden zurückblieb, hielt sich das Pfalzgrafenpaar vorwiegend im Herzogtum Pfalz-Sulzbach oder in der kurfürstlichen Haupt- und Residenzstadt Mannheim auf. Deshalb bezeichnete der Prinz bald seine Urgroßmutter, die alte Herzogin Maria Enrichetta, als seine geliebte „mamam“, obgleich sich 1727 seine Mutter in der Nähe aufhielt und für kurze Zeit ihre Markgrafschaft Bergen op Zoom besuchte, da der Brabanter Rat wegen Schulden das Mobiliar ihres Markiezenhofs beschlagnahmt hatte.[17] So prägte gerade die Urgroßmutter seine ersten Lebensjahre, sah in ihm „den einzigen Trost ihres Lebens“[18] und ließ ihn sogar in ihrem Schlafsalon nächtigen. Gerade sie brachte ihm den Katechismus näher und legte das Fundament seines Glaubens. Niemals sollte deshalb Carl Theodor seine Kindheitsjahre in Drogenbusch und Brüssel vergessen. Da sich seine Urgroßmutter mit ihrem Sohn Leopold Philipp duc de Ligne van Arenberg en Aarschot en Croy (1690–1754) überworfen hatte und deshalb nur über bescheidene Mittel verfügen konnte, versuchte sie dennoch, ihrem Urenkel eine standesgemäße Erziehung zu gewährleisten. So klagte sie 1728, dass ihr vierjähriger Zögling nur über einen närrischen Diener und eine Kammerzofe zum An- und Entkleiden und zum Spielen verfüge. Sie war der festen Überzeugung: „Man muss dieses Kind mit großer Sanftmut führen und kann mit ihm sprechen wie mit einem Dreißigjährigen.“[19] Hatten der Taufpate Carl III. Philipp Kurfürst von der Pfalz und der Großvater Theodor Eustach Herzog von Pfalz-Sulzbach (reg. 1708–1732) den Sohn des nachgeborenen Prinzen vergessen?

„Der fruehe Tod der zaertlichsten Mutter“

Die Eltern jedenfalls quälte eine ganz andere Sorge: Sein Vater Pfalzgraf Johann Christian bangte um das Leben seiner Gattin Maria Anna Henrietta, die ihm am 20. Mai 1728 die Tochter Maria Anna Louise Henriette († 25.06.1728) auf dem Schloss Hiltpoltstein gebar und diese „in zwei Monaten“[20] starb. Seitdem erholte sich die 19-jährige Mutter Carl Theodors nicht mehr, so dass sie am 28. Juli – an Blattern erkrankt – ihrer Tochter in den Tod folgte. „Die Leichen wurden von Hiltpoltstein nach Sulzbach transportiert und in der fuerstlichen Gruft beygesetzt.“[21] An das Epitaph der Mutter wurde die Inschrift angebracht: „Es hat gelebt, die niemals hätte sterben dürfen, Maria Henriette Leopoldina […].

Abb. 6: Carl Theodor als Kind. – Ölgemälde aus dem Umkreis von Konrad Mannlich, um 1727

Durch ihre Klugheit zog sie die Bewunderung aller auf sich. Ihr äußerst ansprechender Charakter und ihr angenehmes Gespräch erweichte die Herzen, Weisheit verrieten ihre künstlerischen Fähigkeiten und ihr Wissen. In Milde, Liebe und Frömmigkeit [war sie] eine wahre Fürstin."[22] Trauernd notierte später Thomas Leinberger: „Schon im vierten Jahr entzog ihm der fruehe Tod die zaertlichste Mutter, welche ihren ersten und einzigen Prinzen der Sorge ihrer Mutter und seiner Großmutter ueberließ."[23] Doch Carl Theodor, der Erbe der Markgrafschaft Bergen op Zoom, dürfte von diesem dramatischen Ereignis nicht sehr betroffen gewesen sein, hatte er doch seine Mutter kaum gesehen und lieben gelernt. Noch im selben Jahr ehelichte der Vater dessen Base „Eleonora Philippina [Christine, 1712–1759], Ernst Leopolds [II.], Landgrafens von Hessen-Rheinfels[-Rotenburg

1684–1749], Tochter."[24] Wie seine leibliche Mama sollte auch die Stiefmutter für ihn keine Rolle spielen, zumal der Vater seine Urgroßmutter mit der Regentschaft von Bergen op Zoom bis zu seiner Volljährigkeit betraute. Diesen Wunsch bestätigte am 21. Dezember 1728 der Brabanter Rat.[25] Herzogin Maria Enrichetta übertrug diese Aufgabe aber dem Domänenrat der Markgrafschaft, der im Markiezenhof logierte. Die Pfändung des Mobiliars wurde am 7. September 1729 vom Brabanter Rat rückgängig gemacht, so dass Carl Theodors Urgroßmutter den restlichen Hausrat des Markiezenhofs in Brüssel veräußern konnte. Zugleich wurde ihr Urenkel provisorisch zum Markgrafen erhoben, obgleich er in den Sommermonaten in Drogenbusch und im Winter in Brüssel lebte, wo er bald das dortige Grand Hôtel d'Egmont bewundern konnte. 1729 mietete nämlich diese Liegenschaft sein Großonkel Leopold Philipp Herzog de Ligne van Arenberg en Aarschot en Croy (1689–1736) als Gouverneur von Hennegau und Mons, der Bruder seiner Großmutter, und kaufte es später sogar. Damals stieg sein Vater nach dem Tod seines Bruders Joseph Carl Emanuel August, dessen Söhne – beide auf die Namen Karl Philipp August getauft – bereits vor fünf bzw. zwei Jahren ihrem Vater vorausgegangen waren, zum Erbprinzen von Pfalz-Sulzbach und der Kurpfalz auf. Damit gewann auch Carl Theodor die Anwartschaft auf diese beiden Territorien, obgleich sich für ihn die finanzielle Situation keineswegs verbesserte. Deshalb bat 1730 seine Urgroßmutter Carl Theodors Taufpaten Kurfürst Carl III. Philipp und Großvater Theodor Eustach Herzog von Pfalz-Sulzbach um finanzielle Unterstützung und um tüchtige Erzieher: Er ist „stark fortgeschritten für sein Alter"[26], lebensfroh und intelligent. „Niemand kann es glauben, dass ein Kind dieses Alters, aufgewachsen auf dem Lande, solche Umgangsformen hat."[27] Voll des Lobes berichtete seine Urgroßmutter über das lebhafte Interesse ihres Zöglings an den Ereignissen und Erlebnissen der Altvorderen, vor allem zur „Geschichte des jüdischen Volkes" des antiken Schriftstellers Josephus Flavius (37/38 – um 100 n. Chr.): „Wo gibt es sonst ein Kind von sieben Jahren mit solchen Vorlieben und solcher Ausdauer?"[28] Neben seiner Muttersprache Französisch erlernte Carl Theodor Latein, Italienisch, Deutsch und Englisch. Literatur, Geschichte, Naturwissenschaften: Alles erregte schon damals seine Neugier. Und dazu gehörte auch der turbulente Alltag rings um den „Grote Markt" der Hauptstadt der Österreichischen Niederlande, der Metropole Brüssel. Von hier aus unterhielten zahlreiche Kaufleute und Bänker mehr als lukrative Handelskontakte bis nach Guinea, Mokka, der Koromandelküste, Bengalen und sogar nach China. Diesen Erfolg garantierte die von Kaiser Karl VI. (reg. 1711–1740) gegründete Ostender Kompanie (1722–1731), die – wenn auch nur kurz – den europäischen Teemarkt kontrollierte. Welchen dramatischen Eindruck muss das brennende Palais du Coudenberg am 3. Februar 1731 im Knaben Carl Theodor erweckt haben, zumal sich die Statthalterin Maria Elisabeth Erzherzogin von Österreich (amt. 1724–1741) nur mit Müh und Not aus den Flammen retten konnte![29] Schon damals zeigte sich, wie selbstbeherrscht er als Siebenjähriger reagieren konnte, als ein Spielkamerad ihn auf ein Auge schlug, er diesen beruhigte und dem aufgeregten Dienstboten befahl, seine Großmutter beim Kartenspiel nicht zu stören: „Nein, lassen Sie, sie genießt das Spiel und man soll sie nicht beunruhigen!“[30] Gerade diese Eigenschaft ihres Urenkels schätzte Herzogin Maria Enrichetta. Dennoch griff sie hart durch, falls er sie belog beziehungsweise mit „vielen Finessen“, wie es hieß, äußerst geschickt die Tatsachen verdrehte. Zudem kümmerte sie sich, dass ein Offizier ihm das Exerzieren beibrachte, er sich in Drogenbusch in der Pflege des achsensymmetrisch angelegten Schlossgartens übte und bei Kindermaskenbällen das Repräsentierten erlernte. In der Zwischenzeit stellte Kurfürst Carl III. Philipp regelmäßig eine gewisse Geldsumme zur Verfügung. Damit konnte Maria Enrichetta die immer teurer werdende Erziehung des jungen Pfalzgrafen bestreiten. Zudem sandte der kurpfälzische Landesherr einen Pagen, der vor allem Carl Theodors Deutschkenntnisse entschieden verbessern sollte, denn im Alltag unterhielt er sich auf Französisch. Wie sehr hatte sich die betagte Herzogin einen bayerischen Ausbilder gewünscht, was vom Mannheimer Hof schroff ablehnt wurde, um einen umgangssprachlichen Einschlag auszuschließen. Im Oktober 1731 erschien der „extraordinaire“[31] Jesuitenpater Jakob Esser als Erzieher. Doch vertrug dieser das Klima nicht und musste sich nach einem epileptischen Anfall von seiner Aufgabe zurückziehen. Sodann machte Maria Enrichetta gegenüber dem Mannheimer Hof keinen Hehl daraus, dass ihr Urenkel durch diese unglücklichen Konstellationen nichts lerne und man nach wie vor seine religiöse Erziehung vernachlässige, die aber für „sein Haus so wichtig“[32] sei. Deshalb tauschte einen Monat später der Kurfürst den ersten Erzieher mit dem in Freiburg im Üechtland gebürtigen Jesuiten, Freimaurer und Hofbeichtvater P. Franz Joseph Fegeli von Seedorff (1691–1758) und dem Brabanter, in kurpfälzischen Diensten stehenden Obersthofmeister Albert Joseph Marquis d'Ittre (1683–1766) aus. Als Seedorff im Dezember 1732 Brüssel erreichte, konnte der Ingolstädter Theologieprofessor die Herzogin absolut überzeugen: „Er hat geschliffene Umgangsformen und scheint viel Herzensgüte zu besitzen.“[33] Zuvor hatte der fast achtjährige Carl Theodor in einem Brief seinem kurfürstlichen Taufpaten zugesagt, dem neuen Erzieher in jeder Hinsicht zu gehorchen: „Der an Güte volle Brief, den Eure kurfürstliche Hoheit über P. Seedorff an mich geschrieben hat, macht mir viel Freude und Sie kann versichert sein, dass ich in allen Ihren Punkten Ihre Anordnungen ausführen und mit Hingabe dem Unterricht folgen werde, den mein Erzieher mir geben wird. Ich habe Vertrauen in ihn, da dieser Pater mir von Eurer kurfürstlichen Hoheit gegeben worden ist und ich schmeichle mir, dass ich mit der Gnade Gottes meine Aufgabe so machen werde, daß P. Seedorff Eurer kurfürstlichen Hoheit versichern kann, ich werde nach Möglichkeit so arbeiten, dass ich die Fortsetzung der guten

Zuwendung Eurer kurfürstlichen Hoheit verdiene."[34] Tatsächlich machte der kleine Wittelsbacher unter Seedorffs geistlicher Führung entschiedene Fortschritte. Dem nicht genug – schon bald fühlte sich Carl Theodor mit seinem Beichtvater innigst verbunden.

In der Zwischenzeit war sein Großpapa Theodor Eustach am 11. Juli 1732 in Dinkelsbühl verstorben und sein Vater zum regierenden Landesherrn von Pfalz-Sulzbach aufgestiegen. So hieß es: „Nach dem Tode des Herzog Theodors, folgte Johann Christian, als der einzige noch lebende maennliche Erbe, dem Vater in der Regierung, und sein feyerlicher Einzug in die Burg zu Sulzbach geschah den 25sten Julius 1732; die Huldigung aber in unserer Stadt den 13ten October, in Weyden nach dreyen Tagen."[35] Bereits im April des folgenden Jahres vereinbarte Herzog Johann Christian mit dem pfälzischen Kurfürsten die Verlobung des neunjährigen Erbprinzen von Bergen op Zoom und Pfalz-Sulzbach mit der drei Jahre älteren Enkelin Carls III. Philipp, der Prinzessin Elisabeth Maria Auguste (1721–1794). Die Ehe zwischen Vetter und Base sollte Carl Theodor den Anspruch auf die Herzogtümer Jülich und Berg, die reichsten Territorien seines Taufpaten, sichern, die über die weibliche Erbfolge ebenfalls übertragen werden konnten. Wie beruhigend musste es auf den kinderlosen Kurfürsten gewirkt haben, dass einst ein Urenkel der eigenen Familie in Mannheim regieren würde. Doch zunächst einmal richteten sich die Argusaugen der europäischen Mächte auf Carl Theodors Vater Herzog Johann Christian, der zum Universalerben des kinderlosen Kurfürsten von der Pfalz bestimmt worden war.

Abb. 7: Residenz von Carl Theodors Vater Johann Christian Joseph in den Jahren 1732 und 1733, Sulzbach

„Nachfolger seines theuersten Vaters“

Schon wenige Monate nach der Unterzeichnung des Verlobungsvertrages veränderte sich die Situation Carl Theodors nochmals grundlegend. Sein 33-jähriger Vater – unter stark zunehmender Fettleibigkeit leidend – war in seiner Residenzstadt Sulzbach (Abb. 7) schwer erkrankt. Viele Jahre später fasste der Sulzbacher Stadtkaplan Leinberger die Ereignisse zusammen: „Den 20sten Julius 1733 verschied Johann Christian und ueberließ sein Herzogthum dem neunjaehrigen Erbprinzen Karl Theodor. Also war dieser Tag [...] der betruebteste Trauertag. Der Leichnam wurde in der fuerstlichen Gruft beygesetzt, neben dem Sarge seiner ersten Gemahlin [...].“[36] An seinem Epitaph wurde die Inschrift eingraviert: „[...] Kaum hatte er seine Herrschaft von einem Jahr und neun Tagen kurze Zeit genossen, siehe da starb er, ein milder, frommer, großzügiger und barmherziger Fürst, ein bedeutender Mehrer und Förderer der Gottesverehrung, der mit großzügigen Geschenken die Kirchen ausschmückte [...].“[37] In Sulzbach übernahm für dessen nicht volljährigen Sohn ein Vormundschaftsrat die Regierung, darunter Maximilian Damian von Schall als fürstlicher Statthalter und der Jurist und Reiseschriftsteller Johann Georg von Korb (1672–1741) als Geheimer Rat.[38]

Carl Theodors Stiefmutter, die „verwittibte Herzogin [Eleonora Philippina Christine,] wohnte noch mehrere Jahre allhier [in Sulzbach]. Die Kirchen ruehmen ihre Andacht und Freygebigkeit, von welcher der neuerrichtete Altar der heiligen Anna auf dem Berg ein Beweis ist [...]. Sie gieng endlich in das Kloster zu Neuburg 1748, wo sie auch als ein Muster der Gottesfurcht 1775 verschied.“[39] Damit war Carl Theodor selbst zum direkten Erben des ebenso hinfälligen, 71-jährigen Kurfürsten Carl III. Philipp aufgerückt. Entsprechend dem Testament des Vaters sollte sein Taufpate das Herzogtum Sulzbach und die Markgrafschaft Bergen op Zoom für ihn verwalten, obgleich der flandrische Rat seine Urgroßmutter als Regentin des mütterlichen Erbes eingesetzt hatte. Daran sollte sich der Kurfürst halten. In der Praxis jedoch übernahm weiterhin der Domänenrat die Verwaltung. Der Sulzbacher Lehrer der lateinischen Klassen Thomas Leinberger dichtete begeistert im Auftrag des „unterthaenigst gehorsamste[n] Klerus der katholischen Stadtpfarre und Schulen“[40]: „Groß als Kind, und schon Vater seines Volkes, / Groesser als Juengling, als Mann der Groeßte.“[41]

Wie bedrohlich empfand hingegen Herzogin Maria Enrichetta die unerwartete Lage ihres Urenkels: Sollte der kurpfälzische Landesherr bald sterben? Würde eine kaiserliche Administrationskommission die verwaisten Länder an sich reißen? Sollte Christian III. Herzog von Pfalz-Zweibrücken (reg. 1731–1735) aus dem letzten verbleibenden Familienzweig der pfälzischen Wittelsbacher die Regentschaft fordern? Schreckensszenarien zogen in Maria Enrichettas Gedankenwelt auf. Damit würde ihr geliebter Urenkel lutherisch umerzogen werden – aus

Abb. 8: Innenhof des Markiezenhofs, errichtet von Antoon I. und Rombout II. Keldermans, Bergen op Zoom, 1485/1514, erweitert unter François-Egon de La Tour d'Auvergne, vor 1710

ihrer Sicht das Schlimmste, was passieren könnte, da er damit sein Seelenheil verlöre. Zu allem Überfluss war ein Jahr zuvor auch der Straßburger Domkapitular Frédéric Constantin de La Tour d'Auvergne Comte d'Ollierges (1682–1732) verstorben, der seine Urgroßmutter in Fragen der Regentschaft der Markgrafschaft Bergen op Zoom beraten konnte. Sollte Carl Theodor als Erbe von sechs Territorien jemals den dortigen Markiezenhof (Abb. 8) sehen, der 1485 im Auftrag Johann II. von Glymes (reg. 1427–1494) durch die Melchelner Baumeister Antoon I. (um 1440–1512) und Rombout II. Keldermans (um 1460–1531) im prächtigen Stil der Brabanter Spätgotik gebaut und von François-Egon de La Tour d'Auvergne (reg. 1707–1710), seinem Großvater mütterlicherseits, modernisiert worden war?

2. »FUER JEDES ALTER HAB ICH NEUE KRONEN«

„Unter der Vormundschaft seines Vetters und Taufzeugens"

„Im neunten Jahr Seines Alters wurde Er [Carl Theodor] der Nachfolger seines verstorbenen theuersten Vaters, den 20sten Julius 1733, unter der Vormundschaft seines Vetters und Taufzeugens, des Kurfuersten Karl Philipps [...]."[42] Noch im Juni 1734 hatte der kurpfälzische Landesherr sein 10-jähriges Taufkind gegen den Willen der Herzogin Maria Enrichetta nach Mannheim (Abb. 9) kommen lassen. Als tiefe Lebenszäsur behielt Carl Theodor diesen Umzug in Erinnerung. Wie schwer war ihm der Abschied von „mamam", von seiner heiß geliebten Urgroßmutter Maria Enrichetta, gefallen? Ihr Sekretär hatte einem Mannheimer Vertrauten verraten: „Der gute Prinz ist heute morgen um neun Uhr abgereist. Sie können sich vorstellen, Monsieur, wie schmerzlich diese traurige Trennung für die Herzogin war, die sich nach Kräften bemühte, ihre Tränen zurückzuhalten, um

Abb. 9: Mannheimer Schloss, erbaut von Johann Kaspar Herwarthel, Johann Clemens Froimont, Guillaume d'Hauberat, Alessandro Galli da Bibiena und Nicolas de Pigage, 1720–1760

so den Schmerz und die Trauer des jungen Prinzen zu vermindern, die extrem waren. Ich zweifele sehr, ob es möglich gewesen wäre, ihn zur Abreise zu überreden, wenn ihm Ihre Hoheit die Herzogin nicht versichert hätte, sie werde ihm in Kürze folgen, damit sie gemeinsam in Mannheim ankommen könnten. Seit dem Moment, da man ihm den Zeitpunkt seiner Abreise bekanntgab, hat er nur noch geweint, und die Tränen Ihrer Hoheit, die sie während des Abschieds zurückhielt, fließen gegenwärtig ohne Maß und Ende."[43] Doch Carl Theodor sollte seine „mamam", was er nicht ahnen konnte, nie mehr in seine Arme schließen können. Da der Kurfürst die Herzogin nicht allzu sehr schätzte, unterband er sogar die Korrespondenz zwischen dem Verlobten seiner Enkelin und der Urgroßmutter.

Vielmehr ordnete Carl III. Philipp (Abb. 10) nach der Ankunft des kleinen Prinzen (Abb. 11) am 21. Juli 1734 – von dessen Geist und Gewandtheit mehr als beglückt – an, dass im „neuen Jerusalem"[44], wie der zeitgenössische Fernreisende David François de Merveilleux Mannheim bezeichnete, weiterhin Franz Joseph Seedorff als Beichtvater und Albert Joseph Marquis d'Ittre als Erzieher sowie Franz Albert Leopold Fortunat von Oberndorff[45] (1720–1799) als persönlicher Page seinem Universalerben zur Seite stehen sollten.[46] Chevalier de Fourneau, ein Verwandter d'Ittres, wurde unterstützend hinzugezogen, um die Ausbildung des Zöglings zu perfektionieren, „sein Herz zu bilden und den Geist zu kultivieren. Das erste und vornehmste Studienobjekt des Prinzen ist die Religion."[47] Hierin sollte er seinen zukünftigen Völkern als Vorbild dienen. So musste Carl Theodor an allen festlichen Gottesdiensten, Prozessionen und Wallfahrten zur Oggersheimer Madonna teilnehmen. Als Mitglied der Marianischen Sodalität hatte er jedes Jahr die Weiheerneuerung als Sodale auf dem Altar zu absolvieren. Ebenso sollten seine Erzieher ihm das Lesen des „Prinzenspiegels" von Maximilian I. Kurfürsten von Bayern (reg. 1597/1623–1651) nahelegen, ihn zur Mäßigkeit gegenüber allen Leidenschaften anhalten und ihm entscheidende Kenntnisse in Geschichte, Chronologie, Geografie, Mathematik und Physik beibringen. Den Unterricht in der römischen Justiz, im Natur- und Reichsrecht hingegen übernahm der kurfürstliche Geheimrat Franz Joseph von Stengel (1683–1759). Darüber hinaus sollte seine sprachliche, militärische und höfische Weiterbildung gewährleistet sein, und darin unterstützte ihn Matthäus Carl Anton Freiherr von Vieregg (1719–1802). Bereits ein Jahr später übertrug der Kurfürst seinem Universalerben Repräsentationsaufgaben, so seine Vertretung bei den öffentlichen Hoftafeln. Bezahlt wurden die vielseitige Erziehung und seine Entourage zu 40 % von den Einnahmen aus seinem Herzogtum Pfalz-Sulzbach und den Rest durch den Kurfürsten. Landauf, landab war zu hören: Carl Theodor wird zum „aufbluehende[n] Landesherr[n] des Herzogtums Sulzbach und [zum] Erbe[n] von Bergenopzoom zur Freude und Hofnung des Landes erzogen […]."[48]

Abb. 10: Carl III. Philipp, Carl Theodors Vorgänger als Kurfürst von der Pfalz und Großvater seiner Gemahlin Elisabeth Auguste. – Ölgemälde von Jan Philips van Schlichten, um 1740

Wenige Jahre zuvor hatte der preußische Abenteurer und Schriftsteller Carl Ludwig Wilhelm von Pöllnitz (1692–1775) die Situation am Mannheimer Hof kennengelernt: Das Hinscheiden seiner letzten Tochter Elisabeth Auguste Sophie Erbprinzessin von Pfalz-Sulzbach (1693–1728) hat „auf die Seele des Kurfürsten einen tiefen Eindruck gemacht und [...] das Aussehen des pfälzischen Hofes verändert. Es ist wohl noch derselbe Kurfürst, was die Leutseligkeit und Güte des Charakters anbetrifft; aber er zeigt nicht mehr die gleiche Heiterkeit, die die Gegenwart seiner Tochter in ihm weckte. Sie unterhielt ihn durch tausend

Abb. 11: Carl Theodor im Kindesalter. – Gemälde eines unbekannten Meisters, 1730er Jahre

verschiedene Dinge; Vergnügen, Spiele und Lachen folgten ihr überall hin. Der Kurfürst speist nur noch an kleiner Tafel, ausgenommen an Festtagen und bei Anwesenheit eines fremden Fürsten an seinem Hof. Nach Anhören der öffentlichen Messe hält er sich gewöhnlich in einem Gemach seiner Wohnung auf, um sich mit den Höflingen zu unterhalten oder bis zur Essenszeit Billard zu spielen. Nach der Mahlzeit legt er sich etwa zwei Stunden zu Bett. Dann erhebt er sich, und nachdem er sich hat ankleiden lassen, gibt er seinen Ministern oder Privatpersonen, die ihn zu sprechen wünschen, Audienz [...]. Um sechs Uhr abends versammelt sich der ganze Hof in den Gemächern Seiner Kurfürstlichen Durchlaucht. Man spielt hier bis neun Uhr, dann zieht sich der Kurfürst zurück. Er nimmt ein sehr leichtes Abendessen und geht sehr früh zu Bett."[49]

Da Carl III. Philipp seine Enkelinnen Elisabeth Maria Auguste, Maria Anna (1722–1790) und Maria Franziska Dorothea (1724–1794) (Abb. 12) heiß und innig liebte, sie stets seinem Schutzbefohlenen vorzog und ihn dies fühlen ließ, kam sich Carl Theodor in Mannheim nur als geduldeter Fremder vor. An die Stelle von „Lachen, Singen und Springen"[50], wie er es unter der Obhut seiner Urgroßmutter genossen hatte, traten nun Traurigkeit und Verschlossenheit. Beispielsweise sollte der französische Generalleutnant und Botschafter François-Bonaventure de Tilly Marquis de Blaru (1701–1775) feststellen: „Ich brauche oft die Freundschaft, die dieser Prinz mir entgegenbringt, um ein Drittel der schrecklichen Melancholie zu überwinden, in der ich ihn manchmal gesehen habe [...]. Der Herzog ist verborgen, spricht wenig, und es ist kaum möglich, genau zu wissen, was er denkt."[51] Mehr und mehr klammerte sich Carl Theodor an seine Erzieher. Kurfürstinwitwe Anna Maria Luisa, geb. Prinzessin de' Medici (1667–1743), schrieb an d'Ittre: „Sie haben den bedeutendsten und schwierigsten Posten angetreten, den das pfälzische Haus heute zu vergeben hat."[52] Weiter bemerkte sie, dass „die Vorsehung, indem sie diesen jungen Prinzen für ein so großes Erbe bestimmt hat, ihn auch nach dem Zeugnis aller, die die Ehre hatten, ihm nahezukommen, mit wunderbaren Geistesgaben, einem vollendeten guten und großzügigen Herzen und einem liebenswerten Äußeren"[53] nobilitiert hat. Ihm, d'Ittre, komme vor allem das Privileg zu, Carl Theodors Charakterzüge zu verfeinern und ihn alles zu lehren, „was nötig ist, damit er in allen seinen Werken gottgefällig ist und eines Tages durch seine Regierung diejenigen Völker glücklich macht, die ihm unterworfen sein werden."[54] Schon bald errang d'Ittre Carl Theodors Vertrauen, so dass er zu dessen Freund, Berater und später sogar zum ersten Minister (amt. 1743–1750) aufsteigen sollte. Durch seine vielschichtige Erziehung sollten sich vor allem Carl Theodors tief empfundene Zugehörigkeit zum katholischen Glauben, sein absolutistisches Selbstbewusstsein sowie seine Prachtliebe mit entsprechender höfischer Repräsentation intensivieren.

„Nachdem der Prinz diese Studien mehrere Jahre obgelegen, legte er zur vollen Zufriedenheit des Churfuersten Karl Philipp, so wie zur Bewunderung der ersten Diener des Hofes und des Staates, und mehrerer ausdruecklich dazu eingeladenen Gelehrten, oeffentliche Proben seiner Talente, Kenntnisse und selbst seiner Gelehrsamkeit ab. Der Churfuerst sandte ihn hierauf auf auslaendische Universitaeten, zuerst nach Leyden und dann nach Loewen, wo er zwei Jahre verweilte [...]"[55], behauptete Jahre danach der Wiesensteiger Jurist, Historiker und Münchner Stadtkommandant Felix Joseph von Lipowsky (1764–1842). Die Annahme, Carl Theodor hätte im Ausland studiert, erscheint jedoch abwegig, zumal der junge Herzog zwischen 1734 und 1742 ständig in Mannheim verweilte, der gebrechliche Kurfürst ihn stets um sich zu wissen beabsichtigte und ihm als Universalerben sicherlich nicht erlaubt hätte, für längere Zeit in die Österreichischen Niederlande zu reisen – befürchtete er doch vor allem, Carl Theodor würde der Herzogin Maria Enrichetta begegnen und diese ihn erneut negativ beeinflussen.[56] So erfuhr diese erst 1739 vom Kurpfälzischen Hof, welches Wohlgefallen ihr Urenkel am Violoncello- und Flötenspiel unter der Anleitung des Oboisten und Flötenlehrers Matthias Franciscus Cannabich (um 1690–1773) entwickelt und dass er ebenso das fürstliche Handwerk „Drechseln" erlernt hatte. Zornentbrannt provozierte sie mit der Frage, wie wichtig denn diese Studienfächer seien, später ein Land zu regieren. Ihr Urenkel solle sich doch lieber der Mathematik widmen, als mit einem Musikinstrument zu üben. Erst 1743 sollte Carl Theodor selbst in der Lage sein, einen Abgesandten seiner Urgroßmutter zu empfangen, dem gegenüber er von seinem Kindheitsparadies in den besten Tönen sprechen und ihm sogleich erklären sollte, dass er nach Brüssel reisen wolle, um seine Urgroßmutter endlich zu besuchen.

Ganz anders als der eingeschüchterte Carl Theodor gaben sich Prinzessin Elisabeth Auguste und ihre Schwestern. Allzu gerne frönten sie der Lebenslust und Ausgelassenheit und erfreuten sich an allen Vergnügungen und Festivitäten, die der Kurpfälzische Hof zu bieten vermochte.

Obgleich das umfangreiche Lernprogramm den jungen Herzog und Markgrafen sehr in Anspruch nahm, ließ er sich dennoch auf das höfische Leben ein und dazu gehörten Gottesdienste und Andachten, Hofjagden, Spaziergänge im Schlosspark von Schwetzingen und Landpartien. Wie gerne musizierte er und gestaltete Serenaden zusammen mit den drei Enkelinnen des Kurfürsten in deren Appartements, applaudierte zur „comédie française", zur „Französischen Komödie" (Laufzeit: 1729–1771), so zum Beispiel zur Tragödie „Oedipe" (1718) des berühmten Pariser Philosophen und Schriftstellers François-Marie Arouet genannt Voltaire (1694–1778). Darüber hinaus konnte ihm nach dem französischen Gesandten François Bonaventure de Tilly die Prunksucht seines Vormunds nicht verborgen bleiben: „Der Glanz der Toiletten bei allen Galatagen, die so häufig sind, ruiniert hier die ganze Welt. Man ist hier mit Gold und Silber beladen und stirbt fast vor Hunger. Aber man kann es nicht ändern, da es nun einmal der Geschmack des Kurfürsten ist und er nur denjenigen sich gnädig zeigt, die schön und viel Toilette machen."[57] Daneben konnte er beobachten, wie seit 1737 das von Louis Rémy de la Fosse (um 1659–1726), Johann Kaspar Herwarthel (1675–1720) und Johann Clemens Froimont (um 1686–1741) geplante und erbaute Mannheimer Schoss unter dem aus Parma stammenden Oberbaudirektor Alessandro Galli Bibiena (1686–1748) und dem Hofarchitekten Guillaume d'Hauberat (um 1680–1749), einem Schüler des königlichen Hofbaumeisters

Abb. 12: Maria Anna (links), Elisabeth Maria Auguste (Mitte) und Maria Franziska Dorothea (rechts) beim Musizieren. – Ölgemälde von Jan Philips van Schlichten, um 1743/45

Robert de Cotte (1656–1735), mehr und mehr erweitert wurde, das große Opern- und das Ballhaus entstanden und im Süden des großen Rittersaals die prachtvoll ausgestatteten „Grand Appartements" für die höfischen Geselligkeiten ihren Glanz erhielten.[58] Darüber hinaus konnte er auch „zwey kleinere Cabinette" bewundern und sich für die grandiose Kunstsammlung Johann Wilhelms Kurfürst von der Pfalz (reg. 1679/90–1716) mit berühmten Gemälden von Peter Paul Rubens (1577–1640), Anthonis van Dyck (1599–1641) und Rembrandt Harmenszoon van Rijn (1606–1669) begeistern, wie sie der Frankfurter Sammler und Mäzen Johann Friedrich Armand von Uffenbach (1687–1769) bei einem Besuch des Hofschreiners und Mannheimer Schlossvogts Franz Zeller (1697–1780) gesehen und in seinem „Reisetagebuch" geschildert hatte: „[...] darin die Wände über und über mit denen trefflichsten kleinen Gemälden behangen waren, die alle von dusseldorp [Düsseldorf] aus dem Schloße hieher gebracht und mit einigen neuern vermehrt worden."[59]

An seinen vielfältigen geistigen Passionen jedoch zeigte Carl Theodors Verlobte wenig Interesse, hatte Elisabeth Auguste doch eine eher durchschnittliche, retrospektive Ausbildung genossen, zu der auch die Hinführung zum Katholizismus, französische und italienische Sprachkenntnisse sowie die antike Mythologie zum Verständnis der höfischen Festveranstaltungen gehörten. Schon bald hatte sie begreifen müssen, dass sich eine Prinzessin einer vollendeten Grazie hinzugeben und sie ausschließlich zur Zierde des Hofes in Erscheinung zu treten habe. So wurden entsprechend den Anweisungen des sächsischen Kameralisten und Naturwissenschaftlers Julius Bernhard von Rohr (1688–1742) ihr „Verstand, [ihre] Klugheit und Geschicklichkeit"[60] gefördert, so dass auch sie im Stande sein sollte, „sich bey Hofe und andern vornehmen Gesellschaften wohl zu conduisiren [benehmen]"[61]. Sollten diese höfischen Erziehungsideale bei Elisabeth Auguste auf fruchtbaren Boden fallen? Sollten gemeinsame Leidenschaften – wie ihre Passion für sämtliche Jagdvarianten und die Hofmusik – für eine glückliche Ehe ausreichen? Sollte die zu erwartende Rangerhöhung dazu beitragen, über die Defizite des jeweils anderen hinwegzuschauen, über den zu Streit und Jähzorn neigenden Charakter Elisabeth Augustes und über die Auffassung seiner Verlobten ihm gegenüber: „dieses junge Herrlein, welches ohnehin nicht sehr stark ist"?[62]

Zu diesem Zeitpunkt musste das zukünftige Brautpaar ein dramatisches Ereignis miterleben, als der Johann Stamitz-Schüler und Kammervirtuose Franz Xaver Beck (1723–1810), der Sohn des Hofoboisten Franz Aloys, wegen eines Duells, das mit dem vorgetäuschten Tod seines Gegners endete, nach Venedig entweichen musste.[63] Damals konnten Carl Theodor und Elisabeth Auguste dieses tragische Ereignis nicht richtig einschätzen: Becks Weggang war ein immenser Verlust für den kurpfälzischen Hof, zumal er als Komponist eine glanzvolle Karriere in Bordeaux hinlegen sollte.

Am 25. Juli 1741 lernten Carl Theodor und die „zweyen älteren Prinzessinnen"[64] Elisabeth Auguste und Maria Anna vor der Schwetzinger Tafel Clemens Franz de Paula Herzog von Bayern (1722–1770), den Enkel des Kurfürsten Max II. Emanuel von Bayern (reg. 1679–1726) kennen, der mit seinem Erzieher Felix Andreas Oefele (1706–1780) am Kurpfälzischen Hof erschienen war. Zusammen unternahmen sie an den folgenden Tagen Ausflüge in die alte Residenzstadt Heidelberg und zur fürstbischöflichen Residenz in Bruchsal. „Eine ganz unaussprechliche Zärtlichkeit und Freundschaft"[65] brachten die Enkelinnen des Kurfürsten ihrem Gast aus München entgegen. Schon bald fühlte sich Clemens Franz de Paula zu Prinzessin Maria Anna hingezogen, so dass er ihr während einer Hirschjagd nach deren Fehlschüssen seine beiden ihm zustehenden Treffer offerierte. So kristallisierte sich schon bald eine Doppelhochzeit für das kommende Jahr heraus. Getrübt wurde allerdings die ausgelassene Begegnung durch den bedenklichen Gesundheitszustand des Kurfürsten, der Anfang August schreckliche Nächte durchlitt. Dennoch erteilte er den beiden zukünftigen Paaren mit großer Freude seinen Segen.

Neuburgs „flammende Herzen": Carl Theodor und Elisabeth Auguste

Die Hochzeit zwischen Vetter und Base sollte 1742 stattfinden. Nach deren Verlobung (1733) hatte Kurfürst Carl III. Philipp die erste Etage im barocken Ostflügel seines Schlosses in Neuburg an der Donau (Abb. 13) erneuern lassen. Dem jung vermählten Kurprinzenpaar wollte er damit ermöglichen, bis nach seinem Ableben hier zu residieren. Zu den Neuerungen gehörte ein Deckenbild (Abb. 14), das sich direkt auf ihre zukünftige Vermählung bezog: In der Mitte thront „providentia divina"[66], die „göttliche Vorsehung". Sie hat das Paar zusammengeführt, was sich durch ihren Strahl auf die beiden „flammenden Herzen" – Symbol für das Brautpaar Carl Theodor und Elisabeth Auguste – verdeutlicht. Diese beiden Herzen werden von Palatina gehalten, der Allegorie der Kurpfalz, indessen Fama den Ruhm des neuen Fürsten hinausposaunt. Auf dem Tuch ihrer Fanfare steht: „Vivat Carl Theodor", „Es lebe Carl Theodor!" Diese Inszenierung sollte verdeutlichen, welche Hoffnungen der Kurpfälzische Hof in diese Ehe setzte.

Abb. 13: Neuburg an der Donau, die Residenz der Herzöge von Pfalz-Neuburg, erbaut 1527/45 und 1665/68

Abb. 14: Die göttliche Vorsehung leitet Palatina mit den „brennenden Herzen“ als Symbole für die Liebe des Brautpaars Carl Theodor und Elisabeth Auguste. – Deckenbild nach einem Entwurf von Bonaventura Gandi im 1. Stock des Ostflügels, Schloss Neuburg an der Donau, um 1742

Carl Theodor sollte allerdings erst 1752 nach Neuburg kommen, um diese Repräsentationssäle und die von ihm angeordneten Renovierungsmaßnahmen in der von Philipp Wilhelm Herzog von Pfalz-Neuburg (reg. 1653/85–1690) 1667 ausgestatteten Großen Grottenhalle mit den Initialen „CPT“ für seine Vornamen und „MEA“ für die seiner Gattin sowie im Jagdschloss Grünau mit der Inschrift

„Nvn Avch Mich Carl Theodor Mein Chvrfuerst Bringt Wieder Empor“[67] zu bewundern. Daran sollte sein Allianzwappen (1752) am nordöstlichen Torturm erinnern.

Zur Doppelhochzeit von Carl Theodor und Elisabeth Auguste sowie von Clemens Franz de Paula und Maria Anna konnten sämtliche Prunkräume im Mannheimer Schloss vollendet werden. Fast alle regierenden Mitglieder der pfälzischen und bayerischen Zweige der Wittelsbacher erschienen. Am Abend des 15. Januar 1742 traf der Erzbischof und Kurfürst von Köln Clemens August (reg. 1723–1761) ein, um zwei Tage später die Trauung zu zelebrieren. Die „Breite Straße“ war mit großen Fackeln illuminiert, die Garnison säumte den Weg, sogar alle Kanonen auf den Wällen wurden zu dessen Ehren in drei Salven abgefeuert, so dass die kurpfälzische Residenzstadt, wie es hieß, „in vollem Rauche stunde“. Tags darauf traf Carl Albrecht Kurfürst von Bayern (reg. 1726/42–1745) mit seiner Familie und prächtigem Hofstaat ein.

Die beiden Bräutigame trugen am 17. Januar kostbare Ordensroben, indessen ihre Bräute in teuren Spitzenkleidern erstrahlten.[68] „In waß Pracht der ganze Hof sich befunden, ist nit wohl zu beschreiben, und haben sich manche Cavaliers soviel kostbare Kleyder, als das Fest Tage dauern soll, angeschafft. Da hieß es wohl recht: regis ad exemplum [nach dem Beispiel eines Königs] und nach dem alten Knittelvers [des griechischen Arztes Hippokrates von Kos († 370 v. Chr.)]: Vir bene vestitus, pro vestibus esse peritus / Creditur a mille, quamvis idio sit ille [Einem gut gewandeten Mann, einem Experten für Kleidung, glauben Tausende, obwohl jener ein Idiot ist]“[69], bewertete Clemens Franz de Paulas Erzieher Felix Andreas Oefele den Kleiderluxus der Mannheimer Hochzeit. Das Mannheimer Schloß war „mit flambeaux erleuchtet und es stunde auch die Garnison in Parade […].“[70] In der hiesigen Schlosskirche Mariä Himmelfahrt (Abb. 15) „finge […] die Einsegnung mit völliger Verlesung des Rituals an, nachdeme sich der Herzog von Sulzbach mit seiner durchleuchtigsten Braut zum Altare begeben hatte“[71] (Abb. 16, 17). Der Vermählung in der Schlosskapelle, die erst am Abend begonnen hatte, folgten eine „Assemblee“, eine Versammlung in überaus wertvollen Festgewändern, eine repräsentative Hoftafel und ein Ball im Rittersaal. Von den vielen Festgästen durften allein die Fürstlichkeiten tanzen. Der alte Kurfürst, der den Ball eröffnete hatte, ließ sich sitzend zu den Klängen eines Menuetts im Rollstuhl umherfahren, wobei „aber durch die Ungeschicklichkeit des Fuhrmanns der alte Herr bald zu Schaden gekommen wäre, wo er nit noch zeitlich von denen beiderseits gehenden Herren Kämmerern wäre erhalten worden.“[72] Am nächsten Tag erklang nach dem Gottesdienst und der Galatafel gegen 5 Uhr abends erstmals im neu eröffneten, von 1.300 Kerzen illuminierten Opernhaus für 5.000 Zuschauer die große Hofoper „Meride“[73] vor der prächtigen Kulisse des Bühnenbildners und Theateringenieurs Giuseppe Galli

Abb. 15: Schlosskirche des Mannheimer Schlosses, erbaut von Johann Clemens Froimont und Guillaume d'Hauberat, 1720/31

da Bibiena (1686–1748) – komponiert vom Hofkapellmeister Carlo Luigi Grua (um 1700–1773)[74] nach einem Libretto des kaiserlichen Hofdichters Giovanni Claudio Pasquini (1695–1763). Zum vierstündigen Programm gehörten prunkvolle Intermezzi mit dem Mannheimer Ballett und der Musik des Konzertmeisters Alessandro Toeschi (um 1700–1758).

Die Festlichkeiten zogen sich bis zum 20. Januar hin. Die hohen Fürstlichkeiten zeigten sich in offenen Kutschen, während im Schlosshof Wein aus einem Riesenfass, das auf dem zugefrorenen Rhein 1740 hergestellt worden war, für die Bevölkerung sprudelte. Das Ende des musikalischen Genusses läutete ein Festspiel ein, in dem die Götter des Olymp die Neuvermählten hochleben ließen und ihnen viele Kinder wünschten. Die Kosten für die Hochzeit hatten die Hofkassen geleert. Mannheim musste dafür eine „Anleihe" von 30.000 Gulden an den Kurfürsten abtreten.

Nach der Hochzeit begab sich das junge Paar nach Frankfurt am Main, um am 12. Februar 1742 der Kaiserwahl und -krönung des bayerischen Kurfürsten Carl Albrecht beizuwohnen. Danach begann wieder das höfische Alltagsleben in Mannheim und Schwetzingen. Trotz seines bedenklichen Gesundheitszustands ging im September Kurfürst Carl III. Philipp elf Stunden auf die Jagd. Ein Beobachter bemerkte ironisch über dessen Langlebigkeit und die damit verbundene Warteposition des Nachfolgers: „Hier ist ein ewiger Vater für den Herzog von Sulzbach!"[75]

Abb. 16: Kurfürst Carl Theodor mit Marschallstab und Kurhut. – Jugendbildnis von Felix Anton Besoldt, um 1743

Abb. 17: Kurfürstin Elisabeth Auguste mit Kurhut. – Jugendbildnis von Felix Anton Besoldt, um 1743

Im Dezember feierte Carl Theodor seinen 18. Geburtstag. Der Kurpfälzische Hof atmete auf, denn nun drohte nach dem Ableben des Kurfürsten keine Regentschaft durch die Wittelsbacher Verwandten aus Pfalz-Zweibrücken. Damit übernahm er anstelle des Kurfürsten und seiner Urgroßmutter Herzogin Maria Enrichetta die Regierungsgeschäfte als Herzog von Pfalz-Sulzbach und Markgraf von Bergen op Zoom und stand damit an der Spitze der Generalstände der Österreichischen Niederlande.[76] Wie schon zuvor führte der Domänenrat der Stadt die Regierungsgeschäfte für den jungen Markgrafen. Daran sollte Carl Theodor wenig ändern, denn die Macht teilten sich ohnehin die Niederländischen Generalstaaten und der Rat von Brabant. 1744 sollte zu seinem großen Entsetzen die überaus geliebte „mamam“ Maria Enrichetta duchesse de Ligne van Aarenberg en Aarschot mit 73 Jahren auf Schloss Drogenbusch sterben, ohne ihn je wieder gesehen zu haben.

3. »KLUGHEIT UND FRIEDE FÜR DAS PFAELZISCHE KURFUERSTENTUM UND ALLER EINVERLEIBTEN STAATEN«

„Liebling der Gnade und des Glueckes Wunder"

Während der Opernaufführung anlässlich des Namenstages seiner Enkelin Elisabeth Auguste am 19. November 1742 erkältete sich Kurfürst Carl III. Philipp in der zugigen Hofloge. Davon sollte sich der geschwächte 81-jährige Landesherr nicht mehr erholen – er starb in der Silvesternacht, umringt von den Patres des von ihm so sehr privilegierten Mannheimer Jesuitenkollegs (Abb. 18). Wie sehr Elisabeth Auguste darunter litt, verriet sie ihrem neuen Schwager Clemens Franz de Paula Herzog von Bayern: „Ich kam vorhin von einem Ort zurück, wo ich viele Tränen vergossen habe, es handelt sich um die Gemächer, in denen mein lieber Kurfürst gestorben ist. Ich wollte etwas aus seiner Garderobe holen und ich war so ergriffen, dass ich vor all den Anwesenden verwirrt war und gehen musste. Erst seit ich anfing, Ihnen zu schreiben, lieber Bruder, finde ich Trost."[77] Die Jugend Carl Theodors und Elisabeth Augustes gehörte nun der Vergangenheit an. Bereits am Neujahrstag 1743 erschien das neue Kurfürstenpaar vor der Hofgesellschaft. Die Sulzbacher jubelten: „Fuer jedes Alter hab ich neue Kronen, / Ihn zu belohnen. // Liebling der Gnade, und des Glueckes Wunder, / Prinz! Dir soll der Rhein und die Donau dienen [...]. Das Haus Neuburg wurde mit Sulzbach wieder vereinigt, als der letzte Tag des naemlichen Jahrs Karl Philipp zu einer ewigen Krone forderte, und unsern großen Karl Theodor auf den Thron des Pfaelzischen Kurfuerstenthums und alle einverleibten Staaten erhob, welche er mit Klugheit und Friede erhielt. Von diesem Augenblick an gewann der Stamm und Name Sulzbach ein neues Ansehen, da die Welt unsern einzigen Prinzen, den die Vorsehung zu noch einem hoehern Glueck bestimmt hatte, in der Bluethe von achtzehen Jahren als Kurfuersten und des heiligen Roemischen Reichs Erzschatzmeister bewunderte."[78]

Im Zentrum seiner sechs Territorien lag die Kurpfalz mit seiner Haupt- und Residenzstadt Mannheim. Dazu gehörten stark zerklüftete Gebiete um Alzey,

Ingelheim und Simmern, Bacharach und Kaub am Mittelrhein sowie Veldenz an der Mosel, Hagenbach im Elsass, Mosbach und Boxberg sowie die Bergstraße um Weinheim und Groß-Umstadt. Die Tradition der am Hof des Sonnenkönigs sich herausgebildeten absolutistischen Machtvollkommenheit übertrugen die Pfälzer Untertanen nun auf den neuen Landesherrn. So priesen die einheimischen Juristen ihn als „Brunnquell aller Prozessordnung", seine Ratgeber als „Gott dieser Welt", der keinerlei menschlicher Satzung verpflichtet sei, die Künstler als Apoll und schließlich die Priester entsprechend dem biblischen König David als Spender aller Gnaden und höchsten Beschützer der Waisen und Witwen. So hieß es, dass „das pfaelzische Haus nach dem oesterreichischen und brandenburgischen jetzt das maechtigste in Deutschland ist".[79]

Gleich nach der Herrschaftsübernahme reiste das junge Kurfürstenpaar zum Wallfahrtsort Oggersheim, um in der dortigen von Joseph Carl Emanuel Herzog von Pfalz-Sulzbach (Vater der Kurfürstin) begründeten Loretokapelle (1729/33) eine glückliche Regierung zu erflehen. Ein Jahr später initiierte Elisabeth Auguste hier eine Andacht, wonach ihr schwer erkrankter Gatte – und davon waren beide zutiefst überzeugt – durch die Fürsprache der „Virgo Lauretana" auf wundersame Weise gesundete. Sie selbst schrieb an ihren Schwager Clemens Franz: „Ich war heute Morgen in Oggersheim, wo ich für Sie und die Herzogin [Maria Anna, genannt Nani] gebetet habe."[80] So war es verwunderlich, dass die Mannheimer Jesuiten in ihrer Hausgeschichte berichteten, wie sehr der religiöse Eifer des Hofes nach dem Hingang des Kurfürsten Carl III. Philipp nachgelassen habe.

Wie schon als Zögling verbrachte der junge Kurfürst tagtäglich einige Zeit mit Lesen, war offen für die geistigen Strömungen seiner Zeit, das heißt für die Zielvorstellungen der Aufklärung, wozu auch die Schriften des französischen Philosophen und Schriftstellers Voltaire gehörten. Der österreichische Botschafter in Mannheim sollte noch 1749 Carl Theodors ungewöhnliche Neigung „zur Lectur"[81] bewundern. Wie begeisterte er sich für die Naturwissenschaften, sogar für die Meteorologie, Kartographie und die Elektrizität! Man denke nur an Benjamin Franklins (1706–1790) Erfindung des Blitzableiters im Jahr 1752. In vielen Landesteilen wurde bald bekannt: „Was seine Kenntnisse anbelangt, so soll er in verschiedenen Wissenschaften, besonders in den mathematischen, ziemlich bewandert seyn, und franzoesisch, italiaenisch und englisch sprechen."[82] Dennoch distanzierte er sich ganz entschieden von Quacksalbern und Wunderdoktoren. Damit prägten gegensätzliche Einflüsse den jungen Kurfürsten: Tradition und Zeitgeschmack, Beharrung und Reformwille. Von Anfang an war sein Lebensstil von regelmäßigen Abläufen geprägt. Dazu sollte sich Jahre später sein Kabinettssekretär Stephan von Stengel (1750–1820) äußern: „Er stand täglich zur nämlichen Stunde auf, frühstückte, arbeitete, hörte Messe, gab Audienzen, speiste, kam in die Schaubühne, ging in Gesellschaft und legte sich zu Bette einen Tag wie den anderen um dieselbe Stunde, und wenn er zu einer Konferenz oder zum Ausfahren oder zu einer Audienz eine besondere Stunde gab, konnte man sich darauf verlassen, daß er mit dem Glockenschlag eintraf. Man war also gewiß, nie in seinem Vorzimmer lange warten zu müssen. Dagegen durfte man es auch nicht darauf ankommen lassen, um einige Minuten zu spät zu kommen."[83] Damit war Carl Theodor ein Frühaufsteher und ein „prince attentif"[84], ein „aufmerksamer Prinz", wie ihn der französische Gesandte am Mannheimer Hof bezeichnete. Von Anfang an bestach er durch seine ausgeprägte Selbstdisziplin, musste er doch 1742 nach seinen eigenen Worten „in der schwierigsten und kritischsten Lage der Welt"[85] die Herrschaft und Verantwortung für weitere vier Territorien übernehmen.

„Wie bestürzt wir sind" über den Österreichischen Erbfolgekrieg

Seit November 1740 war mit der Mobilmachung der preußischen Truppen der Erste Schlesische Krieg (1740/42) um die Vorherrschaft in Schlesien und zugleich mit dem Tod Kaiser Karls VI. († 20.10.1740), der nur die Töchter Maria Theresia (1717–1780) und Maria Anna (1718–1744) hinterließ, der Österreichische Erbfolgekrieg (1740–1748) ausgebrochen. Dem Triumph des bayerischen Wittelsbachers Carl Albrecht in Prag und Frankfurt am Main war gleichzeitig dessen Ernüchterung gefolgt: Die Kronen Böhmens und des Heiligen Römischen Reiches Deutscher Nation, mit denen er sich krönen hatte lassen, stürzten ihn ins Verderben. Schon einen Tag danach schrieb er als Kaiser Carl VII. an seinen Feldmarschall Ignaz Felix Graf von Törring-Jettenbach (1682–1763): „Meine Krönung ist gestern vor sich gegangen mit einer Pracht und einem Jubel ohne gleichen, aber ich sah mich zur gleichen Zeit von Stein- und Gichtschmerzen angefallen – krank, ohne Land, ohne Geld kann ich mich wahrlich mit Hiob, dem Mann der Schmerzen vergleichen."[86] Schon längst hatte die Habsburgerin Maria Theresia als neue Königin von Ungarn, Kroatien und Slawonien (reg. 1740–1780) die Gegenoffensive eingeleitet. Bereits am Tag der Kaiserwahl des Wittelsbachers hatten ihre Truppen München und bald darauf ganz Kurbayern besetzt. Carl VII. sollte sich zu einem glücklosen König und Kaiser ohne Land entwickeln. Landauf, landab spottete man über ihn von einem „et Caesar et nihil", von einem „sowohl Kaiser als auch nichts"[87].

Wie konnte unter diesen Umständen der 18-jährige Carl Theodor sein Ziel, sich politisch neutral zu verhalten, erreichen. Denn einerseits kompromittierten ihn seine Pflichten gegenüber dem Wittelsbacher Kaiser, andererseits rechneten der Wiener Hof und dessen Verbündete ihn ohnehin zum feindlichen Lager!

Abb. 18: Carl III. Philipp Kurfürst von der Pfalz als Ordensgroßmeister mit Page. – Ölgemälde von Pierre Louis Goudreaux, vor 1731

Zudem hatte sein Vorgänger im Vertrag zu Marly (1729) mit Ludwig XV., dem König von Frankreich (reg. 1715–1774), ein Bündnis geschlossen, um die pfälzischen Erbansprüche auf die Herzogtümer Berg und Jülich gegenüber der Großmacht Preußen zu schützen. Zusätzlich hatte Friedrich II. König in Preußen am Heilig Abend 1741 gegen eine kurpfälzische Garantie auf Schlesien auf alle Ansprüche explizit verzichtet. Carl Theodors diplomatische Anstrengungen zur politischen Unparteilichkeit konnten in dieser Konstellation nicht fruchten.

Weder Maria Theresia noch Ludwig XV. berücksichtigten seine Neutralitätsbekundungen. Beide missbrauchten seine Länder als Aufmarschgebiet ihrer Heere: Die österreichischen Sanktionstruppen drangen in Jülich, Neuburg und Pfalz-Sulzbach ein, die französischen Verbände in die Kurpfalz. Sogar die für den Wiener Hof sich formierenden englischen Regimenter Georgs II., des Königs des Vereinigten Königreichs und Irland (reg. 1727–1760), rückten 1743 ungehindert über Frankenthal nach Speyer vor. Carl Theodors Gattin teilte am 7. Mai ihrem Münchner Schwager Clemens Franz mit: „Sie wollen wissen, wann wir nach Schwetzingen reisen, leider habe ich keine Ahnung, sobald es die Franzosen ermöglichen. Man behauptet, dass um den 20. dieses Monats Gott Lob keine [fremden Truppen] mehr da sein werden, sie langweilen mich bereits, und unser armes Land wünscht es sich, da die Samen bereits zu sprießen beginnen und wir befürchten, dass sie zu Pferdefutter heranwachsen."[88] Die französische Armee war von Neuburg her im Anmarsch und es wurde angeordnet, in Mannheim „die beiden Schiffbrücken über den Rhein und Neckar"[89] zu entfernen.

Kurfürst Carl Theodor sorgte sich nicht nur um die politische Lage. Zu allem Überfluss befielen ihn im November 1743 die Pocken. Besorgt wandte sich seine Gattin an ihren Münchner Schwager: „Ich bete zu Gott, dass er Sie vor so spürbarem Kummer bewahrt, wie ich ihn zurzeit fühle in Anbetracht der sehr gefährlichen Krankheit meines sehr lieben Ehemannes. Ich kann meinen Kummer gar nicht ausdrücken, da ich nicht weiß, was wird, ich fürchte sehr, die Pocken, er hat alle Anzeichen. Ich nutze die Momente, in denen er beichtet, um Ihnen zu schreiben, meine Hand zittert so sehr, dass ich den Eindruck habe, ich könne den Brief nicht zu Ende bringen. Leider, mein lieber Bruder, habe ich niemanden mehr auf dieser Welt, der mich trösten kann, ich bitte Sie, lassen sie eine Votivmesse lesen, ich schicke Ihnen 10 Dukaten dafür. Wenn ich das Unglück habe, diesen lieben Mann zu verlieren, was wird dann aus mir, ich kann nicht weiterschreiben. Die Kurfürstin."[90] Wenige Tage später schöpfte Elisabeth Auguste etwas Hoffnung: „Dem Kurfürsten geht es Gott sei Dank so gut wie möglich mit seinen Pocken, heute ist der 10. Tag, gestern, am 9. Tag, ging es ihm nicht sehr gut [...]. Ich hoffe, dass ihn der liebe Gott bewahren wird, denn wir veranstalten öffentliche Gebete in allen Diözesen der Umgebung und das Vikariat hat eine Prozession in Oggersheim befohlen, die heute stattfand und sehr zahlreich besucht wurde."[91] „Der General Preysing muss sich täglich per Brief über den Zustand des Kurfürsten erkundigen, man sagt der Kaiser [Carl VII.] war äußerst betroffen, als er von der Krankheit erfuhr. Die Kaiserin [Maria Amalie, geb. Erzherzogin von Österreich] hat mir über Norbert [Graf von] Törring[-Jettenbach] Reliquien geschickt."[92]

Zudem quälte den erkrankten Wittelsbacher die wirtschaftliche Lage der Kurpfalz, da die Einnahmen drastisch gesunken waren, ganz zu schweigen, dass die aufwendige Hofhaltung seines Vorgängers ihm einen immensen Schuldenberg hinterlassen hatte. So musste der junge Kurfürst spektakuläre höfische Festivitäten verbieten lassen und sich in jeder Hinsicht dem rigorosen Sparkurs des zum ersten geheimen „Staats- und Conferenzminister" sowie zum Obristhofmeister berufenen alten Erziehers Albert Joseph Marquis d'Ittre unterwerfen.

Am 20. März 1744 fielen Elisabeth Augustes Worte an ihren Schwager noch bedrohlicher aus: „Leider, lieber Bruder, war die Freude über den Sieg unbegründet, denn die Nachrichten, die wir aus Turin bekommen haben, besagen das Gegenteil, denn die Franzosen sind besiegt und ihre Schiffe verbrannt worden. Sie können sich vorstellen, wie bestürzt wir sind, in Frankreich wie im Elsass. Es ist unter Todesandrohung verboten, darüber zu sprechen [...]."[93]

Trotz der tragischen Gesamtlage konnte sich Carl Theodor auf den 29. April, den Tag seiner Huldigung in Mannheim, freuen: „Am Huldigungstage begab sich der Kurfürst zunächst zur Messe in die Pfarrkirche. Begleitet von dem glänzenden Zuge seiner Minister, Beamten, Hofbediensteten und Leibgarden ritt er durch die Straßen; die Kurfürstin war vorausgefahren und erwartete ihn in der Kirche. Nach Beendigung der Messe schritt der Kurfürst über einen mit Brettern belegten Weg bis zu der inmitten des Marktes errichteten Tribüne und ließ sich auf dem baldachinbedeckten Thronsessel nieder, zu dessen Seiten sein Gefolge sich aufstellte. Der Stadtrat erschien nach der Vorschrift [...] mit schwarzen Mänteln. Auf den Straßen stand die Garnison, auf dem Platze selbst die Leibgarde, die den Kreis um den Thron freihielt. Außerhalb dieses Kreises stand die Bürgerschaft, nach Stadtvierteln geordnet, und in Kompagnien die neu uniformierte Bürgerwehr mit der reichgestickten Seidenfahne, die ihr der Kurfürst verliehen hatte; hinter den Bürgern standen die Juden und Wiedertäufer. Auf eine Anrede des Regierungspräsidenten erwiderte der Stadtdirektor, die Bürgerschaft sei freudigen Herzens zur Huldigung und Eidesleistung bereit. Hierauf nahm der Kurfürst, auf seinem Throne sitzend, bedeckten Hauptes, wie es ein altes Vorrecht des Herrschers will, das Handgelübde des Stadtrats, der Pfarrer, Stadtoffiziere, Viertelmeister und Zunftmeister entgegen, die beim Aufrufen ihres Namens in den Kreis traten und namens der Bürgerschaft Treue gelobten. Nach einer weiteren Anrede des Regierungspräsidenten verlas der kurfürstliche Protonotar die Eidesformel, worauf die gesamte Bürgerschaft die „Stabung" nachsprach. Unter Kanonendonner, Trompetenschall und dem Vivatrufen des Volkes begab sich der Kurfürst in die Pfarrkirche zurück, wo ein Tedeum unter Mitwirkung der Hofmusik die Feier beschloss."[94] Zwei Jahre danach sollte Carl Theodor auch in Heidelberg den Treueeid persönlich entgegennehmen. Dagegen sollten in den Provinzialstädten kurfürstliche Kommissare ihn vertreten.

Doch Carl Theodors Freude war von kurzer Dauer, musste er doch am 5. Mai weitere Truppenbewegungen der Kriegsparteien hinnehmen, was erneut durch die Nachricht der Kurfürstin deutlich wurde: „Ich habe vor, am Montag nach Alzey und nach Kreuznach aufzubrechen, um die Kurpfalz zu besichtigen, da ich wegen des Rückmarsches der kaiserlichen Truppen noch nicht nach Schwetzingen fahren kann, zurzeit ziehen täglich welche zur Festung.“[95] In dieser gefährlichen Lage musste Carl Theodor seine bisherige zurückhaltende Taktik endgültig aufgeben und nun die Politik seines Vorgängers fortsetzen, um die Unversehrtheit seiner Familie, des Hofes und der Untertanen besser schützen zu können. Durch den Unionsvertrag vom 22. Mai begründete er mit Kurbayern, Hessen-Kassel, Preußen, Frankreich und Schweden ein Defensivbündnis. Dieser kaiserlich legitimierte Zusammenschluss wahrte zumindest den Schein seiner Neutralität. Zum 2. Juli des Jahres informierte die Kurfürstin ihren Schwager über die weiteren Ereignisse: „[...] die Österreicher haben heute Nacht den Rhein überquert, und sie haben die kaiserlichen Truppen angegriffen und [des Obristen Christian Adam Egon Joseph Prinz von Thurn und] Taxis [Kavallerie-]Regiment in Stücke geschlagen. Die hatten gerade noch Zeit genug, die Fahnen in Germersheim zu retten. Sie können sich vorstellen, wie bestürzt wir hier sind für unseren lieben Kaiser. Gott will die Angelegenheit zu seinem Vorteil verändern, aber das bezweifle ich sehr, zumindest hat es den Anschein, als stünde es sehr schlecht um uns [...]. Ich bin so bekümmert über das, was heute Nacht passiert ist, und ich fürchte, dass wir noch vor Ende der Woche sehr unangenehme Dinge erfahren werden, sodass mir die Lust zu lachen völlig vergeht. Ich befürchte nur, dass der Kummer des armen Kaisers so groß ist, dass er krank wird.“[96] Der aus dem kurmainzischen Höchst am Main stammende Schriftsteller und Wiener Schauspieler Johann Kaspar Riesbeck (1754–1786) wusste einige Jahre später von einem Dialog zu berichten: „Wir kamen auf Kaiser Karl den Siebenden, und den bekannten bayerischen Krieg zu sprechen. Ich hatte schon einigemal hoeren muessen, unser [Wiener] Hof haette damals den hiesigen auf die schaendlichste Art betrogen, und der Krieg wuerde zum Vortheil Bayerns ganz anders ausgefallen seyn, wenn wir redlicher gehandelt haetten. Dieser gute Freund wußte mir auch sehr viel davon zu sagen, wie unsre Armeen in ihrem Angesicht die bayerischen Truppen vom Feind haetten angreifen lassen, ohne sich zu regen; wie die Subsidiengelder ausgeblieben waeren; wie unsere Minister durch große Versprechungen, die sie nie hielten, den Krieg zum Verderben Bayerns verlaengert; wie eigenmaechtig unsere Kommandanten auf bayrischen Grund und Boden gehandelt, u. s. w. Alles das raeumte ich ihm zum Theil ein. Ich wußte nur zu gut, wie schlecht unser Ministerium damals bestellt war, besonders als die d'A---s ans Ruder kamen. Ich wußte, daß der damalige preußische Gesandte dem unsrigen am hiesigen Hof die nemlichen Vorwuerfe gemacht, der leztere sich damit entschuldigen wollte, daß er unsere Minister Dummkoepfe hieß, der erstere aber versezte: Das sind keine Dummkoepfe; das sind Schurken [...]. Ich wußte aber auch von einigen unserer alten Offiziers, die den Krieg mitgemacht, und den Zustand des hiesigen Hofes sehr genau kannten, daß die hiesigen Hofleute viel groeßere Dummkoepfe und Schurken waren, als die unsrigen: daß der Kaiser selbst sich um seinen Rosenkranz, seine Hunde, seine Pfaffen und Maetressen, von welchen er gegen 40 Kinder hinterließ, vielmehr bekuemmerte, als um seine Staatsangelegenheiten; daß seine Bedienten mehr darauf bedacht waren, seinen Leidenschaften und seiner Laune zu schmeicheln, als das Beste ihres Vaterlandes zu befoerdern, wie ihm dann ein gewisser Graf, seine eigne Nichte verkuppelte, und durch den Einfluß, den er sich dadurch erwarb, jeden guten Rath der wahren Freunde des Kaisers vereitelte."[97]

Gerade als Carl Theodor durch die Annäherung an eine Kriegspartei eine selbständige Außenpolitik zwischen die Fronten zu nutzen begann, durchkreuzten seine Zielvorstellungen das frühe Ableben Carls VII. am 20. Januar 1745 und der demütigende Sonderfriede von Füssen (22. April 1745) zwischen Maria Theresia und dem neuen bayerischen Kurfürsten Max III. Joseph (reg. 1745–1777). Auf Druck der Habsburgerin hatte dieser seine hochaufstrebenden Pläne begraben müssen. „Ich habe mit größtem Schmerz den Tod unseres armen Kaisers erfahren. Sie können sich vorstellen, wie sehr wir hier betroffen sind über den Verlust des liebsten Menschen auf der Welt, für den wir alles geopfert hätten, was uns möglich war. Wir befinden uns in einer sehr traurigen Lage. Ich bitte Sie, mein lieber Bruder, um nicht mehr, als dass Sie sich nicht zu sehr dem Schmerz hingeben. Wenn Ihnen meine Freundschaft ein Trost sein kann, seien Sie davon überzeugt, dass Sie sich nur [mit dem Aushauchen] meines Lebens verändern kann, und dass Sie, wenn [überhaupt] möglich, täglich wächst"[98], teilte betroffen Elisabeth Auguste ihrem Schwager mit. Ihr Gemahl hingegen verweigerte wie König Friedrich II. die Kurstimme bei der Kaiserwahl (13. September 1745) für Maria Theresias Gatten Franz Stephan Großherzog der Toskana (reg. 1737–1765).[99] Der danach folgende Friede zu Dresden (25.12.1745) beendete schließlich den Zweiten Schlesischen Krieg (1744/45) und lehrte Carl Theodor, wie eingeschränkt sein politischer Aktionsradius war. So musste er im Nachhinein klein beigeben und den neuen Kaiser anerkennen, um seine gesamten Ansprüche zu bewahren, die Befreiung seiner Länder von allen Kriegslasten zu erlangen und eine Kompensation für alle Kriegsschäden zu bekommen.[100] Dennoch ermöglichte ihm dieser Kompromiss, seinen Neutralitätsvertrag mit Versailles (19.2.1746) zu nutzen, sich im Reich an die Spitze der französischen Seite zu stellen und um Verbündete für eine kurpfälzisch geführte Union zu werben.

Carl Theodor als „Statthalter Frankreichs im Reich"[101] herabzuwürdigen, ginge allerdings doch ein wenig zu weit. Der Friede von Aachen (18.10.1748)[102], der den Österreichischen Erbfolgekrieg beendete, zerstörte ohnehin des Oberstkämmerers Hermann Arnold von Wachtendonks (1694–1768) Vorstellung einer großmachtähnlichen Stellung des jungen Kurfürsten im Reich. Der Sulzbacher Klerus allerdings resümierte: „Daß die bekannten Kriegsunruhen, welche bey dem Antritt seiner Regierung um seine Staaten sich wie stuermische Gewitterwolken aufzogen, gluecklich von unserm Vaterland abgewandt wurden, war das Werk der Sorge und der Vorsicht, mit welcher der zu unserm gemeinschaftlichen Glueck gebohrne Regent seine Lande bewachte."[103]

„Seine Orchester und seine Oper sind [...] das beste von der Art in Europa."

Selbst während des Österreichischen Erbfolgekriegs hatten die Bauarbeiten am Mannheimer Schloss unter dem Oberbaudirektor Alessandro Galli Bibiena und dem Hofbaumeister Guillaume d'Hauberat nicht geruht, um der Anlage ein achsensymmetrisches Gesamtbild zu verleihen. Nach dem Tod von d'Hauberat sollte Carl Theodor die Leitung dem lothringischen Baumeister Nicolas de Pigage (1723–1796) (Abb. 19) übertragen, der sich vor allem bei der Gestaltung der Innenräume verwirklichte.[104] „Ich wohne hier inzwischen wie eine Prinzessin, ich fühle mich wie im Paradies. Ich habe zwei Kabinette, die mir das Leben versüßen. Wir haben hier viele Fremde, und am Tag des Heiligen Karl [Borromäus, 4. November] werden es noch mehr sein, da ein wunderbares Fest stattfinden wird"[105], hatte bereits einige Jahre zuvor Kurfürstin Elisabeth Auguste ihrem Schwager Clemens Franz de Paula verraten. Für sie sollte der aus dem lothringischen Lunéville stammende Baumeister eine Kabinettsbibliothek (1755/56) (Abb. 20) im Erdgeschoss des westlichen Corps de logis planen. Die Bildhauer Johann Matthäus van den Branden (1716–1788) und Augustin Egell (1731–1786) sollten die Bildschnitzereien in den Holzverkleidungen

Abb. 19: Nicolas de Pigage, ab 1752 Carl Theodors Oberbaudirektor. – Ölgemälde von Anna Dorothea Therbusch, geb. Lisiewska, 1763

übernehmen, während der aus Speyer stammende Kupferstecher Philipp Hieronymus Brinckmann (1709–1760) die Bemalung mit Ölfarben auf Putz besorgen sollte. Dazu gehören sechs Allegorien mit der Darstellung der Astronomie und der Geschichtsschreibung, der Athena als Beschützerin der Künste und der Königin von Saba vor König Salomon sowie Apolls als Gott des Lichts und der neun Musen am Deckenspiegel. Elisabeth Auguste sollte durch das Ausstattungsprogramm auf die Doppelfunktion des Kabinetts als Bibliothek und Gartensalon aufmerksam gemacht werden.[106]

Als nach dem Frieden von Füssen die unmittelbare Bedrohung für die Kurpfalz weggefallen war, fochten Carl Theodors Gattin und sein Schwager Maréchal de camp Friedrich Michael, der nachgeborene Prinz von Pfalz-Zweibrücken (1724–1767) und Gatte von Maria Franziska Dorothea, geb. Prinzessin von Pfalz-Sulzbach, den Sparkurs am Mannheimer Hof mit Erfolg an. So konnte Christian Ludwig von Hagedorn (1712–1780), der kursächsische Resident am Mannheimer Hof, beobachten: „Vorgestern abends war großes Appartement und alles erschien en Domino [im schwarzseidenen Maskenmantel mit Kapuze]. Während des Spiels ward geloset und die Noblesse, welche mit dem Hof 40 Paar ausmachten, soupirten an 5 Tafeln, wo nächst nach vorgenommenen Masquen der Bal[l] angieng und bis in den Morgen um 4 Uhr dauerte."[107] Der Kurfürst konnte nicht umhin, die von seiner Gemahlin so sehr geschätzte „comédie française" mit dem festen Ensemble „Comédiens française de Son Altesse Sérénissime Electorale Palatine et de Son Altesse Le Duc Soultunach" auszustatten und mit einem Theaterballett zu ergänzen. Dieses verlieh den Aufführungen im Komödiensaal besonderen Glanz. Zunächst hatten sie in einem hölzernen Theaterbau neben der späteren Konkordienkirche ihre Künste dem Publikum vorgeführt, so wie es 1730 der Bildungsreisende und Abenteurer Karl Ludwig Wilhelm von Pöllnitz noch erlebt hatte: „Der Adel unterhält eine Truppe französischer Komödianten, die drei Mal in der Woche in einem sehr kleinen Theater spielen."[108] Doch jetzt kamen sie im sogenannten „Kaufhaus" (1724/41) am Paradeplatz, dem Sitz der Regierungsbehörden, unter, spielten bisweilen im Opernsaal im Westflügel des Mannheimer Schlosses, bis 1748 zwei Säle im selben Trakt zu ihrem Theater umgebaut wurden. Jahre später sollte der „Pfälzische Kleine Kalender auf das Jahr 1770" über die Aufführungspraxis aufklären: „Opera […] in dem November bei den beiden Hoechsten Namens=Festen Ihro Churfuerstlichen Durchlauchten werden jedesmal eine Opera vorgestellet, und die ganze Carnevals=Zeiten alle Sonntag eine Franzoesische Comedie. Wird alle Son[n]tag, Dienstag und Freitage, in dem Comedien Haus in dem linken Fluegel des Schlosses aufgefuehret, und fang gewoehnlich Abends um halb 6 Uhr an. Nach der Hauptpiece wird entweder ein Schauspiel von einem Aufzug, oder ein Ballet gegeben.

Abb. 20: Kabinettsbibliothek der Kurfürstin Elisabeth Auguste, geplant von Nicolas de Pigage, im Mannheimer Schloss, 1755/56

Akademie der Musik. Sie wird in dem Ritter=Saal meistens alle Woche einmal den Mit[t]woch oder den Samstag aufgefuehret. Unsere Virtuosen, die man mit Recht unter die beruehmtesten sezet, lassen sich de solo sowohl in Singstimmen als mit andern Instrumenten hoeren.

Masquirte Bael[l]e. Sie fangen gewoehnlich den 6. Jenner an und waehren bis zu Anfang der Fasten: Es sind meistens die Woche zweimal dergleichen Bael[l]e in dem grosen Rittersaal bei Hof, wo sie von abends 10 bis morgens dauren. In dem Rittersaal darf niemand seine Masque abnehmen, in den Neben=Zimmern, die zu den Erfrischungen bestimmt sind, hat man hierzu die Freiheit, wofern man sich solcher bedienen will. Es werden nur Leute von Rang eingelassen, und die Fremden muessen sich um die Erlaubnis hierzu bei dem en Chef [k]ommandirenden Obristen des Garde Regiments zu Pferd des Vormittags melden. Bei allen diesen Spectaclen ist ein freier Eingang, und man beeifert sich, jedem Fremden mit Achtung und seinem Rang gemaes zu begegnen."[109]

Bei weitem sollten in dieser geschilderten Regelmäßigkeit die Maskenbälle und die Opernaufführungen nicht stattfinden. Kurfürst Carl Theodor musste 1744 infolge weiterer Sparmaßnahmen seine Entscheidung rückgängig machen und sogar die gesamte Belegschaft der „comédie française" entlassen. Zwei Jahre danach gingen die Vorstellungen mit einer Nachfolgertruppe (1746–1748) auf Zuspruch des Pfalzgrafen Friedrich Michael und der Kurfürstin wieder weiter. Vor allem sollten unter dem Intendanten Carl Christian Baron von Eberstein (1724–1795, amt. 1750–1764) Tragödien und Komödien aus der Feder von Pierre Corneille (1606–1684), Jean-Baptiste Poquelin alias Molière (1622–1673) und Jean Racine (1639–1699) aufgeführt werden. Bis nach Großbritannien sollte der Ruhm des kurpfälzischen „Musenhofs“[110] reichen. So sollte beispielsweise der englische Musikhistoriker und Komponist Charles Burney (1726–1814) in seinem „Tagebuch einer musikalischen Reise“ (1770/72) darauf hinweisen: „Man berichtete mir, dass die bloße Illumination des Mannheimer Theaters dem Kurfürsten jede Vorstellung an Wachslichtern über 480 Gulden zu stehen komme und dass die Kosten, um eine neue Oper auf dieses Theater zu bringen, an 4800 Gulden beliefen. Auf diesem großen Theater sollte den künftigen Winter eine Oper von der Komposition des Herrn J[ohann Sebastian] Bach [1685–1750] aufgeführt werden, dessen Ankunft von London man schon damals, als ich in Mannheim war, erwartete. Ich kann diesen Artikel nicht verlassen, ohne dem Orchester des Churfuersten Gerechtigkeit zu erweisen, welches mit Recht durch ganz Europa so beruehmt ist. Ich fand wirklich alles daran, was mich der allgemeine Ruf hatte erwarten lassen […]. Es sind wirklich mehr Solospieler und gute Komponisten in diesem, als vielleicht in irgendeinem Orchester in Europa. Es ist eine Armee von Generaelen, gleich geschickt einen Plan zu einer Schlacht zu entwerfen, als darin zu fechten.“[111] Der Wiener Schauspieler Johann Kaspar Riesbeck sollte zutiefst überzeugt sein, dass die Kunst Carl Theodors größte Leidenschaft war: „Er hat ihr sehr große Opfer gebracht. Seine Orchester und seine Oper sind nebst den Musiken zu Neapel und Turin, das beste von der Art in Europa.“[112] Der Dichter Friedrich Gottfried Klopstock (1724–1803) sollte 1775 propagieren: „Man lebt hier in den Wollüsten der Musik.“[113] Zudem sollte sich Christian Friedrich Daniel Schubart (1770er) zu den Worten hinreißen lassen: „Kein Orchester der Welt hat es je in der Ausführung dem Manheimer zuvorgethan. Sein Forte ist ein Donner, sein Crescendo ein Catarakt, sein Diminuendo – ein in die Ferne hin plätschernder Krystallfluss, sein Piano ein Frühlingshauch.“[114] Schließlich sollte sogar Wolfgang Amadé Mozart (1756–1791) 1778 den kurpfälzischen Musenhof beneiden: „[…] ja wenn die Musique [in Salzburg] so bestellt wäre wie zu Mannheim! – die subordination, die in diesem orchestre her[r]scht! – die auctorität die der Cannabich hat – da wird alles ernsthaft verrichtet; Cannabich, welcher der beste Director ist, den ich je gesehen, hat die liebe und forcht von seinen untergebenen. – er ist auch in der ganzen stadt angesehen, und seine Soldaten auch – sie führen sich aber auch anderst auf – haben lebens=art, sind gut gekleidet, gehen nicht in die wirths=häuser und sauffen.“[115]

„Zur größeren Splendeur“ – Besuch der Herzogtümer Berg und Jülich

Nach dem Frieden von Dresden konnte im September 1746 Carl Theodor endlich zu einer bereits länger geplanten Reise in seine niederrheinischen Territorien aufbrechen: zum Herzogtum Berg mit seiner florierenden Gewerbelandschaft vor allem in Wuppertal (Textilmanufakturen) und Solingen-Remscheid (Kleinbetriebe) sowie zum fruchtbaren Agrarland Jülich. Bislang hatte doch die Besetzung der Haupt- und Residenzstadt Düsseldorf (1743/45) durch die französische Armee während des Österreichischen Erbfolgekriegs einen Besuch verhindert. Sage und schreibe transportierten 30 Fracht- und 61 Personenschiffe das kurfürstliche Paar samt seiner Entourage nach Düsseldorf. Am 15. Oktober traf Carl Theodor mit seiner Gattin dort ein, wo anlässlich seiner Huldigung prunkvollste Festlichkeiten und Illuminationen stattfanden. Der Syndikus „präsentierte den gnädigsten Landesherrschaften kniefälligst die Stadtschlüssel, welche höchst dieselbe gnädigst zu berühren und sofort alle getreuen unterthänigsten Rat wiederum anvertraut zu lassen geruhte“[116], propagierte die Festschrift des Kölner Journalisten und Satirikers Heinrich Lindenborn (1706–1750). Gerade dieser beschrieb den immensen Aufwand, der am Niederrhein betrieben wurde. Die Festgäste sahen neben Porträts der Kurfürstin Elisabeth Auguste, die die Göttin Minerva flankierten, verschiedene „theils vergöldete – theils versilberte, von dem berühmten Churfürstlichen Bildhauer Herrn [Paul Johann] Eggel [Egell, 1691–1752] verfertigte Bildnüsse der alten Götter und Göttinnen“[117], die ebenfalls der Fürstin huldigten. Eigens dafür war dieser Künstler zusammen mit dem Hof- und Historienmaler Antonio Bernardini (um 1697–1762) aus Mannheim angereist, denn die Düsseldorfer Obrigkeit hoffte insgeheim, ihr Landesvater würde dem Beispiel ihres großen Kurfürsten Jan Wellem (Johann Wilhelm) als Herzog von Jülich und Berg (reg. 1679–1716) folgen und hierher seine Hauptresidenz verlegen. Man hielt sich „des Kurfürsten Neigung zu diesen Ländern und dem Aufenthalt darinnen durchgehends versichert“[118]. Die Grundvoraussetzungen beider Wittelsbacher jedoch unterschieden sich grundlegend. Jan Wellem hatte bereits elf Jahre über die Herzogtümer Jülich und Berg geherrscht, ehe ihm 1690 erst die Kurpfalz zugefallen war.

Besonders gefiel Carl Theodor, wie ausgezeichnet die beiden Herzogtümer Jülich und Berg mit der Residenzstadt Düsseldorf infolge ihrer frühen Industrialisierung prosperierten. Die Geschäftigkeit auf den Plätzen und in den Gassen mussten Erinnerungen an seine Kindheit in der Handelsmetropole Brüssel wachrufen. Damit konnte er sie mit seinen wirtschaftlich zurückgebliebenen Herzogtümern Neuburg und Sulzbach nicht vergleichen. Im Gegensatz zur Kurpfalz musste er in seinen niederrheinischen Herzogtümern sowie auch in

Neuburg seine Herrschaftsrechte mit den aktiven Landständen, das heißt mit dem selbstbewussten landsässigen Adel, teilen. Deshalb versuchte seine Entourage, ihn davon abzubringen, länger in Düsseldorf zu verweilen. Carl Theodor jedoch reagierte nach dem Diplomaten Christian Ludwig von Hagedorn sehr energisch: „Sie blieben nicht von Düsseldorf, und könnten sie nicht logieren, so würden sie campieren."[119] Denn stets durfte er nicht aus seinem Blickwinkel verlieren, dass nur durch ihn allein, seine Kabinettssekretäre, die „Geheime Konferenz" und die Gemeinschaft der Minister unter seinem Vorsitz die sechs Länder zusammengehalten werden konnten. So sollte das Kurfürstenpaar – abgesehen von einem Kuraufenthalt in Aachen und einer Reise in die Österreichischen Niederlande – elf Monate am Niederrhein verweilen. Doch die aktiven Landstände, die immer wieder Klagen vorbrachten und allgemeines Missfallen erregten, hatten den Entschluss einer baldigen Rückkehr erleichtert. Vor seiner Abreise allerdings ordnete er an, dass der Hofbaumeister Johann Heinrich Nosthoffen (1731–1757) das Düsseldorfer Stadtschloss und das Renaissance-Rathaus (1572) (Abb. 21, 22) „zur größeren Splendeur der Residenz und zum Plaisir und Commodité der Herren Stände"[120] umzubauen sowie den maroden Zustand des Jagdsitzes Benrath infolge eines Brands (1740) im Bereich des Corps de Logis zu beseitigen habe.

Abb. 21: Renaissance-Rathaus (1570/73), erbaut von Heinrich Tussmann, und Jan-Wellem-Reiterdenkmal von Gabriel Grupello (1703/11), Düsseldorf

Abb. 22: Portal und Balkon des Düsseldorfer Rathauses mit den Initialen „CT“ und „EA“, hinzugefügt von Johann Joseph Couven, 1749/50

Auf ihrer Reise nach Aachen besuchte das Kurfürstenpaar am 29. Mai 1747 ebenso die unter Wilhelm V. dem Reichen Herzog von Jülich-Kleve-Berg (reg. 1539–1592) vom Bologneser Festungsbaumeister Alessandro Pasqualini (1493–1559) erbaute Renaissance-Zitadelle Jülich (1543/80). Zum Empfang hieß es: „Nach vorläufiger unterredung mit hießigen H[errn] Gouverneuren H[errn] Graffen de la Marck Excele[nz] wurde concludiert, daß hießige Bürgerschafft vom new-thor im gewehr, wie auch die Jugendt erscheinen, undt paradieren mithin Magistratus höchstgemelt. Ihr churfürstl[iche] D[ur]chl[aucht in] der Steternicher straßen unt[er]th[änig]st Empfangen, und in Corpore complimentiren sollen [...]. Den churfürstll[ichen] Durchlauchtigkeiten [...] legen [...] Bürger-Me[i]ster, Sch[o]effen und Rath [...] auch gesambte Bürgerschaft sich unterthänigst zu füßen [...] zu bevorstehender Aachen Reyßen [...] höchstes Wohlergehen [...] empfehlend."[121] Obgleich es dem Kurfürsten zeitlebens nicht mehr möglich sein sollte, Jülich zu besuchen, kam dennoch seine Großzügigkeit der Schlosskapelle zu Gute, als 1768 ein Brand Renovierungsmaßnahmen nach sich zog. Dazu sollte er eine Westfassade (Abb. 23) mit seinen Initialen und denen seiner Gattin, jeweils in einer in Rocailles gefassten Kartusche, stiften und eine Tafel mit der Inschrift anbringen lassen: „Ich, eine dem ewigen Gott und seinen Heiligen geweihte Stätte erglänzte auf Geheiß Carl Theodors mit neuer Fassade, wie sich der Phoenix wiedergeboren aus der Asche erhebt."[122] Zudem sollten die beiden Bronzeglocken der Schlosskapelle das Inschriftenband „Auf allergnädigstes Geheiß seiner Durchlaucht Carl Theodors, des Kurfürsten von der Pfalz und Bayern, verfertigte [diese Glocke] im Jahre 1786 Willibrord Stocki aus Jülich"[123] erhalten – ein Beleg dafür, wie sehr sich die Jülicher Obrigkeit noch zu dieser Zeit mit ihrem Wittelsbacher Landesherrn verbunden fühlen sollte.

„Gestern Nachmittags [am 31. August 1747] um halb 4 Uhr, als der Churfürst zu gutem Glück im Ball-Hauße [zu Düsseldorf] war, fiel die gewölbte Decke von dero Cabinet mit den grösten Backsteinen gerade über denjenigen Ort ein, wo der Churfürst zu sitzen gewohnt war [...] außer dem aber hätten Sie als dann an dem nemlichen Ort, wo es eingebrochen, gesessen, und vermöge Ihro Gewohnheit, nach der Tafel auf den Violoncello gespielet, womit Sie sich nach selbigen Vormittages bis um zwölf Uhr die Zeit vertrieben hätten"[124], meldete voller Entsetzen der sächsische Diplomat Christian Ludwig von Hagedorn nach Dresden. Letztendlich dürfte dieses Ereignis die geplante Rückkehr des Kurfürstenpaars nach Mannheim beschleunigt haben, hätte doch der marode Zustand der Düsseldorfer Residenz einen weiteren Winteraufenthalt

Abb. 23: Westfassade der Schlosskapelle, Zitadelle Jülich, erbaut nach 1768

am Niederrhein entschieden erschwert. Acht Jahre sollten sodann ins Land gehen, ehe Carl Theodor wieder im Herzogtum Berg erscheinen sollte. Vor allem hatte sich Elisabeth Auguste gegen Düsseldorf als Hauptresidenz ausgesprochen, so dass die Hofgesellschaft im September 1747 nach Mannheim aufbrach.

„Die Landes-Sonn kommt wieder" nach *Mannheim*

Mit frenetischem Beifall und Erleichterung wurde das kurfürstliche Paar in Mannheim begrüßt – und dies vorneweg von der angetretenen Judenschaft: „Kommt, hebet Haupt und Stimm empor, / Bringt, Knechte Eures Herrn, hervor / Erhabne Dank- und Lob-Lieder! / Erzälet, was Er euch gethan: / Stimmt freudenvolle Worte an: / Warum? Die Landes-Sonn kommt wieder. // All Deine Feinde sagten Dir: / Dir mangelt Deines Landes Zier, / Allein ein Huy hat sich's verkehret. / Jetzt sprechen sie: Dein Wort sei recht; / Nichts sei in Deinem Leben schlecht: / Die Zeit ist da, da Niemand wehret. // Recht so: Mein Haupt beschützet mich: / Der Friede bei mir mehre sich. / Ja ruft nur: Meine Mauern blühen! / Ihr Bürger, eilt geschwind herzu, / Lasst Euch im Danken keine Ruh: / Jauchzt! Aller Kummer müsse fliehen. // Es kriecht, o Fürst und Fürstin, Euch / Die Zahl der Bürger allzugleich / Nur unter Eurer Flügel Schatten. / Da haben sie den reichsten Schutz / Und muss zu ihrer Feinde Trutz / Sich lauter Freud und Wollust gatten […]."[125]

Wie sollte sich nun der Kurpfälzische Hof als standesgemäße Heimat des „reichsten ungekrönten Fürsten"[126], wie der französische Botschafter in Mannheim Carl Theodor bezeichnete, weiterentwickeln? Neben den Verwandten, dem Pfalzgrafenpaar Friedrich Michael und Maria Franziska sowie Wilhelm Pfalzgraf von Zweibrücken-Birkenfeld-Gelnhausen (1752–1837), gehörten an die Spitze der Hofgesellschaft die Oberhäupter der sechs Hofstäbe: Obristhofmeister, -kämmerer, -hofmarschall (mit den diesem unterstellten adligen Amtsträgern Obristsilberkämmerling und -küchenmeister), -stallmeister, -jägermeister und der Intendant des Hofmusikstabs. Zur obersten Entourage der Kurfürstin hingegen zählten der Obristhof- und Obriststallmeister sowie die Obristhofmeisterin und die Fräulein-Hofmeisterin, die Gouvernante der zumeist sieben Hofdamen. Alle diese Herrschaften übernahmen vorwiegend zeremonielle Aufgaben, indessen Stabssekretäre und weitere Bedienstete die tägliche Verwaltungsarbeit verrichteten.

Über diesen Hofstab konnte das künstlerisch geprägte Alltagsleben am Mannheimer Musenhof wieder Fahrt aufnehmen. Dazu gehörten sämtliche Veranstaltungen im Jahreskreis. So feierte das Kurfürstenpaar das Neujahrsfest von 1748 als „Galatag". Die Hofgesellschaft musste in besonders aufwendigen, kostbaren

Kostümen auftreten, durfte dem Landesherrn und seiner Gattin ihre Aufwartung machen sowie die Glückwünsche für das neue Jahr übermitteln – streng hierarchisch geordnet und schweigend durch Handkuss und Verbeugung. Zum Programm gehörte ebenso eine große öffentliche Tafel, bei der das Kurfürstenpaar vor den Augen des gesamten Hofstaats speiste. Dem folgte ein „grand appartement“, eine festliche Abendversammlung, in den dafür vorgesehenen Großen Appartements des Schlosses auf der linken Seite des Rittersaals. Weitere Galatage fanden anlässlich der Geburts- und Namenstage des kurfürstlichen Paars und von Pfalzgraf Friedrich Michael sowie dessen Gattin Maria Franziska statt.[127] Am 17. Januar 1748, dem Geburtstag der Kurfürstin, wurde beispielsweise wieder eine große Oper auf die Bühne gebracht: „La clemenza di Tito“ von Carlo Luigi Grua. Bis 1777 sollten um die 25 Uraufführungen im Opernhaus stattfinden. Gleich nach Epiphanie starteten die Karnevalslustbarkeiten – dazu die Kurfürstin: „Nächsten Montag beginnen die Maskenbälle, die zweimal pro Woche stattfinden werden, ich freue mich riesig.“[128] Dennoch wies sie darauf hin: „Ich habe Kopfweh und ich bin der Bälle müde [...].“[129] Wie wohl sich Carl Theodor während der Festivitäten fühlte, verriet seine Gattin dem Münchner Schwager: „Wenn Sie den Kurfürsten jetzt sähen, würden Sie ihn nicht wiedererkennen, er ist von charmanter Fröhlichkeit, die Masken bereiten ihm unendlich viel Spaß, er erfindet die grotesken, ich lege Ihnen eine Liste von denen bei, die er getragen hat [...]: Domino für Frauen, die Farben der Spielkarten, Hemaphroditen, Pulcinella, und dann als Mora, als Zwerg auf einem Tisch und dann als Pilger, als großer Fontange und dann als Spanier [...].“[130] Nur von einem freien Abend in der Woche unterbrochen, wechselten sich Opernaufführungen, Konzerte im Rittersaal sowie zweimal wöchentlich Aufführungen der französischen Komödie und Maskenbälle ab. Letztere fingen um 20 Uhr mit einem „en Domino“, einem in Maskierung eingenommenen, festlichen Souper, an und zogen sich bis in die Morgenstunden hin. Ebenso wurden mit größter Begeisterung sogenannte „Wirtschaften“ inszeniert. Dabei trat das Kurfürstenpaar als Wirtsleute auf und bediente die rustikal kostümierte, durch ein Losverfahren in Paaren zusammengewürfelte Hofgesellschaft. Die Herren mussten ihre Partnerinnen in den Salons der Kurfürstin abholen, um sie dann – eskortiert von maskierten Musikern und Pagen, die Wachsfackeln mit sich führten – in streng hierarchisch geordnetem Zug zur Tafel zu geleiten.[131] In die Faschingszeit fiel auch das Fest Mariä Lichtmess (2. Februar), an dem sich die Ritter des St.-Hubertus-Ordens, der nobelsten kurpfälzischen Gemeinschaft, zu feierlichen Gottesdiensten zusammenfanden.

Ab Aschermittwoch folgte die Fastenzeit. Während sämtliche Abendveranstaltungen eingestellt wurden, blieb das Programm der französischen Komödie. Nur zwei Wochen vor und nach Ostern ruhte der Theaterbetrieb. An den ruhigeren Abenden fanden „petit appartements“, kleinere Versammlungen, in den

Salons der Kurfürstin statt. Auserkorene Höflinge unterhielten Elisabeth Auguste beim Kartenspiel.

Zwei Wochen vor Ostern widmete sich die Hofgesellschaft der „Schuldigkeit der österlichen Kommunion“. Ab Palmsonntag steigerte sich der religiöse Festkalender, während Carl Theodors politische Aktivitäten ruhten. Die gesamte Karwoche hindurch zeigte sich der Hof in Trauerkleidung und versammelte sich jeden Nachmittag um 16 Uhr zu einer Mette. Jahre später erinnerte sich der schwedische Forschungsreisende Professor Jacob Jonas Björnståhl (1731–1779): „Am grünen Donnerstag verrichtete der Kurfürst in der Schlosskapelle die bei den Katholiken gewöhnliche Religionszeremonie des Fußwaschens. Alles ging dabei herrlich und prächtig zu: Die ganze Wache paradierte, der Kurfürst hatte die in einem kurzen schwarzen spanischen Mantel und der Ordenskette bestehende Ordenstracht des Sancthubertusordens an; die sämtlichen Ritter wie auch die Prinzen Karl von Zweibrücken und Wilhelm von Birkenfeld nebst dem jungen Prinzen Radzivill aus Polen begleiteten ihn. Die Messe wurde mit einer schönen Musik angefangen. Darauf genossen der Kurfürst, die Prinzen und die übrigen Ritter und zuletzt die zwölf alten Männer, welche die zwölf Apostel vorstellten, und, wie zu Rom, weiß gekleidet waren, das Abendmahl. Das Fußwaschen selbst geschah im sogenannten Rittersaale, wo sich die zwölf Apostel auf eine mit schwarzem Tuch überzogene lange Bank setzten. Es werden jährlich, so lange einer von ihnen lebt, ebendieselben alten Männer dazu genommen. Die Priester stimmten das Evangelium an; und als sie zu den Worten: deposuit vestimenta sua, kamen, legte der Kurfürst Mantel, Ordenskette und Handschuh ab, so dass er bloß die Weste an hatte: Den Degen behielt er aber doch an. Als die Worte: et incepit lavare pedes eorum, gesungen wurden, machte er mit dem Fußwaschen den Anfang. Er kniete auf ein Polster nieder, goss einem von den alten Männern Wasser auf die Füße, trocknete sie darauf mit einem Handtuche ab und neigte sich, gleichsam um den Fuß zu küssen, mit dem Kopfe vorwärts. Diese Handlung wurde mit einem jeden von ihnen die ganze Reihe hindurch besonders von Neuem vorgenommen. Darauf legte er seine Kleidung wieder an und bediente diese alten Männer bei der Mahlzeit, die sehr geschwind verrichtet wurde, indem sie von den Gerichten nur kosteten und solche hernach mit sich nahmen. Überdem gab der Kurfürst jedwedem fünf Gulden; der arme Schelm aber, der das angenehme Los hatte, Judas vorzustellen, empfing doppelt so viel als die andern. Übrigens bekommen sie alle Jahr neue Kleidung und haben die Freiheit, in die Häuser umherzugehen und zu betteln, ohne dass ihnen desfalls etwas gesagt werden darf.“[132] Sodann folgte am Karfreitag die Große Liturgie, und am frühen Abend des folgenden Tages wurde die Osternacht gefeiert, nachdem Carl Theodor und Elisabeth Auguste die Heiligen Gräber in allen Mannheimer Gotteshäusern besucht hatten. Zum Ostersonntag verkündete der „Hof- und Staatskalender" von 1749: „[...] Morgens um 10 Uhr Predig[t], darauf das Musicalische Hohe Ambt, Abends um halber 6 Uhr wird bey vor- und nach gegebenen heiligen Seegen der Rosenkrantz gebettet, und die Lauretanische Litaney ebenfals Musicalisch abgesungen."[133]

Eine tief empfundene Religiosität und die Zugehörigkeit zum Katholizismus waren aus dem höfischen Leben nicht wegzudenken, so an allen Hochfesten, Marien-, Apostel- und Namenstagen der für die Kurpfalz oder die fürstliche Familie wichtigen Heiligen. Darüber hinaus besuchten das Kurfürstenpaar und zahlreiche Höflinge die tägliche Messe, zogen sich bei Zeiten zu Exerzitien zurück und pilgerten zu den Wallfahrtsorten Oggersheim, Waghäusel und Walldürn.

Anfang Mai nahm Carl Theodor Paraden der in Mannheim und Heidelberg stationierten Regimenter ab. Zu dieser Zeit verlegte das Kurfürstenpaar den Hof zum Sommersitz Schwetzingen, um dort bis Ende September beziehungsweise Anfang Oktober zu verweilen. Von Mitte Juli bis Mitte August fanden keine Geheimen Konferenzen, also keine Ministerialversammlungen unter dem Vorsitz Carl Theodors, statt. In dieser Zeit konnten die Minister und Staatssekretäre kuren oder sich auf ihre Güter zurückziehen. Dringende Geschäfte erledigte der Kurfürst mit dem diensthabenden Minister oder dessen Kabinettssekretär.

Höfische Festlichkeiten zierten ebenso die fünf- bis sechstägigen Namenstagsfeiern für das Kurfürstenpaar, so am Tag des hl. Karl Borromäus am 4. November und der hl. Elisabeth am 19. desselben Monats. Am „Galatag" empfingen Carl Theodor und Elisabeth Auguste in ihren Audienzsalons, unter den Thronhimmeln stehend und umringt von den Kämmerern beziehungsweise den Hofdamen, die Hofgesellschaft und die Ranghöchsten der Staats- und Stadtverwaltung zu Handkuss und Glückwunsch. Sodann folgte ein feierlicher Gottesdienst in der Mannheimer Hofkirche. Beim Gloria, beim Anstimmen des Tedeums und beim Segen gaben die Kanonen auf den Festungswällen ihre Salven ab. Eine öffentliche Tafel folgte, bei der die adeligen Kammerherren die Speisen kredenzten. Am Abend schloss der jeweilige Namenstag mit einem „grand appartement". Tags darauf fand alljährlich die Premiere einer neuen Oper statt. Am Ende schlossen Maskenbälle mit Souper „en Domino", französische Komödie und Konzerte im Rittersaal die Festivitäten ab.

Besonders ragten auch die Geburtstagsfeierlichkeiten des Kurfürstenpaars (10. Dezember und 17. Januar) hervor, die bis zu sechs Tage in Anspruch nahmen. Dazu gehörten Galaempfänge, große Gratulationen im Thronsaal, Festmessen in der Jesuitenkirche St. Ignatius und Franz Xaver, Opern, Theaterinszenierungen, Konzerte, Feuerwerke und Prunkjagden.

Mit einem repräsentativen Weihnachtsfest und einer Silvesterandacht endete der Jahreskreis am kurpfälzischen Hof zu Mannheim. Noch 1777 sollte der Dichter Christoph Martin Wieland (1733–1813) seinem Darmstädter Freund, dem Redakteur und Naturforscher Johann Heinrich Merck (1741–1791), verraten: „Denn ich wollte lieber ein Paar Finger als die Christmette in der Hofkirche zu Mannheim verlieren. Das ist für mich eine fête, die über alle fêten und Opern geht."[134]

Dazu kamen die Konzerte des Mannheimer Orchesters unter der Leitung von einem der besten Geigenvirtuosen seiner Zeit, dem Hofinstrumentalmusikdirektor Johann Wenzel Anton Stamitz (1717–1757). Gerade dafür hatte Carl Theodor seine Mannheimer Hauptresidenz großzügig ausbauen und den Rittersaal (Abb. 24) stets in Stand halten lassen, wo ab 1756 regelmäßig „musikalische Akademien"[135] stattfinden sollten. Dazu äußerte sich der Preßburger Apotheker und Reiseschriftsteller Gottfried von Rotenstein (1742–1800): „Es waren diesen Abend Akademie, oder – welcher Ausdruk mir passender zu seyn scheint – Konzert bei Hof. Ich [...] eilte in den Rittersaal, wo das Konzert gegeben wurde. Der Hof kam erst nach sechs Uhr, und ich hatte also noch Zeit, mich umzusehen. Der Saal macht ein grosses Oval aus, mit vier hohen Fenstern und einem Attikus. Die Deke, als Fresko gemahlt, stellt eine Seeparthie, den Neptun mit seinem Gefolge, vor. Die Wände sind oben mit den Bildnissen alter Kurfuersten in Lebensgroesse behaengt, worunter auch das Bildniß des Kurfuersten Rubrechts des Dritten ist, welcher zugleich Kaiser [sic!] war. Unten sind wieder etliche Gemaehlde und zwo Nischen, worinnen die Statuen des jezigen Kurfuersten und seiner Gemahlin in Lebensgrösse stehen. Der Saal wird durch elf Kronleuchter erleuchtet, der Boden ist eingelegt"[136] (Abb. 25, 26).

Bis zum Jahr 1775 sollten zum Mannheimer Hof um die 900 Personen gehören. Die immensen Kosten inklusive der in die Privatschatulle des Kurfürstenpaars fließenden Finanzmittel und die Gelder für die Förderung des öffentlich zugänglichen Opern-, Theater-, Musik- und Wissenschaftsbetriebs beliefen sich auf zirka eine Million Gulden alljährlich – etwas mehr als ein Fünftel der Einnahmen aller kurpfälzischen Territorien.

Inspiriert durch seine Gattin und seinen Schwager Friedrich Michael wünschte sich nun Carl Theodor mehr und mehr, seine Regierung neben der prächtigen Hofhaltung auch durch die Förderung von Musik, Theater, Kunst und Wissenschaft zu zieren und über sein Ableben hinaus zu glorifizieren. Dieser Sehnsucht stand der alte Premierminister Marquis d'Ittre entgegen, so dass er ihm auf Betreiben von Elisabeth Auguste im Oktober 1750 nahelegen musste, sich auf seine Liegenschaften in den Österreichischen Niederlanden zurückzuziehen. In der Folgezeit überließ der Kurfürst seiner Gemahlin die Leitung der höfischen Festlichkeiten. „Feste folgten auf Feste, und der gute Geschmack, der dabei entwickelt wurde, verlieh ihnen immer neue Reize. Da gab es Jagden, Opern, französisches Schauspiel, Musikaufführungen durch die ersten Virtuosen Europas, kurz die kurpfälzische Residenz war der angenehmste Aufenthalt der Welt"[137], pries der

Abb. 25: Kurfürstin Elisabeth Auguste mit einem Putto, den Kurhut haltend. – Marmorfigur, gemeißelt von Peter Anton von Verschaffelt, 1756/58

Abb. 24: Rittersaal mit dem Deckenfresko „Göttertafel zu Ehren der Hochzeit von Peleus mit der Göttin Thetis" von Cosmas Damian Asam und dem Stuck von Paul Johann Egell, Schloss Mannheim, 1729

Abb. 26: Kurfürst Carl Theodor mit Marschallstab. – Marmorskulptur, gestaltet von Peter Anton von Verschaffelt, 1756/58

in Florenz gebürtige, kurpfälzische Hofhistoriograph Cosimo Alessandro Collini (1727–1806), ein Freund des berühmten Pariser Philosophen Voltaire, den Mannheimer Hof. Welch großen Einfluss die Kurfürstin auf das Programm der Hoffeste und vor allem der „comédie française" gewann, belegte das Libretto der Pantomine „L'Allegresse du Jour" von 1754. Auf dem Titelblatt hieß es: „Anlässlich der Genesung seiner Durchlaucht des Kurfürsten auf Befehl ihrer Durchlaucht der Kurfürstin gegeben am Montag, den 16. Dezember 1754, im Theater der französischen Komödie durch die Komödianten und Tänzer des Hofes."[138]

Keineswegs reichten dem belesenen und kunstbeflissenen Kurfürsten die zahlreichen Festivitäten mit Musik, Bällen und prunkvoller Tafel aus, seiner Vorstellung eines vollendeten Musenhofes von europäischem Rang zu entsprechen. Deshalb kümmerte er sich im Dezember 1750 höchstpersönlich um den Bau des östlichen Mannheimer Schlossflügels mit Bibliothek und vielen anderen Räumlichkeiten. Noch im „Pfälzischen Kleinen Calender auf das Jahr 1770" sollte darauf hingewiesen werden: „Es sind darin die Archive, Bibliothek, das Münz- und Antiquitäten-Kabinet, der Schaz, die Malerei-Sammlung, die von den Kupferstichen und Desseins, wie auch das Kabinet von den Natur-Seltenheiten, die Reitschule, der Stall und das Kutschen-Haus."[139] Selbst der Fernreisende Riesbeck sollte Jahre später darauf enthusiastisch reagieren: „Die praechtigen Sammlungen von Kupferstichen, Antiken, und andern Sachen sind ewige Denkmäler seiner Freundschaft mit den Musen."[140] Damit meinte er nicht die „kostbahren Mahlerey Cabinetter" in der Beletage des südöstlichen Pavillons des Corps de Logis, die zwischen 1757 und 1760 von Philipp Hieronymus Brinckmann (1709–1760) als Kabinettdirektor und Hofmaler betreut wurden. Als Fremder konnte er diese auch nicht kennen, da sie ausschließlich zur Repräsentation des Kurfürsten als Beschützer der Musen eingerichtet worden waren. Nur auserwählte, hochkarätige Gäste durften die dortigen Kunstschätze bewundern. Zu ihrer Information diente ein eigenes Sammlungsverzeichnis. Bereits 1755 hatte Carl Theodor angeordnet, dass die „ausgab und Verkauffung der gallerie Catalogen gäntzlich auffzuheben sei, mit der ausnahmbe, daß wan [...] fürsten oder andere hohe potentaten von ausnehmender distinction zur gallerie hinkommeten ihren directorn gantz allein zustehen solle, denenselben auff verlangen einen Catalogum abgeben zu dörffen."[141] Vielmehr spielte Riesbeck auf die Gemäldesammlung an, die aus dem Bereich der Hauptappartements und den privaten Salons des Kurfürsten in die Galerie mit neun Sälen, also in den Ostflügel, verlagert worden war. 644 Exponate dienten dort zur Anregung angehender Hofkünstler.[142] Die Erweiterung der Kunstsammlung oblag ausgewiesenen Kunstkennern, die von Carl Theodors Kabinettssekretären Johann Georg Stengel (1721–1798) und dessen Sohn Stephan (ab 1773) orchestriert wurden. Letzterer sollte betonen: „Ich stand da gleichsam im Mittelpunkte, wo alle Kunst- und Wißenschaftliche Gegenstände, alles, was darin Neues und Vorzügliches erschien, sich vereinigte."[143] Ebenso wenig vergaß Riesbeck das Kupferstich- und Zeichnungs-Cabinet mit zirka 50.000 Drucken und 9.000 Handzeichnungen, das auch im „Pfälzischen Kleinen Kalender" vorgestellt werden sollte: „Aus dem lezteren Gemählden-Zimmer gehet man in das Kupferstich-Cabinet. Auch dieses hat seine Anstalt dem Durchlauchtigsten Carl Theodor zu danken. Höchstdieselbe berufen 1758 den ersten Hofmahler und Galerie-Director Herr [Wilhelm Lambert] Krahe [1712–1790] von Düsseldorf und übergaben ihme, diese Kupferstich-Sammlung einzurichten. Es ist dieses eines der zahlreichsten in ganz Europa, und bestehet aus mehr als 400 Büchern in gros Folio. Die Kupferstiche darin sind nach den verschiedenen Schulen eingetheilet, nach Italienischen, Französischen, Niederländischen, Englischen, Holländischen und Deutschen. Man findet darin alles, was in dieser Gattung das seltenste und auserlesenste so altes als neues nur immer seyn kann. Man hat weder Kosten noch Mühe gesparet, um diejenigen Stüke zu bekommen, welche nicht gleich zu haben sind. Den Kupferstüken hat man eine grose Menge Original-Zeichnungen von den berühmtesten Meistern beigefüget, und behält einige 1000 davon in Futteralen auf. Es sind darin über 550, welche mit Rahmen in weisen Glas eingefaßt sind, und die Wände des Kabinets bekleiden."[144]

Als Kurfürst Carl Theodor Mannheim verlassen musste, sollte er an der Nordseite des Hofgartens sogar einen autonomen Sammlungstrakt (1777/83) erbauen lassen, der der Allgemeinheit geöffnet werden sollte. Wie zukunftsweisend er in der Kunst- und Wissenschaftswelt agierte, sollte erst 1783 durch den „Vorbericht“ zum Kassler Galerie-Katalog jedermann deutlich werden: „Man müßte die wahren Vorzüge einer berühmten Gemählde-Sammlung und den dadurch zu stiftenden Hauptnutzen ganz verkennen, wenn man sie bloß als eine entbehrliche Ausschmückung der Zimmer und als einen Gegenstand einer leeren Bewunderung betrachten wollte: Nur alsdenn legt man ein gegründetes Zeugniß ab, daß man ihren eigentlichen Werth und den besten davon zu machenden Gebrauch gehörig zu beurtheilen wisse, wenn man sie als Lehrerin empfiehlt und geltend macht, die dem Kunstfreunde, der sie nach sicheren Regeln thätig studiert, einen mannigfaltigen und gemeinnützigen Unterricht ertheilt. Auf diese Art benutzt wird sie nicht nur eine Quelle des Vergnügens, sondern auch solcher Vortheile, die durch Bildung und Ausbreitung des guten und schönen Geschmacks […] einen Einfluß auf das allgemeine Beste haben.“[145]

4. »ALLE LUSTBARKEITEN SEIEN EINZUSTELLEN«

Im August 1755 reiste Kurfürst Carl Theodor ein zweites Mal nach Düsseldorf. Diesmal befand sich in seinem Gefolge Nicolas de Pigage, der das Stadtzentrum zu inspizieren und seine Beobachtungen als Memorandum festzuhalten hatte. Zudem beauftragte er ihn, sich um das Jagdschloss Benrath zu kümmern, da Johann Heinrich Nosthoffen offensichtlich nicht in der Lage gewesen war, die Schäden vollständig zu beseitigen. Schon bald schlug Pigage vor, einen Neubau zu errichten und den Wildpark in eine achsensymmetrische französische Gartenanlage zu verwandeln. Von dessen Argumenten überzeugt, gab Carl Theodor am 19. November der Düsseldorfer Hofkammer die Anweisung, den Bau zu unterstützen, und forderte seinen Oberbaudirektor auf, notwendige Risse anzufertigen. Mit Enthusiasmus und Ehrgeiz begann Pigage seine Arbeit, ein Lustschloss und „Retraite“ für das Kurfürstenpaar zu planen. Bereits im Frühjahr 1756 wurde das Corps de Logis des alten Schlosses abgebrochen, während die Flügelbauten als Wirtschaftstrakte stehen blieben. Doch bald ruhten die Arbeiten. Im Mai musste der Kurfürst dringend nach Mannheim zurückkehren. Danach sollte eine französische Garnison zum Schutz der Stadt und Ausbau der Festung Düsseldorf erscheinen, denn der Wittelsbacher zeigte wenig Interesse an einer fortifikatorischen Verstärkung der niederrheinischen Residenzstadt. Erneut war über Carl Theodors Länder der Krieg hereingebrochen. Sollten die Kampfhandlungen den Neubau des Schlosses Benrath verhindern?

Die Konvention von Westminster (16.1.1756), ein Garantievertrag zwischen Friedrich II. König in Preußen und Georg II. König von Großbritannien und Kurfürst von Braunschweig-Lüneburg, wie auch das Bündnis zwischen den Dynastien Bourbon und Habsburg (1.5.1756) stellten nicht nur das bisherige europäische Allianzsystem, sondern ebenso Carl Theodors außenpolitische Bemühungen in Frage. Damit war Frankreich als Garant der Unantastbarkeit seiner Territorien und der Kurbayerns gegen Österreich ausgeschieden. Am 29. August 1756 ließ Friedrich II. seine Truppen in Kursachsen einmarschieren und schloss die sächsische Armee bei Pirna ein. Der Siebenjähriger Krieg (1756–1763) war ausgebrochen.

Sofort reagierte Carl Theodor mit dem Befehl: „[...] alle Lustbarkeiten seien einzustellen [...], da die erzürnte Hand Gottes sich allenthalben zeige [...].“[146]

Darunter fielen die Schließung der Mannheimer „comédie française" unter dem Hofmusikintendanten Carl Christian Baron von Eberstein sowie sämtliche Veranstaltungen in den Residenzen zu Mannheim und Schwetzingen. Nun standen die Großmächte Preußen und Großbritannien einer Allianz aus der Habsburgermonarchie, dem Reich, Frankreich, Russland und Spanien gegenüber. Carl Theodor geriet sofort zwischen die Fronten, zumal Friedrich II. ihn aufforderte, dem mit der Kurpfalz geschlossenen Vertrag (1741) seines Vorgängers nachzukommen. Der Wittelsbacher war hin- und hergerissen. Musste er sich auf die Seite des Aggressors stellen oder sollte er den Besitz seiner niederrheinischen Herzogtümer gefährden? Was blieb ihm und seinen Ministern Hermann Arnold von Wachtendonk und Peter Emanuel Freiherrn von Zedtwitz-Liebenstein (1715–1786) anderes übrig, als zu taktieren und Frankreich zum Schutz von Jülich und Berg zu gewinnen? Solange das Kriegsglück Friedrich II. hold war (z. B. Schlacht bei Lobositz, 1.10.1756), hielt sich Carl Theodor von Österreich fern. Erst nachdem die Großmächte Frankreich und Österreich durch ein Garantieabkommen (28.3.1757) zugesichert hatten, nach seinem Tod die Gattin als „souveräne" Herrscherin der Herzogtümer Jülich und Berg anzuerkennen, konnte sich Carl Theodor ganz auf ihre Seite schlagen und die von seinem Finanzminister und Hofkammerpräsidenten Heinrich Anton von Beckers zu Westerstetten (1695–1777) vertretene Schaukelpolitik beenden.[147] Nach wie vor jedoch versuchte der Wittelsbacher, soweit es irgendwie ging und seine Pflichten, ein Reichskontigent und ein Hilfskorps zu stellen, nicht verletzte, sich aus den jahrelangen, verlustreichen Auseinandersetzungen herauszuhalten. Es genügte schon, dass sein Schwager Friedrich Michael Pfalzgraf von Pfalz-Zweibrücken-Birkenfeld als Feldmarschall (ab 1756) an der österreichisch-französischen Front kämpfte und dem Generalfeldmarschall Joseph Friedrich Prinz von Sachsen-Hildburghausen (1702–1787) sowie dem Marschall Charles de Rohan Prince de Soubise (1715–1787) half, nach der Niederlage bei Roßbach (5.11.1757) ihre Regimenter wieder aufzubauen. Carl Theodor musste die Hiobsbotschaft hinnehmen, dass Karl Alexander Prinz von Lothringen und Bar (1712–1780) als Oberkommandierender der Habsburger Armee die Niederlage bei Leuthen (5.12.1757) akzeptieren musste. Mit Carl Theodors zurückhaltender Taktik war vor allem Versailles nicht einverstanden. Der französische Königshof war empört, als Düsseldorf am 7. Juli 1758 vor den Truppen des Generals Ferdinand Herzog von Braunschweig-Wolfenbüttel (1721–1792) kapitulierte und sich das kurpfälzische „Auxiliarkorps"[148] von 6.000 Mann im November zurückzog. Zu allem Überfluss ließ die kurpfälzische Bevölkerung den Preußenkönig sogar hochleben. Carl Theodor stellte in einer Verordnung aus dem Jahr 1758 fest, dass unter den Staatsdienern und anderen „Landseingesessenen mehrerley allzu frey Gesinnte in die vermessenste Freiheit vorzubrechen beginnen, daß [sie] über Ereignüsse in publiquen Geschäften, auch sogar der inneren Staatsangelegenheiten ihre fast angewohnte tadelhafteste Zungen und schmähsüchtige Federn ohne geringste Rücksicht in den Tag hinein aus [...]lassen, und so unreifeste, als mit böslichen Neigungen und dem Antrieb unmäßiger Leidenschaften umbfangene Vorurteile allenthalben zu äußern sich erkecken mögen."[149] Auch wenn der Kurfürst mit König Ludwig XV. einen weiteren Subsidienvertrag (30.4.1759) unterzeichnete, kühlte sich das Verhältnis zwischen Versailles und Mannheim mehr und mehr ab.

In der Zwischenzeit war Carl Theodors Schwager Pfalzgraf Friedrich Michael bis zur sächsischen Festung Sonnenstein vorgedrungen und hatte Leipzig belagert. Unter ihm als Reichs-Generalfeldmarschall (ab 1760) konnte das kaiserliche Heer Leipzig, Torgau, Wittenberg und Dresden zurückerobern. Zudem hatte er dem Feldmarschall Leopold Joseph Graf von Daun (1705–1766) im Gefecht von Maxen (1759) zum Sieg verholfen und kämpfte erfolgreich im Gefecht von Oschatz (1760) weiter. Erst am 13. Januar 1763 sah sich der Kurfürst in der Lage, aus der gegen Friedrich II. geschmiedeten Allianz auszuscheiden und mit ihm ein Neutralitätsabkommen einzugehen, noch bevor der Friede von Hubertusburg (15.2.1763) den Siebenjährigen Krieg beendete und ein Großteil Schlesiens entsprechend dem Vorfrieden von Breslau (11.6.1742) und dem Frieden von Berlin (28.7.1742) endgültig an Preußen fiel.

Nachdem sich die Lage auch in seinen Ländern beruhigt hatte, musste Carl Theodor 1763 die Düsseldorfer Gemäldesammlung unter der Leitung des Galerie-Inspektors und Malers Wilhelm Lambert Krahe an ihren ursprünglichen Ort, den nach den Plänen des venezianischen Architekten Matteo Alberti (1646–1735) errichteten Galeriebau (1709/14) neben dem Schloss, zurückgeben. Fünf Jahre zuvor hatte er sie nach Mannheim in Sicherheit bringen lassen.[150] Stephan von Stengel erklärte: „Carl Theodor wollte anfänglich die Düßeldorfer Galerie nach Mannheim versetzen und hatte schon die großen Säle neben der Hofkapelle dazu errichten laßen. Auch ware die Gallerie während des siebenjährigen Krieges schon würklich dahin gebracht worden. Da aber die Gülich [Jülicher] und Berger Stände darüber Lärm schlugen, gab er sie nach Düßeldorf zuruk und setzte die schon angefangene pfälzische Gallerie fort, mit welcher er eine vollständige Sammlung von Kupferstichen und Zeichnungen vereinigte."[151]

Ein Jahr später erschütterte ein Verbrechen den Mannheimer Hof: Als der erneut erkrankte Kurfürst zur Ader gelassen wurde, schlug sein Kammerlakai und Liebling Dominik Pierron vor, den von Dagobert Sigmund Graf von Wurmser (1724–1797) empfohlenen Wundarzt Dr. Anton Winter und nicht den kurfürstlichen Chirurgen und ersten Leibwundarzt Franz Bechtler heranzuziehen. In dieser Sache gleichgültig, stimmte Carl Theodor dem Vorschlag zu.

Bechtlers Neider begannen sofort, von seinem bevorstehenden Sturz zu munkeln. Aus Zukunftsangst ermordete dieser im Juni 1764 an der Marschalltafel (heute: Grüner Salon) zuerst Pierron und erstach sich dann mit den Worten: „Cela est pour toi et ceci pour moi", „Das ist für dich und das ist für mich!"[152] Als Mörder und Suizident wurde er in ungeweihter Erde im Wald zwischen Seckenheim und Neckarau verscharrt. Dieser tragische Vorfall sollte in die Geschichte eingehen unter dem Titel „Am Hofe ist nichts eine Kleinigkeit [...]!"[153]

5. »PRACHT UND EINFACHHEIT – DAS IST DER MANNHEIMER HOF«

„In sein[e]m Paradise Schwetzingen"

Obgleich Kurfürst Carl Theodor ab und zu seine sechs Territorien besuchte und in Düsseldorf sogar zwei Jahre lebte, entfaltete sich doch das höfische Leben in den Wintermonaten in Mannheim, im Frühjahr, Sommer und Herbst in Schwetzingen – und dies orchestriert im festgefügten, wenn auch gelockerten Rahmen des habsburgisch-burgundischen Hofzeremoniells.

Bereits 1752/53 hatte Kurfürst Carl Theodor aus Kostengründen den Neubau der Sommerresidenz in Schwetzingen (Abb. 27) nach den beiden Plänen (1749)[154] seines „Intendant[en] dero Gärthen und Wasserkünste"[155] Nicolas de Pigage verworfen. Stattdessen hatte er das bestehenden Corps de Logis (1697), vermutlich vom Baumeister und Ingenieur Georg Andreas Böckler (1644–1698) erbaut, und die dazugehörigen Ehrenhofflügel (1710) des Heidelberger Hofbaumeisters Johann Adam Breunig (um 1660–1727) gegen Ende der 1740er Jahre nur erweitern lassen. Seitdem logierte er mit seiner Gemahlin in der Beletage. Zwei Appartements, mit zwei Antichambres, jeweils einem Schlafsalon und mit einem Kabinett bestückt, standen ihnen zur Verfügung. Zahlreiche Nebenräume, wie Ankleidezimmer, Bibliothek und Speisesaal, waren auf demselben Stockwerk untergebracht. Die zweite Etage hingegen bewohnten Christian IV. Herzog von Pfalz-Zweibrücken (reg. 1735–1775) und dessen jüngerer Bruder Pfalzgraf Friedrich Michael. Auf der dritten Ebene schließlich fanden sich zahlreiche Zimmer für die Kammerfrauen aber auch zwei Appartements für Maria Anna und Maria Franziska Dorothea, die jüngeren Schwestern der Kurfürstin.[156]

„Wie in einem Feenpalast"

Mit dem nördlichen Zirkelbau (1748/52) nach den Plänen von Alessandro Galli da Bibiena und Guillaume d'Hauberat sowie dann mit dem südlichen (1752/54) begann Nicolas de Pigage im Auftrag des Kurfürsten den weiteren Ausbau der Sommerresidenz Schwetzingen. Zeitgleich errichtete er 1752/53 mit dem frühklassizistischen Schlosstheater das erste offene Rangtheater

(Abb. 28) Europas mit einer großen Wandelhalle im nördlichen Zirkelbau. Dazu entstanden ein Zirkel-, Speise- und ein Tanzsaal. So konnte am 15. Juni 1753 anlässlich des Geburtstags von Carl Theodors Schwägerin Maria Franziska Dorothea mit der Oper „Il Giglio delle selve" von Ignaz Holzbauer (1711–1783)[157] das Hoftheater eingeweiht werden und die Schauspieler der „comédie française" dort auftreten. Begeistert bemerkte dazu der englische Musikhistoriker Charles Burney: „Das Theater ist zwar nur klein, aber bequem. Die Dekoration und Kleider sinnreich und geschmackvoll, und an Comparsen und Figuranten war eine grössere Anzahl vorhanden, als ich jemals in der grossen Oper zu Paris oder London gesehen habe. In dem Ballet, die Kirmeß, kamen an hundert Personen zugleich aufs Theater; dennoch ist diese Oper ganz unbeträchtlich, verglichen mit der, welche des Winters zu Manheim in einem der grössesten und splendidesten Theater von Europa gespielt wird, das fünf tausend Personen fassen kann."[158] Dagegen stellte der Komponist Christian Friedrich Daniel Schubart fest: „Wenn sich Neapel durch Pracht, Berlin durch kritische Genauigkeit, Dresden durch Grazie, Wien durch das Komischtragische auszeichneten, so erregte [hier] die Bewunderung der Welt durch Mannigfaltigkeit. Das Theater des Churfürsten [...] war gleichsam ein Odeum, wo man die Meisterwerke aller Künstler charakterisirte. Die abwechselnde Laune des Fürsten trug viel zu diesem Geschmacke bey."[159]

Noch im selben Jahr erschien zwischen dem 28. Juli und 14. August zur großen Freude des Kurfürsten der berühmte Pariser Philosoph und Schriftsteller Voltaire zusammen mit seinem Sekretär Cosimo Alessandro Collini, hatte er sich doch mit Friedrich II. König in Preußen überworfen, der ihn sogar in Frankfurt am Main verhaften hatte lassen. Begeistert bemerkte der französische Aufklärer zu Schwetzingen: „Ich halte mich gegenwärtig im Lustschloß Seiner Durchlaucht des Kurfürsten von der Pfalz auf. Es fehlt mir einzig die Gesundheit, um alle Vergnügungen zu genießen, die man hier anbietet. Französisches und italienisches Schauspiel, große italienische Oper und opera buffa, Ballett, eine reiche Tafel, Konversation, Aufmerksamkeiten, Pracht und Einfachheit – das ist der Mannheimer Hof."[160] Mit großer Freude betonte Voltaire, dass der Kurfürst vier seiner Stücke – darunter „Zaïre" (1732), „Alzire" (1736) und „Nanine" (1749) – aufführte und er sich von ihm zu seiner fernasiatischen Tragödie „L'Orphelin de a Chine"[161] (1755) inspirieren ließ. Am Ende erhielt er von Carl Theodor sogar eine Medaille sowie wertvolle Diamanten und von der Kurfürstin ein Ehrenzeichen.

In dieser Zeit entwarf Johann Ludwig Petri (1714–1794) gerade das zwischen den Zirkelbauten angeordnete Mittelparterre (1753) (Abb. 29). Eigens dafür hatte Christian IV. Herzog von Pfalz-Zweibrücken seinen Hofgärtner abgeordnet, was der kurpfälzische Hofbaumeister Francesco Rabaliatti (1714–

Abb. 27: Schloss Schwetzingen, vermutlich erbaut von Andreas Böckler und erweitert von Johann Adam Breunig, 1697 und 1710

Abb. 28: Schlosstheater hinter dem nördlichen Zirkelbau, errichtet von Nicolas de Pigage, Schwetzingen, 1752/53

1782) erwähnte: „[…] mit zuziehung des Hr. Petri als Ihrer Hochfürstl[ichen] D[urc]hl[auch]t Pfalzgrafen und herzogen zu zweybrücken […] dahier eingefunden haben"[162]. Ins Zentrum setzte Petri ein großes Bassin, für das Carl Theodor 1766 eine Figurengruppe mit dem antiken Dichter und Sänger Arion von Lesbos kaufen sollte, die der lothringische Hofbildhauer Barthélemy Guibal (1699–1755) für den Schlossgarten von Lunéville geschaffen hatte; sie stammte aus dem Nachlass von Stanislas I. Leszczyński König von Polen (reg. 1733–1736) und Herzog von Lothringen und Bar (reg. 1737–1766). Gerade der Organist Schubart sollte sich von den Wasserspielen des Arionparterres anregen lassen: „Nichts konnte auffallender, überraschender seyn, als wenn ein Freund der Harmonie nach Schwezzingen kam, zur Zeit da sich der Kurfürst daselbst aufhielt. Man glaubte durch Zauberei in eine Insel versezt zu seyn, wo alles Ton ist, wo Nixen, Silfen, Gnomen und Salamander, Wasser, Luft, Erd- und Feuermelodien durcheinanderjagen, und dadurch die wundervollste Sinfonie bilden."[163] Nicolas de Pigage musste den Kurfürsten über jede Maßnahme im Schlosspark unterrichten. Vor allem in der Sommersaison hielt Carl Theodor engsten Kontakt mit seinem Oberbaudirektor.

Abb. 29: Mittelparterre, angelegt von Johann Ludwig Petri, Schlossgarten von Schwetzingen, 1753

Als gerade Johann Ludwig Petri 2.400 holländische Lindenbäume verpflanzen ließ, erschien 1754 Johann Friedrich Karl Reichsgraf von Ostein Kurfürst von Mainz (amt. 1743–1763). Er „kam mit seinen vornehmsten Ministern, dem Obrist-Hofmeister, Grafen von Stadion, dem Obrist Kämmerer Grafen von Elz, dem Obrist Stallmeister Baron von Frankenstein und dem Obrist Hofmarschall Grafen von Isenburg an den Hof von Schwetzingen, wo er bis zum 4. August [1754] blieb und von dem Churfürsten von Pfalz bestens divertirt wurde."[164] Zudem fand sich zum Französischen Schauspiel am 21. September des Jahres der passionierte Musikliebhaber und Augsburger Fürstbischof Joseph Ignaz Philipp Prinz von Hessen-Darmstadt (amt. 1740–1768) ein. In den folgenden Jahren sollte er sich zu einem gerngesehenen Ehrengast entwickeln.

In Anwesenheit der höchsten Herrschaften ereignete sich eine Affäre um die beiden französischen Tänzer Bouqueton und Rey, die am 15. Juni 1754 im Schwetzinger Hoftheater ihre Kunst zum Besten gaben. Sie befanden sich auf der Durchreise nach Köln. Doch der Kurfürstin gelang es, beide Künstler für längere Zeit in Schwetzingen zu verpflichten. Der Wittelsbacher Clemens August Kurfürst von Köln (amt. 1723–1761) tobte und befahl, dass das kontraktbrüchige „schlechte Tänzergesindel" sofort zu entlassen sei. Elisabeth Auguste allerdings weigerte sich. Die Hofintrigen schaukelten sich hoch, so dass Clemens August sogar die Verhandlungen mit der Kurpfalz und dem französischen Königshof abbrach. Selbst der berühmt-berüchtigten „Maîtresse en titre" Jeanne-Antoinette Poisson Marquise de Pompadour (1721–1764) gelang es nicht, den Streit zu schlichten, hatte doch die Kurfürstin den französischen Gesandten mit den Vorschlägen der Favoritin König Ludwigs XV. schroff zurückgewiesen. So überredeten die Minister ihren Landesherrn, sich mit Clemens August höchstpersönlich zu einigen, was auch geschah. Doch der erboste Kölner Erzbischof teilte ihm mit, er solle doch umgehend als Oberhaupt des Kurpfälzischen Hauses durchgreifen. Immer wieder stand Carl Theodor hilflos Elisabeth Augustes Zornausbrüchen gegenüber, auf deren Seite sich in der Zwischenzeit sein alter Erzieher und Beichtvater P. Franz Joseph Fegeli von Seedorff geschlagen hatte. Er sollte 1756 nach einem ihrer heftigen, unkontrollierten Auftritte sogar den am französischen Hof unbeliebten Minister Ernst Wilhelm von Wrede (1706–1769) entlassen und die beiden von ihr begünstigten Kandidaten Peter Emanuel Freiherrn von Zedtwitz-Liebenstein (1715–1786) und Heinrich Anton von Beckers zu Westerstetten ins Ministerium berufen müssen. Zu allem Überfluss demütigte die Kurfürstin bei ihrem Geburtstagsempfang Wredes Tochter, indem sie diese mit Missachtung strafte. Dass sich mit der Berufung von zwei neuen Ministern ein profranzösischer Kurswechsel abzeichnete, wie es die Kurfürstin beabsichtigte, sollte allerdings nicht geschehen.[165]

Im erst kürzlich stuckierten Tanzsaal (heute: Mozartsaal) des Südzirkels ließ Carl Theodor am 25. Juni 1755 erstmals eine Musikalische Akademie stattfinden. Gerade diese wurde von nun an zum festen Bestandteil der Schwetzinger „Hofspectacles". Ein Jahr später kam das sogenannte „Rosenfest" hinzu, an dem die hiesige Bevölkerung den sonst allgemein verschlossenen Schlosspark zur Überraschung der europäischen Herrscherhöfe sogar betreten durfte. Im Juli und August 1758 erschien Voltaire erneut in Schwetzingen. Ihm zu Ehre ordnete der Kurfürst an, am 18. Juli dessen Tragödie „Le Fanatisme ou Mahomet le Prophète" (1741) aufzuführen. Damals verschaffte Voltaire seinem Sekretär Cosimo Alessandro Collini die Stelle eines geheimen kurpfälzischen Kabinettssekretärs. Später sollte der Kurfürst ihn sogar zum Hofhistoriographen (1763) und Direktor des Naturalkabinetts (1766) ernennen, obgleich er sich zu dieser Zeit – vom französischen Jesuiten und Fabeldichter François-Joseph Terrasse Desbillons (1711–1789) beeinflusst – bereits von Voltaires revolutionärem Gedankengut distanzieren sollte. Zu Voltaire und Collini gesellte sich auch der in Sulzbach geborene Historiker und Rhetoriker Johann Daniel Schöpflin (1694–1771), dem Carl Theodor eine dreistündige Audienz gewährte und von dem er sich eine pfälzische Landesgeschichte wünschte. Zutiefst war dieser überzeugt: „Man muss zugeben, dass es in Europa keinen Fürsten gibt, der die Literatur so sehr fördert als er, und das ist keine Unterstellung, kein Affekt, keine Eitelkeit, sondern kommt von ihm selbst und seiner guten Natur."[166]

Am 15. Juni 1759 endeten abrupt die opulenten höfischen Geburtstagsfeiern in Schwetzingen. Ein Skandal überschattete die Hofgesellschaft, denn zum geplanten Wiegenfest von Maria Franziska Dorothea Pfalzgräfin von Pfalz-Zweibrücken-Birkenfeld offenbarte sich, dass sie von einem Schauspieler geschwängert worden war. Ihr erzürnter Gatte Friedrich Michael, der sofort in Schwetzingen erschienen war, konnte ihr den Seitensprung nicht verzeihen. Sie musste sofort den Mannheimer Hof verlassen, sich zu den Ursulinen nach Metz begeben, sodann sich zu den Augustiner-Chorfrauen zu Bonnevoie im Herzogtum Luxemburg zurückziehen, um schließlich nach dem Ableben ihres Gemahls den Lebensabend im fernen Sulzbacher Exil zu verbringen. Anstatt des ausgefallenen Geburtstagsfests von Carl Theodors Schwägerin feierte der Mannheimer Hof am 24. Juli 1759 die Hochzeit von Franz Karl Joseph Anton Freiherrn von Hompesch zu Bolheim (1735–1800) mit Antoinette (1736–1778), der Tochter des Obristjägermeisters Ludwig Anton Paul von Hacke (1682–1752). Zu diesem Anlass ertönten im Schwetzinger Hoftheater die Opéra comique „La Cythère assiégée" (1759) von Christoph Willibald von Gluck (1714–1787). Da der Orangerie-Betrieb auch diese Hoftheater-Aufführung gestört hatte, ließ Carl Theodor dafür ein eigenes Gebäude errichten, so dass zukünftig der nördliche Zirkelbau den Theatergästen ausschließlich als Foyer diente.

„Spaziergänge in seinem Zaubergarten"

1762 ließ sich der Kurfürst von Pigage einen Erweiterungsplan für den Schwetzinger Schlosspark vorlegen. Dazu gehörte ein Naturtheater mit Apollotempel, für den der flämische Bildhauer Peter Anton von Verschaffelt sechs Sphinxen und die Figur des Lichtgotts schuf. Dieses Ensemble sollte dem Kurfürsten als Kulisse für Konzerte und Theaterstücke dienen.

Zu dieser Zeit erschien im August 1763 der gerade zum Salzburger Vizekapellmeister erhobene Leopold Mozart (1719–1787), um die Kunstfertigkeit seiner Tochter Maria Anna (1751–1829) und seines Sohnes Wolfgang Amadé

Abb. 30: Kurfürst Carl Theodor mit Traversflöte. – *Ölgemälde nach Johann Heinrich Tischbein dem Älteren, um 1770*

dem Kurfürstenpaar zu präsentieren. Im Tanzsaal des Südzirkels lauschten Carl Theodor und Elisabeth Auguste mit größter Begeisterung dem virtuosen Spiel der beiden Wunderkinder. Laut der „Augsburgischen Postzeitung"[167] hatten sich ebenso Christina Prinzessin von Sachsen (1735–1782), Friedrich II. Landgraf von Hessen-Kassel (reg. 1760–1785), die Pfalzgrafen von Zweibrücken und Joseph Ignaz Philipp Fürstbischof von Augsburg hinzugesellt. „Meine Kinder haben ganz Schwetzingen in Bewegung versetzet"[168], kommentierte stolz der Vater.

Zeitgleich erschien in der Sommerresidenz die Berliner Malerin und Ehrenmitglied der württembergischen „Académie de Arts"[169] Anna Dorothea Therbusch

Abb. 31: Kurfürstin Elisabeth Auguste an ihrem Cembalo. – Kniestück von Johann Heinrich Tischbein dem Älteren, um 1752

geb. Lisiewska (1721–1782), die vom Kurfürstenpaar „aufs schmeichelhafteste empfangen“[170] wurde. Mit größtem Erfolg porträtierte sie in außergewöhnlichen Brust- und Halbbildnissen Carl Theodor, so dass er sie 1764 mit einem Patent[171] zur Hofmalerin erklärte. Und das war ungewöhnlich für eine Frau zu dieser Zeit! Bewusst hatte sie sich vom üblichen Standesporträt entfernt, um den Landesherrn als aufgeklärten Herrscher in einer ungewöhnlich intimen Atmosphäre zu präsentieren.

Trotz außergewöhnlicher Aufgeschlossenheit gewährte Kurfürst Carl Theodor (Abb. 30) nicht jeder Persönlichkeit einen Zugang zu seiner Sommerresidenz. So bewarb sich zwischen dem 6. und 15. Juli 1767 der berühmt-berüchtigte venezianische Glücksspieler, Geheimagent und Frauenheld Giacomo Girolamo Casanova (1725–1798) vergeblich um eine Audienz. Auch an seine Ohren war der grandiose Ruf des kurpfälzischen Musenhofs gedrungen, so dass er sich eine Anstellung als Schriftsteller wünschte. Trotz mehrerer Empfehlungsschreiben musste er unverrichteter Dinge wieder abreisen. Sicherlich hätte ihm das Leben in Schwetzingen einen Monat später keine Freude bereitet, da die dortige Musik- und Theatersaison, von tiefer Trauer überschattet, jäh unterbrochen wurde. Der siegreiche Generalfeldmarschall Pfalzgraf Friedrich Michael war verstorben und hatte Carl August (1746–1795), Maria Amalie Auguste (1752–1828), Maria Anna (1753–1824) und Maximilian Joseph (1756–1825) quasi als Vollwaisen hinterlassen, da deren Mutter Maria Franziska weit entfernt in der Verbannung leben musste. Das Schicksal begünstigte weitaus mehr ihren Halbbruder, den erst einjährigen Carl Friedrich Stephan (1767–1834), dem dessen Mutter, ein Fräulein Hagen, Trost spenden konnte. Vor allem versank die Kurfürstin in eine monatelang anhaltende, tiefe Depression, so dass ihr Gatte alle Hoffeste absagen musste.

Zwei Jahre später sah die Situation wieder ganz anders aus, als in Schwetzingen ein großes Hoflager aufgeschlagen wurde. Tagtäglich wechselten sich im Tanzsaal Schauspiele der „comédie française“ und musikalische Akademien ab. Wer erschien nicht alles von Rang und Namen: der polnisch-litauische Magnat Fürst Michał Hieronim Radziwiłł (1744–1831), Ernst Johann von Biron Herzog von Kurland und Semgallen (reg. 1737–1758, 1763–1768), Clemens Wenzeslaus Kurfürst von Trier (amt. 1768–1801), Maria Christina Prinzessin von Sachsen und Polen (1735–1782), Karl Christian Fürst von Nassau-Weilburg (1735–1788) und viele mehr. Dazu notierte Marquis de Fosseux, Baron von Montmorency: „In Schwetzingen ist zwar das Hauptgebäude alt und garstig; aber der Kurfürst hat zwei Flügel in Form eines halben Mondes daran bauen lassen, die sind großartig, die sind allerliebst. In dem einen Flügel wohnt und speiset er und hält den Hof, der andere ist für die Hofschauspiele bestimmt, beide enthalten ungeheure Zimmer, die im Winter als Orangerie dienen. Der Garten zwischen diesen Flügeln, die bedeckten Gänge [...], die Gehölze in der Entfernung, die Küchengärten rechts und links zeigen die größte Pracht, nirgends sind Kosten gespart, Orangenbäume ohne Zahl, man ist hier wie in einem Feenpalast, oder besser im Hause eines großen Fürsten [...]. Wir wurden vom Herrn maréchal de Camp Cüstines und von unserem gewöhnlichen Minister, Herrn Strothmann, vorgestellt. Der Kurfürst und die Kurfürstin empfingen uns ganz außerordentlich gut, ich speiste Mittag und Abend an der Seite der Kurfürstin, die mir ziemlich geistreich, unterrichtet, liebenswürdig, aber ein wenig kalt vorkam. Der Kurfürst ist viel liebenswürdiger, hat aber nicht die Anlagen oder die Bildung seiner Gemahlin. Beide spielen ein Instrument und spielen im Konzert mit, welches den Nachmittag gegeben ward. Der Fürstbischof von Augsburg, der gerade einige Tage in Schwetzingen zubringen wollte, sang auch in dem Concert; das war komisch genug, wenn man sein Alter, seine Figur, bischöfliche Würde betrachtete; seine Kleidung war aber noch komischer, da sie eher für ein Kind von zehn Jahren als für ihn passte. Im Ganzen ist es ein hoher und prächtiger, aber langweiliger Hof. Das kommt vielleicht von den Damen, die sehr zahlreich, aber auch häßlich sind, vorzüglich die Prinzessin von Zweibrücken, der Schwester der Kurfürstin, welche die Andern an Häßlichkeit übertrifft. Nach dem Mittagessen nahm mich der Kurfürst mit zu einer Parthie, Reversis ohne Quinoa [Kartenspiel]. Die Tafel ist sehr gut und man trinkt guten ungarischen Wein. In dem Zimmer, wo wir waren, fanden sich drei Tafeln, die eine von 30–35 Gedecken, woran wir saßen, eine andere von beinahe ebenso viel für den übrigen Hof, eine Dritte von zwanzig oder fünfundzwanzig für die Hofcavaliere. Das Ganze dieses Hofes hat ein prächtiges Ansehen.“[172] So war dem Marquis de Fosseux nicht entgangen, wie virtuos die Kurfürstin selbst (Abb. 31) das Cembalo spielen konnte. Landauf, landab erklangen die Verse: „Der Ruhm, der seltne Ruhm von Ihr und Theodoren, / Durchdrang Germanien, selbst bis zu unsern Thoren: / [...] Wo schlägt ein zärtlichs Herz, das sich nicht bluten fühlt, / Wo Ram, wo Wendlin [Johann Baptist Wendling, 1723–1797] bläst? Wo [Christian] Cannabich [1731–1798] befiehlt? / Wo eine Straßern [Barbara Straßer, 1758–nach 1789] singt, und schlau gerührte Saiten, / Mit dieser Schönen schnell, im Ton=Gefechte streiten?“[173]

Dieselbe Passion konnte der englische Komponist Charles Burney auch bei Carl Theodor entdecken: „Der Kurfürst, welcher selbst sehr gut die Flöte bläst und auch seine Stimme auf dem Violoncell[o] spielt, hat jeden Abend Konzert in seinem Palaste, wenn auf seinem Theater nichts gespielt wird [...]. Wenn man in Schwetzingen des Sommers aus der Oper kommt und in den kurfürstlichen Garten geht, so hat man den aufheiterndsten und prächtigsten Anblick, den man sich nur denken kann [...]. Die Anzahl der Personen, welche des Sommers dem Kurfürsten nach Schwetzingen folgt, steigt an funfzehnhundert, welche alle an diesem kleinen Orte auf kurfürstliche Kosten wohnen. Einem jeden, der des

Sommers durch die Gassen von Schwetzingen geht, muß es gänzlich von einer Kolonie von Musikanten bewohnt zu sein scheinen, die ihre Profession beständig ausüben; da in einem Hause hört er einen schönen Geiger, dort in einem andern eine Flöte, hier einen vortrefflichen Oboisten, dort einen Basson, eine Klarinett, ein Violoncell[o] oder ein Konzert von allerlei Instrumenten zugleich. – Musik scheint Seiner Kurfürstlichen Durchlaucht liebster und beständigster Zeitvertreib zu sein [...].“[174] Bald war weit über die Grenzen der Kurpfalz hinaus zu hören: „Ein Englaender soll ihm zu Mannheim das Kompliment gemacht haben: Er verdiene ein Privatmann zu seyn.“[175] Diesen Ruf hatte wohl der britische Botschafter Onslow Burrish († 1758) in die Welt gesetzt. Tatsächlich beherrschte Kurfürst Carl Theodor das Flöten- und Violoncello-Spiel mit höchster Bravur.[176] Der in Kopenhagen gebürtige Porträtmaler Johann Georg Ziesenis der Jüngere (1716–1776) sollte noch weitaus drastischer als die Hofmalerin Anna Dorothea Therbusch ihn in seinem Kabinett, also in einer für die damalige Zeit ungewöhnlichen, privaten Atmosphäre, festhalten (siehe Buchcover). Was das bedeutete, davon wusste schon Wolfgang Amadé Mozart seinem Vater zu berichten: „Niemand darf in sein Zimmer, ohne geruffen zu seyn [...].“[177] So malte Ziesenis den Landesherrn à la „Robe de chambre“[178] im seidenen Morgenrock mit einer rosafarbenen Culotte, noch nicht straffgezogenen Strümpfen und Pantoffeln im Schwetzinger Kabinett sitzend, mit der linken Hand seine Traversflöte (hölzernes Vorgängermodell der Querflöte) haltend und mit der rechten auf eines seiner Bücher und sein Schachspiel deutend. Im Raum verteilte der Künstler eine ganze Reihe weiterer Utensilien, durch die er auf die privaten Leidenschaften des Kurfürsten aufmerksam machen wollte. Neben dem Porträt seiner Gattin und einer kleinen Bibliothek im Hintergrund, einer Prunkuhr mit Chronos, dem Gott der Zeit, und einem Schreibset mit Liebespaar auf dem Prunktisch integrierte er auch Notenblätter und ein Violoncello, überzeugte doch Carl Theodor die zeitgenössischen Liebhaber

Abb. 32: Kurfürst Carl Theodors Traversflötenpaar aus Buchsbaumholz, Elfenbein und Gold, hergestellt von Thomas Lot, Paris, spätestens 1757

Abb. 33: Badhaus, erbaut von Nicolaus de Pigage, im Schlosspark Schwetzingen, 1768/72

der Tonkunst als hochbegabter Musiker. Bei Matthias Franciscus Cannabich und später bei Johann Baptist Wendling (1723–1797), einem brillanten Flötisten, hatte er Unterricht genommen und bei Thomas Lot (1708–1787), einem bedeutenden Instrumentenbauer aus Paris, Instrumente kommen lassen (Abb. 32).[179] Er nannte sogar eine außergewöhnliche Spazierstockflöte sein Eigen, um im Lustwandeln nach Belieben einige Takte anzustimmen und seiner Lebensfreude in Gottes freier Natur Ausdruck zu verleihen. Wie neuartig musste die Kurpfälzische Hofgesellschaft Carl Theodors Herrschaftsauffassung – Musizieren, Lustwandeln, Regieren – empfinden!

Während das Kurfürstenpaar, die Hofgesellschaft und die hohen Gäste alljährlich die Sommerfeste in Schwetzingen genossen, wurde Carl Theodors Oberbau- und Gartendirektor niemals müde, neue Ideen für den Schlosspark zu entwickeln. Von seiner Italientour inspiriert, schuf er im Auftrag des Kurfürsten zu Ehren der Göttin der Weisheit einen korinthischen Antentempel (1767/73). Dafür gestaltete Verschaffelt die Statue einer Minerva des flämischen Barockbildhauers Gabriel Grupello (1644–1730) um, die 1767 von Düsseldorf nach Schwetzingen gebracht worden war. 1768 nahm Pigage die „Thermes Théoderiques“[180] (Abb. 33), das zukünftige Privatrefugium des Kurfürsten, gelegen hinter einem langgestreckten Boulingrin mit einem „champignon d'eau“, in Angriff. „Auch das Badhaus ist ein schoenes Gebaeude, und von einer praechtigen Einrichtung“[181], schwärmte der Kieler Gartentheoretiker und Philosophieprofessor Christian Cay Lorenz Hirschfeld (1742–1792). Nach vier Jahren hatte Pigage das Badhaus im neo-palladianischen Stil der berühmten Villen des Veneto vollendet, so dass der Sekretär Zapf des sächsischen Gesandten Andreas Graf von Riaucour (1722–1794) nach Dresden melden konnte: „Schwetzingen, den 4. Juli 1772. Der Herr Kurfürst kam um 11 Uhr in Schwetzingen an und unterhielt sich mit Ihrer Königlichen Hoheit in deren Appartement, bis sie sich zu Tisch begaben. Danach gingen sie in das neue Gebäude [Badhaus], um Kaffee zu trinken und sich mit einer Partie Spiel zu vergnügen [...].“[182] Über eine halbrunde Vorhalle mit toskanischen Säulen und den Gipsfiguren eines Fauns mit einem Böckchen und eines Cupidos vom Hofbildhauer Peter Anton von Verschaffelt betraten beide das Badhaus. Nach und nach musste Maria Christina Prinzessin von Sachsen und Polen deutlich werden, dass ihr Gastgeber diesen Pavillon als Stätte für den geistigen Austausch und für seine eigene Inspiration erbauen hatte lassen. Sodann gelangten beide in den zentralen Ovalraum mit dem Deckenbild „Aurora vertreibt die Nacht“, die der württembergische Hofmaler Nicolas Guibal (1725–1784) gerade gemalt hatte. Zudem konnte die Wettinerin in Nischen die vier Begleiterinnen der Göttin der Morgenröte und darüber als Supraporten Medaillons der vier Jahreszeiten entdecken. Über einem „Antichambre“ (Vorzimmer) führte der Kurfürst sie in das chinesische Kabinett, um ihr den Genius chinesischer Erfindungskraft und Leistungsvermögen zu vermitteln. Unter dem Frankenthaler Porzellanleuchter von Franz Conrad Linck (1730–1793) kredenzte er ihr zum Kaffee Gebäck, um sodann mit ihr ein Tischspiel zu beginnen. Spätestens beim Verlassen des Badhauses konnte Carl Theodors Begleiterin sein gegenüberliegendes Arbeitszimmer mit Alkoven, Ruhesofa und Ferdinand Kobells (1740–1799) Landschaftsveduten sehen. Sicherlich blieben ihr der intime Schlafsalon mit seinem Bett unter einem Alkoven, seine Toilette, sein Leibstuhl und die einzigartigen Vasen als „black basalt ware“ aus Josiah Wedgwoods (1730–1795) Keramikmanufaktur im Ort Etruria der britischen Grafschaft Staffordshire verborgen – und damit auch die Illusion eines allseits geöffneten Pavillons im Sinne eines „Point de vue“.[183] Sicherlich zeigte der Kurfürst ihr den Badesalon (Abb. 34) und erklärte ihr, dass dieser nicht in erster Linie zu seiner Körperhygiene, sondern zu seiner eigenen Rekreation diene. Darüber hinaus konnte er ihr verdeutlichten, wie das beheizte Wasser mittels eines unterirdischen, kommunizierenden Röhrensystems vom benachbarten „Communbau“ mit integrierter Küche in die ovale Marmorbadewanne geleitet werden konnte. Wie sehr musste die Prinzessin die Dachlaterne bewundern, die zur Entlüftung und zentralen Beleuchtung diente und den Blick zum grottierten Stuck, den Spiegeln und den funkelnden Kristallen und Amethysten der Wände und Decke sowie auf die wassertragenden Najaden des Stuckateurs Giuseppe Antonio Pozzi (1732–1811) freigab!

Wie sich Carl Theodor im Badhaus benahm und auf seine Gäste wirkte, schilderte wiederum Christian Friedrich Daniel Schubart: „Er befand sich, seiner

Abb. 34: Badesalon im Badhaus des Schwetzinger Schlossparks, 1768/72

Gewohnheit nach, im Badhause, einem im schwezzingischen Garten liegenden zwar kleinen, aber ungemein geschmakvollen Gebäude, die Prinzen Gallian [= Galean, Obrist-Hofmeister des Kurfürsten] und Ysenburg, die Frau von Sturmfeder und noch ein paar Kavaliers waren bei ihm. Er hatte beinah allen Glanz, jede Miene der zweifelnden Hoheit – nach [Friedrich Gottlob] Klopsto[c]ks [1724–1803] Ausdruck – abgelegt und schien nur guter Mensch und liebenswürdiger Gesellschafter zu seyn. Sein Aeußeres kündigte Gesundheit und männliche Stärke an. Sein freundlicher Blik, den er auf Fremde und Einheimische ausstrahlt, mildert das Zurückschrökende seiner Macht und seines Ansehens. Man vergißt im Anblick seiner lichten Miene den Stern bald, der an seiner Brust flammt, und seine Fürstengröße ankündigt. Er empfieng mich so gnädig, daß sich meine Blödigkeit bald in Freimuth verwandelte. Nachdem er sich sehr liebreich nach meinen Umständen erkundigt hatte; so spielte er selbst, beinah etwas furchtsam, ein Flötenkonzert von zween Toeschi [Alessandro (um 1700–1758) und sein Sohn Carlo Giuseppe (1731–1788)] und dem Violoncellisten

[Franz] Danzy [1763–1826] begleitet. Nach diesem spielte ich verschiedene Stücke auf dem Fortepiano, sang ein russisches Kriegslied, das ich so eben gemacht hatte, stand auf, sprach über Literatur und Kunst und gewann des Kurfuersten vollkommenen Beifall. ‚Ich will Ihn öfters hören und sprechen', sagt' er mit der heitersten Miene, als ich Abschied nahm. Dieser erste Erfolg goß Freude und Hofnung in mein Herz aus."[184]

Nicolas de Pigage legte bis 1776 für den privatesten Bereich des Kurfürsten neben dem Badhaus auch einen Garten an, dem er durch Mauern und Gitter aus Holzlamellen den Charakter eines „giardino secreto", eines geheimen Gartens, verlieh. Nach dem Muster von Versailles gestaltete er dazu ein Bassin mit flankierenden Achathäusern und wasserspeienden Vögeln, darunter einen Uhu, Wiedehopf, Großtrappe, Kakadu, Trut- und Auerhahn und viele mehr. Als Abschluss für den Badhausgarten wählte er schließlich einen „optischen Pavillon", wie er ihn bezeichnete. Später sollte dieser die Bezeichnung „Ende der Welt" erhalten. Damit konnte Carl Theodor in intimster Atmosphäre ins paradiesische Arkadien blicken. Doch damit meinte der Hofmaler Ferdinand Kobell, der dazu die Entwürfe lieferte, nicht eine mediterrane Ideallandschaft, sondern den Zusammenfluss von Neckar und Rhein. Der Theater- und Hoffigurenmaler

Abb. 35: „Ende der Welt" mit dem Blick nach Arkadien von Hubert Willwerth nach einem Entwurf von Ferdinand Kobell im Schlossgarten Schwetzingen, 1776

Hubert Willwerth[185] übernahm sodann die Ausführung und setzte anstelle der Residenzstadt Mannheim das Paradies (Abb. 35).

Während der Entstehung des Badhauses wurde 1769 im Mittelparterre eine Hochwildinszenierung realisiert. Dazu vermerkte Jahre später der Gartendirektor Johann Michael Zeyher (1770–1843): „Einst war ein Hirsch von zehen Enden gejagt; das geängstigte Thier floh, rettete sich in den Garten, und ward von den Hunden auf einen diesem Platze gefangen. Zum Andenken dieses Ereignisses verfertigte der Ritter v[on] Verschaffelt auf Befehl Karl Theodors nun diese zwey Gruppen.“[186]

1770 sollte sich das Leben des Kurfürstenpaars grundlegend ändern, denn Carl Theodor versuchte, sich mehr und mehr gegenüber seiner Gattin durchzusetzen, und entzog ihr die Leitung der Hoffeste. Daher war sie in Schwetzingen nur noch selten anzutreffen. Keineswegs reduzierten sich deshalb die Festlichkeiten in der Sommerresidenz oder im Schlossgarten – im Gegenteil! Die Festivitäten avancierten zu unvorhergesehenen Erfolgen. Fast jeden dritten Tag von Juni bis Oktober ertönten weiterhin die Klänge der musikalischen Akademien im Tanzsaal. Zwischen 25 und 30 Veranstaltungen konnte die Hofgesellschaft in den Sommermonaten genießen, darunter durchschnittlich 15 Opernaufführungen. Als aber Carl Theodor die von seiner Gemahlin geliebten Schauspieler der „comédie française“ im Dezember 1770 zusätzlich entließ, berichteten die Adelsgazetten nur noch selten von Besuchen der befreundeten Hocharistokratie. Die Stippvisiten von Maria Antonia Kurfürstenwitwe von Sachsen (1771), Maria Christina Prinzessin von Sachsen (1772), Clemens Wenzeslaus Kurfürsten von Trier (amt. 1768–1801), Ludwig Prinzen von Württemberg (1774) und Maximilian Erzherzog von Österreich (1775) gehörten zu den großen Ausnahmen. Dennoch florierte infolge der zahlreichen Aufführungen der Tourismus zwischen Mannheim und Schwetzingen. Durch den Erlass „Ordnung des Fuhrwesens“ legte Carl Theodor die Preise für die Kutscher fest, so für die Fahrten, die Anzahl der Personen und der Pferde, für Wartezeiten sowie für Tag- oder Nachtreisen. Darüber hinaus gab es sogar einen Tarif für den Besuch des Hoftheaters.

In den 1770er Jahren zog sich der Kurfürst mehr und mehr in sein Badhaus zurück und schätzte vor allem die Konversation mit Dichtern, Musikern und Journalisten, und dazu gehörte Christian Friedrich Daniel Schubart, der enthusiastisch verkündete: „Der Churfürst von der Pfalz lebt in sein[e]m Paradise Schwetzingen, im Schooße seiner getreuen Unterthanen, so vergnügt, als es den Fürsten seyn können, denen ihr Gewissen sagt, daß sie ihrer erhabenen Bestimmung gemäß leben. Er wird von Zeit zu Zeit von großen Fürsten besucht [...]. Bey solchen Gelegenheiten sind die Lustbarkeiten nicht rauschend, sondern geschmackvoll und gewählt. Kein Mensch weiß vielleicht besseren Gebrauch von seiner Zeit zu machen, als dieser erhabene Fürst. Spaziergänge in seinem

Zaubergarten, Leserey in den besten Schriften verschiedener Sprachen, Unterhaltung mit Leuchten von Geschmack, Sitte und Gelehrsamkeit und alle Abend Musik im Badhause, oder Concert, oder Oper, welch, französisch und den Himmel sey's gedankt! auch deutsch; das ist ohngefähr der simple Kreiß, in den die Zeit dieses weisen und guten Fürstens eingeschränkt ist."[187]

Keineswegs war der Schwetzinger Schlossgarten mit dem Badhaus und dem geheimen Garten vollendet: 1774 fügte der Mannheimer Hofbildhauer Simon Peter Lamine (1738–1817) versteckt hinter einem Felsen seine Skulptur des sitzenden Hirtengottes Pan hinzu, um Carl Theodors Traum eines kurpfälzischen Arkadiens, eines Musenhofs von europäischer Bedeutung zu perfektionieren. Und dazu wünschte sich der Kurfürst ebenso ein „Théatre de verdure", ein „Grünes Theater". Anlässlich seiner Genesung ließ er am 25. Juni 1775 die Oper „L'Arcadia conservata" in diesem Naturtheater aufführen. Dazu erschienen aus Mannheim sage und schreibe 200 Kutschen. Nach dem musikalischen Genuss lud der Kurfürst einen auserwählten Kreis wiederum ins Badhaus ein, um an 14 Gedecken zu speisen, indessen er die übrigen Gäste durch ein großes Souper im Spielsaal des Südzirkels versorgen ließ. Wie es hieß, wurden die für jedermann frei zugänglichen Vergnüglichkeiten als großartig empfunden. Schließlich schloss ein Feuerwerk die rauschende Festivität ab.

„Ein Weltmodell, von der Empfindsamkeit konstruiert"

Während Kurfürst Carl Theodor in seinem Schlosspark das Badhaus vollenden, den Hirtengott Pan inszenieren und das „Grüne Theater" anlegen ließ, ging Clarus Friedrich Ludwig Sckell (1750–1823), der Sohn seines Hofgärtners Johann Wilhelm Sckell (1721–1792), in die Lehre. „So, fuer sein kuenftiges Fach gebildet, ergriff er endlich den practischen Theil seiner Kunst, und trat im Jahre 1770 in die Gaerten zu Bruchsal in die Lehre. Seine Liebe zur Natur half ihm bald den wahren Weg zu finden, auf welchem dieselbe ihrem Freunde so bereitwillig entgegen koemmt. Alles, auf die Cultur der Gewaechse Bezughabende, faßte er schnell auf, und endigte seine Lehrzeit [in Zweibrücken] zur Zufriedenheit seines Lehrers. Ausgeruestet mit Allem, was die Grundlage einer Kunst ausmachen sollte, in welcher er in spaeteren Jahren eine so ausgezeichnete Stufe erlangte, trat Sckell nach beendigter Lehrzeit seine Reise in ferne Laender an [...]"[188], sollte sich Jahrzehnte später sein Neffe Carl August (1793–1840) erinnern. Danach „wandte [er] sich vorerst nach der Hauptstadt Frankreichs. Der damalige Geschmack des Zeitalters, wo ein [André] Le Notre [1613–1700] die Regeln der bildenden Gartenkunst dictirt hatte, kleidete noch die dortigen Gaerten in den regelmäßigen steifen Prunk des symmetrischen Ebenmaßes. Das Große, Prachtvolle und Majestaetische, was diesen Styl charakterisirt, wenn die Ausfuehrung nach richtigen Regeln und Verhaeltnissen geschieht, hatte unsern jungen Gartenkuenstler vorzueglich ergriffen. Er sah Versailles, St. Cloud, und Trianon, an welchem letzteren Orte er sich lange aufhielt, und bewahrte sein ganzes Leben hindurch den erhabenen Eindruck, den diese Meisterwerke Le Notre's auf ihn gemacht hatten."[189] Dabei lernte er in Versailles auch die königlichen „jardins fruitiers et potagers" (1678–1683) des Direktors der königlichen Nutzgärten Jean-Baptiste de La Quintinie (1626–1688) und dessen Motto kennen: „Die schönste Form für einen Obst- und Gemüsegarten ist nun mal ein Rechteck [...]. Es macht Freude [...] alles in Reih und Glied zu sehen, ordentlich abgezirkelt."[190] Damals zeichnete, beschrieb und fertigte Sckell Pläne der bedeutendsten Gärten und Gewächshäuser rund um Paris an. „Dieser Fleiß, diese Thaetigkeit errangen ihm die Gunst seines erhabenen Landesfuersten Carl Theodor's, auf dessen Kosten er im Jahre 1773 seine Reise nach England antrat. Der englische Garten=Geschmack war damals noch wenig oder gar nicht auf dem Continente bekannt."[191] Auch wenn der Kurpfälzische Hof über den Gesandten Joseph Franz Xaver Graf von Haslang (um 1700–1783)[192] über Kontakte nach London verfügte, besaß Kurfürst Carl Theodor noch wenig Kenntnisse von der neuen Gartenkunst. Deren Gesetzmäßigkeiten hatte ihm der Gartendirektor Johann Ludwig Petri auch nicht vermitteln können. Umso neugieriger erwartete er den Tag, an dem Friedrich Ludwig Sckell aus England zurückkommen würde, um ihn davon zu unterrichten.

„Hatte er [Sckell] in Frankreich eine tiefe Achtung fuer die ernsten majestaetischen Formen des symmetrischen Gartens eingesogen; so wurde er hier [England] von dem natuerlichen aesthetisch Schoenen dieser neuen Gebilde hingerissen. Das Bedeutungsvolle, das Gemuethliche, was diesem Geschmacke eigen ist, sprach mehr zu seinem gefuehlvollen Herzen, als jene kalten, steifen, bedeutungslosen Formen der Le Notre'schen Anlagen."[193] In London konnte er erfahren, wie sich der neue Gartenstil entwickelt hatte. Im Opus „An Essay in Criticsm" (1711) konnte er nachlesen, wie der Londoner Dichter Alexander Pope (1688–1744) als Begründer des englischen Landschaftsgartens die symmetrischen französischen Anlagen als Spiegelbild des Absolutismus verurteilte und sich unter anderem auf den „Privy Garden", den „Geheimen Garten" (1702), bezog. Dieser war im Auftrag des britischen Königs Wilhelm III. (reg. 1689–1702) für die königliche Sommerresidenz Hampton Court in Richmond entstanden, obgleich sich in Großbritannien der Absolutismus nicht entfalten hatte können: „Die Natur ist wie die Freiheit unterdrückt / durch dieselben Regeln, mit denen sie einst bestückt."[194] Ähnliches konnte er durch Joseph Addisons (1672–1719)[195] Werk „The Spectator" (1712) erfahren: „Eingepfercht, beschnitten und domestiziert, / in Parterres gegliedert, begrenzt im Geviert. / Keine Blume sich in ihrer eigenen Schönheit im Wind bewegt, / so Hampton Court dem

Reich der Freiheitsgöttin gegenübersteht."[196] Nach seiner Rückkehr im Jahr 1777 konnte Sckell dem Kurfürsten erzählen, dass Pope den ersten englischen Landschaftsgarten in Twickenham anlegen hatte lassen, den der Hausherr mit seinen Freunden über eine Grotte unter seiner Villa und der Landstraße zwischen dem Zentrum von London und Hampton Court erreichen und wo er ein gegen die höfische Festkultur gerichtetes Picknick veranstalten konnte.

Weitere Informationen konnte er über William Kents (1685–1748) Gartenentwurf für das Chiswick House preisgeben, wo unter Alexander Popes Beratung für Richard Boyle, dem 3. Earl of Burlington (1695–1753), ein „Patte d'oie", ein „Krähenfuß" zur y-förmigen Verbindung von drei aufeinander zulaufenden Alleen, und Staffagebauten entstanden waren. Während Sckells Report sollten dem Kurfürsten Popes Gestaltungsprinzipien deutlich werden: „Die gesamte Gartenbaukunst ist auf drei Hauptregeln zu reduzieren: Schaffung von Kontrasten, Bildung von Überraschungen, Verschleierung der Grenzen."[197] Besonders konnte Sckell über den asketischen Stil des Landschaftsarchitekten Lancelot Capability Brown (1716–1783) schwärmen, der bei seinen Entwürfen am liebsten auf alle Staffagebauten verzichtetet hätte. Ebenso konnte er das paradiesische Stourhead (ab 1742) schildern, das der Bankier Henry Hoare der Jüngere (1705–1785) zusammen mit dem Baumeister Henry Flitcroft (1697–1769) realisiert hatte. Er notierte selbst dazu: „Man findet in England mehrere ziemlich glueckliche Erfolge der Art, unter welche ich die Grotte im Garten zu Painshill und eine andere hinter Salisbury, (Stouer-head) zu den vorzueglichsten rechne. – Diese letzte gehoert freilich mehr der Kunst, als der Natur an [...]. Diese Grotte ist am Ufer eines Sees erbaut, und lehnt sich im Hintergrunde an einen senkrechten Felsen, den die Natur gebildet hat, und ueber welchen ein, vormals beruehmtes Heilwasser, herabtraeufelt. Am Fuße dieses Felsens liegt eine schlafende Nymphe, (wahrscheinlich die Egeria), die durch ein schwaches Licht, welches ungesehen hereinbricht), erleuchtet wird. Neben ihr sind diese Worte des Alexander Pope zu lesen: Grottennymphe, ich bewahre diese heiligen Quellen / und schlafe zum Murmeln dieser Gewässer; / ach, verschone meinen Schlummer, schreite sanft durch die Höhle; / und trinke in der Ruhe oder schlafe in der Stille."[198]

Schließlich war er ebenso in der Lage, seinem Kurfürsten die Ziegelstein-Pagode (1762) und andere Staffagebauten in den königlichen Kew Gardens zu beschreiben und die Empfehlungen ihres Schöpfers Sir William Chambers (1723–1796) wiederzugeben: „Melancholische und erschreckende Effekte soll es geben, die nicht sofort augenscheinlich sind [...]. Warum soll deren Erscheinen von der Gartenkunst ausgeschlossen sein? [...] Staffagebauten, wie der Aeolus-Tempel, und noch viel mehr die gebaute Ruine eines römischen Triumphbogens sollen romantische Kulissen bilden. Sie sollen eine bis in die Antike zurückgehende Tradition andeuten, Wölfen und Schakalen zur Behausung dienen."[199] Damit sollte der Kurfürst begreifen, dass eine solche Gartenanlage nach der Vorstellung des Kosmopoliten und Schriftstellers Charles-Joseph de Ligne (1735–1814) als „Weltmodell, von der Empfindsamkeit konstruiert“[200] aufgefasst werden konnte. Und gerade darum ging es ihm, als er beschloss, seinen Schwetzinger Schlosspark nach Westen zu erweitern, auch wenn so mancher Zeitgenosse spottete: „In Kew habe der englische König die Welt auf einem Hektar abzubilden versucht.“[201]

Zu Recht sollte Carl August Sckell über seinen Onkel resümieren: „Was ihm vorher in Frankreich Le Notre war, wurden ihm in England Brown, Chambers und Kent, die vorzueglichsten Gartenkuenstler seiner Zeit. Er studirte ihre Werke zu Blenheim, Stowe, Stourhead, Kew etc. und machte sich in Kurzem jene Grundsaetze und Manipulationen, nach welchen Anlagen dieser Art behandelt werden muessen, eigen.“[202] Bald nach seiner Rückkehr in die Kurpfalz „erhielt er von seinem hohen Goenner, dem Churfuersten Carl Theodor, den Auftrag, im Garten zu Schwetzingen einen Versuch im neuen englischen Gartengeschmack zu machen. Obschon das Terrain, wo unser junger Gartenkuenstler sein Talent erproben sollte, nur klein und unbedeutend war, so wurde dieses Werk nach seiner Vollendung dennoch vom Fuersten sowohl, als vom ganzen gebildeten Publikum, mit großem Beifalle aufgenommen. Jedermann wurde von dem Lieblichen und Anmuthigen, welches diesem Geschmacke eigen ist, hingerissen und bezaubert [...]. Ein neuer Gartengeschmack wurde so in Deutschland eingefuehrt, dem bald allgemein gehuldiget wurde.“[203] Dabei handelte es sich um den sogenannten „Arborium Theodoricum“ (Arboretum, 1777), ein nach Nicolas de Pigage bezeichnetes „lebende[s] Lexicon der Gartenbäume und -büsche“[204], das der im Jahr 1775 zum Unterhofgärtner ernannte Friedrich Ludwig Sckell anlegte. Verantwortlich für die „parties sauvages dans style de la nature“, die „wilden Teile im Stil der Natur“, zeichnete allerdings Pigage, der sich 1776 sogar selbst in London aufgehalten und von dort neue Erkenntnisse mitgebracht hatte. So hieß es: „Der Garten zu Schwetzingen wurde des Zwanges einer steifen Regularitaet entledigt, der Baum durfte nun frei und ungehindert seinen natuerlichen Wuchs entfalten, ohne daß es der Scheere erlaubt war, ihm seinen schoensten Schmuck zu rauben, und ihn zum Unding zu entstellen. Alles Laecherliche und Kindische wurde entfernt, und nur die erhabenen schoenen Formen beibehalten.“[205] „Dies bewahrt die Gärten von Schwetzingen vor dem einzigen Vorwurf, der ihnen gemacht wird, nämlich dass sie zu regelmäßig sind und es ihnen an natürlicher Bepflanzung fehlt“[206], sollte Jahre später Pigage erleichtert bemerken.

Erst als die Kurfürstin Elisabeth Auguste in der Sommersaison im Schloss zu Oggersheim verweilte, erreichte die Popularität der Sommerresidenz Schwetzingen zwischen 1772 und 1776 den absoluten Höhepunkt.[207] Dem Kurfürsten bedeutete der Schwetzinger Schlossgarten viel mehr als nur einen Ort der höfischen Repräsentation, für sommerliche Hoffeste oder amouröse Verquickungen. Dies sollte sich offenbaren, als er nach dem Weggang von der Kurpfalz und der Reduzierung der zur Verfügung stehenden Finanzen dessen Vollendung weiter vorantrieb. So konnte Nicolas de Pigage nach seinem Umzug den „Tempel der Waldbotanik" (1778/80) als „point de vue", flankiert von Konrad Lincks Sphingen (1778), erbauen und damit ein bis damals unbekanntes Landschaftsbild erzeugen. Den Naturtempel versah er mit der Inschrift „Botanicae Silvestri Anno MDCCLXXVIII", welche sich auf die von Sckell gepflanzten Bäume und Pflanzen beziehen sollte. Zusätzlich ließ er die Statue der Flora, ein Werk des Florentiner Meisters Francesco Carabelli (1737–1798), aufstellen. Deren Schriftrolle wies mit der Aufschrift „Carli Linnei Sistema Plantarum" auf die bedeutenden Errungenschaften des schwedischen Naturforschers Carl von Linné (1707–1778) hin, der mit der binären Nomenklatur das Fundament der modernen botanischen und zoologischen Taxonomie geschaffen hatte. Voller Begeisterung betonte Christian Cay Lorenz Hirschfeld: „Dieser Tempel der Botanik zeigt den meisten Geschmack und ist eine ebenso glückliche, als neue Erfindung."[208]

Für weitere Landschaftsbilder, die im Vorwärtsschreiten vom Lustwandler entdeckt werden konnten, sorgte Carl Theodors Gartendirektor am Beispiel des Römisches Wasserkastells (1779/81) mit Aquädukt und Terrakottareliefs von Johann Matthäus van der Branden sowie mit der Chinesischen Brücke (1779) nach einem Entwurf des Renaissancebaumeisters Andrea Palladio (1508–1580) zur Rialtobrücke. Schließlich ließ Pigage anstelle des Gartentheaters (1762) die Gartenmoschee (1779/95) (Abb. 36) mit Gebetsgängen als Nachbildung von William Chambers Moschee in Kew Gardens und nach den Entwürfen des berühmten Baumeisters Johann Fischer von Erlach (1656–1723) errichten. Dazu wusste Christian Cay Lorenz Hirschfeld zu berichten: „Die Kosten der tuerkischen Gebaeude werden allein auf 120000 Gulden geschaetzt."[209] Die Inschriften an der Westfassade sollten die einzigen bleiben, die einen eindeutigen Bezug zum Koran herstellten, aber nicht übersetzt wurden. So ließ Pigage über dem Hauptportal den ersten Teil des muslimischen Glaubensbekenntnisses anbringen: „Es gibt keinen Gott außer Allah."[210] Auf den Tafeln rechts des Portikus fanden die Suren Platz: „Gebt Spenden, bevor der Tod kommt!" und „Hat nicht gezeugt und ihn gezeugt hat keiner, und nicht ihm gleich ist einer!"[211] Die obere Tafel links des Portikus sollte die verkürzte Gebets-Sequenz „Gepriesen seist Du, und Dein ist das Lob. Gesegnet ist dein Name, und außer Dir gibt es keinen Gott!" tragen, die untere „Dann lobpreise deinen Herrn und bitte ihn um Vergebung! Er ist gnädig!"[212] Keineswegs jedoch wünschte sich Kurfürst Carl Theodor ein muslimisches Gotteshaus, sondern einen Tempel der Aufklärung, Philosophie und Weisheit, in dem der Zusammenklang der höchsten Erkenntnisse dreier Weltreligionen verkündet werden sollten: Brüderlichkeit, Toleranz und Vernunft.

Abb. 36: Gartenmoschee, erbaut nach den Plänen von Nicolas de Pigage, im Schwetzinger Schlossgarten, 1779/95

Arabische und deutsche Inschriften in den Nischen des gotisch-orientalischen Kuppelsaals, in der Pigage auf sämtliche Sakralgegenstände verzichtete, sollten unter anderem darauf hinweisen: „Erwirb Dir Gold, Soviel Du Brauchst / Und Weisheit Soviel Du Kannst." // „Wissenschaft Ist Eine Krone / Verstand Eine Goldene Halszierde." // „Ohne Hoffnung Gelingt Kein Werk." // „Der Thor Hat Das Herz Im Munde / Der Weise Die Zunge Im Herzen."[213] Weitere Sprüche sollten auch die Kuppel zieren. Darunter sollte der Lustwandler lesen: „Höre Den Rath Des Klugen." // „Fliehe Die Faulheit, Sie Brinct Schaden." Damit schuf Pigage in Form einer Gartenmoschee ein Erinnerungsdenkmal für den abwesenden Kurfürsten.

Stets unterstützte ihn der Unterhofgärtner Friedrich Ludwig Sckell mit seinen in England erworbenen Kenntnissen, um sämtliche Staffagebauten in einen englischen Landschaftsgarten einzubetten. So mühte er sich auch um die Integration des Merkurtempels (1787/92) mit den Reliefs „Hermes, der den Wächter Argos einschläfert, um Io in Gestalt einer Kuh rauben zu können", dann „Hermes, der Prometheus an den Kaukasus schmiedet" und schließlich „Hermes, der Persephone aus dem Hades geleitet". Dabei handelte es sich um Hermes Trismegistos, der in Pigages Auffassung nach Altägypten zu verorten war und mit dem Gott Thoth identifiziert wurde. Er galt als Erfinder der Buchstaben, vor allem aber als Begründer der Naturwissenschaften und der Philosophie, die im sogenannten „Hermeticum“ niedergelegt worden waren, welche die Gesamtheit der ägyptischen Weisheit enthielt. Der von der antiken Mythologie geprägte Merkurtempel sollte nicht nur einen Kontrast zum jenseits des Sees gelegenen Tempel der Weisheit und Gerechtigkeit bilden. Ebenso sollte die gebaute Ruinenarchitektur verkünden, dass die neuen, auf Nachweis und Ratio basierenden Wissenschaften die alten Werke der antiken Mythologie überwunden haben. Diese im Schwetzinger Schlossgarten propagierten Erkenntnisse sollten nach Carl Theodors Auffassung nicht nur der Aristokratie oder einem ausgewählten Künstler- und Gelehrtenkreis zur Verfügung stehen. Jedem Lustwandler sollte die Anlage zur Ergötzung und Förderung neuer Erkenntnisse dienen. Wie sehr erfreute sich beispielsweise Hirschfeld, als er 1785 den Schlosspark betreten durfte: „Das Vorzügliche in dem Garten zu Schwetzingen sind die Gebäude, die in der That in einem edlen Stil ausgeführt sind.“[214] So sollte Carl Theodors Paradies ganz und gar dessen Forderung in seiner „Theorie der Gartenkunst“ (1779/85) erfüllen: „Durch Größe und Pracht müssen sich die Gärten der Könige und Fürsten auszeichnen.“[215]

Benraths „maison de plaisance“

Auch wenn es aus Kostengründen dem Kurfürsten Carl Theodor nicht gelungen war, das Corps de logis der Schwetzinger Sommerresidenz zu erneuern, hatte er als Herzog von Jülich und Berg Nicolas de Pigage den Neubau des Jagdsitzes Benrath gewähren können. Ab 1759, noch mitten im Siebenjährigen Krieg, hatte sein Oberbaudirektor nach damals modernsten Gesichtspunkten ein Lustschloss (Abb. 37a/b) im französischen Geschmack verwirklichen können. Ganz und gar hatte er sich am Werk „De la distribution des maisons de plaisance et de la décoration en général“ (1737) seines Lehrmeisters Jacques-François Blondel an der Pariser Académie royale d’architecture orientieren können und ein „maison de plaisance“, einen Rückzugsort für das Kurfürstenpaar, geschaffen. Als Elisabeth Auguste im März 1771, von ihrem Gemahl zur Erbin (1765) der Herzogtümer Jülich und Berg eingesetzt, das Lustschloss besuchte und vom Burgvogt Louis de Pigage (um 1725–1800), dem Bruder des kurpfälzischen Oberbaudirektors, empfangen wurde, war das Corps de Logis bereits vollendet. Löwen als pfälzisches Wappentier an der Rampe und ein Giebel mit ovalen Wappenschilden, gekrönt vom Kurhut und umringt von der Kette des Hubertusordens, begrüßten die hohe Hausherrin, indessen ein Putto ihr auf der rechten Seite an einem Band ein Medaillon mit ihrem Antlitz entgegenhielt. Bewusst hatte Pigage im linken Teil des Allianzwappens Bayerns Rauten, den Löwen von Jülich, die Lilienhaspel von Kleve, den Löwen von Berg, im Herzschild den pfälzischen Löwen und die Balken von Moers, die Andreaskreuze über einem Berg von Bergen op Zoom, einen weiteren, steigenden Löwen für Veldenz, die Schachbrettbalken der Grafschaft Mark sowie die drei Sparren für Ravensberg angebracht. Damit sollte er die Herrschaften Kleve, Mark, Ravensberg und Moers für seinen Landesherrn und dessen Gattin einfordern, die nun zu den Territorien des Hohenzoller Königs Friedrich II. gehörten.[216] Über das nördliche Hauptportal konnte Elisabeth Auguste mit ihrem Gefolge das Vestibül betreten. Hier sollten sie und ihr Gatte als monumentale Marmorstatuen in Nischen entsprechend den Figuren des Hofbildhauers Peter Anton Verschaffelt im Rittersaal seiner Hauptresidenz sowie große Weltkugeln mit Kurhüten und Hermelinbehängen an den Ecken der Stuckdecke ihre Entourage begrüßen und diese auf den Kuppelsaal (Abb. 38) vorbereiten. Dort erwarteten in Pilasterpaaren eingestellte Putten mit Füllhörnern die Festgäste. Reliefs (Abb. 39) des berühmten Hofstukkateurs Giuseppe Antonio Pozzi über den Flügeltüren sowie die Monogramme „CT" und „EA" in Lünetten ließen keinen Zweifel aufkommen, dass der Westflügel das Appartement ihres Gemahls und der Ostteil das ihrige beherbergten und die Festgäste ihres Diners dazu keinen ungehinderten Zutritt hatten. Sodann sollten Spiegel und Stuckaturen mit Musikinstrumenten den Blick der illustren Hofgesellschaft nach oben zur kassierten Kuppel mit Rosetten lenken, in deren Zentrum der Hofmaler Wilhelm Lambert Krahe den Jagdzug der Göttin Diana, gefolgt von Nymphen und Putten, angebracht hatte. Hier konnte die Kurfürstin erkennen, wie deutlich der Hofmaler den direkten Bezug zwischen der Jagdgöttin und ihr als passionierter Jägerin hergestellt hatte, trägt doch auch Pozzis Relief ihres Antlitzes eine Mondsichel als Haarschmuck. Den Festsaal mit seinem prachtvollen klassizistischen Dekor wie das gesamte Corps de logis sollten Elisabeth Auguste und ihre Begleitung als Tempel der Diana begreifen. Ihre Erkenntnis sollte sich beim Hinaustreten zur achsensymmetrischen Gartenanlage oder zum Jagddeck nochmals verstärken, indem sie als Bekrönung der Südfassade erneut Diana erspähen konnten, die gerade ihrem Jagdwagen entsteigt, um den von den Hunden gestellten Hirschen zu erlegen.

Hingegen huldigte im östlichen Gartensaal, dem Kuppelsaal benachbart, Krahes Deckenbild ihrem Gatten, indem er ihn als jugendlichen Sonnengott Apoll, umgeben von den neun Musen, dargestellt und ihn damit als Herrscher über die Künste und Wissenschaften inszeniert hatte. In ihrem eigenen, westlichen Gartensaal hatte Krahe Jupiter in Begleitung von Minerva, der Gottheiten der Natur, Pomona, Ceres und Bacchus in Form eines dreiteiligen Plafondgemäldes verbildlicht. Sobald sie diese Szene erblickte, musste sie begreifen, dass damit keine Anspielung auf sie bezweckt war, sondern Krahe Carl Theodor als

Abb. 37a/b: Fernblick und Corps de logis, Schloss Benrath, erbaut von Nicolas de Pigage, 1759/73

Beherrscher der Natur und Förderer der Landwirtschaft verherrlicht hatte. Zudem sah sie, dass Franz Anton Leydensdorff (1721–1795) mit Allusionen an den Supraporten der gegenüberliegenden Schlafsalons nicht gegeizt hatte. Im erotischen Spiel der Putten hatte er nämlich auf ihre ehelichen Pflichten und die des Gemahls hingewiesen. Die Kurfürstin sollte sich in ihrem Schlafgemach erneut auf einem goldenen Medaillon entdecken, präsentiert von als Künstler verkleideten Putten. Dem nicht genug: Pigage hatte in seiner achsensymmetrischen

Abb. 38: Kuppelsaal, ausgestattet unter der Leitung von Nicolas de Pigage, Schloss Benrath, 1759/73

Konzeption für sie und Carl Theodor jeweils um einen inneren Lichthof mehrere Garderoben und einen Badesalon gruppiert. Indessen sich der Kurfürst in eine waldartige Eichenlaube versetzt fühlen sollte, während ihn zwei wasserspeiende Faune beim Baden beobachteten, sollte sie sich unter einem von zwei Hermen getragenen Badewannenhimmel wohlfühlen. Diese Idee hatte Pigage von den baldachinartigen Vorhängen der Barockbäder bekommen, die sein Lehrmeister Jacques-François Blondel in seinem zeitgenössischen „Cours d'architecture"[217] nach wie vor als „en vogue" eingestuft hatte. Die Wandausbuchtungen sollten zur Aufstellung ihrer Badewannen dienen und eine Maske Wasser spenden. Über die Garderoben sollten sie und ihr Gatte vom Bad zu den Schlafsalons und Eckkabinetten gelangen.[218] Letztendlich sollte weder sie noch der Kurfürst in den Genuss dieser Bäder kommen, denn sie wurden niemals vollendet. Zudem entsprachen sie nicht Blondels Vorstellung, was er in seinem Opus „De la Distribution des Maison de Plaisance [...]" (1737/38) für ein intimes „Bade-Appartement" – distanziert vom höfischen Trubel in Natur und Einsamkeit – gefordert hatte. Gerade diese Vorstellung hatte ihr Gemahl im Schlossgarten zu Schwetzingen in Form eines Badepavillons realisiert. Zunächst einmal sollte man nach Blondel einen runden Saal betreten, um sodann durch eine gegenüberliegende Tür in den Badesaal eintreten zu können. Dieser sollte groß genug sein, „um dort zwei Badewannen [vgl. St-Cloud] aufzustellen. Man sieht es selten, dass es nur eine gibt; sei es, dass zwei Personen sich gegenseitig Gesellschaft leisten und sich miteinander amüsieren in ihrer Einsamkeit, sei es, dass solche Gemächer dadurch ihre Symmetrie wahren und dass man eine der Wannen mit warmem Wasser zu füllen wünscht und die andere mit Wasser, das entsprechend der Saison temperiert ist."[219]

Da die Kurfürstin ihr Lustschloss Oggersheim liebte, sollte sie hierher nie wieder zurückkehren. Ihr Gemahl hingegen sollte am 7. Juni 1785 – wenn auch nur für wenige Stunden – seinem niederrheinischen Refugium, dem geplanten Erholungsort von seinen Regierungsgeschäften, der Heimat ländlicher Feste, einen Besuch abstatten. Der Schlossverwalter Louis de Pigage allerdings sollte auf eine Übernachtung Carl Theodors mit seinem nicht unbeträchtlichen Gefolge nicht eingerichtet sein, so dass die Hofgesellschaft bereits am Spätnachmittag wieder nach Düsseldorf aufbrechen musste. Obgleich dieser Bau den Anspruch des pfälzischen Herrscherhauses auf seine niederrheinischen Territorien forderte, sollte das Kurfürstenpaar den Sitz niemals bewohnen und es ebenso wenig als Ausgangspunkt für Hofjagden nutzen. Benraths „maison de plaisance", für das der Kurfürst die immense Summe von 1.200.000 Gulden aus seiner Privatschatulle investiert hatte und 15.000 Taler alljährlich zum Unterhalt beisteuern musste, sollte nach 1785 endgültig in einen Dornröschenschlaf fallen.[220] Wie enttäuscht reagierten die Düsseldorfer Untertanen. Insgeheim hatten sie doch gehofft, ihr Landesherr würde Benrath zumindest als alternative Sommerresidenz ins Auge fassen, zumal es mit seinen geräumigen Kavaliersbauten, Torhäusern und Flügeln des Alten Schlosses zur Unterbringung einer repräsentativen Hofgesellschaft eine weitaus modernere Alternative zum veralteten Schwetzinger Corps de logis bot.

Abb. 39: Kurfürst Carl Theodor, der Bauherr des Jagdschlosses Benrath. – Relief im Kuppelsaal des Schlosses Benrath, gestaltet von Giuseppe Antonio Pozzi, 1759/73

„Als das Zeichen der Jagd gegeben war"

Bereits 1743 hatte Kurfürst Carl Theodor mit der aus Frankreich eingeführten „chasse à courre", der Parforcejagd, begonnen und zu diesem Anlass sogar eine Silbermedaille als Jagdpreis oder Erinnerungsgabe prägen lassen. François Bonaventure de Tilly, der französische Gesandte am Mannheimer Hof, hatte Versailles informiert, dass der kurpfälzische Landesherr fast täglich zur Jagd schreiten und ganz- oder mehrtägige Jagdpartien auf das edle Hoch- und grimmige Schwarzwild in der Rheinebene, im Neustadter Tal, im Odenwald sowie in den Oberämtern Alzey, Germersheim und Kaiserslautern veranstalten würde. Eigens für die Parforcejagd hatte Carl Theodor 1746/47 ein großes Gehege nahe Käfertal mit immensen Bau- und Unterhaltungskosten anlegen lassen, um ganzjährig auf diese Art jagen zu können.[221] In ihrem Frondienst hatten seine Untertanen aus den Oberämtern Neustadt und Kaiserslautern 25.000 Bretter für die Umhegung heranzuschaffen. Dazu hatten ihn seine Gattin und sein Schwager Friedrich Michael Pfalzgraf von Pfalz-Zweibrücken-Birkenfeld aufgefordert, unterstrich doch gerade das höfische Waidhandwerk die privilegierte Position des Monarchen und offenbarte die damit verbundene Unterwürfigkeit der Untertanen. Die Kurfürstin hatte allerdings erleben müssen, dass sich die Jagd in diesem Gehege zu einer Posse entwickelt hatte, da die Hundemeute, die sie im Mai 1747 von ihrem Günstling, dem Grafen Piosasque, teuer gekauft hatte, in „elendem Zustand war. Alle Hunde waren bis auf 32 umgekommen, und was noch übrig war, verlor die Fährt auf hundert Schritt."[222] Daraufhin hatte Ludwig XV. König von Frankreich auf Anregung seines Botschafters de Tilly dem Kurfürsten 100 Hunde geschenkt, deren Jagdtauglichkeit des Waidmanns Glück deutlich erhöhen sollte. Diese wurden nach der Hofjagd im kurfürstlichen Hundehof hinter dem Darmstädter Tor zu Heidelberg untergebracht.

Zum jagdbaren Wild zählten Hasen (Oberamt Alzey), Auerhähne, Schnepfen sowie Schwarz- und Hochwild in sämtlichen Gegenden der Kurpfalz, wie im Elmsteiner Tal oder beim linksrheinischen Oppau. Besonders schätzte Carl Theodor zur eigenen Ertüchtigung die gefährliche Parforcejagd, die besonders im Spätsommer und Herbst zweimal die Woche am Montag und Donnerstag veranstaltet wurde – so im August die Hirschjagden und im Winter die Sauhatzen vor allem im Odenwald.

In nichts stand die Kurfürstin ihrem Gatten hinsichtlich ihrer Jagdpassion nach. Schon als junges Mädchen hatte sie sich zur Freude ihres Großvaters Carl Philipp als Amazone verkleidet. Vor allem hatte sie sich für den Schnepfenstrich im südpfälzischen Hördt begeistert – und dies im März selbst bei Schneefall. Diese Leidenschaft behielt sie bis in die 1780er Jahre bei, insbesondere in Begleitung des Theaterintendanten Wolfgang Heribert Freiherr von Dalberg

(1750–1806). 1772 schrieb sie an Maria Amalie Auguste Kurfürstin von Sachsen, geb. Prinzessin von Zweibrücken-Birkenfeld-Bischweiler (1752–1828): „Ich habe diesen Herbst viel gejagt, da ich finde, daß dies eine für die Gesundheit nötige Betätigung ist."[223]

Besonders aber liebte Elisabeth Auguste die repräsentativen „Eingestellten Jagden"[224]. Dabei wurde das Wild von Treibern in ein eng umfasstes Waldgehege, in die sogenannte Kammer, getrieben. An diese grenzte der Lauf, ein busch- und baumloser, langgezogener, gleichfalls eingezäunter Platz mit prächtig dekorierten Jagdständen und -schirmen, von wo aus die Kurpfälzische Jagdgesellschaft die Tiere ohne Strapazen gefahrlos abschießen konnte. Beim „Abjagen" öffneten die Gehilfen die Trennwand zwischen der Kammer und dem Lauf, indem sie ein Falltuch absenkten oder ein Rolltuch hochzogen, so dass das Wild zur Ergötzung der Jagdherrin und ihrer adeligen Entourage in panische Angst seinem Verderben entgegenrannte. Wie gerne erinnerte sich Elisabeth Auguste an das „Fuchsprellen" zu Zeiten ihres Großvaters Carl Philipp, wie es David François Merveilleux in seinem Werk „Amusemens des Eaux de Schalbach [...]"[225] (1738/39) beschrieben hatte.

Vor allem an Geburts- oder Namenstagfesten fanden großartige Jagdinszenierungen statt, zu denen sehenswerte An- und Abfahrten zu Wasser oder zu Land mit Musik und jubelndem Volk gehörten. So blieb dem päpstlichen Gesandten Giuseppe Garampi (1725–1792) eine kurpfälzische Wasserjagd (Abb. 40) am 13. August 1764 zur Zeit des Obristjägermeisters Franz Carl Joseph von Hacke (amt. 1750–1779) am Fuße des Dilsbergs in lebhafter Erinnerung. Diese ließ Carl Theodor anlässlich des Besuchs von Emmerich Joseph von Breidbach zu Bürresheim, des Kurfürsten von Mainz (amt. 1763–1774), abhalten. „Um sieben Uhr früh begab man sich in Hofkutschen von Schwetzingen nach Heidelberg, wo die Hauptstraße, welche die Stadt ihrer ganzen Länge nach durchzieht, war mit Bäumchen geziert, welche auf beiden Seiten der Straße alle zwei Schritte eingepflanzt waren. Längs der Straße bildete die Miliz Spalier und stand viel Volk. Die Dominikaner, Kapuziner und Jesuiten waren in Reihen vor ihren Kirchen aufgestellt. Am Ende der Stadt wurden Barken bestiegen, die am Ufer des Neckars bereit lagen, um die Gäste zwei Stunden flussaufwärts zum Jagdgrund zu bringen. Acht Barken waren für den Hof bestimmt, sämtlich innen und außen sehr hübsch mit Laub und Blumen verziert. Die prachtvolle Jacht für die beiden Kurfürsten und die Adeligen vom höchsten Rang, ein Schiff wie der Bucentaur, wurde von vielen Pferden gezogen. Außen wechselte Laub mit Blumen, im Innern hingen Citronen, Pfirsiche, Trauben und andere Früchte an vielfarbigen Bändern von der Decke. Den Hofbarken, die zum größten Teil eigens für solche Gelegenheiten gebaut waren, fuhr voraus und folgte eine große Zahl anderer kleiner Schiffe und Barken von Privatleuten. Es sollen deren etwa 150 gewesen

Abb. 40: Eingestellte Hirschjagd zwischen Dilsberg und Neckargemünd im Neckartal mit Elisabeth Auguste und ihrem Schwager Friedrich Michael Pfalzgraf von Pfalz-Zweibrücken sowie ihrem Neffen Carl August. – Ölgemälde eines unbekannten Meisters, 1758

sein, und trotz der Kürze der Fahrt sei für die kleinsten Fahrzeuge, die nicht mehr als fünf bis sechs Personen fassten, eine Miete von 12 bis 14 Gulden bezahlt worden. Die kurfürstliche Jacht geleiteten Musikbarken, in denen von Oboen, Flöten, Fagotten, Pauken, Trommeln, Trompeten, Jagdhörnern, Klarinetten und anderen Instrumenten der türkischen Musik sehr schöne Konzerte aufgeführt wurden. An den Ufern des Neckars sah man unausgesetzt Staats- und Mietswagen, Fußgänger, Soldaten und Dorfmilizen sich hin- und herbewegen, die letzteren gaben zu Ehren der Kurfürsten Gewehrsalven ab. Die ganze Fahrt war prachtvoll, nicht nur durch alle diese festlichen Veranstaltungen, sondern vor allem durch die liebliche Gegend im Neckarthal. Der Neckar fließt am Fuße hoher Berge vorüber, die zum großen Teil sehr bewaldet und mit vielen Dörfern bevölkert sind. Als man am Ziel der Reise angelangt war, erblickte man zur Rechten einen hohen und steilen Berg, auf dem die Bäume und das Gestrüppe vollständig abgehauen waren und den man wie eine Gartenanlage mit Arabesken aus vielfarbigen Erdarten und mit einer Anzahl bemalter Statuen, die an verschiedenen Stellen symmetrisch aufgestellt waren, verziert hatte. Auf dem Gipfel des Berges und der Anlagen war ein großes Thor aus Laubwerk, aus welchem das von etwa 80 Jägern in grünen silbergestickten Uniformen bewachte Wild hervorbrechen sollte. Unten am Ufer des Flusses war ein bemalter Holzbau aufgeführt, der einen Palast mit einer langen Säulenhalle in der Mitte vorstellte. An den beiden Enden dieses Palastes, die sich bis zum Flusse erstreckten, waren vorgebaute Pavillons mit Balustraden, in denen sich Musikanten mit Blasinstrumenten aufstellten. Im Flusse sah man ein aus Holz errichtetes Gerüst, das mit Ornamenten und bemalten Figuren verziert war. Zur Linken erhoben sich andere Berge, auf denen Zuschauer verteilt waren. Der Anblick dieser Volksmenge war sehr anmutig: man sah sicher 10.000 Personen, alle in verschiedenen, aber durchweg heiteren und festlichen Anzügen. Um sich vor der Sonne zu schützen, hatten viele Schirme aus Seidentaft in wechselnden Farben aufgespannt. Um den Anblick noch hübscher zu machen, war auf einem der Berge aus bemalten Brettern ein Haus improvisiert worden.

In dem Gerüst angelangt, begaben wir uns von der kurfürstlichen Jacht über eine Brücke auf eine runde Plattform, die auf mehreren Barken ruhte und von einem großen Zelt bedeckt war. Als das Zeichen der Jagd gegeben war, begann man aus dem Tor auf der Höhe der Anlagen die Hirsche in Trupps von 12, 15 und 20 herauszutreiben. Nachdem sie eine Zeit lang hin- und her geirrt waren, liefen sie oder wurden von den Treibern nach dem Thore des am Flusse gelegenen Gebäudes gedrängt, wo sie sich in das Wasser warfen. Sie schwammen dann an dem großen Zelt vorüber, wo die zwei Kurfürsten mit Büchsen auf sie schossen. Der Kurfürst von der Pfalz hatte die Artigkeit, Msgr. Oddi zu fragen, ob er auch schießen wolle, aber dieser dankte. Eine solche Auszeichnung fiel sehr auf, da keiner der anderen anwesenden Gesandten eine gleiche Aufforderung erhielt. Sobald eines der Tiere getroffen war, eilte eine vierruderige Barke mit einem Jäger herbei, welcher den Hirsch beim Geweih ergriff und an das Ufer zog, damit er nicht untersinke. – Um 1 Uhr nachmittags war die Jagd zu Ende. 104 Hirsche waren erlegt. Man begab sich an das Ufer, wo Strecke gemacht worden war, um sie zu besichtigen. In das Zelt zurückgekehrt, fanden wir eine große Tafel gedeckt, an der wir, im ganzen 40 Personen, die Minister, Damen u. f. f. mit den Kurfürsten speisten. Auf der kurfürstlichen Jacht speisten an zwei Tischen je 20 Personen von Adel. Gegen vier Uhr nach Aufhebung der Tafel bestiegen wir wieder die kurfürstliche Jacht und begannen neckarabwärts die Rückfahrt nach Heidelberg, stets begleitet von den übrigen Barken, unter dem Klang der Instrumente und von Zeit zu Zeit durch Gewehrsalven der am Ufer aufgestellten Milizen begrüßt. Einige Barken fuhren voraus und aus ihnen wie von beiden Ufern wurden Feuerwerke in die Höhe oder auf das Wasser losgelassen. Bei Heidelberg landete man gegen 7 Uhr, bestieg die Hofwagen und kehrte nach Schwetzingen zurück, wo die Ankunft um 8 Uhr erfolgte. – Die ganze Veranstaltung war in der That eine der großartigsten, die man sich denken konnte. Es wetteiferten miteinander die Schönheiten der Natur in dem zur Jagd ausgewählten Landstriche, der Jubel des herzugeströmten Volkes, die Eigenartigkeit des mitten im Wasser gegebenen Schauspieles und die Besonderheit der Pracht und Ausschmückung. Man erzählt, der Kurfürst habe für den Pomp dieses Tages die Summe von 20.000 Gulden verausgabt. Während drei Wochen waren etwa 300 Landleute mit der ermüdenden Arbeit beschäftigt, die große Zahl von Hirschen aus den benachbarten Bergen in den für die Jagd bestimmten Zwinger zusammen zu treiben. Alle erlegten Hirsche wurden sofort verteilt, die einen an die Jäger selbst, die anderen erhielten Klöster und verschiedene Personen zum Geschenk."[226]

Nicht alle Höflinge teilten die Leidenschaft ihres Kurfürsten. Sein fast 70-jähriger Minister Heinrich Anton von Beckers zu Westerstetten beklagte sich 1764, dass er seinen Herrn in den wilden Odenwald begleiten musste, wo dieser sich „vier bis fünf Tage mit Schweinsjagd [...] bei dem entsetzlichsten Wetter amüsiert"[227] hätte. Umso glücklicher war der greise Freiherr, als Carl Theodor um 1767 die Parforce-Jagden, die ungeheure Summen verschlungen hatten, abschaffte und er nur noch vier beziehungsweise zwei kurfürstliche Hofjagden für die Jahre 1775 und 1776 erleben musste. Darin sollte sich offenbaren, wie sehr Carl Theodors Kräfte nachgelassen hatten. Sir Nathaniel William Wraxall (1751–1831) sollte 1778 beobachten, wie der Kurfürst unter Schwindelanfällen litt, mehrere Stürze hinnehmen, deshalb seine Passion erheblich reduzieren und sich mit den „Eingestellten Jagden" begnügen musste. Zusätzlich sollte der englische Schriftsteller kritisch bemerken: „Sein Benehmen ist mehr höflich als würdevoll, seine Manieren und seine Haltung, die rauh, verdrießlich und streng ist, nehmen beim ersten Anblick nicht zu seinen Gunsten ein. Er hat eine hohe Stirne, schwarze Augenbrauen, seine Nase ist hakig und hervorstehend: seine Gestalt männlich, aber nicht anmutsvoll, er ist von mittlerer Größe und neigt etwas zur Korpulenz. Gewöhnlich trägt er Uniform und die Insignien von nicht weniger als drei Ritterorden [...]."[228] Hingegen konnte der Schauspieler und Dramatiker am Mannheimer Theater August Wilhelm Iffland (1759–1814) beobachten: „Ich habe auch bei Schwetzingen neulich eine masquierte Jagd gesehen, die sehr prächtig war. Sie kostete 50.000 Gulden. Aus dem Heidelberger Thore hat der Officier die Zahl der Kutschen auf tausend angegeben. Gerüste waren für 9.000 Menschen gebauet. Stellen Sie sich die herrliche Chaussee mit Bäumen besetzt nach Schwetzingen vor, der gantze Weg eine Kette von Kutschen aus Speier, Heidelberg, Mainz, sogar Frankfurt und Hanau, aus Worms, Darmstadt und Mannheim. Der Platz selbst war eine völlige Ebene, auf welcher man Berge auf Leinewand aufgespannt hatte, in der Tat ein ganz neuer Anblick für mich, Berge, Schlösser, Brücken, Terrassen in der Größe, in welcher man sie natürlich sieht, in freier Luft gemalt zu sehen. Die Gemälde in einem halben Mond, die Gerüste in dem andern machten einen geschlossenen Zirkel aus. Die Schweine, Füchse,

Tachse und Hasen wurden oben aus einem Pförtgen aus den gemalten Bergen herausgelassen und wenn sie sich in den Wegen, die von Brettern gemacht waren, häuften, fielen oft fünfzig, sechszig herunter, daß die Erde krachte. Die meisten wurden von den Damen und Herren, Kurfürst und Kurfürstin erschossen, was nach ein Uhr noch übrig war, wurde gefangen. Ein böses Stück Arbeit [...]. Das Blasen von Extraposten in Mannheim, den Tag vorher und der Lärm von Jagdhörnern, Musik, Kutschen und betrunkenen Leuten die Nacht vor der Jagd war unglaublich. So geht das alle Tage [...].“[229]

Nicht weniger Aufsehen sollte eine „Eingestellte Wasserjagd“ erregen, die Ferdinand Joseph von Wrede (1722–1793), der Landschreiber des Heidelberger Oberamts, am Abhang des Hollmuth-Waldrückens im Elsenztal bei Neckargemünd am 15. Juli 1788 für das Kurfürstenpaar noch inszenieren sollte. Zu den Jagdvorbereitungen sollte er Theater- und Hofmaler, wie Hubert Willwerth, den Baumeister Abel Schlicht (1754–1826) und den kurpfälzischen Rat und Sekretär an der Mannheimer Hofbibliothek Johann Bonifaz Wigard, heranziehen. Letzterer schrieb die Vorkommnisse nieder: „[...] und da rannte das fluechtige Wild ueber das mit einem gruenen Bogen ebenfalls gezierte linke Ufer, an dem Churfuerstlichen Schirme vorueber, dem nahen Berge und Walde zu auf den eingefaßten Abschießplatz, wo es von dem schnellen Geschosse Seiner Churfuerstli[chen] Durchleucht so wohl, als der Gnaedigsten Frau Churfuerstin mit ausnehmender Fertigkeit ereilet und erleget wurde. Auf diese Weise ward die Feyerlichkeit der Jagd, ein seit vielen Jahren in dieser Gegend nicht mehr gesehenes Fest, mit Lust und Froehlichkeit gluecklich geeendet, und hoechst Ihre Churfuerstlichen Durchleuchten begaben sich, unter lautem Frohlocken und Zurufen des haeufig zustroemenden Volkes, in die Stadt Neckargemuende, stiegen in dem Wirthshause zur Pfalz ab, und nahmen dort, mit dem zahlreichen Hofstaate, in dem neuerbauten großen Saale unter froehlich ertoenender Musik das Mittagmahl ein.“[230] Zudem sollte Ferdinand (?) Kobell dieses Ereignis auf einem Gemälde mit dem Titel „Heimfahrt Carl Theodors nach der Lustjagd am 15. Juli 1788“ festhalten. Bewusst sollte er eine Gruppe ausgelassen feiernder Bauern und Bürger samt deren Nachwuchs in den Vordergrund rücken. Sollte sich durch diese Fokussierung bereits eine neue Zeit andeuten? Immerhin versuchte Carl Theodor schon 1761, mit neuen Jagd- und Forstsatzungen Probleme mit der Landbevölkerung während der Erntezeit aus dem Weg zu räumen, indem er untersagte, „nit tuechtige Leuthe und Kinder, womit nichts auszurichten, gaentzlich aber keine Weiber-Leuthe“[231] zu den Frondiensten heranzuziehen. Zudem hielt er seine Jäger an, gegenüber den zur Fron verpflichteten Bauern umsichtig umzugehen: „Unseren Untertanen [sei] nicht übel [zu] begegnen, da die gemeinen Baurs-Leuthe, welche von ihrer Profession keine Jaeger seynd, sich in und bei der Wildbahn zu dem Jagd-Exerciren nicht gebrauchen lassen"[232] – drangen doch immer wieder Beschwerden an sein Ohr, dass seine Waidmänner „mit den armen Unterthanen auf der Jagd als Tyrannen umgehen, dieselben denen Hunden gleich achten und wann sie nur das allergeringste versehen, unbarmherziger Weis prügeln."[233] Hauptärgernis allerdings blieben die Wildschäden auf den bestellten Äckern. Gerade darauf wies der kurpfälzische Konferenzminister Hermann Arnold von Wachtendonk indirekt hin, als er 1766 dem pfälzischen Gesandten Johann Philipp Caspar von Schlipp nach Berlin meldete, Kurfürst Carl Theodor „divertiere sich von acht zu acht Tag mit der Jagdt in dem Odenwald, allwo nicht allein die Menge Hirsche, sonder[n] mehr anderes Wildpret ist, welches dem Landtmann schaden thuet und dahero zum besten deßelben abgeschos[s]en wird."[234] Was konnte die Landbevölkerung schon ausrichten? Nur aus Astholz durfte sie Umzäunungen der Forsten anlegen oder das Wild durch Feldhüter und Hunde verjagen, ohne dieses zu verletzen! So konnten die Umfriedungen den Ansturm einer Schwarzwildrotte keinesfalls standhalten. Um weiteren Schäden entgegenzuwirken, sollte Carl Theodor 1771 sogar den Abschuss des überzähligen Wildbestands in seinem Herzogtum Pfalz-Neuburg freigeben. Als das dortige Oberjägermeisteramt dieser Anforderung nicht gewachsen war, wies er die dortige Hofkammer an, das Problem zu lösen. Ähnliche Verfügungen sollte er für die Kurpfalz und die Herzogtümer Jülich und Berg erlassen.

Infolge der durch Hofjagden verursachten Flurschäden hatte sich in vielen benachbarten Territorien ohnehin der Widerstand der Bauernschaft, aber auch der begüterten Grundbesitzer formiert. Im Gegensatz zum kurpfälzischen Landadel wurden diese für die immensen Schäden eines rücksichtslosen Auslebens der Jagdleidenschaft so mancher hoher Herren nicht ausreichend entschädigt. 1773 sollte bereits der in Molmerswende bei Mansfeld geborene Lyriker Gottfried August Bürger (1747–1794) mit seinem Gedicht „Der Bauer. An seinen durchlauchtigen Tyrannen" anprangern: „Wer bist du, Fürst, daß ohne Scheu / Zerrollen mich dein Wagenrad, / Zerschlagen darf dein Roß? / Wer bist du, Fürst, daß in mein Fleisch / Dein Freund, dein Jagdhund, ungebleut / Darf Klau' und Rachen hau'n? // Wer bist du, daß, durch Saat und Forst / Das Hurra deiner Jagd mich treibt, / Entatmet, wie das Wild? – // Die Saat, so deine Jagd zertritt, / Was Roß, und Hund, und du verschlingst, / Das Brot, du Fürst, ist mein. // Du Fürst hast nicht bei Egg' und Pflug, / Hast nicht den Erntetag durchschwitzt. / Mein, mein ist Fleiß und Brot! – // Ha! du wärst Obrigkeit von Gott? / Gott spendet Segen aus; du raubst! / Du nicht von Gott, Tyrann!"[235]

6. »VON IHR UND THEODOREN«

„Den ersten hast Du genommen"

Am 18. Mai 1760 konsekrierte Joseph Ignaz Philipp Prinz von Hessen-Darmstadt als Fürstbischof von Augsburg die Mannheimer Jesuitenkirche St. Ignatius und Franz Xaver. Als er in prophetischen Worten die Schwangerschaft der Kurfürstin verkündete, war die Hofgesellschaft außer sich. „Glocken fingen an zu tönen, die Kanonen donnerten, das Te Deum laudamus von der Hofkapelle und das Geschrei des vor diesem neu eingeweihten Tempel in Masse zu Tausenden versammelten Volkes betäubte alles."[236] Und am Ende dieses Jahres war die Vorhersage Wirklichkeit geworden. Nach fast 20 Ehejahren erwartete Elisabeth Auguste endlich ein Kind. Der überglückliche Kurfürst teilte seine Freude dem hochgeschätzten Philosophen Voltaire mit und verkündete, dass er bei seinem nächsten Besuch einen frohen Vater erleben werde, der „sein Kind auf den Knien schaukeln"[237] werde. Zudem bat er König Ludwig XV. von Frankreich und Kaiser Franz I. Stephan um die Übernahme der Patenschaft.

„Spes Palatinus [Die Hoffnung Der Pfalz]. Das ist, Churpfältzische Hoffnung Zu einem Männlichen Erben / und Chur=Printzen / Auf die Gütigkeit des großen Gottes, Gottseeligkeit des Durchlauchtigsten Hauses, Wünsche des andächtigen Volckes Gegründet, Bey Höchstgeseegneten Umständen Elisabethae Augustae Unserer Durchlauchtigsten Churfürstin, Und Landes=Regentin [...]."[238] Unter dieses Motto stellte der Heidelberger Jesuitenpater Ludovico Schick am 7. April 1761 seine Predigt, nachdem der Mannheimer Hof „nach dem fünfften Monatthe der Empfangenen zarten Leibs=Frucht" die Schwangerschaft der Kurfürstin Elisabeth Auguste der Öffentlichkeit verraten hatte. Schick versuchte, durch einen Vergleich mit der neutestamentarischen Elisabeth die öffentliche Bedeutung der Schwangerschaft der Kurfürstin zu betonen und die Hoffnungen der Kurpfalz, der Untertanen und des Herrscherhauses zu bündeln und als Gnade und Werk Gottes zu deklarieren: „Et factum est ita. Es ist geschehen, wie wir alle gehofft und verlangt haben!"[239] Kurfürst Carl Theodor und seine Hofgesellschaft wünschten sich insgeheim einen Kurprinzen, so dass die Bestimmungen der 1724 gegründeten „Wittelsbacher Hausunion"[240] hinfällig gewesen wären und die Herrschaft weder an die bayerischen Verwandten noch auf die Zweibrückische Linie fallen würde. Eine Dekade zuvor waren schon der für Carl Theodor unkalkulierbare Christian IV. Herzog von Pfalz-Zweibrücken (1722–1775) und dessen Nachkommen als potentielle Erben ausgeschieden, als dieser die nicht standesgemäße Mannheimer Tänzerin Marianne Camasse (1734–1807) zur Gräfin von Forbach nobilitiert und sie 1751 sogar morganatisch geehelicht hatte. „Seine Neigungen für seine Freundin, der Gräfin von Forbach, ist der Grund, aus dem er allen Heiratsvorschlägen aus dem Weg gegangen ist“[241], hatte dazu der französische Gesandte am Zweibrückischen Hof bemerkt.

Die Hoffnung der Bevölkerung, die nun auf dessen jüngerem Bruder, dem 1755 konvertierten Pfalzgrafen Friedrich Michael, und dessen Söhnen Carl August (1746–1795) und Maximilian Joseph (1756–1825) ruhte, war ein Jahr zuvor durch die Trennung von dessen Gattin Maria Franziska ebenso ins Wanken geraten. Überall in den Mannheimer Gassen munkelte man seit Jahren von Friedrich Michaels Seitensprüngen. Nicht nur in der Kurpfalz, sondern auch in den Herzogtümern Jülich, Berg und Sulzbach wurde die Mannheimer Nachricht mit größter Euphorie aufgenommen. Die Pfalz-Neuburger Regierung fügte dem gedruckten Informationsblatt an ihre Untertanen sogar ein Gebet hinzu.[242]

Kurfürst Carl Theodor selbst gab Franz Anton von Leydensdorff den Auftrag, zu diesem freudigen Ereignis ein Gemälde (Abb. 41) zu gestalten. Der damalige Mannheimer Theatermaler entwarf eine allseits beliebte höfische Szene. Im Antlitz des Schäfers und der Schäferin sollte sich das Kurfürstenpaar selbst entdecken und sich mit der Szene „Begegnung des alttestamentarischen Ehepaars Jacob und Rahel am Brunnen“ auseinandersetzen, waren die beiden biblischen Gestalten doch auch als Vetter und Base miteinander verheiratet. Ebenso litt Rahel infolge ihrer langen Kinderlosigkeit, zumal ihre ältere Schwester Lea dem Gemahl Ruben, Simeon, Levi, Juda, Issachar, Jakob und Dina, die Magd Bilha ihm Dan, Jakob und Naftali und die Magd Silpa ihm Gad und Ascher schenkten. Erst danach hatte Gott, wie das Kurfürstenpaar genau wusste, mit Rahel Erbarmen: „Sie wurde schwanger und gebar einen Sohn. Da sagte sie: Gott hat die Schande von mir genommen. Sie nannte ihn Josef (Zufüger) und sagte: Der Herr gebe mir noch einen anderen Sohn hinzu.“[243]

Im Mai 1761 reiste die Kurfürstin nach Schwetzingen, um dort die Niederkunft abzuwarten. Der Mannheimer Konsistorial- und Ehegerichtsrat Johann Christoph Schwarz (1709–1783) dichtete: „Betrübtes Mannheim, tröste dich, / denn Schwetzingen vermehrt dein Glück! / Elisabeth geht zwar von hier, / doch sie kommt wiederum zu dir / und bringt dir einen Sohn zurück.“[244] Dennoch fühlte sich der Kurpfälzische Hof mehr als glücklich, endlich einen legitimen Erben begrüßen zu dürfen. In diesen Reigen reihten sich auch die Sulzbacher ein: „Unsere Stadt und das ganze Land wurde von einer unnennbaren Freude entzueckt, als im Jahr 1761, den 9ten April, die hoechstgesegnete Schwangerschaft unsrer Druchleuchtigsten Kurfuerstin, einer hochloeblichen Regierung allhier angekuendigt wurde. Es wurde nicht nur sogleich ein feyerliches Lob- und Dankfest gehalten, sondern auch in allen Kirchen ein allgemeines Gebeth bis zur gluecklichen Entbindung verordnet. Diese geschah den 28sten Tag des folgenden Monats Junius, der uns den mit den heissesten Wuenschen erhaltenen Prinzen [...] [Franz Ludwig Joseph] schenkte [...].“[245]

Doch all diese Hoffnungen und Wünsche sollten sich nicht erfüllen: Die Geburt endete in einer Katastrophe. Der kleine Kurprinz blieb während der Entbindung in der Nacht vom 28. auf den 29. Juni 1761 im Mutterleib stecken und wurde entweder durch den Gebrauch einer Geburtszange tödlich verletzt oder ertrank im Blutstrom seiner Mutter. Verzweifelt sank Carl Theodor vor der Bahre des toten Säuglings nieder, denn in diesem Moment musste er begreifen, dass Elisabeth Auguste aufgrund der anatomischen Beschaffenheit ihres Beckens ihm keinen legitimen Erben schenken konnte. Sodann ließ Carl Theodor nach Wien und anderen Orten melden, dass seine „Gemahlin Liebden zwar mit einem wohlgestalten Chur=Prinzen glücklich entbunden worden, dieser Prinz aber so schwach zur Welt gekommen, daß er gleich nach empfangener Nottauf wieder verschieden seyn.“[246] An Voltaire richtete er die Worte: „Ich habe nur einen schönen Traum gehabt, aber er hat mir mehr Pein verursacht, als Ihnen alle Ihre Gebrechen und Schwächen. Es ist vorbei. Man muß sich der Vorsehung unterwerfen.“[247] Die zeremonielle Taufe war nun hinfällig geworden. Der tote Säugling wurde im Schwetzinger Schloss aufgebahrt. Der Mannheimer Hofpoet Johann Christian Schwarz versuchte mit Versen, die niederdrückende Stimmung dieses „Höchst=bedrübten Tage[s]“ in einem Trostgedicht für Carl Theodor zu fassen: „So stund auch Schwetzingen betäub[t] und fühllos da, / Als bey der Geburt dem Sohn entgegen[s]ah, / Womit ELISABETH die treue Pfalz beglückte: / Ach kurzes Glück! Er starb als Er die Welt erblickte.“[248]

Ein unbekannter Meister schuf dazu eine weitere Allegorie (Abb. 42): In einem Zypressenhain positionierte er

Abb. 41: Allegorie auf die Schwangerschaft der Kurfürstin Elisabeth Auguste. – Ölgemälde von Franz Anton von Leydensdorff, 1761

Abb. 42: Allegorie auf den Tod des Kurprinzen Franz Ludwig Joseph. – Ölgemälde eines unbekannten Künstlers, um 1761

eine Stele mit einem Relief der Kurfürstin, bekrönt von einer januskopfigen Greisenbüste, die den antiken Gott Chronos als Symbol irdischer Vergänglichkeit symbolisieren sollte. Darunter malte er ein Dreieck mit dem Auge der göttlichen Vorsehung. Fünf weibliche Gestalten in antiker Kleidung, von denen eine kniend den toten Kurprinzen auf ihren Armen hält, verdeutlichen die Trauer der Hofgesellschaft. Eine sechste Figur hingegen weist mit ausgreifender Geste auf die Haupt- und Residenzstadt Mannheim hin, wohin sein Leichnam gebracht und in aller Stille beigesetzt worden war. Selbst im fernen Sulzbach war man zutiefst erschüttert: „Wir finden keine Worte, die Betruebnis zu beschreiben, welche eine so unerwartete Nachricht in den Herzen aller Unterthanen verbreitet hat."[249]

Die unglückliche Kurfürstin Elisabeth Auguste teilte dem Münchner Schwager Clemens Franz de Paula ihre Gefühle mit: „Ich kann es einfach nicht länger für mich behalten, und da es mir meine Augen langsam ermöglichen zu schreiben, nutze ich die Gelegenheit, Ihnen meinen zärtlichsten Dank auszudrücken für das Interesse, das Sie, mein lieber Bruder, allem entgegenbringen, das mich betrifft, und für die verbindlichen Briefe, die Sie mir diesbezüglich geschrieben haben. Ich will Ihnen nicht über mein trauriges und verhängnisvolles Erlebnis berichten, über das Sie bereits mehr als nötig unterrichtet sind, ich sage Ihnen bloß, dass es mir trotz meines traurigen Schicksals gut geht. Es ist ganz offensichtlich, dass mich der liebe Gott verschonen wollte."[250]

Stiftete Elisabeth Auguste als Reaktion auf den Verlust ihres Sohnes und des damit einhergehenden immer stärkeren Rückzugs aus dem früheren so geschätzten Hofleben am 17. November 1766, ihrem Namenstag, den Elisabeth-Damenorden? In der Stiftungsurkunde heißt es: „Wir Elisabetha Augusta, Pfalzgräfin bei Rhein und Churfürstin [...] thuen kund und fügen hiemit zu wissen, dass Wir aus besonderer Andacht zu der H. Elisabeth, Unserer H. Nahmens-Patronin, bewogen worden, zu derselben Ehre einen Damen-Orden zu errichten, dessen vornehmlichste Absicht die Mildthätigkeit gegen die Armen seyn solle [...]."[251] Als Gemeinschaft verschrieben sich die hochadeligen Damen in der Nachfolge der hl. Elisabeth Landgräfin von Thüringen (1207–1231) der Nächstenliebe und Armenfürsorge. Ihrem Schwager gegenüber bemerkte sie selbst dazu: „Ich habe für die Damen zu Ehren der Heiligen Elisabeth einen Orden gegründet, deren Anzahl begrenzt sein wird. Und sobald die Statuten gedruckt sind, werde ich Ihnen ein paar Exemplare zukommen lassen. Ich werde noch heute an die Herzogin [Schwester Maria Anna] schreiben und sie fragen, ob sie einverstanden ist, ein Kreuz zu erhalten. In diesem Fall wäre sie nach mir die erste. Eine Ablehnung ihrerseits würde mich sehr treffen, und ich hoffe, dass das nicht passieren wird."[252] Und ihre Schwester Maria Anna Herzogin von Bayern stimmte zu. Dem Beispiel seiner Gattin folgte ein Jahr später Kurfürst Carl Theodor und gründete zu Silvester 1767 den Orden des Pfälzischen Löwen, dem als Großmeister sein Neffe Carl August vorsaß.

Nach dem Tod des Kurprinzen wurde dem Kurfürsten seine Gattin mehr und mehr zur Last. Die ständigen Demütigungen, die er durch sie hinnehmen musste, hatte er ohnehin nicht vergessen. Schon seit 1758 hatte er begonnen, ihre Liebschaften nicht mehr klaglos hinzunehmen. In der Folge zerbrach die Ehe zwar nicht de jure – ohne päpstliche Annullierung war eine Scheidung für einen katholischen Herrscher undenkbar –, aber de facto! 1767 sollte Carl Theodor seiner Gemahlin das Schloss in Oggersheim schenken, wo sie mehr und mehr die Sommermonate zubringen sollte. Sie betonte: „Ich habe vor, morgen nach Oggersheim zu fahren, und dort einen Monat zur Kur zu bleiben."[253] Dort ließ sie noch im selben Jahr ihr Lieblingsensemble der „comédie française" auftreten und nahm deren Schauspielkunst 1769 und 1771 in Anspruch. Zudem feierte sie dort ab 1769 alljährlich den Augustentag als den „2ten nahmenstag". „Es wird ein großes Abendessen, Konzert, französische Komödie, Illumination, Souper und Feuerwerk geben"[254], kündigte beispielsweise der kursächsische Diplomat Andreas Graf von Riaucour an. Danach bemerkte er dazu: „Die Kurfürstin gab letzten Mittwoch in ihrem Schloss zu Oggersheim zu Ehren der Prinzessin Christine [von Sachsen, 1735–1782] ein außerordentlich glänzendes Fest, zu dem sich auch der Kurfürst einfand. Man spielte französische Komödie auf einer in aller Eile hergerichteten Bühne."[255] Zudem übte sich Elisabeth Auguste zu Oggersheim in katholischer Frömmigkeit und stiftete eine größer dimensionierte Wallfahrtskirche, um die von ihrem Vater Joseph Carl Pfalzgraf von Pfalz-Sulzbach begründete Loreto-Marienverehrung zu forcieren. Fast ein halbes Jahrhundert zuvor hatte der Jesuitenpater Matthäus Vogel († 1766) bereits betont: „Den ersten Stein haben Ihro Durchleucht selbst mit eigenen Händen gelegt im Jahr Christi 1729 und alsdann Befehl ertheilt, das Heilige Werck so viel nur möglich zu beschleunigen."[256] Nun feierte am 12. September 1774 in Anwesenheit der Kurfürstin der Wormser Weihbischofs Franz Xaver Anton Scheben von Cronfeld (amt. 1765–1779) den Benediktionsritus des neuen Gotteshauses, über dessen Hauptportal Elisabeth Auguste eine lateinische Inschrift[257] anbringen hatte lassen. Noch 1779 bezog sie sich im Stiftungsbrief auf das väterliche Vermächtnis und dessen Erfüllung: „Wir Elisabeth Auguste erinnern Uns, wie Unser in Gott ruhender Herr Vater weiland Pfalzgraf Joseph höchstseligen Andenkens zur Vergrößerung der Ehre Gottes und zur Verehrung seiner glorwürdigen Mutter, zur Unterstützung der Religion und zur Ausbreitung derselben in den Churlanden eine Wallfahrtscapelle in Oggerheim gestiftet haben. Und aus eben diesen Rücksichten zu besserer Consolidierung dieser Stiftung ist die neue Kirche allda zu erbauen Uns gefällig gewesen."[258] Am 18. Oktober 1777 fand schließlich die Weihe der neuen Hof- und Wallfahrtskirche statt. Sogar Kurfürst Carl Theodor nahm mit seinem gesamten Hofstab daran teil. Professor Franz Anton Mai (1742–1814), der Leibarzt seiner Gattin, bemerkte zum frühklassizistischen Neubau des Hofbildhauers Peter Anton Verschaffelt (1710–1793): „Die innere Einfachheit in den Verzierungen des von ihr erbauten Gotteshauses zu Oggersheim ist ein redender Beweis ihrer Gesinnungen über das Wesentliche der katholischen Religion."[259]

„Das unzüchtigste Benehmen"

Schon kurz vor ihrer Hochzeit in Mannheim und Schwetzingen im Juli und August 1741 sowie anlässlich der Kaiserkrönung Carls VII. war Elisabeth Auguste mit ihrem späteren Schwager, dem lebensfrohen Clemens Franz de Paula Herzog von Bayern (Abb. 43), eine Liaison eingegangen. In einem Brief vom 12. März 1743 an ihren Geliebten hatte sie (Abb. 44) sich erinnert: „Wenn es möglich wäre, so fern von Euer Durchlaucht glücklich zu sein, so wäre ich es sicher heute, da ich Ihren lieben Brief erhalten habe. Ich werde melancholisch und habe Sehnsucht wie ein Moperle, das nicht gequält ist, leider. Erwähnen Sie nicht mehr den schönen Moment, in dem ich die süßen Schläge mit dem gleichsam

Abb. 43: Clemens Franz de Paula Herzog von Bayern mit dem St. Georgs-Ritterorden. – Ölgemälde aus dem Umkreis von George Demarées, um 1755

Abb. 44: Kurfürstin Elisabeth Auguste mit einer Frankenthaler Tasse. – Kniestück des Kabinettporträtmalers Heinrich Carl Brandt, um 1765

eisenharten Schlüssel empfangen habe [...]. Es ist in Schwetzingen, und ich werde den Ort sehen, an dem Sie so viele verliebte und stinkende Seufzer von sich gegeben haben [...]. Wenn Sie auch nur eine Woche das Schreiben unterlassen, werden Sie schon sehen, was Ihnen passiert, denn eine beleidigte Schwägerin ist schlimmer als alle Teufel der Hölle zusammen [...]. Ihre schöne, sehr schöne und Sie sehr liebende Schwägerin und Dienerin, die Schatzmeisterin des Reiches."[260] Bereits in der Karwoche 1743 war sie noch deutlicher geworden: „Sprechen wir nicht über den Kummer über unsere traurige Trennung, ich weiß, wie sehr ich gelitten habe [...]. Ich schäme mich in Grund und Boden, ich flehe Sie an, küssen Sie nicht mehr Ihre Lieblingsstelle, denn ich habe sie so stark gespürt, dass es mich immer noch brennt, ich bin verärgert, dass das Bett vom Regen befleckt wurde, sehen Sie zu, dass dies nicht zum signum sanitatis [Zeichen der Gesundheit] wird [...]. Es bleibt mir nichts anderes übrig, als Ihnen, Euer Durchlaucht, zu sagen, dass ich von ganzem Herzen Ihre Sie sehr liebende Schwester und Dienerin bin, die Kurfürstin."[261] Am 30. April hatte sie ihm gestanden: „Ich lieb dich inniglich, das weißt du und ich, amo te solo."[262]

Seit der Doppelhochzeit hatte Kurfürstin Elisabeth Auguste ihren Schwager Clemens Franz nicht mehr gesehen. Erst 1746 kam es zu einer weiteren Begeg-

Abb. 45: Friedrich Michael Pfalzgraf von Pfalz-Zweibrücken, einer der Liebhaber von Elisabeth Auguste. – Ölgemälde von Georges Desmarées, um 1750

nung anlässlich der Hochzeit ihrer Schwester Maria Franziska Dorothea mit dem kurpfälzischen Generalfeldmarschall und Gouverneur von Mannheim Friedrich Michael Pfalzgraf von Pfalz-Zweibrücken-Birkenfeld (Abb. 45). Nach einer Randbemerkung des Zweibrückischen Ministers Ernst von Wrede an Christian IV. Herzog von Pfalz-Zweibrücken (reg. 1735–1775) hatten Elisabeth Auguste und Clemens Franz die Anwesenheit seiner Gattin Maria Anna als „Störung der Glückseligkeit“ [263] empfunden. Offensichtlich war es beiden gelungen, an die Vergangenheit anzuknüpfen. „Ich habe mich über den Brief von Euer Durchlaucht unendlich gefreut, da Sie mir versichern, dass Ihnen Ihr Aufenthalt bei uns gefallen hat“[264], hatte später dazu Elisabeth Auguste bemerkt. „Ich wünsche mir sehr, wir hätten wenigstens einmal die Freude, einander zu sehen, ich denke, wir haben uns viel zu erzählen, das man der Feder nicht anvertrauen kann.“[265] „Am meisten wünsche ich mir, einmal das Glück zu haben, Sie wiederzusehen, um ganz nach Belieben mit Ihnen reden zu können und Ihnen aus meinem Munde versichern zu können, dass Ihnen niemand zärtlicher und aufrichtiger zugetan sein kann als diejenige, die bis zu ihrem letzten Atemzug Ihre treue Schwester Augusta sein wird.“[266] Doch nach und nach sollte sich die erotische Beziehung der Kurfürstin zu ihrem Schwager zu einer rein platonischen Liebe verwandeln, die erst mit dem Ableben von Clemens Franz († 6.8.1770), des letzten Hoffnungsträgers der ludovizianischen Wittelsbacher als künftiger Erbe Kurbayerns, enden sollte. In einer Trauerrede erinnerte sich der Hofprediger und Jesuitenpater Ignatius Reisenegger an dessen Leid: „[...] er liegt von einer vieljährigen Unpäßlichkeit darniedergeschlagen. Die Zwischenhandlungen, welche die göttliche Vorsicht über Ihn verhänget, waren ein Zusammenhang eines leiden- und schmerzvollen Lebens [...]. Die von Jahre zu Jahre, von Tage zu Tage, von Stund zu Stund, und so frühzeitig schon abnehmenden Kräfte, eine bedauernswürdige Lähmung jener Hände, welche er so oft gegen den Himmel erhoben, jener Füsse, mit welchen er so getreu die Wege des Herrn gewandelt, endlich eine betrübte Sehkraft waren jene Feinde, wider welche die Großmuth unsers durchleuchtigsten Herzogs zu viele Zeit zu kämpfen und zu streiten hatte."[267]

Gleichzeitig zu ihrem Münchner Geliebten hatte Elisabeth Auguste auch eine Affäre mit dem Piemontesen Karl Graf Piosasque, der 1745 auf Empfehlung ihrer Schwester Maria Anna an den Mannheimer Hof gekommen und infolge ihrer Protektion zum Generalleutnant des sogenannten Kurpfälzischen Leib-Dragonerregiments „Frau Kurfürstin von der Pfalz" aufgestiegen und erster Direktor ihrer geliebten „comédie française" geworden war. Doch drei Jahre danach hatte sich das Liebesverhältnis so sehr abgekühlt, dass er seine Ämter niederlegen musste. Ganz ängstlich sprach sie noch 1765 in einem Brief an ihre Schwester in München von „diesem Menschen" und befürchtete das Schlimmste, denn Maria Anna hatte eine Nachricht Piosasques an ihren Gatten geschickt: „Bedenken Sie, welche Konsequenzen dies haben kann. Gott weiß, was er geschrieben hat [...]."[268] Mehr und mehr munkelte man in den Hofkreisen, dass die Kurfürstin gern „schöne Männer sah" und „die starken Schenkel" von Militärs schätzte. So wunderte es nicht, dass Elisabeth Auguste gleichzeitig zu Piosasque und Clemens Franz ein drittes Liebesverhältnis zu ihrem anderen, stattlichen und lebenslustigen Schwager Friedrich Michael unterhalten hatte, der ja durch seine galanten Beziehungen weit über die Landesgrenzen hinaus berüchtigt war und lange an einer Beziehung zu einer Mannheimer Bürgerin festgehalten hatte.[269] 1746 hatte die Kurfürstin die Zweisamkeit mit ihm bei Kutschpartien genießen können, wie sie es ihre Schwester Maria Anna mitgeteilt hatte.[270] Zudem hatte sie ihrem Geliebten, der nach Rom gereist war, verraten: „je vous adore", „ich bete Dich an."[271] Und dazu hatte sie allen Grund, denn Friedrich Michael unterstützte sie, ihre fingierten Rechnungen zu decken. So schrieb sie ihrem Schwager am 12. April 1767, also wenige Monate vor dessen Ableben: „Ich danke Ihnen sehr für alle Mühen, die sie betreffs meiner Juwelen auf sich genommen haben. Sie sind ein ausgezeichneter Vermittler und sie haben eingekauft, wie man es nicht besser kann. Ich hatte schon schreiben lassen wegen der Muster der Brillanten, die wir brauchen. Was den Ring anbetrifft, den Sie mitbringen werden, lassen Sie nichts über den Preis verlauten, sondern lassen Sie sich diesen als Ausgaben (Spesen) zurückerstatten. Ich glaube, es ist nicht nötig, daß der Kurfürst darüber Bescheid weiß, auf welche Art ich meine Armbänder gekauft habe (und wofür) [...]. Ich erwarte den 25. mit sehr großer Ungeduld. Ich werde dann einen Bruder wiedersehen, der mein Freund ist, und dem aufrichtige Beweise meiner zärtlichen und wahrhaftigen Zuneigung zu geben ich überglücklich sein werde und mit dem ich bis in den Tod verbunden bin. Ihre treue Schwester und Freundin Augusta."[272] Ohne Wissen ihres Gemahls hatte sie auch zu diesem Zeitpunkt klammheimlich ihr Juwelentrousseau vermehrt, begehrte sie doch ohne Unterlass farbige Diamanten und repräsentative Schaustücke, wie Armbänder, Bustièren, Rivièren, Ohrgehänge, Aigretten und vieles mehr.[273]

Wie eng sich Elisabeth Auguste mit Friedrich Michael verbunden fühlte, musste sogar Clemens Franz erkennen, als sie nach dessen Tod am 15. August 1767 in tiefe Trauer versank: „Verzeihen Sie mein Schweigen, lieber Bruder, aber die schreckliche Lage, in der ich mich seit dem Tod meines tugendhaften und lieben Bruders und Freundes befinde, hat es mir nicht erlaubt, Ihnen zu schreiben. Ich muss zugeben, dass jedes Wort, das ich Ihnen schreibe, ein Messerstich ins Herz ist. Ich glaube nicht, dass die Zeit meinen gerechtfertigten Schmerz mildern kann, in den ersten Tagen wäre ich ihm beinahe erlegen, aber jetzt geht es mir gut. Nur meine Seele ist zerrissen, ich bade in meinen Tränen, da ich das Glück meines Lebens verloren habe. Bleiben Sie gesund für mich, lieber Bruder, und erhalten Sie ihre Freundschaft mit derjenigen aufrecht, die ihr ganzes Leben lang Ihre treue Schwester Augusta sein wird."[274] „Ich bin froh, dieses verdammte Schwetzingen verlassen zu haben, da an diesem Ort so manches Unglück [Tod ihres geliebten Pfalzgrafen Friedrich Michael] passiert."[275]

In Hofkreisen war die Empörung immens, als ihr zusätzliches Verhältnis mit dem verarmten hessischen Adeligen Carl Ludwig Freiherrn von Rodenhausen (1719–1804) die Runde machte: „Diese Fürstin legt [...] das unzüchtigste Benehmen an den Tag. Niemals verliert sie ihren Liebhaber aus den Augen [...]."[276] Rodenhausen war als Major in kurpfälzische Dienste getreten und stieg durch die Patronage seiner Geliebten bald zum Oberst, General, Kammerherrn und zuletzt zu ihrem Obristhofmeister auf. Bis zu ihrem Lebensende sollte „Bepperl", wie sie ihn zärtlich nannte, als ständiger Begleiter an ihrer Seite verharren.

1763 ereignete sich ein weiterer Vorfall, als sich Carl Christian Freiherr von Eberstein in die Kurfürstin verliebte, jedoch diese seine Avancen zurückwies. Trotzdem drang der Intendant der „comédie française" eines nachts gewaltsam in ihren Schlafsalon ein und zückte eine Pistole, um sie zum Beischlaf zu zwingen. Erbost über diese Untat verurteilte Carl Theodor den Wüstling zu lebenslanger Haft auf der Festung Otzberg. Dabei berief er sich auf sein Recht als oberster Richter. Keineswegs sah der Kurpfälzische Hof darin einen Akt der Willkür. Schon 1764 begnadigte der Kurfürst den Delinquenten, so dass er bis zu seinem Lebensende zusammen mit seiner Ehefrau Sophia Franzisca, geb. von Dalberg, im Weinheimer Karmeliterkloster St. Laurentius verwahrt wohnen durfte. Carl Theodor erlaubte nach ausdrücklicher Genehmigung seiner Gemahlin, ihn in Anwesenheit eines Karmeliters und der eigenen Gemahlin besuchen zu dürfen.[277] „Er ist wie ein Toter [...] mit einem [...] kümmerlichen, ausgezehrten Körper"[278], bedauerte später Elisabeth Auguste.

Auch wenn in den Wintermonaten das Kurfürstenpaar zusammenleben musste, zog sich die Landesherrin während der Sommermonate in das vom Gatten für sie gekaufte Schloss im linksrheinischen Oggersheim zurück, wo auf sie 200 Räume, eine weitläufige Parkanlage, ein von vergoldeten Barken befahrener Kanal, eine Menagerie, ein Bad- und chinesisches Teehaus, eine als Konzert- und Opernsaal umfunktionierte Orangerie und dazugehörige Jagdgründe warteten. 1772 sollte der spätere preußische Kanzler Karl August von Hardenberg (1750–1822) dieses Anwesen besuchen: „Es ist ungemein schön und sehr reich meubliret. Sie kann darauf soviel wenden, als sie will; die Kammer muß es bezahlen. Ehedem war es ein Landhaus des Prinzen Friedrich von Zweibrücken […]. Schönes Carbinet von Vieux Lacq. Ein anderes von Lacq-rouge. Cabinet de marbre mit Nischen und Statuen à l'antique, die Familie vorstellend. L'Electeur en Mars, elle en Minerve. Die Churfürstin liebt diesen Ort ungemein und fahrt auch im Winter oft hinaus."[279] Carl Theodor residierte hingegen in Schwetzingen – nun ohne sie! Nur bei gelegentlichen gegenseitigen Besuchen begegnete sich das Kurfürstenpaar rein formell. Im Mannheimer Winter verkürzten beispielsweise getrennte Jagdpartien die Zeit der erzwungenen Gemeinschaft. Auch wenn der Hof weiter florierte, herrschten doch in seiner Mitte Zwietracht und Hass.

Nach und nach verlor Elisabeth Auguste jeglichen Einfluss auf die Staatsgeschäfte und musste als Bittstellerin bei den Ministern anklopfen. 1770 nahm der Kurfürst ihr auch die Schirmherrschaft über die höfische Festkultur inklusiv Hofmusik und Hofoper weg. Der kursächsische Gesandte Andreas Graf von Riaucour betonte: „Die Kurfürstin […] hat das Vertrauen des Kurfürsten verspielt, und auch das bisschen Kredit, dass sie sich noch zu bewahren wusste. Man hat ihr die Leitung der Spektakel sowie der Musik entzogen und einen italienischen Kammerherrn [Joseph Maria Freiherr von Pagnozzi, 1769–1775] damit betraut, der taub ist und weder Geschmack noch Talent hat […]."[280] Zu ihrem großen Bedauern entließ Carl Theodor am 27. Oktober 1770 die von ihr so sehr geschätzten Schauspieler der „comédie française", denen noch ein Jahr zuvor ihr ehemaliger Gesangslehrer, der Sopran-Kastrat Mariano da Lena (vor 1734 – nach 1781), als Hofmusikintendant vorgestanden war: „Der Kurfürst, der schon seit einiger Zeit sehr unzufrieden war aufgrund der Nachlässigkeit, mit der die französischen Komödianten ihre Pflichten versahen, und der auf der anderen Seite in dieser unglücklichen Zeit, in der seine Untertanen außer Stande waren, ihre regulären Steuern zu bezahlen, die hohen Kosten einsparen wollte, die die Komödianten verursachten, hat vorgestern den Leiter der Spektakel Pagnozzi beauftragt, diese zu entlassen; […] man glaubt nicht, dass die Kurfürstin, die erst seit einiger Zeit von der Leitung der Spektakel entbunden worden war, an dieser Entscheidung Anteil genommen hat."[281]

Der Abschaffung der „comédie française" (1771) war drei Jahre zuvor ein folgenschwerer Coup vorausgegangen: Noch bevor die französischen Komödianten Pierre-Augustin Caron de Beaumarchais' „Eugénie" (1767) inszeniert hatten, war es dem mit einer Wandertruppe in der Stadt spielenden Dichter und Prinzipal Franz Joseph Sebastiani (vor 1769 – nach 1778) gelungen, dasselbe Drama in einer deutschsprachigen Version auf die Bühne zu bringen und den großen Beifall des Kurfürsten zu erringen. Daraufhin zeichnete Carl Theodor ihn mit dem Titel eines „Teutschen Hof-Comoedianten“ aus. Unter dessen Nachfolger, dem Hoftheaterdirektor Theobald Marchand (1741–1800), sollte sogar ein „Comödien- und Redoutenhaus“ in Mannheim entstehen, das 1777 als „Teutsche National-Schaubühne“ eröffnet werden sollte.[282] Johann Kaspar Riesbeck stellte begeistert fest: „Der Kurfuerst nahm schon zu Mannheim seine Gesellschaft zu Hofschauspieler[n] an, und machte ihn [Theobald Marchand] mit einem ansehnlichen Gehalt zum Direkteur des Hoftheaters. Es war mir sehr angenehm, ihn persoenlich kennen zu lernen. Er ist ein Mann von Welt, sehr lebhaft und witzig, der zugleich seine Wirthschaft so gut verstund, daß er in den Gegenden des Unterrheins ein Kapital von ohngefehr 100000 Livres zusammengebracht hat. Er sagte mir, wie viele Muehe er sich beym Antritt seiner Prinzipalitaet gegeben, um seine Gesellschaft auf einen andern Fuß zu setzen, als worauf die meisten deutschen Schauspielergesellschaften damals standen. Er waehlte sich nur gutgezogene Leute, zahlte sie sehr richtig aus, und dankte sie bey einer Ausgelassenheit eben so richtig ab. Dadurch erwarb er sich, und seinen Leuten, die Achtung des Publikums, welches anfangs die Schauspieler noch als unehrliche Leute betrachtete. Auch auf den Geschmak des Publikums verschafte er sich Einfluß. Er gab nichts, als sehr wohlgewaehlte, uebersezte franzoesische und englische Stuecke, nebst den besern Originalien, und wechselte zur Unterhaltung des Publikums mit unsern Operetten ab, die ausser Paris gewiß nicht besser als bey ihm aufgefuehrt wurden. Nun riß aber auf einmal die tragische Wuth, und das Riesenmaeßige in die deutschen Buehnen ein. Er kaempfte lange dagegen; mußte aber doch endlich dem Strom nachgeben.“[283] So befand sich Carl Theodor im Gegensatz zu seiner Gemahlin auf der Höhe seiner Zeit. Als Vielbelesenem waren ihm nicht Johann Christoph Gottscheds (1700–1766) „Versuch einer Critischen Dichtkunst vor die Deutschen“ (1729) und Gotthold Ephraim Lessings (1729–1781) „Hamburgische Dramaturgie“ (1767/69) als Fundament einer deutschsprachigen Theaterkultur entgangen. Er hatte begriffen, dass man mit Werken der Sturm-und-Drang-Epoche ein bürgerliches Publikum ansprechen konnte. Dem Zeitgeist folgend, schenkte er als Protektor nach dem Muster der von Ludwig I. Fürst von Anhalt-Köthen (reg. 1606–1650) gegründeten „Fruchtbringenden Gesellschaft“ (1617–1680) den Literaten und Librettisten die „Deutsche Gesellschaft der Reinigung und Veredlung der Muttersprache“[284] (1775), hatte er doch schon nach Andreas Graf von Riaucours zehn Jahre zuvor sein Interesse an der deutschen Sprache bekundet: „Der Kurfürst von der Pfalz, der die deutsche Komödie liebt, kommt jede Woche hierher, um sich die Aufführungen in einem

Laden anzusehen, den eine Truppe auf dem Markt hat errichten lassen."[285] Stephan Christian von Stengel, der nun die Leitung der „Deutschen Gesellschaft" übernommen hatte, forderte: „[...] Die Verbreitung des guten Geschmacks, die Aufnahme der deutschen Sprache, die Bestimmung der Mundart sollten der Hauptzweck seyn. Die Gesellschaft solle besondere Achtsamkeit auf die Richtigkeit des Ausdruks und die Reinigkeit der Sprache haben. Die Rechtschreibung solle berichtigt werden und unter den Mitgliedern gleichförmig seyn. Die Mitglieder sollten sich verbinden, alle unnöthige fremde Wörter in ihren Schriften zu vermeiden. Nichts was wider die Heiligkeit der Religion und wider der guten Sitten seyn könnte, sol in den Schriften der Gesellschaft geduldet werden. Die Gesellschaft soll aus 20 Mitgliedern bestehen, kein Stand soll jemanden ausschliesen [...]."[286] Später sollten Carl Theodors Bemühungen um die deutsche Sprache in Kurbayern auf starken Widerstand stoßen, obgleich er im ehemaligen Benediktinermönch Heinrich Braun (1730–1790) und dessen Schrift „Anleitung zur deutschen Sprachkunst, zum Gebrauche in Schulen, in den Churlanden zu Baiern" (1765) einen Mitstreiter entdecken sollte. Damit wurden auf Anregung des Kurfürsten deutsche Opern mit patriotischen Themen aus der vaterländischen Geschichte am Mannheimer Hof en vogue, was letztendlich zur Errichtung eines Nationaltheaters (1777) führen sollte, eines Ortes, den jedermann besuchen durfte, wenn er eine Eintrittskarte zu zahlen im Stande war.

Elisabeth Auguste hingegen versuchte nach wie vor, die italienische Oper und das französische Schauspiel zu fördern. Demgemäß missfiel ihr die erste deutschsprachige Nationaloper „Alceste"[287] (13.8.1775) des aus Coburg stammenden Komponisten Anton Schweitzer (1735–1787) mit dem Libretto von Christoph Martin Wieland (1733–1813). Als sie im Schlosstheater zu Schwetzingen dieses Werk gesehen hatte, meldete der sächsische Gesandte Riaucours seine Beobachtung nach Dresden: „[...] Sie ist noch am selben Abend nach Oggersheim zurückgekehrt, ohne dass das Spektakel, das man ihr vorgeführt hatte, einen guten Eindruck auf sie gemacht hätte; diese Reaktion, die man ihren immer schon zur Schau gestellten Vorbehalten gegen deutsche Stücke zuschreibt, hatte man von ihr schon erwartet."[288] Ganz bewusst ließ sie anlässlich ihres Namenstagfestes am 19. November „Lucio Silla" des Komponisten Johann Sebastian Bach (1735–1782), die italienische Oper des Vorjahres, wieder auf die Bühne bringen. Der Kurfürst musste diese Aktion als einen unerhörten Affront empfinden, denn bisher war zu ihren Namenstagen ein und dieselbe Oper aufgeführt worden. Die Kurfürstin allerdings konnte mit ihrer retrospektiven, nur auf den Hof ausgerichteten Auffassung die allgemeine Entwicklung nicht aufhalten. Dazu bemerkte – sich an die Worte des Kurfürsten erinnernd – der Lustspieldichter Johann Heinrich Friedrich Müller (1738–1815): „Ich habe bereits ein Haus erbauen lassen, worin nichts als deutsche Trauer- und Lustspiele aufgeführt werden sollen [...];

man wolle, von nun an kein ausländisches Spektakel mehr [...] tolerieren."[289] Und weiter kommentierte der Schauspieler: „Carl Theodor wies auch auf die Hofoper hin, die gleichfalls von solcher Gesinnung belebt werden solle. So habe er sich entschlossen, dort große deutsche Singspiele aus der vaterländischen Geschichte vorstellen zu lassen [...]; der Anfang werde am 5. Januar 1777 mit Ignaz Holzbauers Günther von Schwarzburg gemacht."[290]

Am Beispiel des Librettos für die dritte deutschsprachige Oper „Rosamunde" (1778), mit dem Christoph Martin Wieland erneut beauftragt worden war, kam es sogar zum Eklat mit der Kurfürstin, die in der Opernfigur Rosamunde, der Kurtisane König Heinrichs II. von England, eine Parallele zu den Mätressen ihres Gatten und ihrer Verdrängung vom Hof sah. Dazu bemerkte Wieland: „Jetzt kam die Aufforderung von Mannheim, eine neue Oper für das damals in Deutschland primierende Orchester und Operntheater in Mannheim zu schreiben [...]. Freilich wußte ich unhöflicher Tropf nicht, daß der Kurfürst auch viele solche Rosamunden hatte und mit ihren Kindern das Land bevölkerte [...]. Dort [Mannheim] hatte man sich über meine Wahl des Themas außerordentlich gewundert und Beziehungen hineingelegt, die mir nicht im Traume eingefallen waren. Die Kurfürstin war erstaunlich darüber ungehalten."[291] Dennoch musste Wieland am Inhalt nichts ändern, sondern nur dramaturgische Mängel beseitigen, obgleich es zu einer Aufführung in Mannheim nicht kommen sollte!

„Viele solche Rosamunden"

Mit unglaublicher Fassung hatte Carl Theodor die Eskapaden seiner Gattin seit 1741 ertragen. Oft kränklich, 1743 und 1754 sogar dem Tode nahe, hatte er sich dagegen nicht erwehren können, denn Elisabeth Auguste hatte als Tochter seines Vorgängers ein ungeheures Ansehen genossen. Gerade sie hatte ihm die niederrheinischen Herzogtümer eingebracht, galt doch in diesen beiden Territorien auch die weibliche Erbfolge. Wenn Elisabeth Auguste ihn immer wieder mit Zornausbrüchen konfrontierte, gab er stets nach, um sich diesen Szenen zu entziehen und sich in Ruhe zurückziehen zu können. Johann Kaspar Riesbeck zog das Fazit: „In seinen juengeren Jahren verleitete ihn eine etwas mißvergnuegte Ehe, aus der er keine Kinder erzielen konnte, zu einigen nicht uebertriebenen Ausschweifungen."[292] Damit meinte der zeitgenössische Schriftsteller Carl Theodors (Abb. 46) Liaisons, die nach den anfänglichen Seitensprüngen seiner Gatten wohl erst im Januar 1750 begonnen hatten, so – wie die Hofgesellschaft munkelte – mit der 16-jährigen Düsseldorferin Maria Christine Edle von Hauer (1734–1796), die ihm den Sohn Stephan Christian Franz Nikolaus (1750–1822) schenkte und noch im selben Jahr Johann Georg Anton

Stengel (1721–1798), den späteren Direktor der Kurpfälzischen Akademie der Wissenschaften, ehelichte.

Eine weitere Favoritin Carl Theodors trat anlässlich der Mannheimer Opernaufführung „Nitteti“ (4.11.1758) des Komponisten Ignaz Holzbauer sowie des Librettisten und Wiener Hofdichters Pietro Antonio Metastasio (1698–1782), also zum 34. Geburtstag des Kurfürsten, in Erscheinung. In den Zwischenakten hatten die beiden Balletteinlagen „Tamangul“ und „Ulysses“ (Odysseus) stattgefunden. Zur großen Freude des Landesherrn war Eleonore (Franziska) Huber, die Mannheimer Bäckerstochter und „première danseuse“ (Primaballerina) des Hofballetts, im ersten Intermezzo in der weiblichen Hauptrolle und im zweiten als erste Nymphe Circe aufgetreten. In Hofkreisen hatte man getuschelt, sie hätte das Theater verlassen, als sie eine Tochter Karoline zur Welt gebracht hatte, die „zu einem ueberaus schoenen und bluehenden Frauenzimmer heranwuchs.“[293] Der spätere Festungskommandant Felix Joseph von Lipowsky begründete das Verhalten seines Landesvaters mit den Worten: „In seiner vollen koerperlichen Kraft [...] war dem Churfuersten Enthaltsamkeit unmoeglich, und der weise Fuerst und der wahrhaft gute Christ unterlag gleich einem Salomo der menschlichen Schwachheit.“[294]

Erst nach dem Tod des Kurprinzen Franz Ludwig Joseph († 29.6.1761) ließ sich der Kurfürst auf eine weitere Liebschaft ein, nämlich mit der Schauspielerin Françoise Deprés-Verneuil (um 1740–1765), die ihm 1762 die Tochter Carolina Franziska Dorothea (1762–1816) gebar. Daraufhin nobilierte er die Mutter mit einem Patent vom 22. März 1762 zur Gräfin von Par(c)kstein und legitimierte wenige Monate später die gemeinsame Tochter. Besonders schmerzvoll war es für die Kurfürstin gewesen, dass seine Geliebte ihm in Schwetzingen sogar einen Sohn (1764–1765) schenkte. Vermutlich erkrankte Françoise kurz nach ihrer Schwangerschaft an Schwindsucht, so dass sie umgehend nach Frankreich zurückkehrte, um in ihrer

Abb. 46: Carl Theodor Kurfürst von der Pfalz mit Collane des Hubertusordens und Marschallstab vor der Residenzstadt Mannheim. – Ölgemälde von Johann Georg Ziesenis, 1753

Heimat geheilt zu werden. Dort aber verschied sie zum Monatswechsel Januar/Februar 1765. Wie sehr trauerte der Kurfürst um sie! Zeitlebens sollte die gemeinsame schwerhörige Tochter Carolina Franziska Dorothea ihn an sie erinnern, die er als Dreijährige in die Obhut des Außenministers Peter Emanuel Freiherrn von Zedtwitz-Liebenstein und dessen Gattin Magdalena, geb. Edle von Herding, sowie des geschwätzigen Hofpredigers und Jesuitenpaters Ignaz Frank († 1795) gab, bis sie mit knapp 14 Jahren den weitaus älteren kurpfälzischen General Friedrich Wilhelm Prinz zu Isenburg und Büdingen (1730–1804) heiraten sollte.[295] Um seine Angebetete stets vor Augen zu haben, ließ Carl Theodor sie nach einer Reihe von Miniaturen durch Johann Christian Mannlich (1741–1822) sogar in Öl porträtieren. Wie ergriffen war er nach der Beobachtung des Zweibrückischen Hofmalers, als er erstmals ihr Antlitz auf der Leinwand erblickte! Danach kommentierte der Künstler Carl Theodors Passion für Kurtisanen: „Bei den Fürsten und Großen der Erde, die nur die Übersättigung in ihren leichterrungenen Liebschaften zu fürchten haben, ist dieses Beispiel vielleicht eine seltene Erscheinung. Ich bekam dadurch eine höhere Meinung von diesem ausgezeichneten Fürsten."[296]

Kurz nach Françoise Deprés-Verneuils Ableben hatte das 16-jährige Mädchen Maria Josepha Seyffert (1748–1771)[297] (Abb. 47), die Tochter des Kanzleisekretärs Johann Karl Seyffert (1748–1771) und dessen Ehefrau Maria Franziska Philippine, geb. Reichard, den Kurfürsten betört. Niemanden von der Hofgesellschaft überraschte dies, denn die an Klugheit, außergewöhnlicher Schönheit und Anmut so reich beschenkte Figurantin beim Opernballett des Mannheimer Hoftheaters konnte Carl Theodor derart verzaubern, dass er sie am 19. März 1767 nach einer Stadt in seinem Herzogtum Pfalz-Neuburg mit dem Namen „von Heydeck" in den Adelsstand erhob und sie zwei Jahre später sogar zur Gräfin nobilitierte. Vor allem schätzte er deren Umsicht und ausgeprägtes Verständnis zur Diskretion bei

Abb. 47: Maria Josepha Seyffert, Favoritin Carl Theodors. – Ölgemälde von Johann Peter Hoffmeister, 1770

öffentlichen Auftritten ihres Geliebten, denn stets war er bestrebt, die Position seiner Gemahlin nicht zu untergraben und sie sinnlos zu brüskieren. Nacheinander schenkte die Angebetete ihm sogar vier Kinder: die Tochter Carolina Josepha Philippina (1768–1786), den Sohn Carl August Friedrich Joseph (1768–1823), für den der gleichnamige Pfalzgraf von Pfalz-Zweibrücken das Patenamt übernahm, sowie die Zwillinge Eleonore Caroline Josephine (1771–1832) und Friederike Caroline Josephine (1771–1816) (Abb. 48). Noch Jahre später wusste der Zeitgenosse Johann Kaspar Riesbeck zu berichten: „Die Kinder, welche er von linker Seite hat, liebte er, wie ihre Mutter, so sehr, daß er sie mit schweren Kosten in den Grafenstand erhob.“[298] In der Heydeck'schen Wohnung gegenüber der kurfürstlichen Residenz in Mannheim wuchsen die Zöglinge auf. Ihr kurfürstlicher Vater legte außerordentlich großen Wert auf eine hervorragende Ausbildung. So sollte es ihnen an nichts fehlen. Mehrere Erzieherinnen, Hofmeister, Tanz- und Sprachlehrer kümmerten sich um sie. Zu seinem großen Entsetzen erholte sich Maria Josepha nach der Geburt der Zwillinge nicht mehr und starb drei Wochen später mit nur 23 Jahren. Kurfürst Carl Theodor ließ sie in der Kapelle des Mannheimer Karmeliterklosters beisetzen. Als Ausdruck seiner erdrückenden Trauer ordnete er an, einen überschwänglichen Nachruf zu veröffentlichen, in dem er die hehren Eigenschaften der Verblassten propagieren ließ: „Christliche Menschenliebe, Ehrfurcht gegen Höhere, liebreiche Sanftmuth gegen Gleiche, mildes Betragen gegen Geringere, Erbarmniß gegen die Hülflosen, Barmherzigkeit gegen Arme und Nothleidende, edelmüthiges Herz in ihrem ganz aufrichtigen Umgange, waren so erhaben in ihr, daß sie eine allgemeine Hochschätzung sich ohne Zwang erworben […].“[299] Später sollte ihre sterbliche Hülle in die Burgkapelle Zwingenberg überführt werden. Dort sollte eine Grabplatte des Hofbildhauers und -stuckateurs Johann Matthäus van den Branden den Ort ihrer letzten Ruhe markieren: „Hier ruht die vortrefflichste Mutter der Grafen von Heydeck, Josepha, die im dreiundzwanzigsten Lebensjahr, nachdem sie dem Erdkreis einen Grafen und drei Gräfinnen geboren hatte, am 27. Dezember 1771 zu den himmlischen Wonnen einging.“[300] Im folgenden Jahr bestimmte der Kurfürst seinen ehemaligen Pagen Franz Albert Leopold Fortunat von Oberndorff[301] und Joachim Josef von Fick, den Herrn zu Angelthurn (1723/25–1790), als Vormund seiner Kinder und beauftragte sie, deren Unterbringung und Versorgung zu sichern und standesgemäße Liegenschaften anzukaufen. So erwarben sie noch im selben Jahr von Ignaz Felix von Roll zu Bernau (1719–1795), dem Landkomtur des Deutschen Ritterordens der Kammerballei Koblenz, das Lehen Bretzenheim an der Nahe samt dem Dorf Winzenheim. Auf Bitte des Kurfürsten belehnte Maximilian Friedrich von Königsegg Kurfürst von Köln (1761–1784) den vierjährigen Knaben mit dieser Herrschaft, und Kaiser Joseph II. (reg. 1765–1790) erhob ihn und seine Schwestern am 17. August 1774 zum Reichsgrafen beziehungsweise zu

Abb. 49: Palais Bretzenheim, erbaut von Peter Anton von Verschaffelt, 1782/88

Reichsgräfinnen von Bretzenheim. Carl Theodor, einen Kurprinzen entbehrend, überhäufte seinen Sohn Carl August mit Geschenken, und dazu gehörten das Brennholzmonopol für Mannheim und Umgebung, die Herrschaften Breidenbend, Merfeld, Gladbach, Weißweiler und Paland in den Herzogtümern Jülich und Berg, Hohenfels in Pfalz-Sulzbach sowie Anteile an Lützelstein im Elsass.

Der tagtägliche Auftritt der illegitimen Kinder ihres Gatten bei Hofe demütigte die Kurfürstin zutiefst, die ihm keine Kinder gebären hatte können. Niedergeschlagen betonte sie: „[...] es ist nicht immer der erste Rang, der einen glücklich macht!“[302] Nach heftigsten Streitigkeiten zwang 1776 Carl Theodor sie, Carolina Franziska Dorothea Gräfin von Parckstein, die Tochter seiner verstorbenen Mätresse Françoise Deprés-Verneuil, in ihrem Kabinett zu empfangen. Die Anmut der 14-Jährigen stimmte die Kurfürstin jedoch gnädig.

Niemals sollte ihr Gemahl seine illegitimen Kinder vernachlässigen. So sollte er 1778 seinen Sohn mit der Herrschaft Zwingenberg am Neckar, bestehend aus acht Dörfern und 3.000 Untertanen, belehnen. Während der Kurfürst Jahre später seine natürlichen Töchter Carolina Josephine mit Maximilian Josef Reichsgraf von Holnstein zu Stamsried und Itlhofen (1760–1838), Eleonore Caroline Josephine mit Wilhelm Carl Reichsgraf zu Leiningen-Guntersblum (1737–1809) und Friederike Caroline Josephine mit Maximilian Graf von Westerholt und Gysenberg (1772–1854) verehelichen sollte, sollte er dafür sorgen, dass sein Sohn Carl August am 22. Januar 1781 sogar an der Universität Heidelberg immatrikuliert wurde. Ein Jahr später sollte er ihn zum Großprior des aus den Gütern des aufgehobenen Jesuitenordens 1781 gegründeten Malteserordens[303] erheben. Für 300.000 Gulden sollte er vom Kölner Kurfürsten die Lehensherrschaft über Bretzenheim kaufen, um das erworbene Gebiet in ein reichsunmittelbares Territorium zu verwandeln. Am 19. Dezember 1789 sollte schließlich Carl Theodors innigster Herzenswunsch

Abb. 48: Maria Josepha Gräfin von Heydeck, geb. Seyffert, Mätresse Carl Theodors, mit ihren Kindern Caroline Louise (links), Carl August (Mitte) und den Zwillingsschwestern Eleonore Caroline und Friederike Josephine auf dem Arm der Amme. – Ölgemälde von Heinrich Carl Brandt, um 1785

in Erfüllung gehen, als es ihm gelang, dass Kaiser Joseph II. seinen Sohn in den erblichen Fürstenstand erhob, nachdem er Maria Walpurga zu Oettingen-Oettingen und Oettingen-Spielberg (1766–1833), eine Hofdame der Kurfürstin, geehelicht hatte. Die Verwaltung des enormen Streubesitzes von Carl August Fürst von Bretzenheim (reg. 1789–1795) sollte im Mannheimer Palais Bretzenheim (1782/88) (Abb. 49) untergebracht werden, das sein kurfürstlicher Vater nach den Plänen des Hofbaumeisters Peter Anton von Verschaffelt erbauen und prunkvoll mit Marmorstatuen (Venus, Amor, Mars) ausstatten hatte lassen.[304]

Trotz aller Mühen des Kurfürsten, die Auseinandersetzungen mit seiner Gattin geheim zu halten, bekamen die europäischen Herrscherhöfe dennoch Wind davon. So meldete der kaiserliche Botschafter Franz Sigismund Adalbert von und zu Lehrbach (1729–1787) nach Wien: „Die Wunden, die sie sich gegenseitig schlugen, wären viel zu tiefgreifend.“[305]

7. »WIR FORDERN INDUSTRIE, HANDEL UND KOMMERZIEN«

„Frankenthal als Zentrum unserer Operationen"

Die aufwendige, kurpfälzische Hofhaltung mit ihren repräsentativen Festen, die Errichtung, Renovierung und Ausstattung der Schlösser in Mannheim, Jülich, Düsseldorf, Benrath und Oggersheim, das Anlegen der Parkanlage in Schwetzingen und das Mäzenatentum im Bereich der Musik, Kunst und Wissenschaft verursachten immense Kosten. Um diese begleichen zu können, ordnete Kurfürst Carl Theodor an: „Wir fordern, dass Industrie, Handel und Kommerzien in die Pfalz eingeführt und dass die in ihren Ruinen noch liegende Stadt Frankenthal als Zentrum unserer Operationen wiederhergestellt werde."[306] Der in Heidelberg geborene Kaplan Johann Peter Ackermann (1759/60–1831) resümierte bei einer Rede vor dem Frankenthaler Stadtrat: „Carl Theodor will Frankenthal gluecklich machen, und aus demselben eine bluehende Handels- und Fabrikstadt errichten. Dadurch nun muß es in der Bevoelkerung merklich zunehmen; es muß der Fabrikant sein Geld verdienen koennen, und dasselbe dem Handel und Gewerb treibenden Buerger fuer Speise und Kleidung wieder hingeben; und auf diese Weise sind beide Staende in hinlaenglicher Nahrung, und auch in die Kraft versezt, fuer sich und ihre Kinder Erwerbungen zu machen, und Reichthum zu hinterlassen."[307] Sodann erklärte der Geistliche weiter: „Es entsteht also, um diesem Entzweck zu entsprechen, von Jahr zu Jahr eine Manufaktur nach der andern; die Bevoelkerung waechst; Arbeitsleuthe aus fremden Laendern ziehen ein, die Buergerschaft mehret sich, oede Plaetze tragen ansehnliche Gebaeude, und ein Reisender, der vor etwa siebzehn Jahren durch Franckenthal seinen Weg nahm, muß itzt, da die naemliche Reise ihn trif[f]t, staunen, mit welch schoenen Kleide der Heiterkeit diese Stadt ihr Trauergewand verwechselt habe."[308] Nun fasste Ackermann zusammen, wie und was der Landesvater alles zustande brachte: „Und dieses alles stellte Carl Theodor in einem kurzen Zeitraum her, er stellte es her durch euch, Hochpreisliche, gnaedigst angeordnete, unmittelbare Kommissionen, und Wohlloeblichen Stadtrath. Er stellte es her; er erweitert es noch immer; er gruendet es fuer die kommenden Jahrhunderte. Sehen wir hin auf eine Buchdruckerei [...], eine vortreffliche Seidenzeug=Fabricke [...] [gegr. 1769 durch Philipp von Bihl und Bruder],

Wollenzeug=Manufaktur [...] [gegr. 1770], eine Feilen-Fabricke [...], eine weitschuechtige, und zu allem praechtig eingerichtete Frucht=Essigsiederei, und damit verbundene Puter- und Staerckfabricke [...], Fabricke der papirnen Tapeten [...], Gold- und Silberfaden-Fabricke [...], Wollen=Struempf-Fabricke [...], Kolonie der Tuchmacher [...].“[309] Mit einer Bitte fuhr er fort: „Unser theurer Fuerst seze doch ferner seine Gnade gegen Sie fort, beschaeftige ihre Arbeitsstuehle immer, und lasse Sie in ihrem Wohlstande fuehlen, wie gluecklich man unter Carl Theodors Szepter lebe [...].“[310] Schließlich dankte er dem Kurfürsten: „Alles dieses erhielt Frankenthal von Carl Theodor, unserm Fuersten; alles dieses erhielt es von seinem Vaterherzen, welches dann auch dafuer sorgte, daß alle zum Wohl unserer Stadt getroffenen Anstalten in ihrer bestaendigen Lebhaftigkeit aufrecht gehalten wuerden, und auch fuer die Zukunft dauerhaft seien. Er bestellte hierzu die gnaedigst angeordnete, unmittelbare Privilegien=Polizei- und Fabricken=Kommission, welcher der freie Zutritt zu unsers Fuersten Thron immer erlaubt sein sollte, um so ganz nahe, und ohne Umschweife dem Landesvater sagen zu koennen, wie gluecklich Frankenthal durch seine Gnaden sei; um vernehmen zu koennen, was seine wohlwollende Fuerstenseele zu Frankenthals fernerem Wohl beschlossen habe.“[311]

Dem nicht genug: Der Kurfürst schenkte der Stadt auch eine berühmte Künstlerwerkstätte. Da der aus Mainz stammende Fayencen-Hersteller Paul Anton Hannong (um 1700–1760) ab 1751 begonnen hatte, mit Hilfe des ehemals Meißner Keramikmalers Adam Friedrich von Löwenfinck (1714–1754) Hartporzellan herzustellen, war er in Konflikt mit dem monopolisierten, zur königlichen Manufaktur erhobenen Unternehmen (ab 1753) im Schloss Vincennes am Stadtrand von Paris geraten. Vergeblich hatte er in einem Bittgesuch an König Ludwig XV. versucht, eine Erlaubnis dazu zu erwirken. So kam ihm die verlockende Einladung Carl Theodors – vermittelt durch den Hofmedicus Johann Peter Joseph Walck (1744–1772) – gelegen, in der Kurpfalz eine Porzellanmanufaktur in eigener Regie gründen zu dürfen. Es sollte damit ein weiterer Markstein in der Wirtschaftsgeschichte des Reiches gesetzt werden. Wie sehr wünschte sich der in Mainz geborene Unternehmer die Haupt- und Residenzstadt Mannheim als Standort seines neuen Betriebs! Doch Carl Theodor bestand auf Frankenthal. Im Vertrag vom 26. Mai 1755 garantierte er dem „Strasburger Porcellain-Fabricanten Hannong [...], eine Fabrique durchsichtigen Porcellains unter sicheren sich ausgebetteten Bingnussen aufrichten zu wollen [...].“[312] Damit waren erhebliche Steuererleichterungen, die Zollfreiheit für alle zur Porzellanherstellung notwendigen Materialien, wie die Kaolinerde aus dem Hochstift Passau des Fürstbischofs und Kardinals Joseph Dominikus Graf von Lamberg (amt. 1723–1761), und eine Monopolstellung in der Kurpfalz verbunden.[313] Bereits im Juni zog die Manufaktur samt der bewährten Belegschaft, darunter auch der Porzellanbildner

Johann Wilhelm Lanz (1725–nach 1761), von Straßburg nach Frankenthal. Dort wartete eine aufgegebene Dragonerkaserne (Abb. 50) inklusiv einem Vorplatz, der einst den Leibdragonern der Kurfürstin als Reitbahn gedient hatte. Paul Hannong brauchte dieses Areal, um darauf die obligatorische Glasurmühle sowie einen Schuppen für seinen künftigen Vorrat an Brennholz zu erbauen. Da er umgehend die Leitung der Frankenthaler Porzellanmanufaktur seinem 23-jährigen Sohn Carl Franz Paul (1731/32–1757) überließ, der von seinem jüngeren Bruder Pierre-Antoine (1739–nach 1794) unterstützt wurde, konnte er nach Straßburg zurückkehren, um dort seine Fayencenmanufaktur weiter zu betreiben. Das hinderte den Kurfürsten nicht daran, ihm den Titel eines kurpfälzischen Kommerzienrates zu verleihen, war es doch seinem Sohn gelungen, bereits im Herbst 1755 den Kurfürsten, die Hofgesellschaft und die Mannheimer mit Produkten nach den Entwürfen von Johann Wilhelm Lanz (aktiv: 1755–1761) zu überraschen. „Seine Kurfürstliche Hoheit, kaum daß sie die ersten Proben der in Franckendahl neu errichteten Fabrique erhalten hat, hatte die Güte, mich in sein Cabinet zu führen, um sie mir zu zeigen und zu hören, was ich davon hielte“[314], teilte der Gesandte Andreas Graf von Riaucour dem Porzellansammler Heinrich Graf von Brühl (1700–1763) mit. Dass er die Konkurrenz des Porzellans zu Meißen, wo 1708 der Alchemist Johann Friedrich Böttger (1682–1719) die Rezeptur für das europäische, weiße Hartporzellan entdeckt hatte, nicht in den Himmel heben konnte, begriff sich von selbst. Umso mehr zeichneten seine wohlwollenden Worte die Leistung der Unternehmerfamilie Hannong und ihrer Mitarbeiter aus: „Ich antwortete ihm [Kurfürst Carl Theodor] mit angemessenen Worten und muß der Wahrheit Gerechtigkeit widerfahren lassen, daß die Imitation sächsischen Porzellans nicht schlecht gelungen war. Das Material, um das es sich handelt, erschien mir schön und die Malerei passabel […].“[315] Der kursächsische Premierminister konnte die Nachricht kaum glauben und erwiderte umgehend: „Wie Sie mich detailliert in ihrem Brief vom 27. d[es] M[onats] wissen lassen, Monsieur, geben die ersten Proben der neuen Porzellanfabrik, die seine kurfürstliche Hoheit in seinem Kurfürstentum in Franckendahl einrichten ließ und die er selbst auch vorführte, zu der Vermuthung Anlaß, daß diese Proben schon von Beginn an den Fortschritten der verschiedenen Porzellanfabriken in Deutschland, Frankreich und anderswo nahe kommen, wo man die Perfektion der unsrigen zu imitieren versucht hat. Ich wäre neugierig, davon einige recht vollendete Stücke zu sehen, um mit mehr Genauigkeit urteilen zu können, auch was die Qualität des Materials angeht, wie die Geschicklichkeit, die die Arbeiter und Maler inzwischen erlangt haben. Ich bitte Sie daher zu versuchen, mir einige Stücke zukommen zu lassen, um selbst zu untersuchen, was es damit auf sich hat.“[316]

Von Anfang an war für jedermann das Frankenthaler Porzellan durch die Initialen „PH“ für Paul Hannong identifizierbar. Ab Januar 1756 erfuhr das „weiße

Abb. 50: „Ehemalige churfürstliche Porzellanfabrik". – Kolorierte Tuschezeichnung, Frankenthal, 19. Jh.

Gold" eine erste Nobilitierung durch eine kurfürstliche Marke, indem der Betreiber erwirkte, in blauer Farbe die Wittelsbacher Rauten unter der Glasur aufbringen zu dürfen. Danach wurden diese durch den steigenden Löwen der Kurpfalz ersetzt.[317] Darüber hinaus hatte Carl Theodor „ihme Hannung" zugestanden, „um seine fabrizirende Porzellainewaaren desto besser verbringen zu können, eines von denen in dahiesigem Kaufhaus leer stehenden Gewölben zu einem Magazin an[zu]weisen, solches auch demselben und seinen Erben jederzeit zum Gebrauch ohne jemandes Beeinträchtigung frei[zu]lassen, das Eigenthum [dabei] aber uns allemahl reserviert [zu] wissen [...]."[318] So konnten die Hannongs ihre Waren im „Kaufhaus"[319] (1724/41) am Mannheimer Paradeplatz, also ganz exklusiv in prominentester Lage, ihrer anspruchsvollen Kundschaft feilbieten. Bald jedoch musste das Unternehmen beim Verwalter der Mannheimer Niederlassung Beschwerde einreichen, da dieser zu wenig Sorgfalt walten ließ: „So [...] seynd die Waaren nicht in der behörigen Ordnung, viel weniger in erforderlicher reinigkeit unterhalten worden, maaße [daß] im abgewichenen gantzen sommer die schönste Waar auf Erden also herumgefahren, daß sie durch den bei dem aus- und einpacken anderer Waaren sich ergebenden Staub sich nicht mehr geglichen haben [...]."[320]

Da Carl Franz Paul Hannong bereits 1757 starb, übernahm sein Bruder Joseph Adam (1734–1800) die Leitung des Betriebs, stellte den berühmten Modelleur Johann Friedrich Lück (1727–1797) ein und kaufte 1759 das Unternehmen seinem Vater ab. Nun zierte sein Monogramm „IAH“ die neue Frankenthaler Kollektion. Als 1760 der Vater Paul Anton starb, geriet sein Sohn Joseph Adam in finanzielle Schieflage, denn er konnte seine Geschwister nicht ausbezahlen. Was halfen ihm die eigenen Worte, als er im Juli und August desselben Jahres im Pariser „Journal de Commerce“ seine Porzellankunst mit den Worten „von der nämlichen Pracht wie das von Meißen und wie das französische“[321] anpries? Schließlich musste er trotz größter Mühen zwei Jahre (8.2.1762) danach die Porzellanmanufaktur an „Ihro Kurfuerstliche Durchlaucht“[322] für ein Drittel des Schätzwertes veräußern. Gleichzeitig hatte sich gezeigt, dass Karls Bruder Pierre-Antoine Herstellungsgeheimnisse an die „Manufacture royale de porcelaine de Sèvres“ verraten hatte, die aus dem von Jeanne-Antoinette Poisson Marquise de Pompadour geförderten Privatunternehmen von Vincennes hervorgegangen war. So hieß es später bei Johann Peter Ackermann: „Eine andere ebenfalls unmittelbare, ueber mein Lob weit erhabene Kommission steht einer Fabricke vor, die sich itzo in ihrem gluecklichsten Zeitpunkt, und in einem solchen Flor befindet, den Sie noch nie gesehen hatte; und die deswegen unter den an Frankenthal erwiesenen Fuersten=Gnaden nicht die lezte, unter den hiesigen Gewerbhaeusern nicht das geringste ist. Es ist die hiesige Kurfuerstliche Porzellaenfabricke, von der ich behaupte, Wahrheit geredet zu haben. Sie wetteifert als eine darzu berechtigte Nebenbuhlerin mit allen uebrigen Manufakturen dieser Art, welche großen Namen haben. Das sanfte Weiße, das Feste und Dauerhafte, das immer Neue, Praechtige, Abwechselnde, und Bezaubernde der Farben, welches die angestellten Kuenstler den Werten ihrer Kunst geben, hat es dahin gebracht, daß jeder Reisende mit Ruhm von diesem Gewerb spricht; daß die Bestellungen haeuffiger sind, als die immer beschaeftigten Haende fertigen koennen, und daß der Tuerken-Sultan [Abdülhamid I., reg. 1774–1789] die praechtigen Geschirre, die er zu seinen immerwaehrenden Gastmalen bedarf, von Frankenthal durch einen weiten Umweg bei diesen kriegerischen Zeiten kommen laeßt. Heil, langes Leben und Kraeften den Maennern, die so unermuedet arbeiten, ihres Fuerstens Willen in Erfuellung zu sezen.“[323]

In Wahrheit litt allerdings das einstige Familienunternehmen zum großen Bedauern des Kurfürsten unter mangelnder wirtschaftlicher Prosperität. Daran sollten auf Dauer auch das neue Monogramm „CT“, eine Porzellanlotterie und die Vergabe von wertvollsten Staatsgeschenken durch die kurfürstliche Familie nichts ändern. Gerade in diese Phase fiel die ungemein detailreiche Apotheose des Kurfürstenpaares (Abb. 51) nach einem Entwurf vom Franz Conrad Linck, als Adam Bergdoll (1720–1797) dem Unternehmen als technischer Direktor vorstand. In einer weiteren, farbig gefassten Variante[324] wählte Linck die Profilansicht für beide Porträts, an deren Konsolen ein Frankenthaler Porzellanmaler jeweils eine Inschrift anbrachte. Die erste rühmte Carl Theodor mit den Worten: „Siehe hier in voller Pracht Carl. Welch gewichtige Würde. Wert des Szepters eines Augustus und Erbe Salomons. Gepriesen als Hüter der Religion und Verteidiger von Wissenschaft und Kunst."[325] Die zweite dagegen pries Elisabeth Auguste: „Hier staune. Neue Jahrhunderte erschaffen uns Göttinnen. Das lehrt Elisabeth durch ihre Tugend, ihre Gestalt und ihr Tun. Verehrt auf Erden als Göttin. Den Göttern gilt sie als Freundin."[326]

„Nebst der schon gepriesenen Kurfuerstlichen unmittelbaren Kommission stehn dieser Manufaktur vor als Direktor: Herr Hofkammerrath Simon Feylner [amt. 1775–1798, als Nachfolger von Adam Bergdoll], als Kontrolleur und Faktor Herr Clauer, Maenner, die ihrem Amte ganz gewachsen sind, und ganz fuer dasselbe leben. Auch besitzt die Fabricke einen großen, durch Reisebeschreibungen schon bekannten, durch seine Werke und Statuen wie beruehmten und unsterblichen Kuenstler an dem Herrn Hofbildhauer [Johann Peter] Melchior [1747–1825]"[327], wusste Ackermann weiter zu berichten.

Um 1770 entstand in dieser Manufaktur auch ein Frühstücksservice für die Kurfürstin Elisabeth Auguste (Abb. 52).[328] Sein Dekor bezog sich auf das prächtig ausgestattete, vom württembergischen Hofmaler Nicolas Guibal (1725–1784) dekorierte „Rote Kabinett" im Schloss zu Oggersheim. So thront im Zentrum auf einem Wolkenberg in rotem Kleid und blauem Überwurf „à l'antique" die Personifikation der „Großmuth" mit der Gesichtsphysiognomie der Schlossherrin. Sanft streichelt sie mit ihrer linken Hand die Mähne des ihr loyal zur Seite liegenden pfälzischen Wappentiers. Zugleich stellt sie ihren rechten Fuß behutsam auf ein von Putten gehaltenes Kissen mit dem Kurhut. Mit feierlicher Geste überreicht sie mit der anderen Hand den Elisabeth-Orden

Abb. 51: Apotheose des Kurfürstenpaares Carl Theodor und Elisabeth Auguste nach einem Entwurf von Franz Conrad Linck, um 1769

an eine vor ihr auf die Knie gefallene, ganz in Rot gewandete Hofdame. Die Ordenskandidatin wird ihr von der geflügelten Tugend fürsorglich zugeführt. Angesichts der Herrlichkeit dieses Edelmuts fliehen die Laster auf der gegenüberliegenden Seite und stürzen sich in den Abgrund, so der niederträchtige Stolz mit einem Pfau unter dem Arm, der ätzende Hass, eine männliche Figur, bereits auf dem Rücken liegend, und die hinterlistige Zwietracht, mit zischenden Schlangen und Fackeln ausstaffiert. Im Hintergrund hingegen schweben Genien vor einem lorbeerbekränzten Obelisken mit weiteren Orden herbei.[329] Sollte sich darin die innere Befindlichkeit Elisabeth Augustes nach dem Scheitern der Ehe und dem zunehmenden Verlust ihres politischen Einflusses widerspiegeln? Das Oggersheimer Schloss hatte sich als bevorzugtes Refugium unter ihrer Hand zu einem Juwel im Louis-Seize-Stil entwickelt. Fast ein Vierteljahrhundert sollte sie dort mit ihrem ungefähr 160- bis 170-köpfigen Hofstaat verbringen.

Noch im „Pfälzischen Kalender" von 1774 wurde das Frankenthaler Porzellan in Mannheim angepriesen. Das „Magazin des Frankenthaler Porcelain ist unter den Bögen des Kauf=Hauses gegen den Paradeplatz über. Man trif[f]t hier ein sehr schönes Assortiment von Porecelain an, welches Kenner bewundern werden. Der Preis ist hier der nämliche wie in Frankenthal."[330] Kurzfristig sollte die Manufaktur in den Besitz des Grünstädter Unternehmers Johann Nepomuk van Recum (1753–1801) geraten, der letztendlich den Betrieb 1799 aufgeben musste.

Als Förderer von Wirtschaft und Kommerz machte sich Carl Theodor auch Gedanken über den Transport der in Frankenthal produzierten Waren und ließ ab 1773 einen Kanal (Abb. 53) zum Rhein bauen. Auch darauf wies Johann Peter Ackermann bei seiner Rede hin: „Die hier angelegten und gangbaren Gewerbe mueßen den hoechsten Flor erreichen. Die Ausfuhr der verfertigten Waaren muß Frankenthal reich machen, und darzu laeßt Carl Theodor eines der schoensten Werke in allen seinen Landen, unsern weit und breit beruehmten Kanal anlegen, mit ganz fuerstlichen Koesten betreiben, und fuer das Baeste Frankenthals vollenden. Sehen Sie es doch das praechtigste Werk, mit seinen vortrefflichen Schleusen, mit seinem Krahnen und Lagerhause, mit seinen festen und trockenen Chauseen, mit all seiner Pracht und Annehmlichkeit, mit seinen aufgeworfenen Daemmen, mit allem, was es von seltener Kunst und Vortrefflichkeit hat. Sehen wir es, und bedenken dabei die gluecklichen Folgen, die sich durch dieses Werk der Unsterblichkeit ergeben haben."[331] Keineswegs vergaßen die Frankenthaler die Fürsorge ihres Landesvaters und ließen in goldenen Lettern eine Schrift im sogenannten „Kanalkessel" anbringen: „Pfaelzer oder Fremdling, der du dieses liesest: Wisse: Carl Theodor / Ein Vater und Kurfuerst der Pfalz und Baierlandes / vollendete dieses Werk 1781 / durch Seiner Kurfuerstlichen Durchlaucht getreue / Franz Albert Freiherrn von Oberndorff, Staats- und Conferenz-Minister; Joseph Fontanesy und Carl von

Abb. 52: Frühstücksservice für die neue Hofhaltung der Kurfürstin Elisabeth Auguste im Schloss Oggersheim, Frankenthaler Solitaire, 1777

Maubuisson, geheimde Raethe; Jakob und Christoph Dyckerhof, Vater und Sohn, Hofkammerraethe."[332]

Vor den anwesenden Stadträten resümierte Ackermann: „Frankenthals Lage, Luft und Gesundheit hat unermeßlich viel dabei gewonnen, Frankenthals Gewerb hat den gebahnten und leichtesten Weeg in das Ausland. Frankenthals Wohlstand nimmt reichlich zu durch den thaetigen Verkehr mit den Auswaertigen, Frankenthals Bewohner haben in einem fuenf Viertel Stunde langen Garten den angenehmsten Spaziergang, der keinen seines Gleichen hat. Der umliegenden Dorfschaften Bewohner haben trockenes, urbares, und reichlich eintragendes Feuchtfeld; unsers Fuerstens Kammeral-Kasse hat die durch den Betrieb des Handels eingehende Gelder, und Carl Theodor hat seinen Zweck erreicht. Diese kostbare Anlage muß als ein ewiges Denkmal seiner glorreichen Regierung angesehen werden."[333] „Carl Theodor! Was thust du nicht, dein Frankenthal gluecklich zu machen. Hast du denn izt alles gethan? O nein, m[it] H[erz]! erwarten wir noch vieles von unserm Landesvater!"[334]

Doch Carl Theodor musste sich nicht nur um den wirtschaftlichen Aufschwung Frankenthals kümmern. So bestätigte er im August 1770 die Gründung der „Physikalisch-Ökonomischen Gesellschaft"[335] in Kaiserslautern, die auf den Ideen des Apothekers und Zolleinnehmers Johannes Riem (1729–1807) basierte. Dazu gewährte er ein Salär von 600 Gulden aus der Kasse der

Mannheimer Akademie unter seinem ersten Direktor Friedrich Casimir Medicus (1736–1808). Ab 1774 trat als „durchleuchtigste Protektorin“[336] auch die Kurfürstin in Erscheinung, für deren Engagement sich die Gesellschaft bedankte: „Durch diß erhabene Beispiel haben Höchstdieselbe die Achtung öffentlich an den Tag geleget, womit Sie die Landwirthschaft begnadigen. Die vor geringfügig bißher angesehene Beschäftigungen haben Höchstdieselbe dadurch auf das neue geadelt, und ihr die beleidigende Verachtung abgenommen, die sich nach und nach der Gemüther der Grossen bemächtiget [...]. Und diß ist das einzige Mittel, etwas der Verachtung zu entreisen, und solches gleich vor wichtig zu erklären, wenn die Grossen der Erden es ihres besonderen Schuzzes würdigen.“[337] Denn Landwirtschaft wurde zu dieser Zeit mit einer ausgesprochen weiblichen Tugend in Verbindung gebracht und somit näher an die Seite der Kurfürstin verortet. Es sollte mit dem „Schuz einer Elisabeth Auguste [...] vor die Landwirtschaft in der Pfalz eine ewige und unvergessliche Epoche“[338] entstehen. Damit wurde die Kurfürstin als patriotische Protektorin der Landwirtschaft als kritischer Wissenschaft und für die Landeskinder in der Kaiserslauterer Kameral-Schule als Hausmutter in der Landesökonomie betrachtet.

Abb. 53: Frankenthaler Hafenbecken, von wo aus der von Carl Theodor in Auftrag gegebene Kanal zum Rhein führte. – Ölgemälde von Joseph Goetzler, um 1830

„Werden [...] wir Ihren Garten bauen, den Sie uns hinterlassen hat, werden wir Ihr edle Jünglinge ziehen, Unterthanen erziehen, die Segen und Wohlfahrt um sich her verbreiten, so wird der Einfluß unserer Durchlauchtigsten Beschüzerin durch uns, über die Welt und Nachwelt, gleich einem fruchtbringendem Strome hinfließen, und Höchstdero Namensgedächtnis wird im Segen bleiben bis ans Ende der Tage."[339] Größten Wert legte man auf die „Erfindungen patriotischer Männer, die Land und Leute durch Erleuchtung des ökonomischen Verstandes, oder sonsten wesentlich dem Staate und seiner Wissenschaft genuzt haben, die wollen wir auswählen, gleich einem jungen Bienenschwarm weit umher den Hönig läutern, junge emsige Bienen erzielen, zum Nuzen unseres Hausvatters Karl Theodors, zum Nuzen unserer Hausmutter Elisabeth, zum Nuzen ihrer ganzen Haushaltung, und zum Nuzen aller frommen Kinder Theuts, damit, tro[t]z Schwur und Bann, sie von unserm Honig kosten, und aller Augen wacker werden mögen."[340]

Dass sich nicht alle Manufakturen auf einem so hohen Niveau wie in Frankenthal bewegten, zeigte sich am Beispiel des „Hammers Philippsburg" in der Nähe von Carl Theodors Residenzstadt Sulzbach. Der in Ansbach als Dreher, Maler und Brenner ausgebildete Andreas Herbst, der in diesem Raum eine zur Fayencenherstellung geeignete Erde entdeckt hatte, richtete zusammen mit dem Maler Christian Gottlieb Otto (aktiv: 1752–1758) an die Sulzbacher Regierung ein Gesuch zur Gründung und finanziellen Unterstützung einer Fayencenmanufaktur im aufgegebenen „Hammer Philippsburg"[341]. Um auch im Herzogtum Pfalz-Sulzbach die Wirtschaft anzukurbeln, hatte am 5. Juli 1752 Carl Theodor bereitwillig die Genehmigung dazu erteilt und ebenso den Kredit von 682 Gulden bewilligt. Da bald das Grundkapital von zirka 1.500 Gulden aufgebraucht war, bat Otto den Kurfürsten, den Betrieb zu übernehmen. Deshalb erschien umgehend der Visitator Joseph Ulrich Beyer, dem es trotz positiver Bewertung nicht gelang, das Werk in kurfürstliche Hand überzuführen, da die Sulzbacher Regierung dem Landesherrn davon abgeraten hatte. Zu allem Überfluss gerieten die beiden Unternehmer in Streit, was zum Ausscheiden von Herbst führte. Gleichzeitig gelang es Otto, von der Regierung in Sulzbach am 22. Januar 1755 ein Importverbot für Fayencen zu erwirken, zumal die Hammer Philippsburger Fayencen, wie es hieß, von „weit besserer Güte als das Frembde"[342] seien. Als ein Jahr später mit Ablauf der Pacht auch Otto um seine Entlassung bat, entschloss sich Carl Theodor 1756, die Manufaktur auf kurpfälzische Kosten zwei Jahre lang weiterzuführen. Damals erhielten die Produkte seine Initialen anstatt dem Monogramm „CP"[343] (Chur-Pfalz). Unter dieser veränderten Situation erklärte sich Otto nochmals bereit, weiter im Betrieb zu bleiben und einen Dreher, zwei Kunstmaler und Lehrbuben anzustellen. Doch zwei Jahre danach setzte die Sulzbacher Regierung dem bisherigen, wenig erfolgreichen Werksleiter Eberhard Pantzer als Faktor vor die Nase. Diese Maßnahme führte allerdings nicht zu einer besseren Qualität der Fayencen: Von „passable Maasskrieg, schadhafte M., schlecht M., feine Deller aber ziemlich krum“[344] war die Rede. So bewarb sich Pantzer 1759 um den Posten eines Wagenmeisters bei einem Artillerie-Regiment. Da Otto von der kurfürstlichen Kasse immer neues Geld forderte, seine Pacht nicht zahlen wollte oder konnte, riet die Sulzbacher Regierung dem Kurfürsten, am 1. Juli 1760 den Betrieb zu schließen, zumal der Amberger Salzverwalter und Bürgermeister Simon Hezendörfer 1759 die kurfürstliche Konzession erhalten hatte, in Amberg eine eigene Fayencenmanufaktur zu eröffnen. Doch es kam nicht zur Schließung des „Hammers Philippsburg“. Die Sulzbacher Regierung versuchte nun 1763 ihr Glück mit Andreas Windschügel, der bereits als Werkmeister bei Hezendörfer Erfahrungen gesammelt hatte. Auch mit dem neuen Pächter hatte die Obrigkeit Pech, denn er war nur als Strohmann für den kurpfälzischen Hof-Kammerrat Kilian Joseph Wilhelm von Hann zu Lohe aufgetreten und wechselte als Brenner bald zur Frankenthaler Porzellanmanufaktur. Doch mit Hann ging es bald aufwärts, so dass sogar in einer „Zugabe zu der Mannheimer Zeitung“ des Jahres 1769 Walzenkrüge und andere hochwertige Produkte angepriesen werden konnten: „Denen respective Herrn Liebhabern von seinem Faiance Porcelan dienet hiedurch zur Nachricht, daß die ohnweit der Residenz Stadt Sulzbach mit gnaedigser Bewilligung Sr. Churfuerstl. Durchlaucht zu Pfalz etc. etc. errichtete und mit vielen Freiheiten mildest begabte Fabrique dermahlen in vollkommenem Stand seye, worinnen man alle Arten von dem allerfeinsten Faiance verfertiget; die Guete, und Dauer der auserlesensten Erde, die feine der Glassur, die nach dem Geschmak von jedermann beliebte Façon, die manigfaltige Schoenheit derer Farben eignen durch ein unpartheiliches Urheil von Kennern dieser Fabrique den billigen Vorzug vor dem Strasburger, Bayreuter, Nuernberger und allen auswaertigen Faiance Porzellan [...].“[345] Dem Leser allerdings blieb verborgen, dass auch von Hann in größte finanzielle Schwierigkeiten geraten war, sobald die Sulzbacher Regierung Steuern auf die Produktion erhoben hatte. Am 12. September 1774 musste der Pächter das Handtuch endgültig werfen. Damit war die Fayence-Manufaktur „Hammer Philippsburg“ für die Sulzbacher Regierung nicht mehr tragbar. Sicherlich spielte dabei eine entscheidende Rolle, dass vier Jahre zuvor eine weitere Fayencenmanufaktur in Mosbach unter der Leitung von Pierre Berthevin († 1777) mit einem Zuschuss von 8.544 Gulden vom Kurfürsten genehmigt worden war. Auch diese warf keine Gewinne ab, musste bereits 1772 von Carl Theodor übernommen und nach zwei Jahren unter wechselnder Leitung weiterhin subventioniert werden, so dass auch dieses Unternehmen im Gegensatz zu vielen anderen Gewerben nicht zur Aufbesserung des kurpfälzischen Fiskus beitragen konnte.[346]

„Wir drincken auff [...] langwürdiges Wohlseyns Ihro Churfürstlichen Durchlaucht“

Zu den besonders erfolgreichen kurpfälzischen Wirtschaftszweigen zählte die Winzerei und die Weinpflege an der Bergstraße. Schon in seinen ersten beiden Regierungsjahren hatte Kurfürst Carl Theodor dies begriffen und 1744 ganz bewusst beschlossen, die werbewirksame Tradition der Riesenfässer auf dem Heidelberger Schloss (Abb. 54) fortzusetzen. Bereits 1590/91 hatte der lebensfrohe Wittelsbacher Calvinist und Administrator der Kurpfalz Johann Casimir (reg. 1559–1592) Fürst von Pfalz-Lautern und Herzog von Étampes damit begonnen. Vor allem hatte sich der Heidelberger Kastellan eingesetzt, das Fass des Kurfürsten Carls III. Philipp von 1727/28 als eine „in ganz Europa berühmte Antiquität“ zu erhalten. Carl Theodor jedoch legte darauf keinen Wert, ließ es auseinandernehmen, ein neues herstellen und mit seinen Initialen „CT“ verzieren (Abb. 55). Die zeitgenössischen Angaben seines Fassungsvermögens variierten von 210.500 bis zu 228.000 Litern. Carl Theodor hatte beim ausgeschriebenen Wettbewerb die Kostenvoranschläge der Künstler, darunter sein Hofbildhauer Johann Matthäus van den Branden, Paul Egell, Peter Anton von Verschaffelt und Peter Friedrich de Walpergen (1730–1809) stark nach unten korrigiert. So erklang im Heidelberger Schlosshof bei der Einweihung des Riesenfasses im Jahr 1752 das

Abb. 54: Fernblick auf Heidelberg mit Schloss, das im Pfälzischen Erbfolgekrieg 1689 zerstört wurde

Vivat: „Wir drincken […] auff die Gesundheit und langwürdiges hohes Wohlseyns Ihro Churfürst[lichen] D[urchlaucht] […].“[347]

Zum Missfallen aller konnte diesmal die einheimische Küferkunst die kurpfälzische Hofkammer nicht zufriedenstellen. Kurz nach der Einweihung musste der Hofkeller „wieder gerunnen“ melden. Dennoch sollte das Riesenfass bis zu den Jahren 1767/69 viermal gefüllt werden, um den blühenden kurpfälzischen Weinanbau in alle Welt hinauszuposaunen und als Symbol der leistungsfähigen Küferkunst zu dienen. Kurzerhand entschloss sich die Hofkammer, das Fass nur noch zum Schein zu erhalten, um die „Parecheurs“, die hohen Besucher, anzulocken und zu erfreuen. Jedermann sollte Carl Theodors europäische Maßstäbe in diesem Bereich begreifen. Und darauf wies die Figur des einstigen Fasswächters zu Heidelberg hin. Es hatte sich dabei um den aus dem Südtiroler Ort Salurn stammenden Clemens Pankert alias Giovanni Clementi (1702–1735), den witzigen, schlagfertigen und trinkfesten Hofnarren und Mundschenk von Kurfürst Carl III. Philipp gehandelt. Da dieser auf die Frage, ob er noch einen Becher Wein leeren wolle, stets mit „Perché no?“, „Warum nicht?“ geantwortet hatte, erhielt er „Perkeo“ als Künstlerbezeichnung. Landauf landab hatte sich bald die Mär verbreitet, dass dieser so genannte „Hofzwerg“ zu Tode gekommen sei, als er versucht habe, das ganze Fass auszutrinken oder versehentlich, statt zu seinem geliebten Wein zu greifen, ein Glas Wasser erwischt habe.

Doch das Heidelberger Exemplar war nicht das einzige Riesenfass, das unter der Herrschaft des Kurfürsten entstand. So konnte seine Gattin ihrem Münchner Schwager mitteilen: „Es ist hier schrecklich kalt und wie an Neujahr ist der Rhein zugefroren, ich habe vor, ihn am ersten Tag zu überqueren, um alle Handwerker arbeiten zu sehen. Wir haben bereits begonnen, ein Fass zu bauen.“[348] Damit bezog sich die Kurfürstin auf ein Eis- und Prunkfass des Schwetzinger Hofkellers und -küfers Adam Bieth, das dieser am 17. Januar 1766 auf dem gefrorenen Rhein anlässlich der Silberhochzeit des Kurfürstenpaars zusammenfügen ließ.

Abb. 55: Riesenfass des Kurfürsten Carl Theodor mit einer Holzfigur des „Hofzwergs“ Clemens Pankert alias Perkeo als Fasswächter im Heidelberger Schloss, 1744/51

Für den großen Reichtum der Kurpfalz sorgten nicht nur die fruchtbaren Ebenen, die Weingärten und die Frankenthaler Manufakturen, sondern ebenso Carl Theodors Reformen. Die Verwaltung des Landes wurde durch klare Behördenstrukturen auf höchster Ebene verbessert. In der Lokalverwaltung allerdings verharrte vieles in den eingefahrenen Bahnen. So wurde der Ämterkauf zwar missbilligt, aber nicht abgeschafft. Den „Brunnquell aller Prozeßordnung", das heißt eine unabhängige Justiz, respektive der „höchste Richter", wie Carl Theodor auch bezeichnet wurde, ohne sich allerdings rechtlich dazu zu verpflichten. Die von ihm eigens initiierte Aufhebung der Folter (1776) krönte seine Herrschaft.[349] „Seiner Groß- und Wohlthaten, die unser friedsamer Landesvater auf alle seine Staaten verbreitete, sind zuviel, als daß sie von unserer schwachen Feder koennten erzaehlet werden. Herr [Cosimo Alessandro] Col[l]ini hat in einer franzoesischen Lobrede 1764, vor der akademischen Versammlung zu Man[n]heim, einen kurzen Grundriß derselben in dreyen Theilen entworfen, und gezeigt: was Karl Theodor als Beherrscher fuer die Pfalz, was Er als Gelehrter fuer die Litteratur, was Er als Menschenfreund fuer die Menschen gethan hat"[350], pries der aus Bologna stammende Antiquar Giovanni Lodovico Bianconi (1717–1781). Umso besorgter zeigten sich vor allem die Sulzbacher, als erneut im „Jahr 1774, den 26ten September […] Ihro Kurfürstliche Durchlaucht Carl Theodor von einer gefährlichen Krankheit überfallen worden […]"[351] war. So zeigten sie sich nach seiner Gesundung mehr als dankbar: „Das gedruckte, und bey Gelegenheit seiner Genesung von einer schweren Krankheit von Herrn Klein herausgegebene Denkmal der Ehre Carl Theodors, und der Liebe seiner Unterthanen von 1775, zu Man[n]heim, sagt viel; aber dennoch nicht genug von dem Vater des Vaterlandes. Nach den einmal gesetzten Gränzen wagen wir uns, die dem ganzen Lande bewiesene Gnaden anzuruehmen, da wir nicht einmal im Stande sind, fuer die Wohlthaten zu danken, welche seine angebohrne Liebe unser Stadt Sulzbach geschenket hat"[352], hatte der Kurfürst ihnen doch in den Jahren 1755 und 1756 eine geregelte Wasserversorgung mit einem neuen Druckwerk in der Stadtmühle sowie einen Neptun-, Delphin- und Löwenbrunnen gewährt.

Um sich von seiner Krankheit zu erholen und neue Kraft zu schöpfen, brach der kunstbegeisterte Kurfürst bei Regen am 7. November 1774 nach Italien auf – ein schon lang gehegter Wunsch. Ihn begleiteten als Adjutanten der General-Lieutenant Friedrich Christoph von Loe, genannt Winkelhausen († 1796), Nikolaus Graf von Portia und der Geheime Rat Stephan von Stengel, sein Leibchirurg Dr. Anton Winter und der Kammerdiener Carl Dusch sowie weitere neun Bedienstete einschließlich von Mundköchen, darunter Willibald Braam, die Reiselakaien Henri(us) Willemôtte und Roeder sowie die drei berittenen Kuriere Anton Steidel, Cinque und Rappe. „Von Rot nach Rom" [353] – unter diesem Titel überlieferte ein Mitreisender[354] die Erlebnisse in Italien. Über die

Sehnsucht nach der mediterranen Welt reimte wenige Jahre danach der Dichterfürst Johann Wolfgang von Goethe (1749–1832): „Kennst du das Land, wo die Zitronen blühn, / Im dunkeln Laub die Goldorangen glühn [...] Dahin! Dahin / Geht unser Weg; o Vater, laß uns ziehn!“[355] (1782). Schon zwei Dekaden davor hatte der sächsische Kunsttheoretiker und Sammler Christian Ludwig von Hagedorn Carl Theodors Interesse für die italienische Malerei geweckt, indem er ihm immer wieder ein Kunstwerk aus seiner Kollektion präsentierte, um „den Churfürsten nach und nach zur Liebe der Künste, wozu er schon inclinirt [eine Neigung hatte], aufzumuntern.“[356] Dies hatte die Gründung der Mannheimer Zeichnungs- und Bildhauerakademie (1757/69) und des Kupferstichkabinetts (1758) nach sich gezogen. Zudem hatte der Kurfürst einen Antikensaal mit Gipsabgüssen berühmter Statuen aus Griechenland und Italien ausstatten lassen und im Schwetzinger Schlosspark Tempelanlagen den römischen Gottheiten Apoll und Minerva „geweiht“. Seine Orangerie und das „Ende der Welt“ erweckten Arkadiens Idylle, wie sie in Mignons Lied erklingen sollten. Seinen Hofkaplan Johann Kasimir Haeffelin (1737–1827) hatte er bereits in die „Ewige Stadt“ geschickt, um bezüglich des Verbleibs der „Bibliotheca Palatina“ Ausschau zu halten, die während des Dreißigjährigen Krieges aus Heidelberg entwendet und nach Rom verschleppt worden war. Auch Künstlern wie dem Kabinettmaler Johannes Friedrich Müller (1749–1825), dem Kunstagenten Wilhelm Lambert Krahe und dem Komponisten Abbé Georg Joseph Vogler (1749–1814)[357] finanzierte er Stipendien in Rom.

Inkognito als „Graf von Veldenz“ begab sich Carl Theodor mit seiner Entourage über Schwetzingen nach Rot und von dort mit Postpferden weiter über Bruchsal nach Ulm. Ab Stetten fuhr man durch tiefen Schnee nach Innsbruck. Obgleich die Alpenüberquerung problemlos verlief, blieben die beiden Kutschen nach Rimini im Schneematsch hängen und mussten von Ochsen aus dem Morast gezogen werden. Am 27. November gelangte die Reisegesellschaft nach Cività Castellana, wo der Kurfürst von Tommaso Marquis Antici, seinem Gesandten beim Heiligen Stuhl, empfangen wurde. Dieser begleitete seinen Landesherrn bis nach Rom, wo er ihn in seiner Gesandtschaftsresidenz Palazzo Pamphili unterbrachte.

Anstatt des vor zwei Monaten verstorbenen Papstes Clemens XIV. (amt. 1769–1774) begrüßte am zweiten Tag nach der Ankunft den Kurfürsten ein zum Konklave zusammengetretenes Kardinalskollegium. Wie wäre Carl Theodor dem Pontifex Maximus gegenübergetreten, der ein Jahr zuvor den von ihm sehr geschätzten Jesuitenorden mit dem Breve „Dominus ac redemptor noster“ abgeschafft hatte und mit dem er sich seit seiner frühesten Kindheit so eng verbunden fühlte? Zwar hatte er als Kurfürst nicht dagegen interveniert.[358] Dennoch hatte er gerade in seiner Residenzstadt Mannheim diese harte Entscheidung abzumildern versucht, indem er Jesuiten Pensionen und Stellungen am Hof verschafft hatte, darunter dem Elsässer Anton Klein (1746–1810), den er zum Professor für Dichtkunst und Philosophie erhoben hatte. Kritische Stimmen gegen die Jesuiten waren allerdings auch in seinen Territorien zu hören, um die Bedeutung der Mennoniten und vor allem der Protestanten in der Kurpfalz herauszustreichen: „Die Jesuiten mit ihrem Anhang haben eine maechtige Stuetze an dem Beichtvater des Kurfuersten [...]. Diese Intoleranz der Jesuiten, welche schon seit langer Zeit Einfluß auf den Fuersten gehabt haben, hat der Pfalz am Rhein sehr viel geschadet. Die Reformirten machen wenigstens die Haelfte der Einwohner dieses Landes aus, und haben verschiedene Friedensschluesse und oeffentliche Vertraege zu ihrer Sicherheit. Sie sind in jedem Staat die besten Buerger, deren Religionslehren mit der gesunden Politik vollkommen uebereinstimmen, und deren Geistlichkeit mit der weltlichen Macht gar nicht im Streit liegt. Demungeachtet werden sie noch bis auf diesen Tag auf alle Art gedruekt; und der Hof scheint sich ein Verdienst daraus zu machen, diesen bessern Theil seiner Unterthanen auszurotten, und geblendet von den Trugschluessen seiner Pfaffen, betrachtet er ihn als Unkraut im Garten des Herrn."[359]

Da Carl Theodor nur am 5. Dezember einer Einladung des venezianischen Gesandten nachzukommen hatte, zwei Wochen später von Abbé Vogler zu einer musikalischen Akademie geladen war und er sich am zweiten Weihnachtsfeiertag auf dem Fest des Herzogs Corsini zu zeigen hatte, blieb ihm abgesehen von der täglichen Morgenmesse viel Zeit, die Kunstdenkmäler Roms und Latiums zu bewundern. Darunter befanden sich dreißig Gotteshäuser, zwölf Paläste mit ihren Gemäldegalerien und Sammlungen sowie die berühmten Villen in Frascati und Tivoli. Wie sehr beeindruckten ihn das Kolosseum, das Pantheon und die Trajanssäule! Keineswegs vergaß er, Künstlerateliers und soziale Einrichtungen aufzusuchen, wie das Waisenhaus „Fabbrica alla Ripa" am rechten Tiberufer, das Ospidale Santo Spirito in Sassia oder das benachbarte „Narrenhaus", eine Anstalt für Geisteskranke. Besonders deren Insassen erweckten die Neugier Carl Theodors. Drastisch beschrieb sein Mitreisender das medizinische Unvermögen, psychisch Kranken ein menschenwürdiges Dasein in einer solchen Einrichtung einzuräumen: „[...] der eine will Pabst werden, der andere das Meer aussaufen, ein anderer den Himmel stürmen [...] andere liegen an Ketten um den Hals und brüllen wie die Löwen. Auf der Weiberseite wollen solche an die größten Häußer verwandt seyn, und bald diesen bald jenen Cardinal heurathen."[360] Darüber hinaus interessierte sich der Kurfürst auch für die Augustinermönche, worüber der Reisechronist bemerkte: „[...] auch sahen die Patres wohlgenährt, mit dicken Speckhälsen begabt aus, und aus ihrer Küche kam ein angenehmer Geruch entgegen."[361] Ähnlich fielen die Beobachtungen zu den Priestern des Hieronymiten-Ordens der Basilica dei Santi Bonifacio e Alessio aus, „welche gut leben und nichts arbeiten, ihre Kirch und Klöster sind sehr schön gebaut, ihre Zimmer prächtig, haben gute weiße Kleider, dicke Hälse, und aus ihrer Küche gieng ein guter Geruch entgegen; auch haben sie eine schöne Biblioteque und ein kleines Naturalien-Cabinet".[362]

Nachdem Carl Theodor in der Basilika Santa Maria Maggiore die Christmette gehört, am ersten Weihnachtsfeiertag San Pietro in Vaticano, San Paolo fuori le mura und San Giovanni in Laterano besucht hatte, trat er mit seiner Reisegruppe am 29. Dezember die Rückreise an – und dies nicht ohne Friktionen: Bruch der Hinterachse des zweiten Wagens beim Palazzo Farnese in Caprarola; zweieinhalbstündiger Fußmarsch nach Viterbo für den Leibchirurgen Dr. Anton Winter und den Kammerdiener Carl Dusch in düsterer Nacht; Schneetreiben bei Aquapendente; unzulängliches Quartier am Lago di Bolsena und vieles mehr. Über Florenz, Venedig, Verona, Trient und Innsbruck gelangte er zunächst einmal nach München an den Hof des Kurfürsten Max III. Joseph.

Erst am 4. Februar 1775 erreichte er wieder seine kurpfälzische Residenzstadt Mannheim, um sich seinen vielfältigen Aufgaben zu widmen. Dazu gehörte am 2. Oktober des Jahres die Grundsteinlegung des Karlstors in Heidelberg, das nach den Entwürfen des Architekten und Bildhauers Augustin Egell entstehen sollte. Tags darauf hieß es in der Mannheimer Zeitung: „Wornach Ihre Kuhrfürstliche Durchleucht unter einen lauten Vivat und Jubel=Geschrey und Tausend Seegenswünschen Höchst dero unterthänigst treu gehorsamsten Innwohnern zu Heydelberg Höchst dero rückreiß nacher Schwetzingen angetretten, in unsern Herzen aber ein ewiges Merck=mahl der Höchsten Gnade zurückgelaßen haben."[363] Die Kurfürstin hingegen hatte ihren Gatten weder nach Heidelberg noch nach Rom begleitet. Jedem Höfling fiel auf, wie sehr sich beide aus dem Weg gingen. Weitaus wichtiger erschien Elisabeth Auguste ein Besuch bei ihrem Neffen Carl II. August Herzog von Pfalz-Zweibrücken. Dazu schrieb Johann Christian Mannlich: „Um diese Zeit [1776] ließ sich die Kurfürstin von der Pfalz beim Herzog zu einem kurzen Aufenthalt in Zweibrücken anmelden. Es mussten also Festlichkeiten vorgesehen werden, und da sie das französische Theater [1771 von Carl Theodor abgeschafft] sehr liebte, beabsichtigte man, ihr zu Ehren [...] den Barbier von Sevilla [1775, vom Universalkünstler Pierre-Augustin Caron de Beaumarchais, 1732–1799] aufzuführen [...]. Die Kurfürstin konnte nicht genug Worte des Lobes finden. Auf ihren Wunsch wurden ihr die Schauspieler vorgestellt, die für das Vergnügen, das sie ihr bereitet hatten, freundlichste Anerkennung und Dank ernteten."[364]

8. »STELLT ES ALLEN ZUR VERFÜGUNG«

Angeregt durch den Josephinismus am Kaiserhof in Wien, verzichteten in den späteren 1770er Jahren Kurfürst Carl Theodor und gezwungenermaßen seine von ihm distanzierte Gattin auf viele Festivitäten im Jahreskreis, darunter auf die aufwendigen Geburtstagsfeiern, die Gala zum Neujahrstag, die sehr teuren französischen Komödien und das der Kurfürstin zugeordnete französische Ballett. Auch die Festfolge an den Karnevalstagen wurde erheblich ausgedünnt. Keineswegs hatten notwendige Sparmaßnahmen dazu geführt, was sich unter anderem im März 1776 in der Entlassung des wegen seiner rigorosen Haushaltsführung berüchtigten Finanzministers Johann Ludwig Franz Graf von Goltstein offenbarte. Als neuer Statthalter der Herzogtümer Jülich und Berg wurde er nach Düsseldorf abgeschoben. Anstatt weiterhin seine hohen Gäste und Untertanen durch Prunk und Gold zu beeindrucken, präferierte Carl Theodor jetzt Institutionen und Veranstaltungen, die ganz und gar der Aufklärung Vorschub leisteten. Dazu gehörten seine großen Sammlungen im Mannheimer Schloss, für deren Präsentation er den linken Flügel erbauen hatte lassen. Der älteren Gemäldesammlung hatte er das Kupferstich-, Naturalien- und physikalische Kabinett sowie den Antikensaal mit ausgezeichneten Abgüssen antiker Skulpturen hinzufügen lassen. In der „Mannheimer Zeitung" war zu lesen: „Heute frühe gefiel es Ihro Churfürstlichen Durchlaucht unserm gnädigsten Herrn mit des Chur-Sächsischen Herrn Administrators Prinzen [Franz] Xaver [Prinz von Sachsen und Polen, 1730–1806] Königl[iche] Hoheit von Schwetzingen sich hierher zu begeben, und anfänglich den bei der Akademie der Zeichnung- und Bildhauerkunst erst vor zwei Jahren angelegten vortreflichen Saal der Statuen, hernach sämtliche im Churfürstlichen Schloß befindliche prächtige Sammlungen der Künsten und Wissenschaften [...] in höchsten Augenschein zu nehmen."[365] Selbst Johann Wolfgang von Goethe, der 1771 in der kurpfälzischen Residenz verweilt hatte, sollte sich in seinem Opus „Aus meinem Leben. Dichtung und Wahrheit" begeistert äußern: „In Mannheim angelangt, eilte ich mit groeßter Begierde, den Antikensaal zu sehn, von dem man viel Ruehmens machte [...]. Director Verschaffels Empfang war freundlich. Zu dem Saal fuehrte mich einer seiner Gesellen, der, nachdem er mir aufgeschlossen, mich meinen Neigungen und Betrachtungen ueberließ. Hier stand ich nun, den wundersamsten Eindruecken ausgesetzt, in einem geraeumigen, viereckigen, bey außerordentlicher Ho[e]he fast cubischen Saal, in einem durch Fenster unter dem Gesims von oben wohl erleuchteten Raum: die herrlichsten Statuen des Alterthums nicht allein an den Waenden gereiht, sondern auch innerhalb der ganzen Flaeche durch einander aufgestellt; ein Wald von Statuen, durch den man sich durchwinden, eine große ideale Volksgesellschaft, zwischen der man sich durchdraengen mußte. Alle diese herrlichen Gebilde konnten durch Auf- und Zuziehn der Vorhaenge in das vortheilhafteste Licht gestellt werden; ueberdieß waren sie auf ihren Postamenten beweglich und nach Belieben zu wenden und zu drehen."[366] Ebenso sollte Friedrich Schiller (1759–1805) im „Brief eines reisenden Dänen" (1785) schwärmen: „Ich komme aus dem Saal der Antiken zu Mannheim. Hier hat die warme Kunstliebe eines deutschen Souverains die edelsten Denkmäler griechischer und römischer Bildhauerkunst in einem kurzen geschmackvollen Auszug versammelt. Jeder Einheimische und Fremde hat die uneingeschränkteste Freiheit diesen Schaz des Alterthums zu genießen, denn der kluge und patriotische Kurfürst ließ diese Abgüsse nicht deßwegen mit so großem Aufwand aus Italien kommen, um allenfalls des kleinen Ruhmes theilhaftig zu werden, eine Seltenheit mehr zu besizen, oder, wie so viele andere Fürsten, den durchziehenden Reisenden um ein Allmosen von Bewunderung anzusprechen. – Der Kunst selbst brachte Er dieses Opfer, und die dankbare Kunst wird seinen Namen verewigen."[367]

Damit dienten die Mannheimer Sammlungen nicht mehr allein Carl Theodors Pläsier. Vielmehr vertraute er Spezialisten die Exponate an und machte sie der Allgemeinheit nach und nach zugänglich. Mit der Gründung der am Hof angesiedelten „Akademie der Wissenschaften und Literatur" (ab 1763) unter deren Präsidenten und Kriegsrat Leopold Maximilian Freiherrn von Hohenhausen (1708–1783) hatte er ohnehin den Lehrsammlungen eine neue Mitte gegeben. In seiner Festrede (1765) schwärmte der Historiker Andreas Lamey (1726–1802): „Die schwerste Krankheit von allen ist geistige Finsternis, schlimmer als die lernäische Hydra. Was hat der pfälzische Herkules, der großmütige Begründer wissenschaftlicher Studien am Rhein, nicht alles getan, um zu verhindern, daß sie den Seinen Schaden zufüge! Wir haben gesehen, wie kürzlich mit freigebiger Hand Preise, die unser Fürst gestiftet hat, an die lerneifrige Jugend ausgeteilt wurden. Wir haben seine Anordnungen vernommen, die dem uralten Musensitz in Heidelberg bei dem Vorhaben, den alten Glanz wiederzugewinnen, so hilfreich sind. Wir sehen und bewundern Tag für Tag die unermeßlichen, immer weiter aufgehäuften Schätze der hervorragendsten Werke und Zeugnisse der Natur und der Gelehrsamkeit, deren Betrachtung schon uns zweifeln läßt, ob hier ein Fürst unter den Musen oder die Musen im Verein mit dem Fürsten herrschen. Was auch immer die fruchtbare Mutter Natur in ihrem großen Schoße hegt, und was die Weisheit des alten und des jüngeren Zeitalters gelehrt und dem Gedächtnis überliefert hat, dies alles erwirbt er, wenn er kann – und was könnte er nicht? – für sich und stellt es allen zur Verfügung. Für ihre Liebe zu Gelehrsamkeit und Bildung werden die pfälzischen Kurfürsten den Namen Ruprecht, Ludwig, Philipp, Ottheinrich und Karl Ludwig gepriesen, und sie sind allein deswegen schon verehrungswürdig und unsterblich. Wie schmeichelhaft, wie dauerhaft, wie verbreitet wird der Ruhm Carl Theodors sein, der in der Kenntnis der Sprachen, Künste und Wissenschaften und zugleich in der Förderung der Wiederherstellung und Sicherung jene alle schon längst übertroffen hat?"[368]

Zukunftsweisend und fortschrittlich verhielt sich Kurfürst Carl Theodor, als er seine Sammlungen zur Erbauung von Wissenschaftlern und interessierten Laien öffnete, wie es bereits 1763 am Beispiel der von Pigage erbauten „Großen Hofbibliothek"[369] (1751/58) mit 20.000 Bänden (1755), die vom Lothringer Abbé und Hofkaplan Nicolas Maillot de la Treille (1725–1794) unter Mithilfe von Andreas Lamey geleitet wurde, geschehen war. Dort wurden die Fremden von einer Figurengruppe im Frontispiz der Westfassade empfangen, wo der Hofbildhauer Peter Anton von Verschaffelt die Pflege der Künste und Wissenschaften inszeniert hatte. Sodann konnten die Besucher den prächtigen Boden des Kabinettschreiners Frank Zeller betreten, das 25 Meter lange Deckenbild „Entschleierung der Wahrheit durch die Zeit"[370] (um 1758) des Galeriedirektors Wilhelm Lambert Krahe entdecken und das Planetarium (Abb. 56a/b) des Londoner Instrumentenbauers George Adams des Älteren (1709–1772) bewundern. Angetrieben durch ein Uhrwerk konnte jeder Gast den Lauf der damals bekannten Planeten Merkur, Venus, Erde, Mars, Jupiter und Saturn um die Sonne beobachten. Zugleich konnte er sehen, wie Erde, Jupiter und Saturn von ihren Monden begleitet werden. Jedermann musste

Abb. 56a/b: Planetarium, konstruiert von George Adams, 1752/57

Abb. 57: Sternwarte, erbaut im Auftrag des Kurfürsten Carl Theodor, 1772/74

gerade durch die Ausstattung der „Großen Hofbibliothek" begreifen, wie Kurfürst Carl Theodor sich als aufgeklärter Beschützer und Mäzen der Wissenschaften und Künste zelebrierte und den kongenialen Zusammenklang von Wissen und Herrschaft postulierte.

Gerade am Beispiel des damals größten in Serie produzierten Planetariums offenbarte sich der Beginn von Carl Theodors Leidenschaft für die Astronomie. Unter großer Teilnahme der Hofgesellschaft sollte am 6. Juni 1761 das Kurfürstenpaar zusammen mit dem Jesuitenpater, Astronomen, Experimentalphysiker und Geodäten Christian Mayer (1719–1783)[371] den Venustransit vom nördlichen Zirkelsaal in Schwetzingen aus beobachten. Daraufhin ließ Carl Theodor als Patron der Wissenschaft einen großen Astronomie-Turm auf dem Belvedere der Sommerresidenz (1763/64) errichten und den Bau der achteckigen Sternwarte in Mannheim (1772/74) (Abb. 57) für 70.000 Gulden in Auftrag geben. Darin waren neben einer Dienstwohnung des Hofastronomen Christian Mayer S. J., einer Bibliothek und Gästezimmern auch zwei Beobachtungssäle mit hoher Durchfensterung und balkonartigen Austritten, Räume mit wichtigen und wertvollen, vor allem englischen Beobachtungs- und Messinstrumenten, darunter der wertvolle Mauerquadrant und Okularmikrometer des Londoner Herstellers John Bird (1709–1776) aus London, sowie ein Observatorium mit drehbarer Kuppel im Dachgeschoss untergebracht. Hier konnte Mayer durch „Beobachtungen von Fixsterntrabanten"[372] neue Ergebnisse erzielen. Sogar Benjamin Franklin (1706–1790) als US-Abgesandter und Wolfgang Amadé

Mozart mit dem Eintrag „Mozart maitre de chapelle den 16ten Nov[em]bre 1778“ sollten sich dafür interessieren.

Wie sehr Carl Theodor als Naturforscher die Wissenschaften und als Musiker die Künste schätzte, sollte sich auch im Jahr 1776 offenbaren, als er sage und schreibe 231.600 Gulden zu deren Förderung bereitstellen sollte, wobei auf die Hofbibliothek, die Sternwarten, den Botanischen Garten, das Münz-, Naturalien- (Zoologie, Botanik und Mineralogie), Antiken- und Physikalische Kabinett 41.000 Gulden entfallen sollten.[373] Damit ging die Wissenschafts- und Kulturpflege des Wittelsbachers weit über das sonst übliche fürstliche Mäzenatentum hinaus. Dazu gehörte auch die ungewöhnliche Finanzierung von Studienreisen seiner Wissenschaftler, so beispielsweise für den Hofastronomen und Physiker Mayer nach Paris (1757) oder für den Stückbohrmeister Johann Georg Reichenbach nach England (1791), um sich, wie der Auftrag des Kurfürsten lautete, „in der Mechanic [zu] perfektioniren“[374].

Auch die Oper und die Akademiekonzerte im Rittersaal, die seit vielen Jahren den herausragenden Standard an der europäischen Spitze demonstrierten, durfte nun die gebildete Öffentlichkeit besuchen. Nicht nur die Musik sollte veredelnd auf die Zuhörer einwirken, sondern ebenso die Ästhetik der Gartenkunst im Schwetzinger Schlosspark, indem Carl Theodor seinen aus gestalteter Natur und Staffagebauten bestehenden Kosmos jedem Lustwandler zugänglich machte. Schließlich schuf er mit einer Bildhauer- (1757) und Zeichnungsakademie (1770) eine arkadische Heimat für die Künstler.

9. »NUN SIND DEINE GUTEN TAGE VORUEBER!«

„Wir hoffen alles" vom Herrn der sieben Länder

Bereits in den Hausverträgen von 1766, 1771 und 1774[375] hatten sich die Kurfürsten Carl Theodor und Max III. Joseph (Abb. 58) die wechselseitige Beerbung ihrer Territorien zugesichert und alle pfalz-bayerischen Reichslehen außer die Herzogtümer Jülich und Berg zu einem Fideikommiss, das heißt zu einem unteilbaren Familienerbe, zusammengefügt. Zudem hatten sie für alle pfalz-bayerischen Beamten die katholische Konfession festgeschrieben und München zur Residenzstadt Pfalz-Bayerns erklärt. Ausdrücklich hatten die Verträge die Möglichkeit eines vorteilhaften Ländertauschs berücksichtigt. Gleichzeitig hatte sich Carl Theodor mit Christian IV. Herzog von Pfalz-Zweibrücken geeinigt und im März 1765 dessen Neffen Carl August und Maximilian Joseph zu Agnaten des Wittelsbacher Gesamterbes deklariert. Dennoch hatte über die Zeiten hinweg tiefes Misstrauen innerhalb der Familie die Verhandlungen erschwert, hatte Kurfürst Max III. Joseph noch 1769 seinen Cousin Clemens Franz de Paula Herzog von Bayern zum bayerischen Universalerben erkoren, was aber ein Jahr später durch dessen Ableben hinfällig geworden war. Trotz alledem gelang es Carl Theodor und den anderen Wittelsbachern, sich ohne Wissen der Großmächte Österreich, Frankreich, Preußen und Großbritannien zu einigen, wussten sie doch am Beispiel der polnischen Teilung (1772), was alles auf sie hereinbrechen konnte. Dennoch wuchsen mehr und mehr Carl Theodors Bedenken, denn die Hausverträge erreichten erst mit der Zustimmung des Kaisers ihre vollständige Gültigkeit. Zudem konnte Wien durchaus eigene Erbansprüche in die Waagschale werfen. Deshalb begann er 1776, sich mit Kaiser Joseph II. in Geheimverhandlungen zu einigen. Der österreichische Gesandte Franz Sigismund Adalbert von und zu Lehrbach und sein Außenminister Heinrich Anton Freiherr von Beckers zu Westerstetten hatten ihn bereits überzeugt, sich dem Einfluss von Frankreich zu entziehen. Dass aber schon vor der offiziellen Kontaktierung der Kaiserhof von den geheimen Vereinbarungen durch den ungeschickten kurpfälzischen Staatsrat Johann Caspar Reichsfreiherr von Cunzmann (amt. 1740–1781) Wind bekommen hatte, sollte die Mannheimer Verhandlungsbasis schwächen.

Abb. 58: Max III. Joseph Kurfürst von Bayern, der letzte, altbayerische Landesherr von Kurbayern. – Ölgemälde von George Desmarées, vor 1776

Schließlich vereinbarten im Vertrag zu Schwetzingen am 5. August 1777 die Kurfürsten Carl Theodor und Max III. Joseph mit Carl II. August Herzog von Pfalz-Zweibrücken (reg. 1775–1795), keine Verträge abzuschließen, ohne die anderen beiden Vertragspartner zu informieren. Doch plötzlich endete der von der Aufklärung geprägte, strahlende Glanz des Mannheimer Musenhofes.[376] „Nachdem die Ludwigische Linie [Bezug zu Kaiser Ludwig IV., reg. 1314/28–1347] in Bayern, in Maximilian III. Hoechstseligen Andenken, den 30sten Dezember 1777, erloschen ist, so vereinigten sich unter dem gluecklichsten Zepter

Karl Theodors beyde Staaten, Pfalz und Bayern, nach vierhundert drey und achtzig Jahren wieder [...].“[377] Doch zum Zeitpunkt des überraschenden Todes des an Pocken erkrankten bayerischen Kurfürsten hatten sich Mannheim und Wien noch nicht verständigt. Um den Habsburgern zuvorzukommen, setzte der Geheime Ratskanzler Wiguläus Aloys Xaver Freiherr von Kreittmayr (1705–1790) sofort Kurfürst Carl Theodors Besitzergreifungspatent in Kraft und ließ dies in ganz Kurbayern verkünden.[378] Dieses Dokument war 1774 anlässlich des Hausvertragsabschlusses verfasst und von diesem gegengezeichnet worden. In der Silvesterandacht überbrachte der kurbayerische Oberst Freiherr von Lilgenau dem kurpfälzischen Landesherrn, der sich gerade zur Andacht in die Mannheimer Schlosskirche zurückgezogen hatte, die Nachricht vom Ableben des kinderlosen Kurfürsten Max III. Joseph. Betroffen soll er zu sich geflüstert haben: „Nun sind deine guten Tage vorueber [...]!“[379]

Carl Theodors Unbehagen muss immens gewesen sein. Abgesehen von den schrecklichen Kriegsverheerungen auf dem Lande hatte er über Kurbayern nicht das Beste vernommen. So hieß es beispielsweise: „Ausser der Hauptstadt [München] ist in dem ganzen großen Bayern kein erhebliches Staedtchen aufzufinden, denn du kannst nicht glauben, was das Landsberg, das Wasserburg, das Landshut und viele andere, die auf den Landkarten als Staedte paradiren, fuer elende Nester sind [...]. Ueberall faellt einem die Armuth an Menschen auf, und ueberall herrscht noch die Liederlichkeit unter dem Volk, womit die kriegenden Armeen eine Provinz aufzustecken pflegen. Die Bierbrauer, Wirthe und Baecker ausgenommen, suchst du im ganzen Lande einen reichen Buerger umsonst. Du findest keine Spur von Industrie, weder unter den Buergern, noch den Bauern. Der Mueßiggang und die Betteley scheinen durchaus fuer den gluecklichen Zustand des Menschen gehalten zu werden.“[380] Dazu gesellten sich noch zahlreiche Vorurteile: „Im Ganzen ist der Bayer stark von Leib, nervigt und fleischigt. Man findet sehr viele schlanke und wohlgebaute Maenner, die man in jedem Betracht schoen heissen kann. Die rothen Backen sind unter dem hiesigen Mannsvolk etwas seltener als in Schwaben, welchen Unterscheid vermuthlich der Wein und das Bier verursachen. Das Eigne eines Bayern ist ein sehr runder Kopf, nur das Kinn ein wenig zugespizt, ein dicker Bauch, und eine bleiche Gesichtsfarbe. Es giebt mitunter die drolligsten Figuren von der Welt, mit aufgedunsenen Waensten, kurzen Stampffuessen und schmalen Schultern, worauf ein dicker runder Kopf mit einem kurzen Hals, sehr seltsam sizt, und in diese Form pflegt gemeiniglich der Bayer zu fallen, wenn er mehr oder weniger Karrikatur seyn soll. Sie sind etwas schwerfaellig und plump in ihren Gebehrden, und ihre kleinen Augen verrathen ziemlich viel Schalkheit. – Die Weibsleute gehoeren im Durchschnitt gewiß zu den schoensten in der Welt.“[381] Wie sehr musste dem Kurfürsten diese Aussicht behagen? Doch „sie fallen zwar auch gerne etwas dick ins Fleisch, aber dieses Fleisch uebertrif[f]t alles, was je ein Maler im Inkarnat geleistet hat. Das reinste Lilienweis ist am gehoerigen Ort, wie von den Grazien mit Purpur sanft angehaucht. Ich sah Bauernmaedchen so zart an Farbe und Fleisch, als wenn die Sonne durchschiene. Sie sind sehr wohlgebaut, und in ihren Gebehrden viel lebhafter und runder als die Mannsleute."[382]

Sofort verließ Carl Theodor den Gottesdienst, konferierte mit seinen Ministern, ordnete die nötigen Anweisungen für seine Absenz an und fuhr noch in der Silvesternacht nach München ab. Wenig interessierten ihn in diesem Moment lobende Schilderungen der dortigen Residenz, wie sie beispielsweise vom Arzt Giovanni Ludovico Bianconi in einem Brief an Filippo Principe Hercolani (1736–1810) geschildert worden war: „Es wird Sie nicht wundernehmen, wenn ich Ihnen sage, dass viele Bayern nicht wissen, was für Schätze sie in ihrer Hauptstadt beherbergen [...]. Wenn Sie Ihre Aufwartung gemacht haben, was bei Hofe nicht den geringsten Verzug duldet, so bitten Sie darum, die Residenz, das heißt das kurfürstliche Palais, in gehöriger Ordnung besichtigen zu dürfen. Es handelt sich dabei um ein außerordentlich weitläufiges Gebäude, welches von Herzog Maximilian, der es selbst erbaute, zu Beginn des vergangenen Jahrhunderts mit königlicher Großzügigkeit errichtet wurde."[383] Der Münchner Theologe und Publizist Lorenz Westenrieder (1748–1829) wünschte sich in dieser Situation: „Ich und jeder wahre Landsmann mit mir, wir hoffen alles. Der seine Pfalz bereits vor vielen Jahren fruchtbar und reich gemacht, sie zur blühendsten Provinz in Deutschland erhoben hat, wird auch sein Bayern dazu erheben."[384] Mit 1.180.000 Einwohnern übertraf Kurbayern die Bevölkerung von Carl Theodors bisherigen Territorien bei weitem, so die Kurpfalz mit 280.000 und die Herzogtümer Jülich und Berg mit zirka 260.000. „Die Zahl der saemmtlichen Unterthanen des hiesigen Hofes betraegt also ohngefehr 1 720 000."[385] Damit drohten seine bisherigen Territorien zu Nebenländern herabzusinken. Dennoch behielten sie nach dem oberpfälzischen Rechtswissenschaftler und Historiker Johann Georg Fessmaier (1775–1828) ihre Eigenständigkeit: „Jedes von diesen Nebenländern ist ein eigener Staat, hat seine eigene, mit dem Hauptlande heterogene Verfassung [...]. Jedes Nebenland hat also sein eigenes Staatsrecht."[386] Und dazu kam noch die Liberalität des Landesherrn, die vor allem im Herzogtum Berg die Ausbildung eines Wirtschaftsbürgertums mit modernen unternehmerischen Zügen begünstigte.[387]

„Das ganze Reich schreit gegen die Ungerechtigkeiten"

Als Kurfürst Carl Theodor am 2. Januar 1778 in München (Abb. 59) eintraf, fanden sofort Gespräche mit den kurbayerischen Geheimen Staats- und Konferenzministern Joseph Franz Maria Graf von Seinsheim (1707–1787) und

Abb. 59: Blick vom Residenzturm zur Stiftskirche Unserer Lieben Frau und zur Salvatorkirche, Kurbayerische Residenz- und Hauptstadt München, 1623–1805

Christian August Joseph Rochus Graf von Königsfeld (1715–1785) statt. Ebenso waren der Geheime Ratskanzler von Kreittmayr und Obersthofmarschall Joseph Ferdinand Graf zu Rheinstein und Tattenbach (1723–1802) anwesend, um die bedrohliche politische Lage Kurbayerns zu ventilieren. Mehr als bewusst waren den Beteiligten die Ansprüche Kursachsens und Österreichs auf das Kurfürstentum. Zu seinen Lebzeiten hatte nämlich Max III. Joseph mit Maria Amalia (1701–1756) eine Tochter Kaiser Josephs I. zur Mutter und mit Maria Anna Sophia (1728–1797) eine sächsische Prinzessin zur Gattin. Zudem waren dessen Schwestern Maria Antonia Walburgis (1724–1780) mit Friedrich Christian Kurfürst von Sachsen (reg. 1763) und Maria Josepha (1729–1767) mit Kaiser Joseph II. verehelicht gewesen.

Am 3. Januar begannen die harten Verhandlungen zwischen dem kurpfälzischen Gesandten in Wien Heinrich Joseph von Ritter mit Wenzel Anton Fürst von Kaunitz-Rietberg (amt. 1771–1794). Um dem neuen Landesherrn Kurbayern zuzusprechen, forderte der kaiserliche Staatskanzler das ehemalige Herzogtum Bayern-Straubing, die Landgrafschaft Leuchtenberg, die böhmischen Lehen in der Oberpfalz, die reichsunmittelbare Herrschaft Mindelheim und weitere Reichslehen. Tags darauf musste Carl Theodor gezwungenermaßen die „Wiener Konvention“[388] unterzeichnen. Am 6. Januar marschierten bereits die Truppen Kaiser Josephs II. in Niederbayern und der Oberpfalz ein und besetzten zwölf kurbayerische Landgerichte. Generalfeldzeugmeister Karl Reinhard von Ellrichshausen (1720–1779) deckte dabei Mähren flankierend ab. Straubing erkor der kaiserliche Hofkommissar Franz Karl Freiherr Kressel von Gualtenberg (1720–1801) zu seinem Amtssitz, um die an ihn übertragenen kurbayerischen Lehen zu verwalten.

Wie schwer sich Carl Theodor mit den Bestimmungen der Wiener Konvention tat, teilte er am 22. Januar seinem Neffen Carl II. August Herzog von Zweibrücken (Abb. 60) schriftlich mit und bat ihn, diesen Vertrag dennoch zu unterzeichnen. Der Zweibrückische Diplomat Johann Christian von Hofenfels (1744–1787) machte daraus keinen Hehl, veröffentlichte den Brief und schädigte damit von Anfang an Carl Theodors Ansehen in München wie im gesamten Kurbayern. Sodann widersetzte sich Carl August der Bitte seines Onkels. Gleichzeitig rief Maria Anna Herzogin von Bayern, die Schwägerin des neuen Landesherrn, zum Widerstand auf und versammelte die kurbayerischen Patrioten um sich. Zusätzlich wandte sie sich an Friedrich II. König von Preußen: „Ich altes Weib muß jetzt ein Mann sein, weil aus allen unsern Männern alte Weiber geworden sind.“[389] Empört erwiderte der Monarch: „Auch Madame, wenn Sie Kurfürst wären, müssten wir die schändlichen Ereignisse nicht kommen sehen. Sie sind eine gute Deutsche, die sich bis ins Herz schämen muss.“[390] Die Herzogin hatte aber nicht ganz recht, denn neben ihrem Neffen Carl August empörte sich auch Wilhelm Pfalzgraf von Zweibrücken-Birkenfeld-Gelnhausen, der mit dem Kurfürsten von Mannheim nach München gekommen war. Gemeinsam traten sie in Verhandlungen mit dem preußischen Diplomaten Johann Eustach Graf von Görtz (1737–1821), den Friedrich II. bereits damit betraut hatte, die Wittelsbacher zum Widerstand gegen die österreichische Aggression aufzurütteln.[391] So protestierten am 16. März auf dem Reichstag zu Regensburg Carl August, Wilhelm und Maria Anna gegen die österreichischen Ansprüche und Übergriffe. Da der Preußenkönig im Machtgefüge des Reiches eine Verschiebung zu seinen Ungunsten befürchtete, wandte er sich an Katharina II. Zarin von Russland (reg. 1762–1796): „Das ganze Reich schreit gegen die Ungerechtigkeiten der despotischen Handlungsweise Kaiser Josephs II.; die Familienabkommen werden zerstört, die Verträge verletzt, die kaiserliche Wahlkapitulation vernichtet.“[392] Nachdem er die Unterstützung der Zarin und Ludwigs XVI. König von Frankreich (reg. 1774–1791/92) errungen hatte, konnte er als moralisch einwandfreier Verteidiger der Agnaten Herzog Carl August und Pfalzgraf Maximilian Joseph sowie der Allodialerben Sachsen und Mecklenburg (Landgrafschaft Leuchtenberg) auftreten und bedenkenlos einen Feldzug gegen Kaiser Joseph II. vom Zaun brechen. Kurfürst Carl Theodor fühlte sich in dieser Situation von den Österreichern und Preußen bedroht und reiste am 24. Juni nach Mannheim ab. Zuvor hatte er die Pläne Kaiser Josephs II. abgelehnt, die auf einen Tausch eines Teils

Abb. 60: Carl II. August Herzog von Pfalz-Zweibrücken, Elisabeth Augustes Neffe. – Ölgemälde von Karl Kaspar Pitz, Paris, 1783

von Kurbayern gegen ein Territorium in den Österreichischen Niederlande hinausliefen. Vielmehr hatte er darauf gedrängt, das gesamte Kurfürstentum gegen die vollständigen Österreichischen Niederlande zu tauschen. Träumte er mit Hilfe des Zugewinns seines Geburtslandes und der Heimat seiner mütterlichen Vorfahren von einer rheinisch-niederländischen Länderkulmination und damit von einem „Königreich am Rhein“ und einer burgundischen Königskrone?[393] Sollte sich für ihn der Wunsch erfüllen, der Karl I. dem Kühnen (reg. 1467–1477) als Herzog von Burgund, Luxemburg, Geldern, Brabant und Limburg verwehrt geblieben war und für den er sein Leben in der Schlacht von Nancy (1477) verloren hatte? Sollten damit seine beiden niederrheinischen Territorien Berg und Jülich in der Nachbarschaft zu den Herzogtümern Geldern und Limburg das Herzstück einer neu geschaffenen europäischen Großmacht bilden, zumal sich ihre Wirtschaftskraft hervorragend mit derjenigen der Österreichischen Niederlande ergänzen konnte?

Als König Friedrich II. im Juli 1778 seine Truppen – unterstützt von sächsischen Kontingenten – in Böhmen aufmarschieren ließ, entfachte er den Bayerischen Erbfolgekrieg (Juli 1778–Mai 1779). Auf dem Feldzug mussten sich die Soldaten hauptsächlich mit vor Ort beschlagnahmten Lebensmitteln ernähren, weshalb diese Auseinandersetzung im Königreich Preußen als „Kartoffelkrieg" und im Erzherzogtum Österreich als „Zwetschgenrummel" verspottet wurde. Doch mit diesem Manöver zwang der Preußenkönig Kaiser Joseph II. zum Rückzug. Im Frieden von Teschen (13.5.1779), den stellvertretend der kurbayerische Obersthofmarschall und Geheime Rat Anton Clemens Graf von Törring-Seefeld (1725–1812) und der österreichische Diplomat Philipp Graf von Cobenzl (1741–1810) schlossen, kam es sodann zu einem von der Zarin und dem König von Frankreich garantierten Ausgleich aller Interessen.[394] Demnach erhielt der Kaiser das Innviertel mit 80.000 Einwohnern, musste dafür aber auf alle weiteren Gebietsansprüche verzichten. König Friedrich II. hingegen wurde die Anwartschaft auf die beiden Fürstentümer Brandenburg-Ansbach und Brandenburg-Bayreuth zugestanden. Kurfürst Carl Theodor schließlich erhielt die Zustimmung zu den pfalz-bayerischen Hausverträgen, musste aber Maria Antonia Walpurgis Symphorosa Kurfürstin von Sachsen gegenüber Allodialansprüche abgelten.

„Die Gefahr für Bayern war abgewendet"

„Die Gefahr für Bayern war abgewendet, aber nicht die Besorgnis von der Wiederholung bei irgend einer anderen Gelegenheit, die dem unternehmenden Kaiser günstig erscheinen mochte, um die Nachgiebigkeit Carl Theodors abermals zu benützen. Allgemein war nach diesem Vorfall die Aufmerksamkeit auf die Wichtigkeit der Erhaltung des bayerischen Staates erweckt worden"[395], schrieb Jahre später Pfalzgraf Wilhelm in seine Autobiographie. Wie Recht er hatte, sollte sich nach fünf Jahren zeigen. Gerade der Gesichtsverlust Kaiser Josephs II. durch den Vertrag von Teschen sollte die Unterhändler, wie zum Beispiel Franz Xaver von Reichlin-Meldegg, den kurbayerischen Gesandten in Wien, in den Jahren 1784 und 1785 ermutigen, am Tauschplan ihres Landesherrn festzuhalten und dies dem Reichskanzler Johann Amadeus Franz de Paula Graf Thugut (1736–1818) mitzuteilen.[396] Zu verlockend sollte nach wie vor Carl Theodor es empfinden, den kurbayerischen, sehr ländlich geprägten Streubesitz mit dem ziemlich geschlossenen Territorium der Österreichischen Niederlande zu ersetzen.

Abb. 61: Landshuter Stadtresidenz, erbaut nach den Plänen von Giulio Romano, 1536/43, renoviert und umgebaut durch den Hofbaumeister Karl Albert von Lespilliez, 1780

Gerade in seinen Kindheitstagen in der Heimat seiner mütterlichen Vorfahren hatte er die dortige hochentwickelte Infrastruktur und einen immensen wirtschaftlichen Reichtum schätzen gelernt. Sollte er sich zudem erhoffen, als Monarch, befreit vom Heiligen Römischen Reich Deutscher Nation und den Wittelsbacher Hausgesetzen, mehr Zuwendungen für seinen natürlichen Sohn Carl August von Bretzenheim bereitstellen zu können? Trotz russischer Unterstützung sollte Carl Theodors Traum endgültig scheitern, denn Kaiser Joseph II. sollte es vehement ablehnen, die gesamten Österreichischen Niederlande gegen Kurbayern zu tauschen. Auf der anderen Seite sollte sich der Kurfürst zu keinen Zugeständnissen bereit erklären, und Carl II. August Herzog von Pfalz-Zweibrücken, der ohnehin jegliche Absprache verweigern sollte, sollte schließlich am 3. Januar 1785 dem Vorhaben eine endgültige Absage erteilen. Um seine oppositionelle Haltung zu stärken, sollte König Friedrich II. den sogenannten „Fürstenbund“[397] (1785–1791) gründen, dem die Kurfürstentümer Sachsen und Braunschweig-Lüneburg, also auch Georg III. König von Großbritannien (reg. 1760–1801), beitreten sollten. Zudem sollte sich sogar der Preußenkönig wünschen: „Wenn dieses Geschöpf Carl Theodor krepieren wollte, wäre das ein wahres Glück für Deutschland!“[398] Auch seine kurbayerischen Untertanen sollten ihren neuen Kurfürsten kritisch bewerten. Polemisierend sollte Johann Kaspar Riesbeck seine subjektive Sichtweise zum Besten geben: „Vor 2 Jahren haetten einige Minister des hiesigen Hofes das halbe Bayern an Oest[er]reich verkauft, wenn nicht der preußische und russische Hof, und der zweybrueckische Minister Hofenfels, den Kauf hintertrieben haetten. Alle Entwuerfe, welche dem Fuersten vorgelegt werden, haben nur geringern Theils die gute Sache, groeßten Theils aber den Vortheil des Projektanten zur Absicht. Wie ist es moeglich, daß ein Hof die zum Gluek des Volks erfo[r]derliche politische Bildung, und die Grundsaetze haben kann, worauf der Werth einer Regierung beruht, wenn man bloß durch eine glaenzende Geburt, durch Verwandtschaften, durch Geld, durch Weiber und Pfaffen, zu den hoechsten Ehrenstellen koemmt?"[399]

Damit endete erfolglos die außenpolitische Wende Carl Theodors vom bourbonischen Frankreich zur Dynastie Habsburg-Lothringen. Keineswegs wunderte sich der französische Außenminister Charles Gravier Comte de Vergennes (1717–1787), als mit der zunehmenden Distanzierung von München und Versailles der Gesandte an der Isar Messire Louis de Montezan (amt. 1780–1789) über den Kurfürsten zu polemisieren begann: „Was an ihm schlecht war, ist schlimmer geworden, das wenige, was an ihm gut war, hat er verloren."[400]

Zusätzlich sollte der stets vorsichtig agierende Kurfürst von Pfalz-Bayern den Vorschlag seines Kämmerers und Konferenzministers Franz Karl Joseph Anton von Hompesch zu Bollheim ablehnen, Kaiser Joseph II. gegen den Preußenkönig auszuspielen. Vielmehr sollte er sich bis zu seinem Tod trotz anwachsender antiösterreichischer Ressentiments in Kurbayern gegenüber Joseph II., seinem jüngere Bruder Leopold II. (reg. 1790–1792) und dessen Sohn Franz II. (reg. 1792–1804/35) loyal verhalten.

Darüber hinaus nahm Carl Theodor die oppositionelle Haltung dem Pfalzgrafen Wilhelm nicht allzu übel und erinnerte sich an die gemeinsamen erquicklichen Tage in Mannheim. Dort plante die Kurfürstin Anfang 1780 Wilhelms Heirat mit seiner Cousine Maria Anna Pfalzgräfin von Pfalz-Zweibrücken (1753–1824), der

Abb. 62: Wilhelm Pfalzgraf von Zweibrücken-Birkenfeld-Gelnhausen, der mit Carl Theodor nach Kurbayern kam und in Landshut residierte. – Ölgemälde von Johann Georg Edlinger, um 1792

Abb. 63: Maria Anna Pfalzgräfin von Pfalz-Zweibrücken, die Schwester von Carl II. August Herzog von Pfalz-Zweibrücken. – Ölgemälde von Heinrich Carl Brandt, 1770er Jahre

Schwester von Carl Theodors Neffen Carl August und Maximilian Joseph. Letzterer beglückwünschte seinen zukünftigen Schwager: „Ich bin entzückt, Sie von den Reizen meiner Schwester begeistert zu sehen! Das läßt mich hoffen, daß sie am Hochzeitstag gut bedient sein wird. Ich bin hocherfreut, Sie glücklich zu wissen."[401] Nach der Hochzeit wies Carl Theodor dem frisch vermählten Pfalzgrafenpaar die alte Renaissanceresidenz in Landshut (Abb. 61) zu. Im folgenden Jahr sollte im westlichen Arkadengang die Inschrift angebracht werden: „Erneuert unter der Regierung Carl Theodors, Kurfürst von der Pfalz und Erbe von Bayern, während Wilhelm, Pfalzgraf bei Rhein [...] mit seiner Gemahlin Maria Anna von Zweibrücken dieses Haus bewohnte, 1781“[402] (Abb. 62, 63). Im Jahr darauf konnte der Pfalzgraf dank der Großzügigkeit des Kurfürsten Pläne für ein kleines Sommerschlösschen und den allerersten englischen Landschaftsgarten in Kurbayern mit einem Freundschaftstempel beim kurpfälzischen Unterhofgärtner Friedrich Ludwig Sckell in Auftrag geben. Dessen Bruder Mathäus (1760–1815) führte schließlich die Entwürfe am Bergrücken der Landshuter Burg Trausnitz aus, „welche Anlage von diesem Fuersten mit solchem Beifalle aufgenommen worden ist, daß er in diesem Garten ein kleines Denkmal setzen ließ.“[403] Mit einer Inschrift wies er darauf hin: „Dem Schüler und Nacheiferer der Natur, der gütigen Mutter aller Dinge, dem Gestalter dieses Gartens, Friedrich Ludwig Sckell gewidmet, dem ersten, der sowohl in Bayern als auch in der Pfalz eine Anlage dieser Art schuf.“[404] Auf der andern Seite des Monuments hieß es: „Und dem Bruder und Realisator Mathäus Sckell im Jahr 1784.“[405]

Als Carl Theodor den Pfalzgrafen Wilhelm nach Kurbayern rief, konnte er nicht ahnen, welche Rolle er in Kurbayern spielen würde. Sollte dieser Wittelsbacher zukünftig ihm loyal zur Seite stehen?

10. »UNTER DEM GLUECKLICHEN ZEPTER CARL THEODORS: PFALZ UND BAYERN«?

„Die nun allein glücklichen Baiern"

Auch wenn Kurfürst Carl Theodor im Frühjahr 1778 nochmals in die Pfalz zurückkehrte, befahl er bereits bei seiner Ankunft, alles Notwendige zur weiteren Verlegung des Hofstaats zu veranlassen. Drastisch beschrieb sein Kabinettssekretär Stephan von Stengel die Situation: „Je näher die Zeit der Abreise des Churfürsten nach München herankam, desto lebhafter wurden die Gefühle und Kümmernisse der Mannheimer Innwohner über ihr künftiges Schicksal. Die Churfürstliche Regierung, der Magistrat machten Vorstellungen, die alle damit abgefertigt wurden, daß sich von dem gefaßten Beschluße aus wichtigen Staatsgründen nicht abgehen lasse, daß der Churfürst seine treuen Pfälzer und besonders die Bürger Mannheims in anderem Wege zu entschädigen sich vorbehalte und von Zeit zu Zeit sich bei ihnen aufhalten werde. Damit war freilich wenig Trost geschafft, und noch weniger waren die niedergeschlagenen Gemüter beruhigt. Als eines Abends der Churfürst und die Churfürstin beim Schauspiele waren, sammelten sich einige Tausend Menschen, alt und jung, Männer und Weiber, in den Straßen von dem Schauspielhause bis zum Schloße, wodurch sie fahren mußten. Als nun beide nach Hause fuhren, warf sich all dieses Volk auf die Erde, die Weiber hoben ihre Säuglinge, die Männer ihre Kinder empor, und alles schrie um Gnade für die arme Stadt: Es war ein rührender, schaudervoller Auftritt, die Churfürstin weinte in dem Wagen an der Seite des Churfürsten und war so bewegt, daß sie im Schlosse mit Mühe die Stiege herauf gebracht werden konnte. Hierauf kam wieder ein Reskript des Inhalts wie die vorigen, der Polizei aber wurde aufgetragen, dergleichen Auftritte künftig zu verhüten."[406] Ein letztes Mal hatten die Mannheimer den vergeblichen Versuch unternommen, die Präsenz ihres Landesherrn durch Bitten und Flehen zu erzwingen: „Mit Deiner Entfernung wird Mannheim, die treue und schöne Stadt, verarmen. Gras wird sie wachsen sehen und an jenen Stätten, wo heute Paläste stehen. Die sorgfältig gebauten Felder, die Fruchtäcker, die prächtigen Gärten weitumher werden bei Verminderung der Stadtbewohner und des Verkehrs Disteln zeugen und den Anblick unübersehbarer Heiden gewähren

[…]. Wohl wissen wir, theurer Fürst, was Du einem neuerworbenen Lande schuldig bist. Wir erkennen die nun allein glücklichen Baiern als unsere Freunde und Brüder. So schwer es uns ankömmt, wollen wir doch gern den vorher ausschließlichen Besitz Deines Herzens mit ihnen theilen. Aber uns, Deine Erstlinge, ganz verstoßen zu sehen, das wäre schrecklicher als die verderbungsvollste Landplage, die uns treffen könnte."[407] Doch der Kurfürst konnte dem Appell der Mannheimer nicht nachgeben, da in den Wittelsbacher Hausverträgen – zuletzt 1774 – festgelegt worden war, dass München als Haupt- und Residenzstadt der vereinigten Territorien zu gelten habe, auch wenn ihm das selbst nicht gefiel. So konnte Wolfgang Amadé Mozart seinem Vater Leopold folgende Beobachtungen mitteilen: „[…] der Churfürst wird, glaube ich, gar gerne wieder seine Residenz in Manheim machen, indemme er die grobheiten von den ‚herrn bayern' ohnmöglich lange wird aushalten können! – sie wissen, daß die Mannheimer Truppe zu München ist? – da haben sie schon die 2 ersten actricen Madame Toscani und Madame Urban ausgepfiffen, und war so ein lerm, daß sich der Churfürstt selbst über die Loge neigte, und sch – machte – nachdem sich aber kein Mensch irre machen ließ, hinab schickte, – und aber der graf S[e]eau nachdemme er einigen officiren sagte, sie sollten doch kein so lerm machen, der Churfürst sehe es nicht gerne, zur antwort bekamm; – sie seyen um ihr baar geld da und hätte ihnen kein mensch zu befehlen […]."[408]

Trotz aller Widrigkeiten, die Carl Theodor in Kurbayern hinzunehmen hatte, musste die Kurpfälzische Regierung den 30. Juni 1778 als „schwarzen Tag" bezeichnen, denn zu diesem Zeitpunkt fiel der endgültige Entschluss der Residenzverlegung. Zahlreiche Kutschen und Fuhrwerke transportierten die Mobilien, die Garderobe und den Silberschatz des Kurfürsten unter militärischem Schutz nach München. Die Hofstäbe folgten. Ebenso verließen am 7. Oktober 1778 Carl Theodor und seine Gattin Mannheim und hielten zwei Tage danach feierlichen Einzug in der Isarmetropole. Zu diesem Anlass war ein römischer Triumphbogen mit Ehrenpforte aufgestellt worden. Der kurbayerische Hofkriegsratssekretär Andreas Dominikus Zaupser (1746–1795) empfing den neuen Landesherrn mit einer „Ode auf den feyerlichen Einzug". Die Erbhuldigung hatte ja bereits mit der Verkündigung des Besitzergreifungspatents stattgefunden, so dass bereits alle kurbayerischen Behörden und Beamten, der Hofkriegsrat und die Soldaten dem Kurfürsten verpflichtet waren.

Tatsächlich sank mit der Residenzverlegung Mannheims Einwohnerschaft von 25.353 (1777) auf etwa 22.500 (1786)[409], während München zur selben Zeit „40.379 Seelen"[410] (1782) zählte. Der stellvertretende Hofkammerpräsident Wolfgang Heribert von Dalberg (1750–1806)[411] sollte den Vorschlag unterbreiten, Mannheim noch mehr zu einem Wissenschafts- und Kulturzentrum zu verwandeln. Doch seine Idee, die Universität von Heidelberg nach Mannheim zu

Abb. 64: Kurfürstin Elisabeth Auguste an ihrem Spinnrad. – Ölgemälde von Johann Georg Ziesenis, 1757

verlegen, sollte am Widerstand der neuen Münchner Regierung scheitern. Immerhin bezahlte der Kurfürst 5.000 Gulden aus seiner eigenen Schatulle, um das mit dem Wegzug des Hofes erloschene deutsche Schauspiel wieder aufleben zu lassen. Dalberg leitete als Intendant das Nationaltheater, das sich in den nächsten Jahrzehnten zumindest zu einem regionalen Publikumsmagneten entwickeln sollte. So sollten hier Friedrich Schillers (1759–1805) Sturm-und-Drang-Drama „Die Räuber" (1782)[412] uraufgeführt werden, Wolfgang Amadé Mozart 1790 seine

Opera buffa „Le nozze di Figaro“ (1786) dirigieren und August Wilhelm Iffland, der „die entschiedene Abneigung der [...] Kurfürstin [...] gegen das deutsche Schauspiel“[413] bedauern sollte, sein schauspielerisches Talent zum Besten geben. So schwärmte Friedrich Schiller: „Jezt lebe ich zu Mannheim in einem angenehmen dichtrischen Taumel – KurPfalz ist mein Vaterland, denn durch meine Aufnahme in die gelehrte Gesellschaft, deren Protector der Curfürst ist, bin ich nazionalisiert, und kurfürstlich Pfalz bairischer Unterthan. Mein Clima ist das Theater, in dem ich lebe und webe, und meine Leidenschaft ist glücklicherweise mein Amt.“[414] Zudem sollten die Sammlungen und wissenschaftlichen Institutionen im Schloss fortbestehen, die Große Hofbibliothek weiterhin geöffnet bleiben und 1780 die Akademie der Wissenschaften und Literatur sogar noch um eine meteorologische Klasse erweitert werden. Im Stiftungsbrief bemerkte Carl Theodor selbst: „Die Wissenschaften, die einen unmittelbaren Einfluß auf des Menschen Leben und seine täglichen Beschäftigungen haben, verdienen eine besondere Beachtung, Aufmerksamkeit und Fürsorge. Je weniger bisher an ihre Bearbeitung gedacht worden ist, desto wichtiger ist es, sie zu fördern, zu entwickeln und zu vervollkommnen [...].“[415] So sollte die Mannheimer Meteorologie das weltweit erste den ganzen Globus umspannende Wetterbeobachtungsnetz unterhalten.[416]

Keineswegs war Carl Theodor glücklich darüber, sein alltägliches Leben in München verbringen zu müssen. Sein Geheimer Kabinettssekretär Stephan von Stengel drückte genau die Gefühle aus, die ihn selbst, seinen Landesherrn und alle Landsleute bedrückten: „Alles war mir fremd, und ich war allen fremd.“[417] Vor allem litt Elisabeth Auguste (Abb. 64) unter dieser Situation, denn sie stand in den Wintermonaten 1778/79 und 1780/81 in den Salons der Münchner Residenz unter ständiger Beobachtung ihres Gemahls. Da war es für sie nur ein kleiner Trost, dass am 7. Januar 1779 Wolfgang Amadé Mozart ihr sechs Sonaten für Klavier und Violine mit den Worten überreichte: „Die Güte, mit der Eure Kurfürstliche Durchlaucht geruht haben, meine geringen Talente anzunehmen, rechtfertigt die Freiheit, die ich zu nehmen wage, davon eine Probe unter der Schirmherrschaft Eurer durchlauchtigsten Protektion erscheinen zu lassen. Der große Ruf, den die Kapelle und die Schule von Mannheim so sehr zu Recht in Europa genießen, sei es durch die Berühmtheit ihres Theaters, sei es durch die große Anzahl ausgezeichneter Musiker, aus der sie bestehen, muß jeden Meister der Musik verzagt machen, der es wagt, seine Produkte zu Füßen Eurer Kurfürstlichen Durchlaucht zu legen.“[418] Darüber informierte der Komponist seine Vater Leopold: „[...] sie ist hier logirt wie ich ganz gewis einmal logirt seyn werde – wie halt ein privat mensch recht hübsch und niedlich, bis auf die aussicht die miserable ist, logirt sein kann [...].“[419]

Auch wenn die Kurpfalz und Mannheim unter dem Statthalter und Geheimen Staats- sowie Konferenzminister Franz Albert Leopold Fortunat von Oberndorff (amt. 1773–1795) Carl Theodors Hofstaat verloren hatte, so setzte sich 1781 die Kurfürstin durch, mit ihrem jährlichen Etat von über 100.000 Gulden und ihrer zirka 160- bis 170-köpfigen Entourage wieder ganzjährig in der Kurpfalz leben zu dürfen: in den Sommermonaten in ihrem geliebten Schloss zu Oggersheim und im Winter in Mannheim – und dies in ständiger Begleitung von „Pepperl“[420], ihrem Liebhaber Carl Ludwig Freiherr von Rodenhausen. In gleicher Weise hasste sie nämlich den Gatten wie die Münchner Residenz. Mit Missgunst jedoch betrachtete Carl Theodor ihre neu gewonnene Popularität, so dass er ihr jeglichen öffentlichen Auftritt in Mannheim verbot. So konnte sie nur hoffen, den Statthalter Oberndorff mit charmanten Worten umgarnen zu können. Die sonst auf Etikette so sehr bedachte Elisabeth Auguste forderte den Stellvertreter ihres Gemahls auf, er könne mit seinen Pantoffeln erscheinen, wenn er sich schlecht fühle.[421]

Carl Theodor hingegen konnte in Kurbayern ebenso wenig auf eine Geliebte verzichten. So sollte bereits am 13. November 1780 Wolfgang Amadé Mozart seinen Vater informieren: „Gestern habe ich mit [Christian] Cannabich [1731–1798] bey der Gräfin Baumgarten gespeist, eine gebohrene Lerchenfeld – mein Freund [Cannabich] ist alles in diesem hauß, und nun ich also auch – das ist das beste und Nützlichste Hauß hier für mich, durch dieses ist auch alles wegen meiner gegangen, und wird – will's Gott, noch gehen. Sie ist [verschlüsselt: die] Favoritin.“[422] Damit meinte der berühmte Komponist die 18-jährige, seit Januar 1779 mit dem Kammerherrn, Leibadjutanten und Hauptmann Joseph Carl Eustach Graf von Paumgarten (1759–1790) verheiratete Maria Josepha Johanna Gabriele geb. Freiin von Lerchenfeld-Prennberg (1762–1817) (Abb. 65). Gerade diese hatte der Kurfürst (Abb. 66) nach seinem Umzug nach München als neue Mätresse auserkoren.[423] Später sollte Sally Thompson (1774–1852), die Tochter des zukünftigen pfalz-bayerischen Kriegsministers Benjamin Thompson (1753–1814), über sie berichten: „[…] bis vor ein paar Jahren war Gräfin Baumgarten eine gefeierte Schönheit; selbst gekrönte Häupter verfielen ihren Reizen. Alle Männer waren in sie verliebt.“[424] Die wunderschöne, vielgeehrte Dame sollte ihren Einfluss zugunsten Mozarts zur Geltung bringen, galt sie doch als Musikliebhaberin und begabte, passionierte Sopranistin, die in den Münchner Liebhaberkonzerten (ab 1783) auftrat. Ihr jedenfalls verdankte Wolfgang Amadé, dass im September 1780 Kurfürst Carl Theodor, dessen europaweit bedeutendster Musenhof sich nun in die Isarmetropole verlagert hatte, „Idomeneus. Ein musikalisches Schauspiel“[425] (KV 366) für den Münchner Karneval (1781) in Auftrag gab. Am 29. Januar 1781 wurde unter der Leitung des Münchner Hofmusikintendanten Joseph Anton Graf von Seeau (1713–1799) die Mozart-Komposition mit dem Libretto des Salzburger Hofkaplans Giambattista Varesco (1735–1805) uraufgeführt – und dies in Anwesenheit von Maximilian Joseph

Abb. 65: Josepha Gräfin von Paumgarten, Mätresse Carl Theodors. – Pastellbildnis des Kurmainzischen Hofmalers Georg Anton Abraham Urlaub, 1781

Pfalzgraf von Pfalz-Zweibrücken und Carl Theodors Geliebter Josepha. Als Dank sollte Mozart am 8. März der kurfürstlichen Mätresse sein Autograph „àla Comtesse de Paumgarten Veuve“[426] der Konzertarie „Misera dove son! Ah non so[n'] io quel“[427] (KV 369) widmen und ihr schenken, so dass sie am linken oberen Rand des Schriftstücks ihren eigenhändigen Besitzvermerk anbringen konnte. Wie sollte sich Carl Theodors Mätressenwirtschaft in München weiter entfalten? Sollte sie Dimensionen annehmen, wie es Johann Kaspar Riesbeck im Vergleich zum Wiener Hof folgendermaßen schilderte? „Was die Pfaffen und Weiber, welcher leztere hier zwar keine unmittelbaren, aber doch einen sehr starken Einfluß auf den Regenten haben, fuer eine Wirthschaft zu treiben pflegen, wenn sie Meister sind, davon haben wir an unserm Hofe [in Wien] Beyspiele genug gehabt. Aber so schlimm, wie sie es hier treiben, war es bey uns doch nie, wenn auch gleich hier nicht, wie an unserm Hofe geschehen, der Raub vieler Provinzen von der Grille einer Maetresse verschlungen wird.“[428]

Nachdem sich Kurfürst Carl Theodor in München eingelebt hatte, begann er mit der zukunftsweisenden Neuorganisation des Behördenwesens in Kurbayern.[429] Zunächst einmal war davon die Geheime Konferenz betroffen, die aus den Kur-

Abb. 66: Carl Theodor mit den Hausorden vom Pfälzer Löwen, vom heiligen Hubertus und vom Goldenen Vlies. – Ölgemälde nach Pompeo Batoni, um 1778

pfälzischen Geheimen Staats- und Konferenzminister und den Geheimen Staatsräten und Referendaren bestand, denn von nun an war diese für das gesamte Territorium Pfalz-Bayern zuständig. Zusätzlich sollte Carl Theodor eine Geheime Finanz- (1786) und eine Geheime Kriegskonferenz (1788) einrichten. Die Bildung der Oberen Landesregierung nach dem Muster der Kurpfalz für innere Angelegenheiten zog eine Neuverteilung der Kompetenzen der bisherigen Kollegialbehörden am 16. August 1779 nach sich.[430] Der Hofrat und die Hofkammer mussten erhebliche Einschränkungen hinnehmen. Indessen sich der Hofrat zu einem reinen Justizkollegium entwickelte, verlor die Hofkammer, die bislang die Wirtschaft gesteuert hatte, sämtliche Aufgaben, bis sie 1788 sogar aufgelöst werden sollte.[431]

Verfügten die Landes-, Justiz-, Finanz- und Kirchenverwaltung in Kurbayern und der Pfalz auch nach 1779 über separierte Behördenorganisationen, so wurde das Militärwesen für das gesamte Pfalz-Bayern zusammengeführt. Der Mannheimer Hofkriegsrat und seine Kanzlei wurden abgeschafft, das Personal teilweise nach München versetzt.[432] Die pfälzischen und bayerischen Regimenter führte Carl Theodor am 1. August 1778 zu einer 20.000 Mann starken Armee zusammen, deren tatsächliche Vereinigung allerdings Oberndorff hinauszuschieben versuchte. Sollten die Reformen des Kurfürsten von allen Institutionen ohne Protest hingenommen werden?

Jedenfalls regten sich gegenüber seiner nun kurpfalz-bayerischen Hofgesellschaft Widerstände. Beispielsweise kritisierte 1783 der zur Melancholie neigende Fernreisende Johann Kaspar Riesbeck: „Der hiesige Hof ist einen so dicken, bunten und strahlenden Schwarm von Ministern, Raethen, Intendanten und Kommandanten eingehuellt, daß es sich nicht wohl durchkommen, auch nicht wohl durchsehen laeßt."[433] „Die meisten [Adels-]Haeuser [...] wissen von gar keiner andern Verwendung ihres Geldes und von keinem andern Vergnuegen, als welches Tisch, Keller, Spieltisch und Bette gewaehren. Das Spiel hat schon viele gute Haeuser hier zu Grunde gerichtet [...]. Viele Hofdamen kennen ausser dem Bette keine andre Beschaeftigung, als mit ihren Papagayen, Hunden und Katzen zu spielen [...]. Der kleine Adel und die eigentlichen Hofbedienten schleppen sich mit einer erbaermlichen Titelsucht."[434] So war es Carl Theodor nicht gelungen, binnen fünf Jahren die Münchner Hofgesellschaft, wie sie sich unter seinem Vorgänger herausgebildet hatte, umzustrukturieren. Umso positiver fiel Riesbecks Urteil über ihn selbst aus: „Der Kurfuerst hat das glueklichste Temperament. Er ist von sanftem, geselligem und munterem Karakter, gar nicht mißtrauisch und argwoehnend, und zu Machtspruechen und Gewaltthaetigkeiten so wenig aufgelegt [...]. Die praechtigsten Sammlungen von Kupferstichen, Antiken, und andern Sachen, sind ewige Denkmaeler seiner Freundschaft mit den Musen [...]."[435] Selbstverständlich gefiel dem Freimaurer die enge Verbindung des Kurfürsten zu den kirchlichen Amtsträgern nicht: „In seinen aelteren Tagen oefnete nun seine weiche Gemuethsart, und vielleicht die Erinnerung seiner sehr verzeihlichen Fehltritte, einer gewissen Froemmigkeit den Weg zu seinem Herzen, die an sich wohlthaetig fuer das Land waere, wenn nicht zeitgleich durch sie, den Pfaffen und Moenchen, der Eingang offen stuende [...]. Ihm fehlt platterdings die Haerte und Entschlossenheit, die unumgaenglich noethig ist, um ein so wuestes Land, wie Bayern, umzuschaffen. Es fehlt ihm an richtiger Menschenkenntniß, und sein gutes Herz deutet alles zum Vortheil der Leute, die ihn umgeben. Seine Pfaffen sieht er alle im Licht seiner Froemmigkeit und Religion, mit welcher sie doch im Grunde keine wesentliche Verbindung haben, und so ist es sehr begreiflich, daß der liebenswuerdigste Privatmann eben nicht der beste Regent ist."[436]

Der Kurfürst „warf sich vor dem Pabste auf die Erde"

Was der Kleriker-Hasser Riesbeck nicht wissen konnte: wie sehr Kurfürst Carl Theodor unter den Widerständen Frankreichs und Preußens sowie seiner neuen kurbayerischen Untertanen litt. Der in der Zwischenzeit auf dem

Edelsitz Biederstein bei München wohnende Stephan von Stengel urteilte über sie: „Dieses gegenseitige Verfolgen, diese neidische, mis[s]günstige Wesen, womit sich selbst die aufgeklärtesten Männer einander gegenseitig in den Weg stellten, dieses beständige Anstrengen, eines andern noch so vortref[f]liche Pläne zu vernichten und keinen aufkommen zu laßen, diese gegen jedes sich in welch immer für einem Fache auszeichnende Talent gerichtete Vernichtungs-Wuth ist eine Eigenthümlichkeit des bairischen national-Karakters, die noch immer zum Unglück des Landes lebendig fortwürkt."[437] So zeichnete sich für die Hofgesellschaft bereits seit dem Spätherbst 1780 ab, wie sehr Carl Theodors Gesundheit davon in Mitleidenschaft gezogen wurde. Man erwartete das Schlimmste: „Er hat geschwollene Beine. Man versucht, dies sorgfältig zu verheimlichen, doch befürchtet man Wassersucht [...]. Sein Geschmack an plaisirs und die allzu große Geneigtheit, sich ihnen hinzugeben, die angewendeten gefährlichen Mittel, um multiplier ses jouissances [seine Freuden zu vervielfachen], vielleicht auch sein großes Vertrauen in die Männer Äsculaps und der reichliche Gebrauch ihrer Arzneien lassen für diesen bon prince [guten Fürsten] ein unseliges Ende voraussehen."[438] Im folgenden Jahr überraschten ihn tatsächlich zwei Schlaganfälle. Sein häufig betrunkener „Leib- und Protomedico"[439], der Heidelberger Professor Hubert von Harrer (amt. 1765–1793), hatte seinen schlechten Gesundheitszustand durch Aderlass nicht verbessern können. Seitdem litt Carl Theodor unter Schlafsucht und Ohnmachtsanfällen. Kreidebleich konnte er durch partielle Lähmung der Zunge nur mit Mühe sich an einer Konversation beteiligen, geschweige denn etwas schriftlich festhalten. Um sein Erinnerungsvermögen stand es ebenfalls nicht zum Besten. Im Theater schlief er häufig ein, wenn ihn nicht gerade Koliken und Hämorrhoiden quälten. Zu Recht hatte der österreichische Gesandte Franz Sigismund Adalbert von und zu Lehrbach den Mangel an Bewegung als Ursache dafür gesehen, aber auch seine überbordende Essens- und Trinklust sowie den „Genuß heftiger Ergötzungen"[440], die seine körperlichen Kräfte aufzehrten und überstiegen. Vor allem aber hatte er seinen dauerhaften Ärger und Kummer als eigentliche Auslöser seines bedenklichen Gesundheitszustandes angesehen.

Umso überraschter reagierte die Münchner Hofgesellschaft, als der Landesherr 1783 plötzlich seinen Entschluss preisgab, nach Rom zu reisen. Damit versuchte er, dem alltäglichen Verdruss zu entrinnen. Wie schon bei seiner letzten Italientour reiste er inkognito als Graf von Veldenz. Seine Begleiter waren diesmal der Erste Minister Matthäus Carl Anton Freiherr von Vieregg, sein Leibadjutant Oberst Jobst Ernst von Schwicheld, die Hof- und Leibärzte Dr. Hubert von Harrer und Dr. Anton Winter, der Kabinettssekretär Stephan von Stengel, der die Erlebnisse in seinem Reisetagebuch festhielt, und der Kammerdiener Carl Dusch. Weitere sieben Bedienstete schlossen sich der Truppe an, darunter Johann Kaufmann und Anton Steidel als Kammer- und Hoflakaien, der italienische Galanteriewarenhändler Carl Prestinari als Dolmetscher, der Mundkoch Thieri, der Sattelknecht Michel Steidel und dessen Bruder.[441] Stephan von Stengel äußerte sich zur Abfahrt: „Den 2ten May [1783] höreten S[eine] K[urfürstliche] D[urchlaucht] in der Fruh gegen Ein Viertel nach Sechs Uhr die Meßen des Hofkapellans Manzini in der Cecilien Kapelle. Bei dem Herausgehen beurlaubten sich die Herrn Minister und übriger Adel in den Vorzimmern, machten so dann Cortège durch die Ritterstube, die Marmorne Stiege herunter in den Brunnen Hof [der Münchner Residenz], wo der Kurfürst um ¾ auf 7 einstieg [...]. Von München bis Pais [heute: Peiß bei Aying] fuhren wir mit Hofpferden, von da aus aber mit kaiserlichen Posten."[442] Sodann reiste der Kurfürst mit seiner Equipage das Inntal hinab über Kufstein, Innsbruck, Bozen, Trient, Rovereto nach Verona. Zwischen Modena und Pisa kam es allerdings zu einer gefährlichen Situation: „Allein zwischen Piano asinatico und St. Marcello gleich über der Brucke konnten schon die matten Pferde den Berg nicht mehr hinauf. Man hatte zwar einen Vorspann geschickt, da aber dieser all zu lange ausblieb, so suchten die Postillone nach aller vergeblich angewandten Mühe, dem Wagen eine schiefere Wendung zu geben, um dadurch ihre stättichen Pferde wieder in Gang zu bringen, und bereiteten dadurch ein Unglück, für das man keinen Nahmen würde gehabt haben, denn in dem Augenblicke fieng der Wagen an rukwärts zu laufen und fiel endlich gar um. Die Vorsicht wog für das Schiksal von Millionen Menschen und wachte über den besten der Fürsten. Der Wagen fiel und lag auf der niedern Brustwehre, die längs dem Wege an dem ungeheuren Absturze in die Lima hinunter aufgemauert ist. Alle waren starr vor Schröcken, der Kurfürst allein sprach allen Muth ein."[443] Nach längeren Reiseunterbrechungen in Pisa, Livorno und Florenz, von wo aus Carl Theodor dem Oberhirten der katholischen Kirche seine baldige Ankunft ankündigte, traf er sich unterwegs, wie schon bei seinem letzten Italienaufenthalt, mit dem Gesandten Tommaso Marquis Antici, der ihn zu seinem „Pallast Pamfili"[444], dem heutigen Palazzo Pamphili, mitnahm. In erster Linie aber wollte er keine Kunst- und Bildungsreise unternehmen, auch wenn er so manche Sehenswürdigkeit besichtigte. Angesichts seiner erlittenen lebensbedrohlichen Schlaganfälle stand ihm weitaus mehr der Sinn nach einem Segen des Papstes Pius VI. (amt. 1775–1799). Damit erhoffte er sich, der himmlischen Sphäre näherzukommen. Sein Kabinettssekretär notierte: Der Kurfürst „warf sich vor dem Pabste auf die Erde und überreichte in einem reichen mit dem päbstlichen Wappen gezierten Einbande das Leben der Marianna di Gesu und einen grosen Straus von den schönsten italienischen Blumen. Der Pabst nahm ihm das Geschenk ab [...]."[445] Dem Pontifex Maximus war seine überaus gastfreundliche Aufnahme am Münchner Kurfürstenhof im Vorjahr in lebhafter Erinnerung geblieben, auch wenn er die vorausgegangene kompromisslose Haltung Kaiser Josephs II. nicht vergessen konnte. Dreizehnmal sollte sich der Kurfürst mit dem Papst treffen, der ihm den so ersehnten Segen mehrmals erteilte. Bei den Gesprächen ging es unter anderem um die Errichtung einer Nuntiatur in der Residenzstadt München. Zusätzlich wohnte Carl Theodor den Seligsprechungen der spanischen Franziskanerin Mariana de Jesús de Paredes y Flores (1618–1645) und des italienischen Kapuzinermönchs Lorenzo di Brindisi alias Giulio Cesare Russo (1559–1619) bei und besuchte mehrere Kirchenfeste – darunter eine Fronleichnamsprozession mit anschließendem Hochamt im Petersdom, der Festgottesdienst zu Christi Himmelfahrt sowie die Liturgien zu Ehren des Kongregationsgründers Filippo Romolo Neri (1515–1595) und des Jesuitenheiligen Aloisius (Luigi) Gonzaga (1568–1591).

Zusätzliche Erholung erhoffte sich Carl Theodor noch weiter im Süden. „Den 5ten in der Fruh 4 Uhr traten wir die Reise nach Neapel an. Es regnete, und der Regen wechselte den ganzen Tag hindurch so ab, das[s] wir weder die Beschwerlichkeiten des sonst um diese Zeit unvermeidlichen Staubes noch etwas von der Hitze zu leiden hatten"[446], vermerkte Stephan von Stengel in seinem Reisetagebuch. Unterwegs konnte sein Landesvater sehen, wie gerade die Pontinischen Sümpfe[447] trockengelegt wurden. Die dort erworbenen Erkenntnisse sollten seinem Kabinettssekretär als Anregung dienen, nach der Rückkehr das Donaumoos in seinem Auftrag in eine Kulturlandschaft zu verwandeln. Er schrieb weiter: „Gegen 2 Uhr Nachmittags [am 6.] kamen wir in Neapel an und stiegen in dem auf königliche Kosten und mit königlichem Aufwande erbaueten grosen Gasthause (Locanda reale) an der St. Lucian Stras[s]e ab."[448] Von dort aus konnte

Abb. 67: Palazzo Quirinale, wo am 1. Juli 1783 Papst Pius VI. den Kurfürsten Carl Theodor empfing. – Ölgemälde von Caspar van Wittel, 1736

Carl Theodor tagtäglich kleinere Ausflüge unternehmen. Dazu gehörte ein Besuch der „Zaubergegend" bei den Phlegräischen Feldern, wie er das Gebiet um den Vesuv bezeichnete. Diese Exkursionen sollten dazu dienen, ihn in die Gedankenwelt der antiken Mythologie zu entführen, wie er sie schon oft imitiert auf der Mannheimer Bühne gesehen hatte. Sodann besuchte er mit seiner Reisegesellschaft das noch wenig ausgegrabene „Pompeia"[449] (Pompeji) sowie das erst kürzlich entdeckte Herculaneum, worüber Stengel schrieb: „Da diese Stadt nicht wie Pompeia vom Schutt entblöset ist, sondern die Nachsuchungen aus vermittels geräumiger mit Brettern und Balken unterbauetem Stollgebäude wie in Bergwerken unter der Erde fortgetrieben werden, so ist es nicht möglich, in diesen finstern Hölen bei dem Scheine einiger Fackeln in so kurzer Zeit sich einigen Begriff weder von der Lage noch von der Bauart zu machen, und es bleibt einem nichts übrig, als sich an die hier ausgegrabenen und zu Portici aufbewarthen Statuen, Tempel- und Hausgeräthschaften und an den von der königlichen Akademie von Portici versprochenen Grundriß zu halten."[450]

Carl Theodor ließ sich nicht davon abhalten, selbst die Grotte der Cumäischen Sibylle[451] zu betreten. Dazu äußerte sich Stengel: „Der Eingang ist durch die vom Berge herabrollende Erde sehr verschüttet, so das[s] man nichts als einen tiefen Abgrund vor sich sieht. Dieses schrökte die meisten vom Gefolge ab, S[eine] K[urfürstliche] D[urchlaucht] aber liesen sich dadurch nicht irre machen, hiesen die Fackeln anzünden und stiegen hinunter. Herr Obrist von Schwicheld und ich folgten ihme. Wir musten etliche 20 Schritte gebukt durchzukommen suchen, bis sich allmälig die Höle erweiterte und bald eine Höhe von 11 bis 15 Schuhen und eine gleiche Breite hatte. Nachdem wir etwa 150 Schritte weit gekommen waren, sahen wir den Berg vor uns eingestürzet und die ganze Höle verschüttet. Die Bauern zeigten uns zur Rechten die niedere und schmale Öfnung, durch welche man in einige unterirdische Kammern, in welchen sich ein Bad befindet, hinuntersteiget, deren schauderhafte Lage schon vom Vergil Anlas[s] gegeben hatte, hieher die Wohnung der Sibille zu dichten."[452] Bei Bauli glaubte Stengel, den Acheron, den Fluss der Unterwelt, zu erspähen, „worauf Charon seine Geisterschiffart auf den Elisäischen Feldern trieb […]."[453]

In Neapel selbst entdeckte Carl Theodor mit seiner Entourage neben den Barockkirchen S. Paolo Maggiore und S. Filippo Neri dei Girolamini sowie dem „Palazzo della Vicaria", dem überaus frequentierten Justizpalast, den „Monte di Pietà", den „Berg der Barmherzigkeit", das „vornehmste unter den sechs hier bestehenden Leihhäusern. Die Menge der hier liegenden Pfänder vom Schmuck der Damen an bis auf den Lumpen des Bettlers ist erstaunlich. Ganze Zimmer voll Geschmuck, Uhren, Silbergeschirr, Säle ohne End mit Kaufmannsgütern, mit Kleidungsstücken und mitunter eine unübersehbare Menge der elendesten Kleinigkeiten der Armuth."[454]

Abb. 68: Papst Pius VI. – Ölgemälde von Pompeo Batoni, 1775

Neben der Besichtigungstour folgte Carl Theodor auch mehreren Einladungen der neapolitanischen Aristokratie, vorneweg Ferdinands IV., des Königs von Neapel (reg. 1759–1799), und dessen Gattin Maria Karolina, geb. Erzherzogin von Österreich (1752–1814). Eine Opernaufführung in S. Carlo, nach Stengel „vieleicht das gröste Schauspielhaus unserer Zeit“[455], und die Besichtigung der im Bau befindlichen „königlichen Lustschloße Caserta“[456] rundeten den Neapelaufenthalt der illustren Reisegesellschaft ab.

Auf dem Rückweg ließ Carl Theodor es sich nicht nehmen, am 1. Juli im römischen Quirinalspalast (Abb. 67) Papst Pius VI. (Abb. 68) nochmals seine

Aufwartung zu machen und der Huldigungsfeier Ferdinands IV., des Königs von Neapel, beizuwohnen, ehe er mit seiner Equipage über Terni, den Wallfahrtsort Loreto, der ihn an Oggersheim und an seine ungeliebte Gattin erinnerte, Ancona, Cattolica, Bologna, Modena, Mantua und Verona – entsprechend der Anreise – nach Kurbayern heimkehrte. Dazu beobachtete Stephan von Stengel: „Als S[eine] K[urfürstliche Durchlaucht] hinter Kufstein auf die Bairische Gränze kamen, wurden Sie von dem nehmlichen Pfarrer mit dem Hochwürdigen Gute auf freyem Felde empfangen, der ihme auf gleiche Art den Abschiedssegen gegeben hatte. Nun ware auf dem ganzen Wege Jubel und Freude, und von den Bergschlößern und Hügeln donnerten die Boller in die steinernen Thäler. Das Nachtlager wurde zu Aibling genommen, wo S[eine] K[urfürstliche] D[urchlaucht] schon angekommen waren, noch ehe man wuste, daß Sie so nahe wären. Und so langten sie gleich unerwartet den 18ten Juli [1783] in der Früh zur allgemeinen Freude ihrer glüklichen Unterthanen in München an und verbreiteten eine frohe selige Überraschung in allen Herzen, aus welchen so manches Gebet um die Erhaltung des Vatters des Vatterlandes zu dem allmächtigen Beschützer guter Fürsten empor gestiegen ware, aus denen nun unter Jubeln Tönen der feyerlichste Wunsch hervor brach, der heiligste unserer Wünsche. Es lebe Carl Theodor!"[457] Wie lange sollte er noch von den religiösen und mythischen Erbaulichkeiten seiner Pilgertour, wie der Schriftsteller Johann Jakob Wilhelm Heinse (1746–1803) seine Italienfahrt bewertete, zehren können?

Die Münchner Sammlungen werden „noch weiter vervollständiget"

Das Einzige, wonach sich Kurfürst Carl Theodor in Italien gesehnt hatte, war die „Schule des wahrhaft guten Geschmacks in der Tonkunst"[458], das heißt die neu entstandenen Musikstücke seiner herausragenden Komponisten und Librettisten, die unter der Leitung des Kapellmeisters Christian Cannabich (1731–1798) nach seiner Rückkehr zur Aufführung kamen. Selbst der sonst so kritische Direktor des Zensurrats Lorenz Westenrieder geriet ins Schwärmen: „Man muß selbst gegenwärtig oder einer besondern Vorstellungsart fähig seyn, wenn man sich von der Vortref[f]lichkeit des hiesigen Orchesters, das Her[r] Christian Cannabich dirigirt, einen Begriff machen will. Fast bey allen Stimmen und Instrumenten sind welche, die sich die übrigen, fast ohne Ausnahme, durch einen höchst seltnen Grad ihrer Fertigkeit in der Kunst berühmt gemacht haben [...]. Und so sind die übrigen Instrumente mit Meistern besetzt, und beym ersten Gegenstrich ist das Ganze Ein Gefühl und Ein Körper, und rinnt dahin im Fluß oder Strom, und reißt mit sich die Seele, wie in brausenden Ungewittern, oder

Abb. 69: Frauenkrone, die 1402 Blanche Prinzessin von England als Morgengabe mitbrachte, wohl Paris, um 1370/80

Abb. 70: Sog. „Holbeinschale", eine Bergkristallschale des 14. Jahrhunderts mit zahlreichen Edelsteinen, Fassung um 1540

wiegt sie sanft unter Flöten- und Nachtigallstimmen, und gießt sie, wie vom Gefühl ermüdet, auf Gestade voll Blumen."[459]

Neben seiner an Europas Spitze rangierenden Hofmusik konnte sich Carl Theodor ebenso an den ihm verbliebenen Preziosen in der Münchner Residenz erfreuen, für die in der Kurpfalz sein „Anticaire du Cabinet des Medailles"[460], der Geheimsekretärs Geofroi Goes (amt. 1761–1769), zuständig gewesen war. Er hatte zwar zur Tilgung der Schulden seines Vorgängers vor allem gegenüber dem Amsterdamer Juwelier Hoppe Prunkstücke der kurbayerischen Schatzkammer (heute: Porzellankabinett) veräußern müssen, doch durften die prachtvollen Edelstein-Garnituren dort bleiben. Hinzu waren noch die Nachlässe der verstorbenen Kaiserinnen Maria Amalia und Maria Josepha sowie seines Vetters Clemens Franz de Paula gekommen. Die größte Erweiterung jedoch hatten die Sammlungen durch die Pfälzer Preziosen erfahren, die er ab 1779 in die Wege geleitet hatte. Im Mannheimer Schatzkammerinventar hatte es geheißen: „Beschreibung Derjenigen Stuck, welche in gemäßheit Churfürstlich Höchsten Rescripts de dato Mannheim den 31. Oktober 1782 auß dahießiger Churpfältzischen Schatzkammer nacher München [...] abgegeben und verbracht worden."[461] Das Münchner Inventar von 1783[462] bestätigte nun den Empfang und die Einordung in die Wandschränke der dortigen Schatzkammer.

Bereits seine Mannheimer Preziosen-Sammlung setzte sich aus unterschiedlichen Hausschätzen der vielfältigen, zum größten Teil erloschenen Zweige der pfälzischen Wittelsbacher zusammen. Zunächst einmal hatte der Pfälzische Kurschatz von Heidelberg dazugehört, dessen wertvollstes Exponat die Krone (Abb. 69) war, die Blanche Prinzessin von Lancaster (1392–1409) als Heiratsgut mitgebracht hatte und zu der auch der Reichsapfel des „Winterkönigs" Friedrich V. von der Pfalz (reg. 1610–1623) zählte. Dazu gesellte sich der Neuburger Schatz mit dem Brautgut der polnischen Prinzessin Anna Catharina Constanze (1619–1651), der Tochter des polnischen Königs Sigismund III. Wasa (reg. 1587–1632), die 1642 den späteren Kurfürsten Philipp Wilhelm von Pfalz-Neuburg (reg. 1653–1690) geheiratet hatte. Zu ihrer Aussteuer gehörten unter vielen Kleinodien eine Kanne mit 21 Rubinen und 22 indischen Diamanten sowie ein Becken, bestehend aus 17 Bergkristallplatten mit Linsen, Pfeifen- und Blattdekor, versehen mit den Initialen „SR" (Sigmundus Rex), die auf den Brautvater verwiesen, und besetzt mit 56 Rubinen und 144 Diamanten aus dem indischen Dekkan-Massiv.

Den kurpfälzischen und Neuburger Hausschatz ergänzte Carl Theodor mit der grandiosen Düsseldorfer Sammlung, die Philipp Wilhelms Sohn, Kurfürst Johann Wilhelm, angelegt hatte. In ihr spiegelte sich dessen überaus glänzende Hofhaltung in der Residenzstadt des Herzogtums Berg wider. Als bedeutendstes Juwel galt auch für Carl Theodor die sogenannte „Holbeinschale" (Abb. 70), die nach dem Entwurf des englischen Hofmalers Hans Holbein des Jüngeren (1497/98–1543) um 1540 in Frankreich hergestellt worden war, indem einer älteren Bergkristallschale eine neue Fassung mit Perlen, indischen Diamanten, singhalesischen Rubinen und Smaragden hinzugefügt wurde. Erstmals war die „Holbeinschale" im Londoner Inventar der Juwelen König Heinrichs VIII. von England (reg. 1509–1547) aufgeführt worden und hatte sich in der Düsseldorfer Auflistung wiedergefunden.[463]

Zum Düsseldorfer Hausschatz gehörten auch Steinschnitt-Arbeiten aus Bergkristallen, Amethysten, Chalcedonen, Achaten und Heliotropen. Letztendlich hatten Carl Theodors Taufpate Kurfürst Carl III. Philipp und er selbst die Heidelberger, Neuburger und Düsseldorfer Preziosen in der neuen kurpfälzischen Residenz Mannheim zusammengeführt und in elf vergoldete Silbertafeln (Schauteller) eingelassen, ehe die gesamten Schätze nach München gekommen waren. Damit umfasste Carl Theodors Schatzkammer in der Nachbarschaft der Ahnengalerie der Münchner Residenz die unglaubliche Anzahl von 600 hochkarätigen Preziosen.[464]

1781 hatte der Kurfürst in der Stadtpfarrkirche St. Martin in Lauingen an der Donau sogar die Gräber der Wittelsbacher Fürstengruft öffnen und die Kleinodien entnehmen lassen, darunter eine herzförmige Hutagraffe des Pfalzgrafen Ottheinrich (reg. 1505–1559) aus Gold, Rubinen und Diamanten, ein Anhänger mit der Taube des Heiligen Geistes und der Inschrift „Gloria In Excelsis Dei" aus dem Besitz der Pfalzgräfin Amalie Hedwig (1584–1607), der Tochter Philipp Ludwigs von Pfalz-Neuburg (reg. 1569–1614), mit Rubinen, Diamanten und Süßwasserperlen sowie ein Schmuckstück mit schreitendem Pfälzer Löwen aus Gold, Edelsteinen und Perlen. Ein Jahr später hatte er diese Preziosen dem Direktor der kurfürstlichen Münz-, Medaillen- und Gemmenkollektion, dem Heinsberger Kanoniker und neuen Vizepräsidenten des Geistlichen Rates Johann Casimir Haeffelin (1737–1827), aushändigen lassen. Laut Übergabeprotokoll[465] kümmerten sich Haeffelin und sein Kustode Franz-Ignaz Streber (1758–1841) auch um 16.121 Münzen und Medaillen – davon 8.090 antike und 8.031 moderne – vom griechisch-römischen Altertum bis zur Gegenwart. Dazu gehörten 431 geschnittenen Steine, bestehend aus 250 Kameen und 181 Intaglios, sowie die überaus wertvolle Sammlung des Kurfürsten Jan Wellem[466] aus seltenen Mineralien, die hauptsächlich aus der 1704 angekauften Sammlung des Nijmegener Gelehrten Johannes Smetius (1590–1651) stammten. Auf Order des Kurfürsten hatten Haeffelin und Streber diese Preziosen in einem Lackschrank im chinesischen Stil (Abb. 71) unterzubringen und nach modernen Kriterien zu ordnen. Damit löste Carl Theodor die Gemmen und Intaglien aus dem Verband von Schauobjekten zugunsten ihrer wissenschaftlichen Aufbewahrung. Haeffelin und Streber brachten schließlich die zusammengefügten Bestände aus der

Abb. 71a/b: Gemmenschrank unbekannter Herkunft des Kurfürsten Carl Theodor

Kurpfalz, Düsseldorf und München im eigens geräumten Wilhelmskollegium des aufgehobenen Jesuitenklosters unter. Damit entstand auf Initiative des Kurfürsten von Pfalz-Bayern bis 1785 die nach Berlin bedeutendste Münz- und Medaillensammlung im Heiligen Römischen Reich Deutscher Nation.[467]

Um seine Münchner Preziosensammlungen zu aktualisieren und zu vergrößern, wies er Haeffelin und Streber an, „die hiesige Schatzkammer, dann die Münz- und Medaillen-Sammlung [...] auch fernerhin [zu] unterhalten und mit der Zeit noch weiter"[468] zu vervollständigen.

Benjamin Thompson im „Dienste Seiner Churfuerstlichen Durchlaucht"

Für Kurfürst Carl Theodor offenbarte sich 1784 nochmals eine ganz neue, für ihn bislang unbekannte Welt: Nachdem er über seinen Unterhofgärtner Friedrich Ludwig Sckell in Schwetzingen die sozialgeschichtliche Bedeutung englischer Landschaftsgärten in Großbritannien kennengelernt und sich dafür aufgeschlossen gezeigt hatte, rückten nun die Vereinigten Staaten von Amerika in sein Bewusstsein, war doch erst wenige Jahre zuvor gemäß der von Thomas Jefferson (1743–1826), Benjamin Franklin und anderen verfassten Urkunde „The unanimous Declaration of the thirteen united States of America"[469] (1776) dieser Staatenbund entstanden. Sämtliche Hintergründe konnte er nun von dem in Woburn (Massachusetts) geborenen Sir Benjamin Thompson (1753–1814) (Abb. 72) erfahren, der wegen seines „tyrannischen"[470] Stiefvaters schon früh auf eigenen Beinen stehen musste und am Harvard College in Cambridge bei Professor John Winthrop Vorlesungen zur experimentellen Philosophie, also zur Physik, gehört hatte.[471] Auf Empfehlung von Maximilian Joseph Pfalzgraf von Pfalz-Zweibrücken, des Colonels und Kommandanten des Straßburger „Régiment[s] Royal d'Alsace", war er am Münchner Kurfürstenhof erschienen. Dort errang er umgehend die Sympathie von Josepha Gräfin von Paumgarten. Auch Carl Theodor

Abb. 72: Benjamin Thompson in der Uniform eines britischen Colonels. – Ölgemälde von Thomas Gainsborough, 1783

Abb. 73: Carl August Graf von Bretzenheim als Großprior des Malteserordens. – Ölgemälde eines unbekannten Meisters, 1780er Jahre

erkannte, dass ihm sein Neffe und seine Favoritin ein ausgesprochenes Multitalent empfohlen hatte. Von ihm konnte er nicht nur sämtliche Hintergründe der „Bostoner Tea Party" (1773) und des Unabhängigkeitskriegs aus amerikanischer und britischer Sicht erfahren. Als Major der amerikanischen Miliz und Colonel der britischen Armee war er zudem bestens bewandert in militärischen Fragen. Dies belegten allein seine Publikationen, wie das Werk „New Experiments upon Gunpowder"[472] (1778). Sicherlich hätte dem Kurfürsten dies nicht gereicht, wenn er in der Person des ehemaligen britischen „Unterstaatssekretärs"[473] für die Kolonien nicht einen höchst begabten Diplomaten, Experimentalphysiker und Erfinder entdeckt hätte. Nicht umsonst hatte die Londoner „Royal Society" ihn 1779 als Mitglied aufgenommen. Deshalb zögerte Carl Theodor nicht lange und bestimmte ihn zum Leibadjutanten und zugleich zum Mentor des illegitimen Sohnes Carl August Graf von Bretzenheim (Abb. 73). „Mit Erlaubnis S[eine]r Maj[estät] des Koenigs von England [Georg III., reg. 1760–1801] gieng ich 1784 in die Dienste Seine[r] Churfuerstl[ichen] Durchl[aucht] von Pfalz-Bayern. Der Churfuerst gebrauchte mich zu mehreren oeffentlichen Geschaeften, vorzueglich wurde mir von Ihm aufgetragen, die militaerischen Angelegenheiten auf einen anderen Fuß zu setzen und ein neues System der Ordnung, der Kriegszucht und der Oeconomie unter Seinen Truppen einzufuehren"[474], kommentierte der Amerikaner seine neue Aufgabe. Seine Freistellung hatte jedoch einen Haken: Er sollte nach Auffassung der Londoner Regierung den in Wien agierenden britischen Botschafter und Lieutenant-General Sir Robert Murray Keith (1730–1795) über den Kurfürstenhof dauerhaft informieren. Aus Loyalität seinem neuen Dienstherrn gegenüber lehnte er jedoch dieses Ansinnen ab, so dass ihn der britische Gesandte in München Thomas Warpole (amt. 1784–1796) stets mit Argusaugen beobachtete.

Währenddessen entwickelte die Kurfürstin infolge des reduzierten Kulturbetriebs ein gewisses Interesse für deutschsprachige Aufführungen in Mannheim – so am 20. November 1785, „als die erste Vorstellung des Barbiers von Sevilla für den Tag angesetzt [wurde], wo der Hof zum ersten Male im Schauspielhause erscheinen würde."[475] Damit begründete Iffland seinen eigenen Mythos, denn die Kurfürstin hatte nicht zum ersten Mal eine deutschsprachige Komödie im Nationaltheater besucht. Offensichtlich hatte man ganz bewusst die Komödie von Pierre-Augustin Caron de Beaumarchais ausgesucht, um der Landesmutter zu schmeicheln, denn es war bis Mannheim gedrungen, wie sehr sie sich eine Dekade zuvor in Zweibrücken für dieses Opus in der Originalversion begeistert hatte. Iffland ergänzte die Komödie sogar mit einem auf die kurfürstliche Familie zugeschnittenen Vorspiel. Er bemerkte dazu: „Des andern Tages sprach ich die Churfürstin auf ihren Befehl in ihrem Kabinet auf dem Schlosse zu Mannheim [...]. Eine kleine Weile sah sie mich sehr wohlwollend an, und sagte dann: ‚Welch ein Abend war der gestrige!' […] ,Sie sähe mich nach dem gestrigen Abende für einen gebornen Pfälzer an. Ich möchte das Land nicht verlassen' […]! Ich ging. ,Wenigstens so lange ich lebe', rief sie mir nach, da ich aus der Thür gehen wollte […]. Unläugbar hatte sie seit jenem 20sten November […] eine andere Meinung von Deutschen Künstlern gefaßt. Sie kam oft ins Schauspiel, nahm wahren Anteil an seinem Fortgange und bewies uns manche freundliche Gutmütigkeit mit einer wahrhaft mütterlichen Art."[476] Was sich Iffland selbst zuschrieb, dürfte in Wahrheit übertrieben gewesen sein. Obgleich Elisabeth Auguste mit ihrem aktuellen Interesse für deutschsprachige Stücke ihrem Gatten nacheiferte, verbesserte sich die Beziehung zwischen den Eheleuten nicht. Dennoch reiste Carl Theodor Ende 1786 nach Oggersheim, um seine in der Zwischenzeit schwer erkrankte Gemahlin zu besuchen. Vor seiner Abreise hatte er allerdings dem kaiserlichen Botschafter mitgeteilt, wie zuversichtlich er wäre, die Kurfürstin nicht mehr lebend anzutreffen. Sofort nach dem Ableben seiner Gemahlin beabsichtige er, eine Habsburgerin zu ehelichen. Doch Elisabeth Auguste erholte sich wieder. Zwei Jahre später sollte der Kurfürst sie ein letztes Mal sehen.

Angetan von seinen neuartigen Ideen und Experimenten, ernannte Carl Theodor Benjamin Thompson, nachdem er ihn schon zu seinem Kammerherrn (1785) bestimmt hatte, zum Geheimen Rat (1787). Zunächst einmal kümmerte sich der Amerikaner in dessen Auftrag um die Neuorganisation der Armee und unterbreitete am 7. Februar 1788 in der Residenz ein umfangreiches „Memorandum"[477], das eine eigens dafür gebildete Kommission unter dem Vorsitz des Kurfürsten beurteilte. Darin fragte er sich: „Wie könnte man Liebe und Hochschätzung für den Militärstand erwarten, wo die Feder mehr als der Degen geehrt wird."[478] Zutiefst war er überzeugt: „Nur von Soldaten, denen es gut geht, die gut genährt und gepflegt sind, kann man gute Dienste im Krieg erwarten."[479] So forderte er die Beseitigung der Diskriminierung und Deklassierung des Soldatenstandes, eine Anhebung des Solds und der Truppenstärke bei gleich bleibendem finanziellem Aufwand und den Einsatz der Armee in Friedenszeiten für zivile Zwecke.[480] Daraus ergab sich für ihn die Gewährleistung eines optimierten Zusammenklangs von Militär und Zivilbevölkerung.[481] Zusätzlich wies er auf neuartige Ernährungsmöglichkeiten und auf die mit einem sogenannten „Passage-Thermometer"[482] zu messende, optimierte Wärmeleitfähigkeit für Sommer- und Winteruniformen aus Baumwolle beziehungsweise aus Wolle inklusiv eines Raupenhelms hin. „Was Thompson anstrebt, wird man nur mit Vergnügen und selbst nicht ohne Bewunderung lesen"[483], lobte sogar der Göttinger Naturforscher und Professor für Experimentalphysik Georg Christoph Lichtenberg (1742–1799). Mit großer Begeisterung begrüßten die Mitglieder der Kommission – vorneweg der Kurfürst selbst – seine Vorschläge. Deshalb stattete er ihn, nachdem er nach dem Muster von Mannheim eine „Geheime Kriegskonferenz"[484] eingerichtet hatte, mit umfangreichen Vollmachten aus und ernannte ihn zunächst zum Oberst, dann – nach der Entlassung von Johann Theodor von der Heyden genannt Belderbusch (1723–1799) – zum Kriegsminister im Rang eines Generalmajors.[485] Als solcher sollte er 1789 eine Militärakademie mit drei verschiedenen Abteilungen ins Leben rufen, in denen 30 Söhne von Offizieren aus dem wenig begüterten Adel, 60 Kinder ohne Rücksicht auf Standesverhältnisse und 90 Zöglinge rechtschaffener Bürger und Landsleute eine kostenlose Ausbildung zu Offizieren, Unteroffizieren und Landschullehrern erhalten sollten.[486]

Keineswegs konnten Carl Theodor und „sein" Amerikaner ihre Ziele unmittelbar und mit Ruhe angehen. Bereits im Frühjahr desselben Jahres waren angesichts des Getreidemangels in der Münchner Schranne Unruhen ausgebrochen. Die Bürger schrien nach einer Sperre der Getreideausfuhr und drohten mit der Sprengung der Residenztore. Der Landesherr musste mit seinem gesamten Hofstaat nach Mannheim fliehen, woraufhin sich die Kurfürstin zu den Worten hinreißen ließ: „Warum ist der Feigling hierhergekommen und hat uns in unserer Ruhe gestört?"[487] Bei seiner erneuten Abreise am 15. Juni 1789 reagierten auch die Mannheimer aufgebracht: „Er hätte eher in Bayern bleiben sollen, wird gesagt, als wieder so geschwind zurückzugehen, nachdem er alles habe hierher kommen lassen; derselbe sei von keinem System und Charakter, führe die Pfälzer wie die Bayern an und suche nur Geld und Vorteil für seine Kinder; man habe hierorts Unkosten und Aufwand für Einrichtungen gemacht, die nun vergeblich seien."[488] Nie wieder sollte Carl Theodor die Kurpfalz betreten. Elisabeth Auguste hingegen blieb in Mannheim und Oggersheim. Nach wie vor vertrieb sie sich die Zeit mit Kartenspiel, Schnupftabakkonsum und Jagd. Begeistert informierte die 67-Jährige den Statthalter Oberndorff, dass sie ein wahres „massacre" unter den Hasen angerichtet habe und beabsichtige, Schnepfen und Rebhühner zu erlegen.[489] Sollte sie in Oggersheim im Kreise ihres adeligen Hofstaats ihr Leben beschließen können?

Einen Monat nach der Abreise des Kurfürsten von Mannheim, am 14. Juli 1789, wurde in Paris die Bastille gestürmt. Elisabeth Auguste lehnte die Französische Revolution dezidiert ab, bewertete aber nach den Worten ihres Leibarztes Franz Anton Mai den „französische[n] Tiger als eine Straf-Ruhte für Fürsten und abgeartete Unterthanen"[490]. Allerdings sah sie vor allem in der trügerischen Aufklärung den Nährboden dieser Katastrophe. So betete sie: „Großer Gott! Rette uns von diesen ausgeartheten Thiermenschen, erhalte Glauben und Rechtschaffenheit bei unseren Unterthanen, schenke uns Frieden!"[491] Letzteren konnte sie nicht einmal selbst bewahren, als der Pächter ihres Oggersheimer Schlossguts ihr mit offener Kritik entgegentrat. Noch im selben Jahr floh der zuvor in Straßburg als Oberst des „Régiment[s] Royal d'Alsace" dienende Pfalzgraf Max Joseph mit seiner Familie und ließ sich in Mannheim nieder.

Erst am 2. Juli 1789 konnte Carl Theodor nach München zurückkehren, doch sollte es zu weiteren Unruhen kommen, als am 21. Mai 1791 der innere und äußere Rat der Stadt München zur Ermahnung vor dem Bild des Kurfürsten in der Maxburg einen Kniefall machen mussten. Die sodann erforderliche Neuwahl des Magistrats fand nach einer von Carl Theodor eigens für dieses Ereignis erlassenen, erstaunlich demokratischen Wahlordnung statt. Der Kurfürst war nun alleiniger Stadtherr und strukturierte den inneren Rat zu einem Kollegium verbeamteter Juristen um.

„Die Zahl der Bettler war ganz unglaublich"

Auch wenn sich der Tumult allmählich beruhigte, so herrschten in München und Kurbayern nach wie vor Armut und Elend (Abb. 74). Carl Theodors Kriegsminister Thompson schilderte die Lage: „Die Zahl der Bettler von beyden Geschlechtern und allen Altern, so wohl fremde als einheimische, die das Land in allen Richtungen durchstreiften und von den fleißigen Einwohnern drueckende Allmosen eintrieben, dabey stohlen und raubten und ein faules Leben fuehrten und sich der schaamlosesten Luederlichkeit ueberließen, war ganz unglaublich. In allen groeßeren Staedten und vorzueglich in der Hauptstadt war der Schwarm der Bettler so groß, ihre Unverschaemtheit und ausdauernde ungestueme Zudringlichkeit so laestig, daß man nicht ueber die Straße gehen konnte, ohne von ihnen angefallen und gezwungen zu werden, ihren laermenden Forderungen Genuege zu leisten. Und doch waren diese Bettler auf keine Weise wegen Alter oder Leibesschwaeche unfaehig, sich durch Arbeit ihren Unterhalt zu verschaffen, sondern es waren meistentheils starke und gesunde Menschen, welche, allem Gefuehl der Schaam abgestorben, diese Lebensart aus freyer Wahl und nicht aus Noth gezwungen, ergriffen hatten. Sie verbanden sehr oft mit ihrem Ungestuem Grobheit und Drohungen [...]. Einige dieser Ungeheuer trieben die Fuehllosigkeit so weit, daß sie ihre eignen Kinder nackt und fast verhungert in die Straßen stellten, um durch ihr Schreyen und durch den unverstellten Ausdruck ihres Jammers die Voruebergehenden zu ruehren, um so aus Mitleiden von ihnen eine Gabe zu erpreßen. Damit sie ihre Rolle desto natuerlicher spielten, so wurden sie von ihren hartherzigen Eltern unmenschlich geschlagen, wenn sie zu Hause kamen, und die ihnen bestimmte Summe nicht mitbrachten."[492] Von Anfang an hatte Thompson den konfatalen Zusammenklang von Armut und Kriminalität begriffen: „Der gaenzliche Mangel an Schaam, verbunden mit den uebrigen Eigenschaften, die zum Bettlergewerbe noethig sind, aeussern ihre volle Kraft, den vollkommnen Dieb zu bilden, und beyde Gewerbe ziehen aus ihrer Vereinigung betraechtliche Vortheile. Ein Bettler, der von Haus zu Haus Allmosen einfordert,

Abb. 74: Bettler an der Kreppe (Hohlweg) in München. – Inszenierung für den BR-Dokumentarfilm „Kurfürst Carl Theodor von Pfalz-Bayern. Des Glückes Wunder" (2024)

hat viele Gelegenheiten zu stehlen, die ein anderer nicht so leicht findet; und sein Bettlergewerbe verschafft ihm eine große Leichtigkeit, das Gestohlne unterzubringen; denn er kann sich immer mit der Ausrede helfen: daß es ihm gegeben sey. Es ist kein Wunder, wenn Stehlen und Rauben da vorzueglich im Schwange geht, wo es eine große Menge Bettler giebt. Daß dieß der Fall in Bayern war, werden diejenigen nicht bezweifeln, die es wissen [...]."[493] So resümierte der Amerikaner: „Aber um das Land von der unertraeglichen Menge Bettler zu reinigen, war es durchaus noethig, wirksame Maasregeln zur Versorgung und Unterstuetzung der Armen zu ergreifen."[494]

Zunächst einmal versuchte der Kriegsminister im Auftrag des Kurfürsten, „ueber 10.000 dieser fremden und einheimischen Landstreicher"[495] aufzugreifen. In der Haupt- und Residenzstadt wurden „nicht weniger als 1600 aufgeschrieben, obgleich sich die ganze Volksmenge von Muenchen, mit Einschluß der Vorstaedte, wahrscheinlich nicht hoeher als auf 60.000 belaeuft."[496] Und da setzte Thompson die Quantität der Einwohnerschaft noch viel zu hoch an. Zudem klagte er gegenüber dem Landesvater, dass bereits fruchtlose Versuche, die Armut einzudämmen, in der Vergangenheit gescheitert seien und deshalb das Misstrauen der Bevölkerung sehr groß sei. Er zog das Fazit: „Man hielt daher jede Unternehmung fuer gaenzlich unausfuehrbar, und betrachtete jeden Vorschlag, die Armen zu versorgen und die Betteley abzuschaffen, fuer eine bloße Grille."[497] So schlug der Kriegsminister dem Kurfürsten mehrere Maßnahmen vor: „1) den arbeitsfaehigen Armen schickliche Beschaeftigung zu verschaffen 2) fuer die noethige Unterstuetzung derjenigen zu sorgen, die wegen Alter, Krankheit oder Leibesschwaeche unfaehig waren, durch eignen Fleiß sich Unterhalt zu verschaffen. So war auch fuer diese mitleidenswerthe Menschenklasse ein allgemeines Polizeysystem nothwendig, um sie zu bessern, und zu nuetzlichen Unterthanen zu machen."[498] In Carl Theodors Auftrag bildete er eine Kommission, deren Direktion für die neu gebildete Armenpolizei, die Austeilung der Almosen und die ökonomische Verwaltung zuständig war. An der Spitze der Kommission standen die Präsidenten des Oberkriegsrats, der höchsten Landesregierung, des Kirchenrats und der Finanzkammer.[499]

Um die zahlreichen Bettler von Münchens Straßen dauerhaft zu entfernen und sie einer sinnvollen Arbeit zuzuführen, ließ Carl Theodor mit Hilfe Thompsons zwischen 1788 und 1790 das „Churfürstliche Fabrica-Woll-Werck-Hauß in der Au"[500] zu einem militärischen Arbeitshaus (Abb. 75) umwandeln. Der Amerikaner bemerkte dazu: „Da das Militar-Werkhauß vorzueglich zu einer Manufactur fuer die Bekleidung der Armee [neuartige Serienproduktion] bestimmt war, so wurde das Capital zu dessen Anlegung von der Kriegskaße hergeschoßen. Daher stand es unter der Aufsicht des Oberkriegsgerichts und erhaelt auch den Namen militaerisches Werkhauß."[501] 15 kurbayerische Regimenter konnten durch die Einrichtung mit „Montierungs-Stuecken"[502] bedient werden, während die Truppen der Kurpfalz und der Herzogtümer Jülich und Berg ihre Kleidung von ähnlichen Anstalten in Mannheim und später auch in Düsseldorf erhielten, die der Kriegsminister gründete, unter dessen Oberaufsicht sie standen.[503] „Dies ganze geraeumige Gebaeude wurde [...] aufs zierlichste eingerichtet und dies erstreckte sich auch auf sein Aeußeres; denn es wurde aeußerlich und innerlich geschmackvoll gemahlt; und nichts verabsaeumt, dem Ganzen einen Anstrich von Zierlichkeit, Nettheit und Reinlichkeit zu geben. Der große Hof in der Mitte der Gebaeude ist gut gepflastert und der Platz vor demselben geebnet und mit Kies bedeckt; und der Eingang ist von allen Seiten bequem gemacht. Ueber dem

Abb. 75: Militärisches Werkhaus (ab 1790) in der ehemaligen Wollmanufaktur. – Kupferstich von Michael Wening, Münchner Stadtteil Au, 1701

Hauptchore nach der Straße hin ist eine Innschrift, welche die Bestimmung des Gebaeudes anzeigt, und in dem Gange nach dem Hofe stehn mit großen goldnen Buchstaben auf schwarzem Grunde folgende Worte: ‚Hier werden keine Allmosen empfangen.'"[504] Gerade diese Inschrift verkündete die Haltung des Kurfürsten und seines Ministers. Gemeinsam waren sie bestrebt, den Armen eine sinnvolle Arbeit zu geben. Wenige Dekaden später wusste noch der Historiker und Archivar Felix Joseph von Lipowsky (1764–1842) zu berichten: „Als der churpfalzbaierische General=Lieutnant und geheime Rath Benjamin Thom[p]son (nachhin Graf von Rumford) die Einrichtung der churfuerstl[ichen] Armee in militaerischer und oekonomischer Hinsicht nach dem vom Churfuersten Karl Theodor, nach Anhoerung dessen Ministeriums, genehmigten Plane uebernommen hatte, zog er vor allem in Erwaegung: daß fuer Montirung und Lederwerk der Armee vieles Geld in das Ausland stroemme, und daß die Arbeit und mit ihr der Lohn hierfuer den Innlaendern entzogen wuerde, daß viele Menschen, dem schaendlichen und schaedlichen Bettel nachgiengen, weil sie entweder aus Faulheit und Bequemlichkeit nicht arbeiten wollten, oder aus Mangel der Arbeit sich nicht ihren Lebensunterhalt verdienen konnten. Um dieses Gebrechen abzuhelfen, errichtete er nun in diesem stattlichen Gebaeude ein militaerisches Arbeitshaus, worin jedermann gegen verhaeltnismaeßig gute Bezahlung Arbeit haben konnte, und das der damalige Militaer=Baumeister Herr Franz von Paula Thurn in den erforderlich brauchbaren Stand hergestellet hat."[505]

Nach Thompson[506] befanden sich über den Türen des Hauptflurs Inschriften mit weiteren goldenen Buchstaben auf schwarzem Grund, um auf die Funktion der dahinter liegenden Räumlichkeit hinzuweisen. Selbst notierte er: „Es wurden Werkstaette[n] für Zimmerleute, Schmiede und Drechsler und andere Handwerker, deren Arbeiten zur Verfertigung und Ausbesserung der in der Manufaktur noethigen Ma[s]chienen erforderlich war, errichtet und mit Werkzeugen versehen. Es wurden große Saele eingerichtet fuer Hanfspinner, Flachsspinner, Baumwollenspinner, und neben jedem Saal war ein kleines Zimmer fuer den Spinnschreiber. Dies Zimmer, welches zugleich zur Vorrathsstube und Comtoir diente, hatte ein großes Fenster, das in den Saal gieng, von wo die Spinner die rohen Materialien erhielten, wohin sie ihr gesponnenes Garn ablieferten, und von wo sie die vom Spinnschreiber unterzeichnete Anweisung ueber den Betrag ihrer Arbeit an den Caßierer erhielten"[507] (Abb. 76). „Eben so waren Saele vorhanden fuer Wollen-Weber, Serge- und Schalong-Weber, Linnen-Weber, Baumwollen-Weber und Strumpf-Weber."[508] „Auch wurden Werckstuben angelegt fuer Tuchmacher, Tugscheerer, Faerber, Sattler. – Ferner Zimmer fuer Wolensortirer, Wollkaemmer, Wollkratzer, Stricker und Naeherinnen. Gleichfal[l]s waren Magazine angelegt sowohl fuer gefertigte Waaren, als fuer rohe Materalien, Vorrathskammern fuer die Kueche und das Backhaus und Wohngebaeude

Abb. 76: Spinnerei und Weberei im militärischen Werkhaus. – Inszenierung für den BR-Dokumentarfilm „Kurfürst Carl Theodor von Pfalz-Bayern. Des Glückes Wunder" (2024)

fuer die Aufseher und andere Officianten, die im Hause wohnen mußten."[509] „Ein geraeumiger Saal[,] 110 Fuß lang 37 Fuß breit und 22 Fuß hoch, mit Fenstern an beyden Seiten, diente zum Trockenzimmer. Hier waren Tuchrahmen aufgestellt, worauf 8 Stueck Tuch auf einmal gestreckt und getrocknet werden konnten. Er war so angelegt, daß die Faerber und Tuchmacher zu gleicher Zeit darinn arbeiten konnten."[510] Darüber hinaus erwähnte Thompson die dazugehörige „Walckmuehle", an die das „Faerbe- und Waschhauß"[511] angebaut war. Wie genau das Werkshaus verwaltet wurde und strukturiert war, überlieferte wiederum Lipowsky.[512]

Um für das leibliche Wohl der Mitarbeiter zu sorgen, ließ Thompson eine Küche, ein Backhaus und einen „geraeumigen Eßsaal"[513] einbauen. Gerade bei der Küche machte er sich tiefgreifende ökonomische und ökologische Gedanken: „Die Kueche war so wohl in Ruecksicht der Bequemlichkeit, als auch der Holzsparung aufs zweckmaeßigste eingerichtet. Dies wird Jeder gern glauben, wenn er erfaehrt, daß die ganze Kuechenarbeit sehr bequem von drey Kuechenmaegden verrichtet wurde, und daß der taegliche Aufwand fuer Brennholz sich nicht hoeher, als auf zwoelf Kreutzer belief, obgleich tausend Menschen gespeißt wurden. Die Zahl der Personen, die taeglich aus dieser Kueche gespeißt werden, belaeuft sich im Sommer auf Tausend (eher mehr als weniger) und im Winter auf 1200. Sehr oft sind jedoch mehr als 1500 zu Tische gewesen."[514] Auch darüber, was den Mitarbeitern an Speisen kredenzt wurde, war Thompson detailliert informiert: „Kinder erhielten eine eben so große Portion, als die Erwachsenen, und eine Mutter, die eins [oder] aber mehrere kleine Kinder hatte, durfte fuer jedes eine Portion fordern."[515]

Als Erfinder entwickelte Thompson für die Küche sogar einen energiesparenden Röster, wozu er später sogar die Abhandlung „Über Küchen-Feuerherden und Küchengeräthen nebst Beobachtungen über die verschiedenen Teile der Kochkunst und Vorschläge zu ihrer Verbesserung"[516] verfasste. Wie weitreichend seine fortschrittlichen Innovationen, die ohne die Zustimmung des sozial eingestellten Kurfürsten nicht möglich geworden wären, bekannt und durchaus auch auf den Arm genommen wurden, verdeutlichte ein Gedicht des Londoner Satirikers Dr. John Wolcot alias Peter Pindar (1738–1819): „Sieh nur, wohin das Auge schaut, überall sind Rumfords [Thompsons] Öfen eingebaut. / Des Hauses Herrin und die jungen Damen, / sie nennen achtungsvoll nur deinen Namen; / am liebsten würden sie sich herzlich küssen, / und selbst die Köchin will dich nicht mehr missen! / Ja, sie verdürb' die schönsten Bratensossen, / um dich mit ihrer Fetthand zu liebkosen."[517]

Keineswegs vergaßen der Kurfürst und sein Minister, eine „Krankenwaerterin"[518], einen Arzt und Chirurgen anzustellen, um die erkrankten Arbeiter im militärischen Arbeitshaus und in ihrem Heim versorgen zu können. Dazu bemerkte Thompson: „Solche, die wegen Krankheit oder koerperlicher Schwachheit nicht im Stande waren, zum Arbeitshause zu kommen; so wie auch diejenigen, die es wegen Abwartung kleiner Kinder oder kranker Angehoerigen bequemer fanden, zu Hause zu arbeiten (und deren gab es Viele) verlohren deshalb ihr Mittagsessen nicht. Wenn sie der Armen-Deputation ihrer Lage anzeigten, so erhielten sie Zettel, bey deren Vorzeigung ihnen taeglich aus der oeffentlichen Kueche so viel Portionen gereicht wurden, als auf dem Zettel verzeichnet sind. Uebrigens koennen sie mit dem Zettel Kinder oder andere beliebige Personen senden, doch muß er jedesmal vorgezeigt werden, sonst werden die Portionen nicht verabfolgt. Diese Vorsicht war zur Verhuetung der Misbraeuche von Seiten der Armen durchaus noethig. [...] Das Brodkorn, Erbsen, Graupen, u. s. w. wurden auf den Maerkten in großen Quantitaeten und zu solcher Zeit gekauft, wenn diese Artikel am wohlfeilsten waren. Dann waren sie in den Vorrathskammern unter der Aufsicht des Verwalters des Arbeitshauses aufbewahrt."[519] Dem nicht genug – der Kurfürst und sein Kriegsminister dachten ebenso an die Ausbildung der Kinder, die sich durch Arbeit ihren Unterhalt verdienten. Eigens für die Zöglinge engagierten sie zwei Lehrer: „einer fuer die Knaben, und der andere fuer die Maedchen"[520], die sie „im Lesen, Schreiben, Rechnen und der Religions-Lehre"[521] unterrichteten. Mehr als zufrieden äußerte sich Thompson: „Ich glaube, dies ist das erste Beyspiel der Art; und ich wage zu behaupten, kein Beweiß konnte staerker seyn, als dieser, daß die Maaßregeln, die ich zur Beglueckung der hiesigen Armen in Ausuebung gebracht hatte, mit dem gluecklichsten Erfolg gekroent waren [...]."[522] Mit Genugtuung konnte der Kurfürst beobachten: „Nachdem die Stadt von den Bettlern gereinigt war, hatten diese Auflagen ein Ende; und die wackern Einwohner, dieser laestigen Buerde entledigt, fuehlten den ihnen geleisteten Dienst so auffallend, daß sie sich aus Dankbarkeit eifrig bemuehten, eine so wohlthaetige Anstalt zu unterstuetzen. Sie entschlossen sich also freywillig, außer ihren monathlichen Geldbeytraegen, taeglich einen Zuschuß von Brod, Fleisch und Suppe zur Speisung der Armen im militaerischen Arbeitshause herzugeben."[523]

Der Fernreisende Johann Kaspar Riesbeck hingegen betrachtete die Situation etwas kritischer: „Bey der unbeschreiblichen Armuth an so vielen dringenden Beduerfnissen legte man Porzellaenfabricken an, die der Hof als eine Lotterie fuer das Volk betrachtet, und nur durch mancherley Kniffe und Pfiffe im Gang erhalten kan. Man errichtete Manufakturen von Tapeten, reichen Stoffen, und Seidenzeugen, und ersparte dem Lande wenigstens das Geld fuer die Meßgewaender der Pfaffen und die Gallakleider der Muenchner Damen, waehrend daß sich der groeßte Theil der Buerger und Bauern mit fremdem Tuch kleiden muß."[524]

Keineswegs betrachteten Carl Theodor und Thompson angesichts des großen Erfolgs der militärischen Arbeitshäuser das Armutsproblem in München für gelöst. Zusätzlich gründeten sie eine Armenanstalt am Isarufer, über deren Beschaffenheit der Kriegsminister feststellte: „Es ist gut gebaut und hat einen weitlaeufigen Garten. Es sind 17 gute Zimmer darin, worin ungefehr 80 Personen Platz finden; diese koennen alle aus einer Kueche gespeist werden, und denen, welche sehr schwaechlich sind, werden andre minder Schwaechliche in ihrem Zimmer zur Aufwartung beygestellt. Die Bearbeitung des Gartens wird ihnen zum Vergnuegen dienen und der Ertrag deßselben ihr Eigenthum bleiben. Man wird ihnen solche Arbeit geben, die ihren Kraeften angemeßen ist, und mit dem Gelde, das sie dafuer erhalten, koennen sie nach Gefallen schalten. Ueberdem werden sie Speise, Kleidung und Arzeney unentgeldlich bekommen, und denjenigen, die durch Arbeiten gar nichts verdienen koennen, wird woechentlich eine kleine Summe Geldes gereicht, um sich dafuer Rauch- und Schnupf-Taback oder andre Artikel ihres geringen Luxus, woran sie gewoehnt seyn moegten, anzuschaffen."[525]

Da in München die Beseitigung des Bettlerwesens vorzüglich gelang, versuchte der Minister auf Order des Kurfürsten, diesen Erfolg auch auf die anderen Städte Kurbayerns zu übertragen. Tagtäglich konnten Besucher das militärische Arbeitshaus wie auch die Armenanstalt besuchen, um sich Anregungen für die eigene Heimatstadt zu holen. Dazu stellte Thompson Informationsmaterial zur

Verfügung: „Jeder, der es verlangte, erhielt Exemplare von den gedruckten Tabellen, Zetteln u[nd] d[er] g[leichen], deren man sich bey der taeglichen Geschaeftsfuehrung bediente, nebst einer Anweisung in der Art sie zu gebrauchen, und von andern eingefuehrten Maasregeln, Unterschleife und Betruegereien in den verschiednen Zweigen dieser weitlaeufigen Anstalt zu verhueten."[526] Zufrieden bemerkte er: „Möge mein glücklicher Erfolg andere aufmuntern, meinem Beyspiele zu folgen! Wüsste man es allgemein, wie oft wenig Mühe und wenig Aufwand hinreichen, um viel Gutes zu stiften, so würden die Handlungen der reinsten Menschenliebe viel häufiger und die Masse des Elends unter den Menschen viel geringer seyn, zumal da die Freude, die aus der Erleichterung des Mangels und aus der Beförderung der Glückseligkeit unserer Mitmenschen entspringt, so herzlohnend ist."[527]

Dankbar nahm Carl Theodor auch Thompsons Vorschläge entgegen, neue Ernährungsmethoden zur allgemeinen Armenspeisung anzuwenden. Dazu forderte der Minister als früher Vertreter des Fruchtwechsels den verstärkten Anbau von Kartoffeln, die das Gros der kurbayerischen Bevölkerung noch nicht kannte oder infolge einer falschen Anwendung sogar ablehnte. Dennoch war Thompson „selbst ueberzeugt, daß jedes Nationalvorurtheil, es sey auch noch so tief eingewurzelt, ueberwunden werden kann, vorausgesetzt, daß man dazu die gehoerigen Mittel gebraucht und ihnen Zeit zum Wirken laeßt [...]. Die Ersparung an Lebensmitteln (die Verminderung der Ausgaben ungerechnet), die hierdurch bewirkt werden koennte, wuerde zu allen Zeiten betraechtlich seyn, vorzueglich aber in Jahren der Theurung und des Mangels."[528] Um ein verstärktes Pflanzen von Erdäpfeln anzukurbeln, ließ Thompson in seiner Funktion als Kriegsminister für das Militär eigens Gärten erwerben. „Es wurden [...] Grundstuecke in oder um die Garnisons-Staedte (Dueßeldorf und Amberg ausgenommen) genommen, und ausschließlich den Unteroffizieren und gemeinen Soldaten zum Eigenthum verliehen. Jedes Grundstueck wurde nach den Regimentern, Bataillonen, Compagnien und Corporalschaften abgetheilt, und den lezteren Abtheilungen kamen vier auf eine Compagnie [...]. Dies Grundstueck bleibt so lange voelliges Eigenthum eine jeden Soldaten, als er im Regimente dient, er kann es nach freyer Willkuehr anbauen, und kann mit den darauf gewonnenen Producten nach Belieben schalten. Jedoch muß er es anbauen, bepflanzen, und ist faul und nachlaeßig, so wird es ihm weggenommen, und einem seiner fleißigern Cameraden gegeben."[529] „[...] und ich hoffe, daß in wenigen Jahren der Anbau der Kartoffeln in Bayern eben so allgemein seyn wird, als in andern Laendern [Königreich Preußen], und daß der Genuß der Pflanzenkost sich unter den gemeinen Mann allgemein verbreiten werde. Auch habe ich schon mit Vergnuegen gesehen, wie hier und dort im Lande kleine Gaerten angelegt sind, und ich hoffe, daß bald kein Pachthof ohne Garten mehr seyn wird."[530]

Abb. 77: Münchener Stadtzeughaus, erbaut von Lukas Rottaler, 1491/93

So meinte der Minister infolge seiner fünfjährigen Erfahrung, „daß die wohlfeilste, schmackhafteste und nahrhafteste Speise eine Suppe war, die aus Gerstengraupen, Erbsen, Cartoffeln, Schnitten von feinem Waizenbrod, Weinessig, Salz und Waßer (in gehoerigen Verhaeltnißen) bestand."[531] Der Amerikaner entwickelte daher eine eigene Anleitung, die später unter dem Namen „Rumfordsuppe" über Europa hinaus bekannt wurde: „Die Art, diese Suppe zu bereiten, ist folgende: Das Waßer und die Gerstengraupen werden zusammen in einen Kochkeßel gethan und zum Kochen gebracht; dann werden die Erbsen hinzugethan und das Kochen wird ueber maeßigem Feuer zwey Stunden lang fortgesetzt; dann werden die Kartoffeln (die ungekocht oder gekocht schon geschaelt sind) hinzugethan, und das Kochen wird noch eine Stunde lang fortgesetzt. Waehrend dieser Zeit wird die Fluessigkeit im Keßel fleißig mit einem großen hoelzernen Loeffel umgeruehrt, um die Kartoffeln gaenzlich zu zerreiben, und die Suppe zu einer gleichfoermigen Maße zu machen. Sobald dies geschehen ist, werden Weineßig, Salz und zuletzt, wenn die Suppe aufgetragen werden soll, Brodschnitte hinzugethan."[532] Zudem empfahl Thompson: „Die Suppe muß nie mit den Brodschnitten kochen, ja auch sogar nicht lange damit stehen, ehe sie aufgetragen wird [...]. Das Brod, welches in Muenchen dazu genommen wurde, war sogenanntes Semmelbrod, wovon jedes etwa 4 bis 6 Loth wog. Diese kleinen

Brode, die wir von den Beckern zum Geschenk erhielten, waren gemeiniglich trocken und hart, weil sie nicht zeitig genug verkauft sondern liegen geblieben und daher alt und unverkaufbar geworden waren. Die Erfahrung lehrte uns, daß sich dies altbackne harte Brod zu unserm Zwecke beßer schickte, als alles andere, weil es das Kaeuen noethig macht; und das Kaeuen befoerdert bekanntlich die Verdauung sehr kraeftig; auch verlaengert es die Dauer des Genußes beym Eßen; eine Sache von großer Wichtigkeit, worauf man bisher nicht aufmerksam genug gewesen ist."[533]

Nach Thompsons Rezept konnte bald die Armenspeisung im Stadtzeughaus (heute: Stadtmuseum) (Abb. 77) stattfinden. Im „Nutzungsplan am Anger", wie es hieß, wurde die Beschriftung angebracht: „Behältniß unter dem großen Getreid-Kasten auf dem Anger, wo gegenwärtig die Rumfordische Suppe gekocht wird."[534] Neben diesem Gericht dachte sich Thompson noch weitere Kartoffelspeisen aus, wie den „gebackenen Kartoffel-Pudding"[535], die „wohlfeilen Kartoffel-Kloeße"[536], die „gekochte Kartoffel mit einer Bruehe"[537] oder den „Kartoffeln-Sallat"[538]. Unverständlicherweise stießen Carl Theodor und sein Minister mit ihren Ernährungsideen und den damit verbundenen sozialen, ökonomischen und ökologischen Überlegungen nicht immer auf Verständnis. So verstand die Allgemeinheit unter „potage à la Rumford" ein Gericht, das absolut nicht schmeckte. Hin und wieder wurde diese Suppe sogar ins Lächerliche gezogen: „Wer Thompsons Mahlzeiten essen kann, kann alles schlucken!"[539] oder „Rumford kocht sein Mittagsmahl mit dem Rauche seiner Nachbarn."[540]

„Eine gute Armee bei geringen Kosten"

In erster Linie aber hatte Carl Theodor seinen Kriegsminister beauftragt, die kurbayerische Armee seines Vorgängers Max III. Joseph zu reformieren und auf ein neues Fundament zu stellen, war doch bis ins Ausland vorgedrungen: „Alles, alles ist hier durchaus auf den Schein angelegt. – Die Armee des Hofes besteht aus ohngefehr 30 Regimentern, die ihrer nun angefangenen Ergaenzung ungeachtet, doch noch keine 18000 Mann zusammen ausmachen. Wenigstens einen Viertheil derselben machen die Offiziers aus, worunter auch mehrere Generalfeldmarschaelle sind."[541] Auf jeden Fall sollte die allgemeine Auffassung der Vergangenheit angehören, dass selbst „der aermste Bauersjunge es fuer eine große Strafe haelt, wenn er unter die regulirten Truppen seines Fuersten gezogen wird."[542] Als Hauptziel und Zweck der Reform setzte Thompson es sich, „eine gute Armee bei geringen Kosten zu haben."[543] Besonders prangerte er an, dass der Sold eines Soldaten weitaus geringer ausfalle als die Gage eines Tagelöhners: „Die Loehnung eines gemeinen Soldaten in bayerischen Diensten ist taeglich 5 Kreutzer, und nicht mehr […]. Außerdem erhaelt er noch 1 Pfund 26 ½ Loth Roggenbrod, das nach einem Mittelpreise des Korns in Bayern und der Pfalz etwas weniger als drei Kreutzer kostet […]. Einem Englaender wird es freylich unmoeglich scheinen, sich in irgend einem Lande von einer so geringen Summe die noethigen Nahrungsmittel zur Unterhaltung des Lebens zu verschaffen; aber noch mehr wuerde er erstaunen, wenn er ein Heer saehe, bestehend aus den wohlgebautesten, kraftvollsten und staerksten Menschen von der Welt, die alle von ihrem Solde leben, und deren Gesicht die unverkennbarsten Zeichen der bluehendsten Gesundheit und vollkommensten Zufriedenheit verraeth."[544] Um diesen Missstand zu beenden, hielt es Thompson für notwendig, „die Soldaten zu Buergern und die Buerger zu Soldaten zu machen"[545] und „die Lage des Soldaten so beschwerdenfrey, angenehm und anlockend, als moeglich"[546] zu gestalten. Mit dem Einverständnis des Kurfürsten hob er sofort den Sold der einfachen Dienstgrade an, garantierte ihnen die kostenlose Beschaffung der Uniformen, die sie bislang selbst bezahlen mussten, und erhöhte den Freiheitsgrad eines jeden Soldaten. „Seine kriegerischen Uebungen wurden vereinfacht, sein Unterricht wurde kuerzer und leichter gemacht, und alle veralteten unnuetzen Gewohnheiten und Gebraeuche wurden aus dem Dienste verbannt. Man war auf die Reinlichkeit der Baracken und Quartiere der Soldaten vorzueglich aufmerksam und nichts wurde verabsaeumt, was dazu diente, den Gemeinen in seinen Wohnungen zufrieden zu machen. Es wurden bey allen Regimentern Schulen errichtet, um die Soldaten und ihre Kinder, sondern auch die Kinder der benachbarten Buerger und Landleute umsonst aufgenommen. Auch werden sie auf Kosten des Churfuersten mit Schulbuechern, Feder, Tinte und Papier versehen. Die Kosten fuer das Papier wurden dadurch sehr verringert, daß daraus hernach Patronen verfertigt wurden. Außer diesen Lehrschulen, wurden noch bey den Regimentern Industrie-Schulen errichtet; wo den Soldaten und ihren Kindern Anweisung zu verschiedenen Arbeiten ertheilt wurde, und wo sie rohe Materialien erhielten, die sie zu ihrem Vortheil verarbeiteten."[547]

Um ebenso das Verhältnis des Militärs zur Bevölkerung zu verbessern, befahl der Kriegsminister, Soldaten im zivilen Bereich einzusetzen: „z. B. bei Anlegung und Ausbeßrung der Heerstraßen, Austrocknung der Moraeste, Ausbeßrung der Stromufer u. s. w. wurden Soldaten als Arbeiter gebraucht, und in solchen Faellen ward fuer ihren hinlaenglichen Unterhalt, ja sogar fuer ihr Vergnuegen Sorge getragen. Sie wurden mit guten Wohnungen und gesunden Speisen zu billigen Preisen versehen. Bey vorfallenden Krankheiten wurden sie mit vorzueglicher Sorgfalt behandelt. Oefters, wenn sie in zahlreichen Hausen zusammen arbeiteten, mußten Musikanten bei ihrer Arbeit spielen. An Feyertagen wurden sie aufgemuntert, sich mit Tanzen und andern unschuldigen Spielen zu ergoetzen. Um unter diesen Arbeitern Ordnung und Eintracht zu erhalten, gab man ihnen

Offiziere und Unteroffiziere mit, die als Aufseher bey den Arbeiten dienten und als solche besoldet wurden."[548]

Um das Soldatenleben noch attraktiver zu machen und die Werbung zu erleichtern, erhielten die Regimenter unabänderliche Garnisonen. Jedoch warnte Thompson: „Dieß moechte vielleicht einer despotischen oder verhaßten Regierung nicht [zu] rathen seyn; denn wo das Ansehn der Fuersten nur durch den Schrecken der Waffen aufrecht erhalten werden kann, da wird aller Umgang und Freundschaft der Soldaten mit den Unterthanen gefaehrlich. In gut regierten Laendern hingegen hat dies gegenseitige gute Vernehmen viele Vortheile."[549] Und gerade dies strebten der Kurfürst und sein Kriegsminister an. So hielten sie es für einen großen Vorteil, auch die niedrigen Ränge des Militärs auf Urlaub zu schicken. Zutiefst waren beide überzeugt: „Die Gewoehnung des Soldaten an Fleiß und Ordnung waehrend seiner Dienstzeit beym Regiment, macht ihn zu einen desto nuetzlicher[e]n Arbeiter, wenn er auf Urlaub ist."[550] Bei all seinen Überlegungen hielt Thompson die Erkenntnis für außerordentlich wichtig, „daß keine politische Einrichtung von wahrem Nutzen seyn kann, als nur insofern sie zu dem allgemeinen Wohl der buergerlichen Gesellschaft beytraegt. Ich bemuehte mich daher, bey allen meinen Unternehmungen die Wohlfahrth des Kriegers mit dem Wohl der Gesellschaft zu vereinigen [...]"[551], und das sollte auf besondere Weise am Beispiel von „Theodors Park" verwirklicht werden!

„Theodors Park" zur „Ergötzung des Militaires" und zum „allgemeinen Gebrauch"

Im Einklang mit seinem amerikanischen Minister stellte Carl Theodor das alte herzogliche Jagdgebiet der Isarauen für eine neue Gartengestaltung zur Verfügung. Im Februar 1789 plante er mit Thompson zunächst regelmäßige Militärgärten auf der Schönfeldwiese zur Versorgung der Soldaten. Jedes Regiment sollte einen Distrikt erhalten, der kompanie- und dann stubenweise an die 1.530 Soldaten der Garnison vergeben werden sollte. Hier sollten sie auf einer eigenen Parzelle von etwas 30 Quadratmetern „ihr Gemüse, Kräutelwerk etc. zu ihrer Nahrung säen und pflanzen können."[552] Die einzelnen Bataillonsgärten sollten in ihrem Zentrum jeweils einen Brunnen besitzen und durch Alleen getrennt sein, die mit Maulbeerbäumen zur Seidenraupenzucht oder mit anderen Nutzpflanzen zu säumen sind. Zusätzlich sollten Ruhebänke zur Rast einladen und „bastionierte Retranchements"[553] die Anlagen vor freiem Zutritt schützen sowie den angehenden Offizieren zur Lehre dienen. Vor allem aber sollte der einfache Soldat durch eine sinnvolle Beschäftigung am Müßiggang gehindert und an die Arbeit herangeführt werden. Zudem sollten Kenntnisse in der Landbestellung

Abb. 78: Blick vom Dianatempel zur Theatinerkirche und in den Münchner Hofgarten, den 1780 Carl Theodor der Öffentlichkeit zugänglich machte

vermittelt werden. Schließlich wünschten sich der Kurfürst und sein Minister auch hier einen Anbau neuartiger Feldfrüchte, wie der Kartoffel, sowie als Futtermittel Rüben und Klee. Thompson forderte: „Anstatt dass die Soldaten sonst die faulsten Menschen waren, und vom Gartenbau und dem Ertrag eines Küchengartens wenig Kenntnis hatten, so sind sie jetzt die fleißigsten und geschicktesten Gärtner geworden und haben eine solche Vorliebe für Pflanzenkost."[554]

Einen Monat nach dem Ausbruch der Französischen Revolution rang sich Carl Theodor am 13. August 1789 zu einem Dekret mit den Worten durch: „Nachdeme Seine Churfürstliche Durchlaucht den hiesigen Hirschanger bey gegenwärtiger Anlegung des Militairischen Gartens zur allgemeinen Ergötzung für Dero Residenzstadt München herstellen zu lassen, und diese schönste Anlage der Natur dem Publikum in ihren Erhohlungs-Stunden nicht länger vor zu enthalten Gnädigst gesonnen sind."[555] Seiner Auffassung nach sollte die neue Gartenanlage „nicht allein zum Vortheil und Ergötzung des Militaires, sondern auch zum allgemeinen Gebrauch als ein öffentlicher Spaziergang sowohl für das Civile als das Militaire dienen"[556]. Damit sollte entsprechend der Forderung des Gartentheoretikers Christian Cay Lorenz Hirschfeld in seiner „Theorie der Gartenkunst" (1779/85) der erste Volkspark auf dem europäischen Kontinent entstehen – welch eine Sensation für die europäischen Herrscherhöfe und ihre Untertanen! Dazu hieß es: „Uebrigens verdienet Herr Graf von Rumford Excellenz [Benjamin Thompson] den lautesten Dank, dass er die Anlage zum Genusse aller Menschen entstehen machte, denn keine Stadt in Europa kann in diesem Umfange eine ähnliche aufweisen.“[557] Die geforderten Gelder ließ Carl Theodor von der Kriegskasse großzügig vorschießen.

Doch der Gedanke, nicht nur seine umfangreichen Sammlungen öffentlich zugänglich zu machen, sondern auch seine Gartenanlagen, reichte bereits zwei Dekaden zurück. Zur Arbeitsbeschaffung hatte der Kurfürst auf Anregung seines vorausschauenden Statthalters Johann Ludwig Franz Graf von Goltstein bereits am 4. August 1769 angeordnet: „[...] zur mehreren Verschönerung im Ansehen [der] dortigen Residenzstadt [Düsseldorf] und des Jägerhauses bei Pempelfort sowie zur Lust der Einwohnerschaft [...] nach den Plänen unseres kurpfälzischen Kammeraths und Oberbaudirektors von Pigage ein[en] angenehme[n] öffentliche[n] Spaziergang einzurichten.“[558] Damit hatte er mit 10.102 Talern zur größten Sensation an den europäischen Herrscherhöfen die erste öffentliche Promenade (1769/70) im Heiligen Römischen Reich Deutscher Nation, ausgeführt durch den Oberkellnereiverwalter C. P. Brosy, ins Leben gerufen. Seitdem verband die mit Linden bepflanzte und mit 32 steinernen Bänken verzierte Hauptallee das Lustschloss Jägerhof (Vénerie), den Sitz des bergischen Oberjägermeisters von Blankartz, erbaut zwischen 1752 und 1763 nach den Plänen des Baumeisters Johann Joseph Couven (1701–1763), mit dem „großen Bassin“ neben der Bastion „Landeskrone“. Dazu hatte Nicolas de Pigage durch den Kameralbaumeister Rutger Flügel nach seinen Plänen ein Hofgärtnerhaus als Dienstsitz für Johann Christian Behrens errichten lassen, der seitdem hier eine Weinschänke führte und Sommerkonzerte veranstaltete. Neben einem Pavillon im anglo-chinesischen Stil (1779/87) konnte jeder Lustwandler entlang der geschlängelten Wege auch die Figuren des Düsseldorfer Bildhauers und Akademiedirektors Joseph Bäumgen (1714–1789) bewundern, so Porträtbüsten, Allegorien zu den vier Jahreszeiten und Monaten wie auch die Göttin Hebe, den Halbgott Hercules und Omphale als mythologische Königin von Mäonien. So sollte der Koblenzer Pastor und Kunstmäzen Joseph Gregor Lang (1755–1834) in seinem zweibändigen Werk „Reise auf dem Rhein“ (1789/90) über „den schönen Hofgarten, das Düsseldorfer Eylsium“ schwärmen: „Der Platz des Gartens ist nicht groß, aber einer der angenehmsten, die man sehen kann. Das ganze besteht aus einer dreifachen schattigen Allee, die mit kleineren Nebenbuskagen [Sträuchern] im englischen Geschmacke mit hin und her sich schlängelnden Wegen unterbrochen, hier und da mit weiß angestrichenen Statuen, die mit dem dunklen Grün lieblich kontrastieren, anmutig befaßt sind. Überall sieht man gemächliche Rasensitze oder auch steinerne Bänke angebracht, die dem Lustwandelnden Erholung zuwinken, und das beim Eingange zur Linken in einem Halbzirkel erbaute Gärtnerhaus gibt bei großer Hitze Erfrischungen und Schutz beim Überfall eines Regens."[559]

Carl Theodor war schließlich auch in München ans Werk gegangen und hatte 1780 als aufgeklärter, liberaler Kurfürst in seiner Fürsorge für die kurbayerische Bevölkerung seinen Hofgarten (Abb. 78) öffnen lassen, da München nach seinem Geheimen Kabinettssekretär Stephan von Stengel „keine öffentlichen Spaziergänge [hatte], die nach München führenden Straßen nicht einmal Bäume hatten, deren Schatten zum Spaziergehen eingeladen hätten, und der nahe Hirschanger nicht für jedermann geöffnet war [...]."[560] Den Münchnern war deshalb nichts anderes übrig geblieben, „als die Wirtschaftsgärten vor der Stadt und ihre sogenannten Freinächte [zu besuchen], wo sich denn auch alles ohne Unterschied des Standes beim Tanz, bei Fleisch und Bier und Wein oder auch bei Met versammelte."[561] Dazu hatte Carl Theodor die nördlichen Hofgartenarkaden zu einer ab 1781 öffentlich zugänglichen Gemäldegalerie, einem überaus beliebten Treffpunkt kunstbeflissener Lustwandler, ausbauen lassen.[562] Dazu notierte Lorenz Westenrieder: „Die Gemaehlde wurden bis daher in den drey churfuerstlichen Schloeßern, naemlich der Residenz zu Muenchen, und dann zu Nymphenburg, und besonders in Schleisheim aufbewahret, wovon nun die besten Stuecke zusamm gewaehlt, und naechstens in ein eigenes dazu bestimmtes Gebaeude, welches der itzt regierende Churfuerst Karl Theodor 1779 errichten ließ, eingetragen werden."[563] Wie hatte sich 1784 der Benediktinermönch und Bibliothekar von St. Gallen Johann Nepomuk Hauntinger (1756–1823) über diese damals sensationellen Wohltaten und die freie Entfaltung eines jeden Menschen gewundert: „In diesem Garten, welcher von jedermann besucht werden darf, ist man sehr ungeniert; alle Komplimente, Verbeugungen, Hutrücken, selbst wenn man den Kurfürsten begegnet, sind da verboten. Einer vertreibt sich hier die Weile mit Lesen unter einem schattigen Baume, ein anderer beschäftigt sich mit etwas anderem, jeder nach seiner Laune [...]."[564]

Nun schritt der Landesherr zu seinem bedeutendsten Unternehmen in Sachen Gartenkunst: „Schon im Jahre 1789 wurde Sckell von dem Churfuersten Carl Theodor nach München berufen, um sein Gutachten und seine Vorschlaege zu einer neuen englischen Anlage daselbst, welche unter der Oberleitung des Grafen von Rumford ausgefuehrt werden sollte, abzugeben. Leider stund damals hier noch die Garten=Cultur auf einer sehr niedern Stufe; Klima, Boden und Lage schienen diese Hauptstadt, gegenwaertig die Bewunderung des Auslandes, zu einem Stillstande in der Garten=Cultur, bestimmt zu haben. Sckell erhielt den Auftrag, sich mit allen diesen Hindernissen bekannt zu machen, und nach deren reifen Überlegung sein Gutachten fuer den kuenftigen Gartenbau abzugeben."[565]

In der Isarmetropole angekommen, begann Friedrich Ludwig Sckell, die ersten Pläne für die regelmäßigen Militärgärten (Abb. 79) und den ersten Volkspark auf dem europäischen Kontinent zu skizzieren.[566] Dazu kommentierte er: „Auf diese Aufnahme werden dann die ersten Grundlinien der Haupt-Ideen der neuen Gartenanlage, die mit dem Charakter des Platzes und der Gegend vereinbarlich sind, aber nur nach ihren großen und Hauptumrissen, nach der geometrisch topographischen Lage und den aesthetischen Regeln der Composition laendlicher Bilder […] entworfen. Dazu gehoert aber, daß ihm diese Bilder, wie sie sich erst nach mehreren Jahren zeigen werden, lebhaft vorschweben muessen […].“[567] Um seinen Entwurf im großen Maßstab auf die Natur zu übertragen, verwendete er einen „5 bis 6 Fuß lange[n] 1 ½ Zoll Durchmesser haltende[n], runde[n] Stab, der unten mit einer eisernen Spitze versehen seyn muss, um die Linien in die Erde zu ritzen. Diesen Stab haelt der Zeichner […] mit der rechten Hand oben und mit der Linken gegen unten, oder auch umgekehrt, und zwar so, daß die eiserne Spitze rueckwaerts gegen die Erde gekehrt ist […]; worauf dann hinter ihm […] durch zwei Arbeiter Pfloecke gesteckt, aber noch nicht festgeschlagen werden duerfen. Wenn er nun das Ende seiner Linie erreicht hat, kehrt er wieder zurueck, untersucht ihren Lauf, verbessert ihn, und laeßt dann erst die Pfaehle festschlagen, oder die gezogene Linie mit einer scharfen Haue aufreißen, in dem Falle, wo die Linie bleibend ist, und keine Verrueckung mehr erleidet […].“[568] Während Sckell die geplanten Wege auf die Natur übertrug, machte er sich präzise Gedanken zur Funktion des „Theodor-Parks“ als Volksgarten: „Der Zweck solcher Anlagen

Abb. 79: „Theodor Park / Vermessen / Von den churfuerstl[ichen] Forst=Eleven A[nn]o 1793“. – Inszenierung für den BR-Dokumentarfilm „Kurfürst Carl Theodor von Pfalz-Bayern. Des Glückes Wunder“ (2024)

besteht vorzueglich darin, daß sie den Menschen zur Bewegung, zum Genuße der freien und gesunden Lebensluft und zum traulichen und geselligen Umgange und Annaeherung aller Staende dienen, die sich hier im Schooße der schoenen Natur begegnen, erquicken und in ihrem einfachen Genuße manche andere minder wohltaethige staedtische Ergoetzlichkeit entbehren lernen. In solchen Gaerten muß daher auch fuer das Beduerfnis aller Staende und jeden Alters gesorgt werden. Greise, Wiedergenesende und die zarte Jugend fordern nahe, gemaechliche, Gefahrfreie und mit vielen Ruhebaenken bestellte Wege, die auch zugleich gegen die rauhen Winde geschuetzt seyn muessen, und die von der Sonne erwaermt werden koennen. Mit der kraftvollen, wirkenden Menschenclasse aber verhaelt es sich anders. Diese bedarf Wege, die mehrere Stunden weit durch Waelder, Haine und Auen fuehren, und die auch zum Reiten und zum Fahren eingerichtet seyn mueßen; denn sie muß ihre Staerke ueben, neue Koerper- und Geisteskraefte durch Thaetigkeit gewinnen und diese dem Staate lange erhalten."[569] Hier will das Volk gesehen, gefallen und bewundert werden.

Im „baierischen Landbot[en]" war bereits am 26. Mai 1790 zu lesen: „Als Seine churfuerstliche Durchlaucht am 25sten [...] den neu angelegten englischen Garten zu besehen geruhen wollten, fuhren Hoechstdieselbe in einen offnen Gartenwagen unter Begleitung Ihrer Exzellenzen des Herrn Oberststallmeisters Titl. Grafen von Vieregg, und des Herrn General-Majors Titl. Ritters von Thompson durch den churfuerstl[ichen] Hofgarten, und ueber die sogenannte x Bruecke, welche ueber einen aus der Stadt fließenden Kanal geht [...]. Jenseits dieser Sprengbruecke nun oeffnet sich eine neue Scene, und hier war es, wo Se[ine] churfuerstl[iche] Durchlaucht aus dem Wagen stiegen, um die folgenden Parthien des Parkes zu betrachten. Gleich rechter Hand schluepft ein Fußpfade in die Dichte des Waldes, und fuehrt in sanften Wendungen laengs dem sogenannten Eisbache hin [...]. Auf diesem duesterstillen Fußpfade koemmt man bald auf einen anderen, der links tiefer im Walde zu einer Ruhebank fuehrt, wo sich dem Auge eine 8 – 10 Morgen große Wiese, von den herrlichsten Baumgruppen [clumbs] umschlossen, darbietet, und im fernen Hintergrunde kann es von hier durch eine lichte Waldgegend gleichsam verstohlne Blicke nach dem dorischen Tempel werfen."[570] Im Auftrag Thompsons hatte der Münchner Baumeister und Offizier des kurbayerischen Ingenieurkorps Johann Baptist Lechner (1758–1809) den Apollotempel (1789/90) nach einer Stichvorlage des Metzer Radierers Sébastien Le Clerc (1637–1714) entworfen. Mit dem hölzernen Götterstandbild hatte der Hofbildhauer Franz Joseph Muxel (1745–1812) versucht, einen allegorischen Bezug zum Kurfürsten herzustellen und ihn an sein geliebtes Schwetzingen zu erinnern.

Der „Baierische Landbot" wusste weiter zu berichten: „Doch, man sehnt sich nach den Ufern des Eisbaches wieder [...]. An drey verschiedenen Stellen wird sein sonst ruhig dahinstroemendes Kristall ueber kuenstlich schrof[f]e Felsen hinabstuerzen, und keine kuenstliche Musik kann dann einen mit der ganzen Scene und mit ihrem heiligen Dunkel so gut harmonisirenden Accord hervorbringen, als diese kleinen Wasserfaelle. Hier wandelten Se[ine] churfuerstl[iche] Durchlaucht, vertraut mit dem hohen Gefuehle fuer Natur und Kunst, eine Weile hinab, und folgten dann dem einladenden Pfade links nach dem dorischen Tempel, der rund und ganz offen im reinsten Geschmacke des Alterthums auf 10 [...] Saeulen ruhet [...]. Unterwegs erinnert ein kleiner chinesischer Tempel, daß er nicht umsonst dasteht, und wirklich gewaehrt er in einer Entfernung von 100 Schritten den vollkommnen Anblick der grossen chinesischen Pagode [...], wo hoechstdieselbe [churfuerstliche Durchlaucht] von einigen Stockwerken die herrliche Aussicht genossen [...].“[571] Wie stolz konnten der Kurfürst und sein Kriegsminister von der nach den Plänen des Ingenieur-Oberlieutenants Joseph Frey (1758–1819) aufgerichteten chinesischen Pagode (1789/90) hinunterblicken (Abb. 80, 81), die nach William Chambers Vorbild im Londoner Kew Gardens entstanden war[572], war ihnen doch mit dem ersten Volkspark auf dem europäischen Kontinent eine unglaubliche Sensation in sozialgeschichtlicher Hinsicht gelungen! Dennoch entsprach dieser Turm keineswegs Sckells Vorstellungen, der sich seit seiner Englandreise ganz und gar der puristischen Auffassung des britischen Landschaftsarchitekten Lanzelot Capability Brown verpflichtet fühlte, sich aber als Unterhofgärtner weder in Schwetzingen gegen Nicolas de Pigage noch in München gegen Benjamin Thompson durchsetzen konnte, wollte doch in beiden Anlagen der Kurfürst der Allgemeinheit demonstrieren, wie in einem Landschaftspark alle Kontinente erwandert werden konnten. So konnte Sckell erst Jahre später verraten: „Ein Chinesischer Turm, eben so von Holz erbauet, /: bei dem man aber bemerken muß, daß der Chinesische Geschmack der Baukunst keine Nachahmung verdienet und wenn einst dieser ganz faul seyn wird und abgebrochen werden muß, Kein anderer erbauet werden dürfte [...].“[573] Zunächst war ihm weitaus wichtiger: „In solchen Gaerten muessen aber auch dem gesellschaftlichen Vergnuegen, dem Tanze und andern muntern Spielen und wo auch zugleich Erfrischungen und Speisen genommen werden koennen, Gebaeude im guten Geschmacke und an solchen Orten errichtet werden, wo sie als bildliche Gegenstaende, oeffentlicher Zierde und Verschoenerung erscheinen.“[574] Dies löste für Sckell wiederum Lechner in Form der Chinesischen Wirtschaft (1789/90) mit einer damals unbeliebten fernasiatischen Dachbekrönung. Sie war für das allgemeine Publikum noch nicht geöffnet, als Carl Theodor lustwandelnd daran vorbeiflanierte. Im „Baierischen Landbot[en]“ war weiter zu lesen: „Nachdem nun Se[ine] churfuerstl[iche] Durchlaucht auch das neuerbaute Wirthshaus, welches allein im Stande waere, den sonst verschrienen Geschmack der Chinesen wieder in Kredit zu bringen, in Augenschein genommen hatten, begaben sich

Abb. 80: Unterhofgärtner Friedrich Ludwig Sckell (links), Kurfürst Carl Theodor (Mitte), Benjamin Thompson (rechts) und Vertreter der Gartenkommission (dahinter rechts) im „Theodor-Park" vor der chinesischen Pagode. – Wandbild von Augustin Palme, 1867

hoechstdieselbe in den Wagen, fuhren noch eine Zeit lang durch die mannigfaltig abwechselnden Wege des Lustwaldes und dann bey der Vieharzneyschule vorueber […], wo die fuer Baiern so sehr wichtige und so sehr vernachlaeßigte Kunst 32 Schuelern gelehrt wird. Sie enthaelt 5 Gebaeude: das Wohnhaus fuer den Lehrer und Schueler, das anatomische Theater, die Stallungen, die Schmiede und die Scheune (Stadl) nebst einem geraeumigen mit einer Mauer ganz umschlossenen Rasenplatze."[575]

Wie zufrieden musste sich der Kurfürst fühlen, als er die in der „Höchst Landesherrliche[n] Militär-Verordnung"[576] geforderte Doppelfunktion seines Volksparks erfüllt sah: Es „werden in diese Thierarzney-Schule Acht Zöglinge vom Civil- und Acht vom Militaire-Stande aufgenommen, in allem unterrichtet,

Abb. 81: Chinesische Pagode (heute: Turm), erbaut nach den Plänen von Joseph Frey, 1789/90

und bis zur Vollendung des Lehrkurses mit Kost, Kleidung, und Wäsche darinn unentgeldlich verpfleget [und] sollen nebst der unentgeldlichen Aufnahme dieser Sechszehn Zöglinge, noch andere Sechszehen ohne Rücksicht des Standes gegen Erlag von monatlichen zehen Gulden in gedachter Veternaire-Schule aufgenommen, und mit all obigen darinn verpfleget werden."[577] Auch nahm er Sckells regelmäßig konzipierte Militärgärten mit Wohlwollen zur Kenntnis: „Jenen links an der X Bruecke liegenden Platz, der zum Garten fuer die Zoeglinge der churfuerstl[ichen] Militaerakademie und zum Bau einer Festung nach verjuengten Maaßstabe bestimmt ist [...]. Die Militaergaerten, worinn ein jeder Soldat der hiesigen aus 3 Regimenter bestehenden Besatzung taeglich einen oder in allen 365 Quadratschuhe guten, fruchtbaren Bodens zum Bau und freyen Genuß fuer sich hat."[578] Da durfte auch ein großer Platz nicht fehlen, „der zum sichern Nutzen derjenigen, welche sich der Kriegskunst widmen, in taktischen Vortheilen orientiren und große Manoeuvres studiren wollen, in die gewoehnlichen und schwersten terraino als Defileen, Moraeste, coupirte Anhoehen, Doerfer u[nd] d[er] g[leichen] eingetheilt und ebenfalls nach 1/10 Maaßstab, wie jene Festung, woran dieser Platz sich schließt, zu diesem Endzweck gerichtet werden wird."[579] Zudem hatte der Kurfürst eine „Schweyzerei"[580] zur Hornviehzucht, eine „Schaeferey"[581] sowie eine Baum- und Ackerbauschule angeordnet. Ein Jahr später sollte es dem Baumeister Lechner gelingen, ein an die palladianische Architektur angelehntes Offizierskasino (heute: Rumfordhaus, 1791) mit moderner, von Thompson inspirierter Küche, einem Speisesaal für 150 Personen und weiteren Sälen zu vollenden. Voller Bewunderung sollte zwei Jahre danach im ersten Führer stehen: „Ich weiß nicht, ob ich es einen Pallast, einen Pavillon, einen Saal, ein Sommerhaus oder wie nennen soll. Es ist für alle diese Benennungen zu groß und zu klein, aber einzig in seiner Art [...]."[582]

Erst im Frühjahr 1792 sollte der Englische Garten für die gesamte Bevölkerung geöffnet werden, als der Kurfürst nach dem Tod von Johann Wilhelm Sckell dessen Sohn Friedrich Ludwig endlich zum Hoflustgärtner ernannt hatte. So sollte jedermann beobachten können, wie um 1793 zusätzlich ein Diana- alias „Ossa"-Tempel, bald zum „Oha"-Tempel verballhornt, und ein Amphitheater mit einem runden Orchestra-Platz[583] entstehen sollten. Um 1795/96 sollte die Bevölkerung ebenso bezeugen können, wie der Bildhauer Franz Jakob Schwanthaler (1760–1820) für den „Theodor-Park" ein Rumford-Denkmal aus Kalktuff, Sandstein und Marmor gestalten und dieses mit einem Relief verzieren sollte, auf dem er die Bavaria mit Rautenschild, geführt von Abundantia, der Personifikation des Überflusses, mit Füllhorn einmeißelte. Zu Recht konnten alle an der Vorderseite die Widmung von Rumfords Freunden lesen: „LVSTWANDLER STEH! / DANK STAERKET DEN GENVSS. / EIN SCHOEPFERISCHER WINK CARL THEODORS, / VOM MENSCHENFREVNDE RVMFORD / MIT GEIST, GEFV[E]HL VND LIEB GEFASST, / HAT DIESE EHEMALS OEDE GEGEND, / IN DAS WAS DV NVN VM DICH SIHEST, / VEREDELT."[584]

„Schulden [...], die sich beynahe auf 25 Millionen Gulden belaufen sollen"

Wie konnte Carl Theodor sämtliche Ausgaben für seine Hofgesellschaft in München, die seiner Gattin in Mannheim und Oggersheim, die Verwaltungen und das Militär in allen sieben Residenzstädten sowie für die facettenreichen kulturellen, wissenschaftlichen und sozialen Projekte finanzieren, obgleich ihm Kurfürst Max III. Joseph immense Schulden hinterlassen hatte? Zudem hatte er dessen Schwester Maria Antonia Walburgis Symphorosa Kurfürstenwitwe von Sachsen sechs Millionen Gulden (statt ursprünglich zwölf) – und dies unverzüglich nach dem Vertrag von Teschen – zu zahlen. Als ehemaliger Student der Jurisprudenz in Mainz (ab 1770) interessierte sich auch Johann Kaspar Riesbeck für die wirtschaftliche Seite Kurbayerns: „Man glaubte, der vorige Kurfuerst [Max III. Joseph] haette waehrend seiner langen und stillen Regierung den groeßten Theil der Staatsschulden abgetragen, aber beym Antritt des jetzigen Fuersten [Carl Theodor] fand man sich in seiner Erwartung

Abb. 82: Kurfürst Carl Theodor, der die Einnahmen aus der Reichenhaller Saline erheblich erhöhen konnte. – Relief von Roman Anton Boos am Carl-Theodor-Stollen in der Alten Saline, Reichenhall, 1791

sehr betrogen. Etwas von den aeltesten Forderungen war zwar getilgt; aber es wurden dagegen wieder sehr viele neue Anleihn gemacht. Der Fuerst hatte platterdings keinen Begrif[f] von seinen Finanzen, sondern gab sie seinen eigennuetzigen Bedienten preiß, und war zufrieden, wenn seine kostbaren Jagden konnten bestritten werden, und der jetzige Hof scheint auch nicht geneigt zu seyn, den ungeheuren Aufwand fuer seine Opern u. d. m. wegen seiner Schulden einzuschraenken, die sich doch beynahe auf 25 Millionen Gulden belaufen sollen."[585] Offensichtlich hatte Riesbeck einschlägige Tipps in München bekommen, da er als Ausländer von diesem Sachverhalt nichts wissen konnte. Tatsächlich beliefen sich Schulden auf zirka 22 ½ Millionen Gulden. Dass er sich über die kostspieligen Hofjagden Max III. Joseph echauffierte, konnten seine Freimaurerkreise noch verstehen. Doch mit seiner negativen Haltung den Opernaufführungen gegenüber musste er vor allem bei seinen Wiener Schauspielerkollegen auf erheblichen Widerstand stoßen.

Erst 1803 publizierte der Historiker und ehemalige Hofkammerrat und Fiskal Franz de Paula von Krenner (1762–1819) in seinem Opus „Baierischer Finanz-Zustand in den Jahren 1777, 1792, 1798, 1799 und 1800", wie es um die Finanzen in Kurbayern zu dieser Zeit stand. Nach seinen Angaben hatten beim Antritt Carl Theodors 1777 die Einnahmen von Steuern und Auflagen 3.212.511 Gulden[586], von nutzbaren Rechten 529.253 Gulden und von Domänen 609.662 Gulden, also zusammen 4.351.426 Gulden betragen. Demgegenüber waren die Ausgaben von 4.453.379 Gulden[587] gestanden, also ein Defizit von 101.953 Gulden; hinzu waren noch an außerordentlichen Ausgaben 685.689 Gulden gekommen. So hatte sich eine Defizitsumme von 787.642 Gulden aufgetürmt, die durch außerordentliche Finanzmittel ausgeglichen werden musste. Unter den Ausgaben war der Hofetat mit 729.822 Gulden[588] veranschlagt worden.[589]

Riesbeck dagegen bezifferte 1784 sämtliche Einkünfte „aus den Steuern, Zoellen, Akzisen, Domaenen, Forsten, Bergwerken u. s. w. kaum [auf] 5 Millionen Gulden."[590] Doch stellte er fest, dass in dieser Summe „einer der wichtigsten Artikeln, der Handel mit dem salzburgischen und Reichenhaller Salz nicht mitbegriffen [ist]. Dieser wird von einigen auf 2 Millionen gesezt: aber hoechst wahrscheinlich belaeuft er sich nicht ueber 1 Million Gulden. Man kann also die saemmtlichen Einkuenfte von Bayern am sichersten auf 6 Millionen Gulden setzen. – Die Einkünfte aus der Pfalz am Rhein belaufen sich ohngefehr auf 1.700.000, die aus den westphaelischen Landen auf 1.500.000 Gulden; so daß der Hof in allem jaehrlich ohngefehr 9.200.000 Gulden, oder 20 Millionen Livres aus seinen Staaten zieht."[591] Weiter informierte Riesbeck seinen „Bruder zu Paris": „Du siehst, daß die Einkuenfte der Rheinlande des Kurfuersten etwas mehr als die Haelfte des Einkommens aus Bayern betragen, obschon die Zahl der Einwohner derselben, nicht gar die Haelfte der Einwohner Bayerns ausmacht; aber sowohl dieser Unterschied, als auch jener, den der eintraegliche bayerische Salzhandel verursacht, wird durch die bessere Benutzung besagter Lande, durch den fleißigen Anbau, durch die groeßern Auflagen, durch das lebhaftere Gewerbe der Einwohner, besonders jener in den westphaelischen Staaten, und durch die sehr eintraeglichen Wasser und Landzoelle ueberwiegend gehoben. Waere Bayern nach dem Verhaeltnis seiner Groeße so gut bevoelkert und gebaut, als die mit ihm verknuepften Rheinlande, so mueßte es 3 bis 4 Millionen Gulden mehr eintragen."[592]

Im Vergleich zu 1777 stiegen im letzten Friedensjahr (1792) die Ausgaben Kurbayerns ohne die Kurpfalz auf 5.601.299 Gulden[593]. Dennoch standen diesem Posten die Einnahmen von 5.617.129 Gulden[594] entgegen, so dass der Kurfürst und sein Finanzminister einen Überschuss von 15.840 Gulden erwirtschaften konnten. Das Hofbudget verfügte sogar über den Betrag von 1.072.400 Gulden[595], wovon 963.120 Gulden[596] allein auf den Kurfürsten fielen. Dazu waren 1.249.848 Gulden Kriegsbudget und die Abzahlung von Schulden und Zinsen von 1.063.326 eingerechnet.[597]

Tatsächlich gelang es Carl Theodor (Abb. 82), innerhalb seiner Regierungszeit durch hervorragendes Wirtschaften und eine modernere Verwaltung die Schulden bis auf 15 ½ Millionen Gulden zu reduzieren. Dies verdeutlicht sich beispielsweise bei den Einnahmen aus dem Salzwesen: Im Buch „Rechnung der Kurfürstl[ichen] Haupt-Kaßa Muenchen für das Jahr 1778", also im ersten Regierungsjahr Carl Theodors in Bayern, wurde unter der Rubrik „Einnahme an Reichen Salz-Gefällen" der Reichenhaller Saline eine „Summa der Einnahme [von] f[l]. 574.506"[598] aufgeführt. Hingegen wurde im letzten Friedensjahr seiner Regierung (1792) unter derselben Rubrik die „Summa der Einnahme um verkauftes Salz [von] f[l]. 885.150"[599] angegeben (Abb. 83). Damit war es Carl Theodor innerhalb von 14 Jahren gelungen, seine Einnahmen nur in diesem Bereich um 308.644 Gulden zu erhöhen.

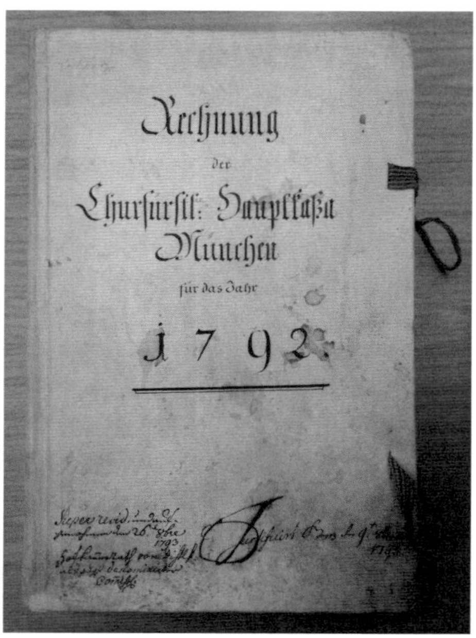

Abb. 83: „Rechnung der Churfürstl[ichen] Hauptkaßa München für das Jahr 1792"

Dennoch konnte er die Schulden in ihrer Gesamtheit niemals tilgen. Riesbecks Vorstellung einer militärischen Aufrüstung Pfalz-Bayerns sollte sich nicht erfüllen: „Waeren die Schulden getilgt, so koennte der Kurfuerst nach der Zahl seiner Unterthanen und seinen Einkuenften leicht 40 bis 45 tausend Mann auf den Beinen halten; und waere dieser Theil seiner Besitzungen so angebaut, wie seine Rheinlande, so koennte er wohl eine Armee von 60.000 Mann unterhalten, und sich von den maechtigsten Haeusern sehr viel Hochachtung verschaffen. Wenn sein Nachfolger zur Regierung koemmt, so wird das Ganze durch das Herzogthum Zweybruecken um ein Betraechtliches vermehrt, und vielleicht wird dann auch die Wirthschaft besser."[600]

11. »ACH GOTT, SEIEN WIR FÜRSTEN GUT UND GERECHT«

„Französisches und brabantisches Blut in ihren Adern"

Nach und nach traten die Machenschaften des 1776 vom Freimaurer und Ingolstädter Professor für Kanonistik Adam Weishaupt (1748–1830) gegründeten radikal-aufklärerischen Geheimordens der kurbayerischen Illuminaten zu Tage. Es zeigte sich, dass dieser Gemeinschaft Geistliche, ein Großteil der bayerischen Beamtenschaft und zahlreiche Mitglieder der Landstände, darunter ab 1778 der Bürgermeister und Großgrundbesitzer Thomas Franz Maria de Bassus (1742–1815), angehörten. Sie strebten ein fürsten- und religionsloses Weltreich an. So hieß es: „Dieser Orden ward dem Jesuitenorden geradezu entgegengestellt. Die Exjesuiten, zu Märthyrern geworden, waren als schleichende Oppositon in den geheimen Gesellschaften eine weit gefährlichere versteckte Macht geworden, als sie früher als herrschende öffentliche Macht gewesen waren. Früher konnte man sie beneiden, jetzt mußte man sie fürchten. Die Illuminaten begannen den Kampf mit den Exjesuiten mit Bewußtsein und auf Tod und Leben."[601] Wie bedrohlich empfand auch Kurfürst Carl Theodor deren Auffassung! Er wandte sich mehr und mehr den reaktionären Strömungen eines ultramontanen Katholizismus zu. Am 2. März 1785 verbot er schließlich diese nach seiner Meinung landesverräterische und religionsfeindliche Gemeinschaft. Durch scharfe Zensur- und Verfolgungsmaßnahmen hoffte er, ihre politischen Ziele zu durchkreuzen und zu unterbinden. Von der kurfürstlichen Regierung bedroht, floh 1787 de Bassus von seinem „Illuminatennest"[602] Schloss Sandersdorf über den Schweizer Ort Poschiavo auf seine Güter in Catone, ehe seine gesamten Liegenschaften in Kurbayern beschlagnahmt wurden.[603] In die Schweiz und nach Italien begleitete ihn als Sympathisant der in Mendorf bei Altmannstein geborene, hochbegabte Organisten-Sohn Johann Simon Mayr (1763–1845). Damit sollte der virtuoseste unter den Komponisten seiner Heimat für immer und ewig verloren gehen. Gerade dies hätte Carl Theodor als Musiker und Mäzen der Tonkunst mehr als bedauert, wenn er es gewusst hätte, denn selbst Gioachino Rossini (1792–1868) sollte Jahrzehnte später die Werke des „Vaters der italienischen Oper"[604] empfehlen: „Die Komponisten unserer Tage sollen die Opern unseres

Papa Mayr studieren, und sie werden darin alles finden, was sie suchen und was ihnen von Nutzen ist."[605] Dessen Anregung sollte Gaetano Donizetti (1797–1848) folgen: „Schon beim Namen von Mayr verneigen sich alle, und [...] wann man ihn compà [Papa] Simone nennt, sagen sie, dass es nichts darüber hinaus gibt!"[606]

Nach dem Tod Kaiser Leopolds II. († 1.3.1792) konnte Carl Theodor als „Reichsvikar"[607] des Heiligen Römischen Reiches Deutscher Nation seinem Minister Thompson endlich für seine grandiosen Verdienste danken und ihn am 9. Mai 1792 zum Reichsgrafen von Rumford mit dem Wahlspruch „Es ist süß, sich der Arbeit zu erinnern"[608] nobilitieren.[609] Den Adelstitel entlehnte er der 1734 konstituierten Stadt Rumford im US-Bundesstaat New Hampshire, die 1765 vom Kolonialgouverneur von Benning Wentworth (1696–1770) den Namen Concord erhalten hatte. Thompson verband mit diesem Ort viele Erinnerungen: Dort hatte er zusammen mit dem Referend Timothy Walker (1705–1782) nicht nur eine Schule gegründet, sondern auch dessen verwitwete, sehr reiche Tochter Sarah Rolfe (1739–1792) geheiratet, die ihm 1774 die Tochter Sarah, genannt Sally, geschenkt hatte. Unter diesen widrigen Umständen hatte er beide zurücklassen müssen, als er sich 1775 in Boston eingeschifft und die Vereinigten Staaten infolge einer unberechtigten Anklage, die zwar zum Freispruch aber dennoch zu Feindseligkeiten geführt hatte, verlassen hatte.

Als Reichsgraf von Rumford musste er aber statt Dankbarkeit Schmähungen hinnehmen, was auch Carl Theodor durch den Erlass vom Neujahrstag 1792 nicht verhindern konnte, dem zufolge die „höchst beleidigenden Zweifel gegen den Bestand des neu angenommenen Kriegssystems und alle spitzfindigen Bemerkungen über die erlassenen Verordnungen schärfstens und bey unvermeidlich schwerer Strafe"[610] zu ahnden seien. Nach und nach war das revolutionäre Gedankengut von Frankreich nach Kurbayern eingesickert. So verspottete der Verfasser einer Schmähschrift die unaufhörlichen Mühen des Kriegsministers um das Militär: „Am Kopf ein Held, / Im Sack kein Geld, / Am Hals ein Kind, / Der Bauch voll Wind, / Hint' und vorn ein armer Mann, / Der sich kaum bedecken kann!"[611] Wie zuvor Carl Theodor suchte jetzt auch der an einem Gallenleiden erkrankte Kriegsminister Erholung auf einer Italienreise, während der er bedeutende Naturwissenschaftler in Florenz, Mailand, Pavia, Verona und Neapel aufsuchte. Nur sehr widerwillig sollte er 1794 nach München zurückkehren.

Auch der ländliche Widerstand gegen die Einschränkungen der dörflichen Waldnutzung und das Holzmonopol von Carl Theodors natürlichem Sohn Carl August nahm jetzt Fahrt auf. Der überhandnehmende Wildschaden verursachte eine allgemeine Empörung! So protestierte ein pfälzischer Bauer anlässlich Carl Theodors 50. Regierungsjubiläums (1792): „Sollten wir jubilieren, daß wir fünfzig Jahre lang im Schweiß unseres Angesichtes unser Feld bauen durften, um die

Schweine und Hasen seiner Excellenz zu füttern?"[612] Die pfälzischen Untertanen wandten sich direkt und mit deutlichen Drohungen an ihren Landesherrn: „Durchleuchtigster Churfürst gnädigster Herr. Der Schaden, der uns drücket ist zu groß, daß wir nicht länger schweigen können, sondern einmahl unsere Noth zu den Füßen Euer Churfürstlichen Durchleucht niederlegen müssen. Was in der mittleren Pfalz die betrübte Überschwemmung des 1789er Jahrs noch übrig gelassen, das frasen die Hirsche [...] zu unserem Verderben, und zur Blesier [Freude] eines einzigen Menschen [...] so wagen es einige treue Unterthanen, Ihre bekümmerte[n] Herzen vor dem Throne Euer Churfürstlichen Durchleucht alß Ihren theuersten Landes Vatter auszuschütten und flehntlichs zu bitten, daß so übermäßige Wildbrett, wie man solches in der Gegend Mannheim und besonders im Seckenheimer Wald am mehresten antrifft, hinwegschaffen zu lassen, ansonsten vielleicht und nur zu gewiß die traurigen Folgen unserer Nachbarn zu befürchten sind. Die Pfälzer Herzen sind noch treu, noch nicht ausgeartet, jedoch wann sie gereizet werden, könnte leicht französisch- und brabantisches Blut in ihren Adern rollen: hülfe also gerechter Landes Vatter! Warum sollen Millionen von Menschen um die freude eines einzigen Herren vollkommen zu machen zusehen, das die Hirsche Ihren Kindern das brod aus dem rachen reisen, dessen Grund und Boden darauf es geplanzet wird so theuer muß verschäzet werden. Hilfe flehen wir im Namen aller Pfälzer, Hilfe Landes Vatter! Oder sonst glauben wir Carl Theodor oder dessen hochpreisliche Landesregierung liebt nicht mehr getreue Unterthanen [...]."[613] Um den aufflammenden Protesten den Nährboden zu entziehen, ging der Kurfürst halbherzig auf die Forderungen der Landbevölkerung ein. So hob er das Holzmonopol seines natürlichen Sohnes auf, gab das überzählige Wild zum Abschuss frei und sicherte allen Aufrührern Straffreiheit zu. Darüber hinaus garantierte sein Statthalter Oberndorff eine strenge Prüfung aller Klagen. Doch die in Gang gebrachten Untersuchungen lieferten keine Ergebnisse.

Weitaus entschlossener als gegen die bäuerlichen Rebellen ging Carl Theodors Regierung gegen die kleine Schar an kurpfälzischen Akademikern vor. Durch Berufsverbote existenziell bedroht, waren alle ins Elsass geflohen. Zur Gruppe um den rheinischen Jakobiner Eulogius Schneider (1756–1794) gehörte Johann Georg Kämmerer, der einst als Professor an der Heidelberger Universität unterrichtet hatte und als Publizist nun einen nicht unerheblichen Einfluss auf den konstitutionellen Klerus ausübte. An seinem Periodikum „Neueste Religionsbegebenheiten in Frankreich" wirkte Jakob Koller mit, der bis dahin als Mitglied der Lazaristenkongregation an der Heidelberger Universität gelehrt und bereits 1789 als Anhänger des Königsberger Philosophen Immanuel Kant (1724–1804) seine Lehrbefugnis verloren hatte. In Straßburg agierten der ehemalige Heidelberger Kapuzinermönch Franz Christoph Günther und der Wieslocher Priester Friedrich Anton Welcker. In Landau hingegen reihte sich der

Frankenthaler Kleriker Johann Peter Ackermann in den Kreis der Revolutionäre ein. Selbst der Superior der Mannheimer Lazaristen Peter Faber verließ nach verschiedenen Auseinandersetzungen mit den einheimischen Behörden die Kurpfalz und gesellte sich in seiner französischen Heimat zu den Revolutionären. Außerdem verkündete der langjährige Leiter des Karlsstifts und Heidelberger Professor Franz Anton Zimmermann seine aufklärerischen Ideen. Diesen Kreis rundeten die Mitstreiter der „societé allemande de Mannheim“ ab, die sich 1792 dem Pariser Nationalkonvent und der Nationalversammlung gegenüber solidarisch im Kampf für „Liberté, Égalité et Fraternité“ erklärten. Um den Import aufrührerischer Schriften aus Frankreich zu unterbinden, ließ Carl Theodor die Grenzkontrollen verstärken. Zudem verbot er jegliche revolutionäre Propaganda und bald auch jede öffentliche politische Meinung sowie das Mitführen von Waffen.

Zudem rückten im April 1792 nach dem Ausbruch des Revolutionskriegs die französischen Truppen bis an das linke Rheinufer vor. Ein halbes Jahr später errichteten des Nachts mittellose Mannheimer einen Freiheitsbaum und priesen die Sansculotten, die Pariser Arbeiter und Kleinbürger, die im Gegensatz zur charakteristischen „culotte“, den Kniebundhosen des Adels, lange Beinkleider trugen. In dieser gefährlichen Lage feierte die Kurpfalz zu Silvester das 50-jährige Regierungsjubiläum ihres Landesherrn. Trotz des Verbots ihres Gatten stand die alte Kurfürstin, die „uns nahe ist und blieb“, wie es in einem Preisgedicht hieß, im Mittelpunkt des Festakts. Ein letztes Mal sollte Mannheim im fürstlichen Glanz erstrahlen. Die Kanonen auf den Wällen jedoch salutierten nicht – aus Furcht vor den Revolutionstruppen, die jenseits des Rheins ihr Heerlager aufgeschlagen hatten. Erneut und diesmal nachhaltig forderte der Kurfürst seine Gattin auf, sofort die Kurpfalz in Richtung München zu verlassen. Seine Hauptsorge galt jedoch nicht so sehr ihrer Person sondern ihren Juwelen und Wertgegenständen. Es sollte vor allem verhindert werden, dass er seine Gemahlin auslösen müsste. Elisabeth Auguste allerdings widersetzte sich und blieb. Da im März 1793 preußische Truppen das rechtsrheinische Ufer wieder zurückerobern und das französische Revolutionsheer bis nach Landau zurückdrängen konnten, bereitete sich die Kurfürstin für einen repräsentativen Empfang des preußischen Königs und anderer Monarchen vor, indem sie ihre Neffen Carl August und Maximilian Joseph kontaktierte. Ein Sommer-Séjour war selbst in Oggersheim in dieser Situation wieder möglich geworden.

Da sich das Schicksalsrad nun zu Gunsten der Franzosen weiterdrehte und diese erneut am linken Rheinufer aufmarschieren konnten, schickte sie ihr kostbares Mobiliar aus Mannheim und Oggersheim nach Weinheim an der Bergstraße. Im dortigen, 1780 umgebauten Gräflich-Lehrbachschen Schloss fand sie mit ihrer Entourage eine notdürftig hergerichtete Zufluchtsstätte. Hier musste sie hilflos zusehen, wie ihr großväterliches Erbe dem Feind in die Hände fiel. Entsprechend dem Motto „Krieg den Palästen!" sollten 1794 die französischen Revolutionstruppen ihre geliebte Sommerresidenz Oggersheim niederbrennen. Sollte sich diese Hiobsbotschaft auf ihr persönliches Wohl auswirken?

Karl Theodor Reichsgraf von Bettschart, „ein höchst übel berüchtigtes Subject"

In dieser Situation fühlte sich Carl Theodor nicht in der Lage, am tragischen Schicksal seiner Gattin etwas zu ändern. Seit Herbst 1793 beschäftigte ihn vielmehr der Amtsmissbrauch des Lehenspropsts und dirigierenden Referendars für Sulzbach und Neuburg Karl Theodor Freiherr (ab 1790 Reichsgraf) von Bettschart (1754–1820).[614] „Er war Landrichter zu Sulzbach"[615] und, wie es hieß, „ein höchst übel berüchtigtes Subject und im Jahre 1788 wegen arger Verbrechen seines Postens entsetzt und zum Tode verurtheilt worden."[616] Zum Entsetzten des Kurfürsten war dieser Skandal unmittelbar mit ihm in Verbindung gebracht worden. In Hofkreisen tuschelte man, dass es sich bei dessen Mutter Maria Josefa, der Tochter des kaiserlichen Feldmarschall-Leutnants Franz Ignaz Graf von Rumpf, um eine seiner abgelegten Kurtisanen und bei Karl Theodor um einen weiteren illegitimen Sohn handele. Zudem hatte der Delinquent 1790 Elisabeth Freiin von Schenk-Castell († 1798) geheiratet, die zweifellos zum Kreis der kurfürstlichen Mätressen zählte, da der Landesherr selbst die gemeinsame Tochter Maria Walburga (1790–1797) gleich nach der Geburt an Vaterstatt angenommen hatte.[617] Zu deren Versorgung hatte er seit 1791 Moosgründe an der Brautlach mit passenden Erwerbungen zu einem Gut zusammenfügen lassen. 1795 stattete er den Ort Brautlach bei Neuburg an der Donau sogar mit der Niedergerichtsbarkeit und mit Hofmarksrechten aus. Die kleine Hofmarksherrin Maria Walburga erhob er schließlich zur Gräfin von Warenberg[618].

Da die Ehe zwischen Elisabeth und Karl Theodor nur auf dem Papier existierte und ausschließlich zur Versorgung der kurfürstlichen Favoritin diente, wunderte es niemanden am Hof, dass Carl Theodor als „Reichsvikar"[619] ihren Gatten anlässlich der Hochzeit zum Reichsgrafen[620] erhoben und weitere Vergünstigungen gewährt hatte. Aber gerade die Zuwendungen seines Landesherrn hatten Bettscharts kriminelle Ader beflügelt, sein korruptes Netzwerk auszubauen. So war es ihm zur Empörung der Untertanen gelungen, das Herzogtum Pfalz-Sulzbach administrativ aufzulösen. Der Jurist Felix Joseph Lipowsky wertete: „Der geheime Rath, Graf von Bettschart, hatte auch ein am 20. Julius

1791 erlassenes Rescript unter dem Vorwande von Geschäfts-Vereinfachung und Ersparung erwirkt, in dessen Folge die Konsolidirung der Herzogthümer Oberpfalz, Neuburg und Sulzbach, und die Beschränkung der in den Hauptstädten dieser Herzogthümer bestandenen Kollegien auf zwei, nämlich auf die Regierung und Hofkammer zu Amberg beschlossen wurde."[621] Nach dem Vorbild der Josephinischen Reformen in Österreich und der damit einhergehenden Säkularisation waren ebenso die oberpfälzischen Klöster in Bettscharts Fokus geraten. Mehr und mehr hatte er diese als „Melkkühe" für Gelderpressung und Bereicherung missbraucht. Man denke nur an die Zisterzienserabtei Waldsassen, von deren Konvent er nach dem Tod des Abtes Wigand Deltsch (amt. 1756–1792) 20.000 Gulden als Gegenleistung für die staatliche Genehmigung der Wahl von Athanasius Hettenkofer (amt. 1793–1803) zum neuen Oberen ergaunert hatte.[622]

Diese und noch weitere Vorfälle führten 1793 zur Formierung einer Untersuchungskommission, die sämtliche Vorwürfe bestätigte. Besonders infam wurden seine Erpressungen eingestuft, da er sie als direkte Anordnungen des Kurfürsten deklariert hatte. Da ein weiteres Ignorieren seiner Machenschaften Carl Theodors Ruf schwer geschädigt hätte, war der Delinquent verhaftet worden.[623] „Später, im Jahre 1793", wie es hieß, „bat die Gräfin Betschard-Schenk den Kurfürsten, das früher verschobene Todesurtheil gegen den Scheingemahl doch noch vollstrecken zu lassen, denn sie beabsichtige, einen Grafen Chamisso zu heirathen. Der Kurfürst verwandelte hierauf die Todestrafe in ewiges Gefängniß und zwar ward Betschard nach Oestreich, nach dem ungarischen Munkatsch [heute: Mukačevo in der Slowakei] als Staatsgefangener gebracht. Er saß hier so lange, bis ihm die Gnade einer späteren Regierung frei machte, worauf er wieder seinen Aufenthalt in München nahm, doch ohne wieder eine Anstellung zu erhalten."[624]

Am Ende hinterließ die Bettschart-Affäre einen bitteren Beigeschmack, von dem sich der Kurfürst wegen seiner Liebschaften nicht ganz zu distanzieren vermochte. Niemanden wunderte dies, denn „Carl Theodor trieb seine Maitressenwirthschaft in München so offen und ungescheut, daß er [selbst] die Fremden in ein Zimmer führen ließ, an dessen Wänden die Bildnisse derselben umherhingen. An die Stelle der früheren Favoritinnen aus den niederen Ständen, die er in der Pfalz gehabt hatte […], [waren] in München ein paar Damen der Aristokratie [getreten]: die Gräfin Josephine von Törring-Seefeld und [eben] Freiin Elisabeth Schenk von Castell. Die Gräfin Josephine Törring war eine geborne Gräfin Minucci [1764–1836], die seit dem Jahre 1780, sechszehnjährig, sich mit Graf Clemens Törring-Seefeld, dem Sohne des Geheimen Raths und Oberhofmarschalls Anton Clemens Törring [1725–1812], der den Teschener Frieden schloß, vermählt hatte: er ward Kämmerer und Intendant der Hofmusik und des Theaters, später Oberstceremonienmeister […]."[625]

„Alle Gattungen des niedrigsten und boshaftesten Muthwillens“

„Ach Gott! Seien wir Fürsten gut und gerecht, so wie es der Allmächtige unser Muster ist, so werden die Unterthanen [...] keine Revoluzion wüthen.“[626] Diese Bitte Carl Theodors sollte sich nicht erfüllen. Wen interessierten 1792 noch die lobenden Worte von Johann Georg Adam Forster (1754–1794) in seinem Opus „Ansichten vom Niederrhein, von Brabant, Flandern, Holland, England und Frankreich, im April, Mai und Junius 1790“: „Welch ein himmelweiter Unterschied zwischen Kölln und diesem netten, reinlichen, wohlhabenden Düsseldorf! Eine wohlgebaute Stadt, schöne massive Häuser, gerade und helle Straßen, thätige, wohlgekleidete Einwohner; wie erheitert das nicht dem Reisenden das Herz! Vor zwei Jahren ließ der Kuhrfürst einen Theil der Festungswerke demoliren, und erlaubte seinen Unterthanen, auf dem Platze zu bauen. Jetzt steht schon eine ganze neue Stadt [Karlstadt] von mehreren langen, nach der Schnur gezogenen Straßen da; man wetteifert mit einander, wer sein Haus am schönsten, am bequemsten bauen soll; die angelegten Kapitalien belaufen sich auf sehr beträchtliche Summen, und in wenigen Jahren wird Düsseldorf noch einmal so groß als es war, und um vieles prächtiger seyn. Wer doch das Geheimniß einer guten Staatsverwaltung wüßte, damit er sagen könnte, wie sich in den Herzogthümern Jülich und Berg so große Reichthümer häuften, wie die Bevölkerung daselbst so stark, und der Wohlstand der Einwohner gleichwohl so allgemein ward, daß die kleineren Städtchen nicht minder wohlhabend sind, als die Hauptstadt; daß der Anbau auf dem platten Lande denselben Geist der guten Wirthschaft, denselben Fleiß zeigt, wie die Fabriken; daß man hier so leicht den Weg zu einer glücklichen Existenz finden lernte, der anderwärts so schwer zu treffen scheint? – Ich fange an zu glauben, dieses Geheimniß sei einfacher als man denkt; es ist das Ei des Kolumbus, und wenn man es weiß, kann man sich kaum bereden, daß nicht mehr dahinter war, ja, man ärgert sich wohl, daß man nicht von selbst darauf fiel. Die ganze Kunst besteht darin, daß der Regent [Carl Theodor] sich der verderblichen Spiegelfechterei, die man gewöhnlich, obwohl mit Unrecht, regieren nennt, zu rechter Zeit zu enthalten wisse, und sein Volk mit den gepriesenen Regentenkünsten verschone, worauf sich mancher so viel zu gute thut, und womit er sich das Ansehen der einzigen Seele in der großen Staatsmaschine giebt. Es gehört ein entschiedenens Maaß von gutem Willen und ein etwas seltener, selbst bei guten Menschen, wenn sie Macht in Händen haben, ungewöhnlicher Grad der Selbstverläugnung dazu, um nicht zur Unzeit wirken zu wollen, und sich lediglich darauf einzuschränken, die Hindernisse aus dem Wege zu räumen, welche der freien, willkührlichen, unbedingten Thätigkeit eines jeden Bürgers im Staate entgegen stehen.“[627] Wie Recht hatte der Reiseschriftsteller, Ethnologe und Revolutionär Forster mit seiner rühmlichen Einschätzung Carl

Theodors! Und gerade sein Lobpreis wog schwer, zumal er im westpreußischen Dorf Nassenhuben (heute: Mokry Dwór, Pommern, Polen) geboren worden war und den Kurfürsten damit zwangsläufig mit seinem 1786 verstorbenen Landes- und Kriegsherrn Friedrich II. König von Preußen vergleichen musste. Wie sehr allerdings hatte er sich mit seiner Einschätzung geirrt, dass sich Düsseldorf in Kürze noch viel prächtiger entfalten würde! Plötzlich gehörten der Glanz und die Herrlichkeit der Residenzstadt als Zentrum von Kunst und Bildung, theologischer und philosophischer Studien, als Heimat der ersten öffentlichen Bibliothek im Rheinland (ab 1770), einer Hebammenschule, eines Natur- und physikalischen Kabinetts (ab 1789), einer Rechts- und chirurgischen Akademie (ab 1765) sowie einer Maler-, Bildhauer- und Baukunst-Akademie (ab 1773) der Vergangenheit an.

Mit Frankreichs Kriegserklärung am 2. April 1792 an Kaiser Franz II. (Abb. 84) und der sich anschließenden Offensive der französischen Revolutionsarmee hatte der Erste Koalitionskrieg[628] begonnen. Die Feldherren Jean-Baptiste-Donatien de Vimeur, comte de Rochambeau (1725–1807), und Marie-Joseph Motier, Marquis de La Fayette (1757–1834), waren gegen die Österreichischen Niederlande vorgerückt. Albert Kasimir Prinz von Sachsen-Teschen (1738–1822) konnte als Generalgouverneur eine erste französische Besetzung (1792/93) nicht verhindern. Seitdem musste Carl Theodor erkennen, wie die Pariser Nationalversammlung (ab 21.9.1792) die Kurpfalz, der Kaiser Kurbayern und Friedrich Wilhelm II. König von Preußen die Herzogtümer Jülich und Berg bedrohten. Dennoch hatte er gedacht, er könnte nach wie vor eine Schaukelpolitik betreiben und taktisch klug zwischen Europas Großmächten lavieren. Seine Neutralitätspolitik gegenüber den Kriegsparteien sollte sich noch schwieriger gestalten, sobald der Reichskrieg (22.3.1793) ausgerufen worden war. Reichs- und Selbstverteidigung war kaum mehr voneinander zu trennen. Dennoch hielten weiterhin der Kurfürst und seine Minister am eingeschlagenen Kurs fest und setzten sich diplomatisch zwischen alle Stühle. So konnte gegenseitiges Misstrauen auch nicht beseitigt werden, nachdem Carl Theodor auf die Seite der Alliierten getreten war.

Trotz aller Vorsicht konnte er nicht verhindern, dass der Krieg der Markgrafschaft Bergen op Zoom und der Kurpfalz bedrohlich nahekam. Nach der vergeblichen Kanonade von Valmy (10.9.1792) war nämlich der französische General Adam-Philippe, comte de Custine (1740–1793), von Landau aus aufgebrochen, um das schutzlose linke Rheinland zu erobern. Trotz gelegentlicher Übergriffe respektierten die Franzosen die kurpfälzische und pfalz-zweibrückische Neutralität und verzichteten darauf, Wittelsbacher Gemeinden zu munizipalisieren. Custines Vordringen jedoch entfachte erneut so manche Aufstände in der Kurpfalz, wo die Landbevölkerung Freiheitsbäume aufstellte – vorneweg in Billig-

Abb. 84: Mit dem Ersten Koalitionskrieg war die Idylle vorbei: Kurfürst Carl Theodor und Kaiser Franz II. im Park von Schloss Nymphenburg. – Ölgemälde von Johann Baptist Hoechle, 1792

heim. Gesinnungsgenossen aus 17 benachbarten Gemeinden schlossen sich sogar zum „Freistaat Bergzabern" zusammen und baten den Nationalkonvent um eine Vereinigung mit der Republik Frankreich, was am 14./15. März 1793 geschah.

Für Carl Theodor blieb diese Rebellion ohne Konsequenzen, denn österreichische und preußische Truppen überschritten wenige Tage später den Rhein und unterbanden die Mainzer und Bergzaberner Republik. Zahlreiche Aufrührer wurden im kurpfälzischen Gefängnis auf dem Dilsberg und auf der Festung Königstein inhaftiert.

Nachdem aber neue französische Verbände im Winter 1793/94 nicht mehr als Befreier, sondern als Eroberer auftraten und plötzlich anfingen, in der Kurpfalz zu plündern, entschloss sich der Kurfürst schweren Herzens zum Widerstand, schickte das 5.105 Mann starke pfalz-bayerische Kontigent zur Reichsarmee und verstärkte die Mannheimer Garnison auf knapp 10.000 Soldaten, die zeitweise von 15.000 Mann aus der rechtsrheinisch durchgeführten Volksbewaffnung ergänzt wurden. Nur ein Sieg über das französische Revolutionsheer hätte Carl

Theodor aus seiner tragischen Situation retten können. Sein Vertrauen gegenüber der Schlagkraft der alliierten Truppen war allerdings seit den mehr oder weniger misslungenen Feldzügen der vergangenen drei Jahre und der Übergabe der Rheinschanze (1794) schwer erschüttert.

Nachdem der französischen Sambre- und Maas-Armee Jülich kampflos zugefallen war, nahm sie am 6. Oktober 1794 Düsseldorf (Abb. 85) unter Beschuss. Entsetzt musste der Wohltäter und Friedensfürst Carl Theodor erfahren: „Das fürstliche Schloss von Düsseldorf ist völlig zerstört. Alle Gattungen des niedrigsten und boshaftigsten Muthwillens sind darin ausgeübt worden. Nichts ist mehr ganz, nichts mehr brauchbar, nichts ist mehr rein darin."[629] Zu seinem größten Bedauern wurden das im Festungsrayon liegende Hofgärtnerhaus gesprengt, sein Pionierwerk, die erste öffentliche Promenade, mit dem chinesischen Pavillon verwüstet und die erst kürzlich angelegte Karlstadt, die bis heute seinen Namen trägt, in Mitleidenschaft gezogen.[630] Schließlich bangte er auch um die Seidenmanufaktur von Preyers und Petersen im benachbarten Kaiserswerth, für die er sich einige Jahre zuvor ostentativ eingesetzt hatte.[631] Selbst jetzt noch postulierte der Kurfürst zusammen mit seinem neuen Düsseldorfer Statthalter Franz Karl

Abb. 85: Beschuss Düsseldorfs durch die französische Sambre- und Maas-Armee am 6. Oktober 1794. – Ölgemälde eines unbekannten Meisters, 1794

Joseph Anton von Hompesch zu Bollheim den politisch neutralen Status und die unantastbare Integrität seiner niederrheinischen Länder, hatte doch Carl Theodor, obwohl Hompesch durch Intrigen in Ungnade gefallen war, ihn 1794 als Statthalter in Düsseldorf eingesetzt, nachdem Oberndorff nicht mehr in der Lage gewesen war, die Verhältnisse am Niederrhein von Mannheim aus zu kontrollieren.

Wie illusorisch entpuppte sich die Forderung nach Neutralität angesichts der dramatischen Kriegsereignisse! Als das französische Heer nicht nur die Residenzstadt Düsseldorf, ja sogar große Teile des Herzogtums Berg besetzt hielt, mussten Hompesch und das bergische Wirtschaftsbürgertum reagieren und eine eigene Außenpolitik entwickeln, um ihre angestammten Handelsverbindungen mit Westeuropa nicht zu verlieren. Der Münchner Hof war darüber nur sehr unzureichend informiert. Ohnehin befand sich die kurfürstliche Regierung zunehmend in Auflösung.

12. NACH WIE VOR »KEIN KURPRINZ«

Ein „Hochzeitshemd fu[e]r das beste Fu[e]rstenpaar“

Erst zwei Jahre waren vergangen, seit die Mannheimer Weber dem Kurfürsten ein Hochzeitshemd (Abb. 86) anlässlich seiner Goldenen Hochzeit geschenkt hatten. Niemand von der pfalz-bayerischen Hofgesellschaft hatte damit nur einen Gedanken daran verschwendet, dass sich die Ehe des Kurfürstenpaars wieder eingerenkt haben könnte. Vielmehr hatten die Mannheimer Handwerker die Absicht, ihrem Landesvater zu huldigen und zugleich in Form einer Leistungsschau den eigenen Qualitätsnachweis zu erbringen, denn es war ihnen gelungen, das Gewand in einem Stück zu weben und auf jegliche Naht zu verzichten – und dies mit den Initialen „CT“ und der Inschrift „FVr das große IVbeLLeben! / Ist das HoCHzeitheMD geWEben. / In dem frohen IVbeljahr / fVr das beste FVrstenpaar. / In Mannheim V.I.R. Kurz.“[632] Gerade diese Rarität hatte widergespiegelt, wie sehr sich die Welt zu verändern begann.

Keineswegs hatten Carl Theodor und Elisabeth Auguste gemeinsam ihren 50. Hochzeitstag gefeiert. Deshalb war es eher unwahrscheinlich gewesen, dass die Kurfürstin dieses Wunderwerk jemals gesehen hatte. Ohnehin drückten der 73-Jährigen die politische Lage und die Zerstörung ihres geliebten Sommersitzes Oggersheim schwer aufs Gemüt. Im Lehrbach'schen Schloss zu Weinheim an der Bergstraße (Abb. 87) wurde sie (Abb. 88) am 17. August 1794 von ihren Qualen erlöst, als ein Schlaganfall ihr das Leben aushauchte. Laut ihrem Testament vom 25. August 1778 vererbte sie einige wenige Juwelen ihrer Schwes-

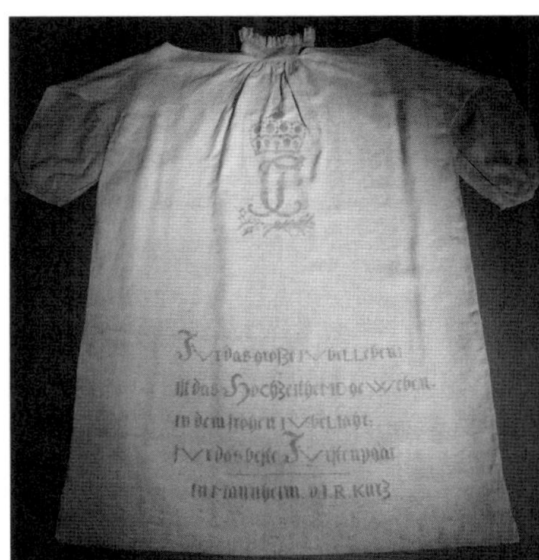

Abb. 86: Hochzeitshemd des Kurfürsten Carl Theodor, hergestellt aus Leinen von V. I. R. Kurz, Mannheim, 1792

Abb. 87: Lehrbach'sches Schloss in Weinheim an der Bergstraße, in dem Kurfürstin Elisabeth Auguste 1794 starb, um 1780 klassizistisch erneuert

ter Maria Anna, Maria Amalia Prinzessin von Sachsen (1752–1828), ihrem Neffen Carl II. August samt Gattin Maria Amalie (1757–1831) sowie ihrem Neffen Maximilian Joseph Pfalzgraf von Pfalz-Zweibrücken.[633] Ebenso wenig hatte sie unter den zahlreichen Hofdamen ihr Kammerfräulein Franziska Freiin von Sickingen (amt. 1776–1794), die 1769 ihrem Elisabethorden beigetreten war, vergessen[634], war ihr doch zeitlebens nach den Worten des italienischen Diplomaten und Schriftstellers Baldassare Castiglione Graf von Novilara (1478–1529) immer bewusst gewesen, dass „[...] nie ein Hof, so groß er auch sei, Prunk und Glanz an sich haben kann und anmutslos bleibt ohne Damen [...].“[635] Selbstverständlich hatte sie auch Carl Ludwig Freiherrn von Rodenhausen bedacht.[636] Ihr Geliebter sollte erst 1804 hochbetagt sterben und das Pastellbild mit der angebeteten Kurfürstin in seinem Schlafgemach dem ehemaligen Beichtvater Elisabeth Augustes vererben.

Kuriere brachten die Todesnachricht sofort nach Mannheim und München, wo zwei Tage später der Kurfürst davon erfuhr. Mit großem Gefolge, bestehend aus dem Dragonerregiment, den Weinheimer Deputierten und Bürgern, Hofoffizianten und Bediensteten, Hofdamen und Sekretären, wurde der Leichnam auf Befehl des Staatsministers von Oberndorff nach Heidelberg gebracht und in der von Elisabeth Auguste immer wieder geförderten Karmeliterkirche beerdigt. So hatte es die Wittelsbacherin kurz vor ihrem Ableben angeordnet. Mit den Worten „Mir wolle unsere Lissel noch emol sehe!“ versuchten treue Untertanen sogar, ihren Sarg aufzuschrauben. Obgleich weitere Trauerfeierlichkeiten in Form von Seelenmessen und Exequien folgten, trat Carl Theodor kaum in Erscheinung. Vielmehr atmete er auf, nachdem das Gros der Preziosen[637] seiner Gattin nach München gekommen war und er ihr beträchtliches Privatvermögen von mindestens 800.000 Gulden einstreichen konnte.

Abb. 88: Kurfürstin Elisabeth Auguste, die am Ende ihres Lebens ihren geliebten Sommersitz Oggersheim verlor und fliehen musste. – Altersporträt von Heinrich Carl Brandt, um 1782/85

„Gottlob, dass er schon so alt ist"

Bereits am 29. August 1794 benachrichtigte Oberndorff den Außenminister Matthäus Carl Anton Reichsgrafen von Vieregg (1719–1802) über ein Treffen mit dem pfalzbayerischen Geheimrat und Chemiker Karl Heinrich Joseph Reichsgrafen von Sickingen (1737–1791), der sich bezüglich einer neuen Gemahlin für den fast 70-jährigen Kurfürsten an Kaiser Franz II. gewandt hatte. Reichskanzler Thugut äußerte sich dazu: „[...] um die Bande ganz ausgezeichneter Freundschaft und des vollkommensten Vertrauens durch die Bande naher Verwandtschaft noch enger zu knüpfen, wünschen kaiserliche Majestät eine Prinzessin des Erzhauses."[638] In den Kreis möglicher Kandidatinnen gerieten des Kaisers jüngere Schwestern Maria Anna (1770–1809), Maria Klementine (1777–1801) und Maria Amalia (1780–1798). Dann entschied sich Franz II., „jene zu wählen, welche am anständigsten sein könnte", und verfiel „auf des Herrn Erzherzogs Ferdinand 2ten Tochter Erzherzogin Leopoldine [...]. Genannte Erzherzogin sehe sehr gut aus, sei sehr wohl gewachsen, unverbesserlich erzogen, von Geist und Talente, nichts könne an derselben ausgesetzt werden, als daß sie einen Fuß ein weniger kürzer als den anderen habe, dies sei aber gar nicht auffallens und Königliche Hoheit tanzten wirklich vortrefflich, welches wohl der beste Beweis sei, wie wenig dieser kleine Fehler zu bedeuten habe."[639] Später sollte der kaiserliche Gesandte in München Franz Sigismund Adalbert von und zu Lehrbach ergänzen: „Sie ist vive und bekommt gewiß Kinder."[640]

Der Kaiser hatte damit die 18-jährige Maria Leopoldine Erzherzogin von Österreich-Este (1776–1848), eine Enkelin der Kaiserin Maria Theresia, vorgeschlagen. Sie war als zweite Tochter des Statthalters der Lombardei Ferdinand Karl Anton Erzherzog von Österreich (1754–1806) und dessen Gattin Maria Beatrice Ricciarda d'Este Erbprinzessin von Modena, Reggio, Massa und Carrara (1750–1829) zur Welt gekommen. Mit Hilfe des kurfürstlichen Beichtvaters Ignatius Frank gelang es Lehrbach umgehend, Carl Theodor zu überzeugen.

Alsbald ließ der Kurfürst dem Wiener Hof mitteilen, er wünsche sich nichts sehnlicher, als sich umgehend mit Maria Leopoldine zu verheiraten, da keine der Schwestern des Kaisers in Betracht gezogen werde. Reichskanzler Thugut jedoch äußerte Bedenken, „daß der Gegenstand an sich nicht minder heikler und mehrerer Betrachtungen aller Art unterworfen sei, die sich vorzüglich dahin beschränken, daß der Herr Kurfürst zu dem hohen Alter von 70 Jahren gekommen, daß derselbe bis anhero eine besondere und bekannte Lebensart [Mätressenwirtschaft] geführt, daß mithin für einen Hof und eine Prinzessin eine große Entschließung dazu gehörte, ein solches Band zu knüpfen."[641] Um weiteren Bedenken vorzubeugen, ließ Carl Theodor seine Favoritin Elisabeth Gräfin von Chamisso, die mit dem skandalösen Karl Theodor Reichsgraf von Bettschart eine Scheinehe eingegangen war und in einer zweiten Verbindung Ludwig Graf von Chamisso geheiratet hatte, vom Kurfürstenhof entfernen. Erst danach richtete er am 19. September 1794 seine offizielle Brautwerbung an den Kaiser: „Ich wage es zu erhoffen, daß Euer Kaiserliche Majestät diese Vereinigung und Verbindung, die mit dem Interesse unserer gegenseitigen Staaten übereinstimmt, nicht mißbilligen und für die ich um Euer Majestät allergütige

Zustimmung ersuche. Um gleichzeitig zum Ziel zu gelangen, das mich besonders interessiert, nehme ich mir die Freiheit, mich in vollem Vertrauen an Euer Kaiserliche Majestät als Haupt Eures hohen Hauses zu wenden, indem ich Euch anflehe, Vorschläge für die Vorverhandlungen in Mailand zu machen."[642] Seiner Bitte wurde seitens des Kaisers mit größtem Wohlwollen entsprochen, um „die bereits bestehenden Bande der Einheit zwischen meinem Haus und dem Haus Eurer Kurfürstlichen Hoheit noch enger geknüpft zu sehen."[643] Aufgrund ausschließlich politischer Erwägungen – „die gegenseitigen Vorteile, die aus dieser Allianz folgen werden"[644] – hielt Franz II. beim Vater der Erzherzogin um ihre Hand an. Die Auseinandersetzung zwischen der schockierten Tochter und ihrer Familie zog sich lange hin, denn Maria Leopoldine war nur schwer von den Vorteilen dieser ungleichen Partnerschaft zu überzeugen. Nach dem förmlichen Einverständnis der Eltern entsandte Carl Theodor als Brautwerber den Geheimen Rat und Reichserbtruchsessen Maximilian Wunibald Grafen von Waldburg-Zeil und Trauchburg (1750–1818).[645] Nachdem die Erzherzogin mündlich ihre Einwilligung zur Vermählung erklärt hatte, übergab ihr der kurfürstliche Unterhändler ein mit Brillanten reich verziertes Porträt ihres Bräutigams. Nachdem am 31. Januar 1795 der Ehekontrakt unterzeichnet, am 8. vom Bräutigam bzw. 14. Februar vom Vater ratifiziert wurde und somit Maria Leopoldine materiell abgesichert war, verkündete der Kurfürst bei einer Gala am Münchner Hof seine bevorstehende Heirat. Sodann brach er nach Innsbruck „in höchst erwünschtem Wohlsein"[646] auf.

Am Abend des Faschingssonntag, den 15. Februar, segnete im Thronsaal der Innsbrucker Hofburg der Prälat Marcus des Prämonstratenserstifts Wilten das ungleiche Paar. Nur im engsten Familienkreis fand die Hochzeit statt. Maria Leopoldine soll beim Anblick von Carl Theodors Porträt oder bei der ersten Begegnung in die Hände geklatscht und erleichtert ausgerufen haben: „Gottlob, daß er schon so alt ist."[647] (Abb. 89, 90) Ihre Nichte Maria Beatrix Anna Infantin von Spanien (1824–1906) sollte noch Jahrzehnte später polemisieren: „[...] man muss aber überlegen, daß sie mit 18 Jahren einen albernen Mann von 71 Jahren heiratete [...] und in die große Welt geworfen wurde."[648] „Den 17. nach in der Hofcapelle angehörter heiliger Messe nahm Höchstdieselbe mit weinenden Augen Abschied von ihren Durchlauchtigsten Eltern, und wurde nebst dem Churfürsten, der sie am Arm führte, von unserer Erzherzoginn bis zum Wagen hinab begleitet."[649] In Carl Theodors Entourage befanden sich bereits die Hofdamen seiner neuen Gattin, darunter die Obersthofmeisterin Elisabeth, verwitwete Reichsgräfin zu Pappenheim, und als erste von neun Palastdamen Maria Walburga Fürstin von Bretzenheim (1766–1833), die Gemahlin seines natürlichen Sohns Carl August. Tags darauf traf das Kurfürstenpaar in der „hiesigen Haupt- und Residenzstadt" ein, wie es in der Münchner Zeitung hieß. Zu diesem Anlass

Abb. 89: Maria Leopoldine Erzherzogin von Österreich-Este, die nur unter Druck und widerwillig der Ehe mit Carl Theodor zustimmte. – Ölgemälde nach Moritz Kellerhoven, um 1795/99

Abb. 90: Carl Theodor als Reichsvikar. – Ölgemälde von Johann Wilhelm Hofnaas nach Pompeo Batoni, um 1782

dichtete der in Sulzbach geborene kurpfälzische Feldarzt, Hof- und Medizinalrat Dr. Bernhard Joseph Schleis von Löwenfeld (1731–1800): „Du führst den Wittwer auf dem Pfad / Der Liebe dahin glücklich zu, / Wo Sicherheit für Kirch und Staate / Zu finden ist, und Länder Ruh. / Zu Marianne Leopoldine! / Beseelt von Hora Göttermine, / Geschmükt mit Tugend und Verstand. / Die, welcher Seiner werth gewesen, / Die hat der Himmel auserlesen, / Der reicht Ihm heute Herz und Hand […].“[650] Dass das Kurfürstenpaar fast am selben Tag Geburtstag feierte – die Braut am 10., der Bräutigam am 11. Dezember –, betrachten viele Untertanen als glänzendes Vorzeichen.

„Um die Churfuerstin zu ehren, gab der Generallieutenant der Artillerie Benjamin, Reichsgraf von Rumford, [der aus Italien ein Jahr zuvor zurückgekehrt war,] ein herrliches [Volks-]Fest im englischen Garten, das mit Lustfahrten auf dem See, mit einem Tanze der neun Musen im Apollo-Tempel, mit einer Vorstellung einer in Bayern ueblichen laendlichen Hochzeit, mit einem Wettrennen zu Fuß, und andern Lustbarkeiten gefeiert, und damit beendigt wurde, daß am Abend der ganze englische Garten beleuchtet war […].“[651] Der Zeitzeuge Matthias Wellnhofer schwärmte: „Ein entzückendes Bild bot sich dar: Der [Chinesische] Turm war bis zur Spitze aufs herrlichste beleuchtet; das oberste Stockwerk war mit vielfarbenen Glaslaternen behangen, die wie Sterne am Firmamente funkelten und dem Turm eine eigene bunte Schattierung gaben. An den Galerien, an den Säulen und in den Gemächern schimmerten mehr als 2.000 Lichter und Lampen in das Düster der Baumgruppen hinein. Maskierte Chinesen und Chinesinnen in seidenen Gewändern und mit Sonnenschirmen bevölkerten den Turm und seine untere Halle, stiegen auf den Treppen auf und nieder und reichten dem Fürsten allerlei Erfrischungen dar; dazu hielt ein gerade anwesender geborener Chinese in seiner Landestracht und Landessprache eine Anrede. Unterdessen hatte sich der Himmel mit schwarzen Wolken überzogen; in der Ferne rollte bereits der Donner, Wetterleuchten erhellte die Finsternis und darum schien eine Kürzung des Festes geboten […]. Mich reut es nicht, hinabgegangen zu sein, und wenn ich jetzt noch so durchnäßt wurde.“[652]

Nun wünschte sich der 70-jährige Kurfürst nichts sehnlicher als einen legitimen Kurprinzen, um zu verhindern, dass sein Neffe Carl II. August Herzog von Pfalz-Zweibrücken als Präsumtiverbe seine gesamten Territorien an sich riss. „Will der mir die Hände binden und schon Erbe sein, so soll er sich schändlich betrogen haben“[653], verkündete Carl Theodor und glaubte erneut an den Fortbestand des Hauses Pfalz-Sulzbach. Allerdings blieb ihm verborgen, dass seine blutjunge Gattin die gemeinsame Ehe als Trauma ihres Lebens schlechthin betrachten sollte. So schenkte sie bald intriganten Adelskreisen am Münchner Hof Gehör und durchkreuzte alle Pläne ihres greisen Gemahls, ihrer nun verhassten Eltern und des Kaisers, der nur daran interessiert war, mehr Einfluss in Pfalz-Bayern zu gewinnen. Doch plötzlich starb der Zweibrückische Agnat († 1.4.1795), der als treibende Kraft Carl Theodors Tauschpläne untergraben und seinen Kriegsminister in Einsamkeit und Isolation gedrängte hatte, so dass dessen jüngerer Bruder Maximilian Joseph als Herzog von Pfalz-Zweibrücken nachrückte und zusammen mit seiner Gemahlin Auguste Wilhelmine (1765–1796) in München zu seinem Antrittsbesuch erschien. In einer ruhigen Minute versicherte die Kurfürstin ihm, sie werde bei dem in Kürze zu erwartenden Thronwechsel nichts unversucht lassen, um ihm die Sukzessionsrechte auf Pfalz-Bayern zu bewahren. Auch in der Öffentlichkeit verheimlichte sie nicht, welche Sympathien sie für den Zweibrückischen Wittelsbacher hegte. „Was die [...] Kurfürstin mir nicht gestand mit Worten, ihre Verlegenheit aber bestätigte, was mein verstorbener Oheim [...] Wilhelm aber vernommen, daß mein Vater bei Lebzeiten des [...] Kurfürsten die [...] Kurfürstin beschlafen habe“[654], sollte noch Jahrzehnte später Ludwig I. König von Bayern (reg. 1825–1848) über zehn Ecken erfahren haben und in sein Tagebuch schreiben. Warum sollte damit Herzog Maximilian Joseph leichtsinnig in Kauf nehmen, dass die Kurfürstin von ihm schwanger und er damit die Anwartschaft auf Pfalz-Bayern verlieren würde? Jedenfalls war die Bescheidenheit seiner Gemahlin Auguste Wilhelmine dazu kein Beleg: „Ich würde lügen, wenn ich sagte, daß ich mich darüber freute, aber ich versichere [...] ehrlich, daß es mich gar nicht erschreckt [...], denn ich und mein Mann haben niemals gewünscht, mehr zu werden als wir sind.“[655]

Was war intern geschehen? Nach und nach hatte Maria Leopoldine ihren eigensinnigen Widerspruchsgeist entwickelt und ihrem Gatten den Zutritt zum Schlafgemach verweigert. Niemals wollte sie vergessen, dass ihre ehrgeizige Mutter ihre blühende Schönheit an einen kränklichen Greis verschachert hatte. Ebenso wenig akzeptierte sie den Vorschlag ihres resignierten Ehemanns, sie solle, von wem auch immer, ein Kind bekommen. Er werde dieses als legitimen Zögling anerkennen. Selbst der neue kaiserliche Gesandte Josef Graf von Seilern (amt. 1795–1801) musste bald nach Wien melden: „Es geht im Ehebett nicht ganz gut.“[656] Maria Leopoldine hatte seit ihrer Hochzeit Rache geschworen und versuchte, jede Gelegenheit zu nützen, sich von dem auf ihr ruhenden Erwartungsdruck zu befreien und ihr eigenes Schicksal in die Hand zu nehmen. Immer wieder brüskierte sie den Kurfürsten mit Verwürfen und vermittelte ihm, er stehe gegenüber dem Wiener Hof und dem Kaiser ohnehin als Dummkopf da. Überrascht und zugleich entsetzt reagierte Carl Theodor, denn seine Gattin war ihm doch als „unverbesserlich erzogen“ anempfohlen worden. Nun versuchte er, sie mit Geschenken und Erhöhung ihres finanziellen Etats zu besänftigen. Doch auf sein Entgegenkommen reagierte sie mit Leichtsinn und ungehörigem Benehmen. Carl Theodor hätte, wie es hieß, im Gegenzug seine Mätresse Elisabeth Gräfin von Chamisso wieder an den Hof zurückgeholt und versucht, ein Treffen zwischen seiner Gattin und der Favoritin zu arrangieren, was Maria Leopoldine empört und brüsk ablehnte. In Münchens Gassen erklangen bald die derbsten Verse: „O lieber Herr und Heiland, / was schickt der Herr aus Mailand, / eine schöne Frau / für unsre alte Sau.“[657]

Besonders hasste Maria Leopoldine den alten kaiserlichen Gesandten Franz von und zu Lehrbach, der ihr anstößiges Verhalten in aller Öffentlichkeit missbilligt hatte: „Ich will den Grafen Lehrbach nicht allein, sondern nur in Gegenwart meines Hofes sehen; ich möchte ihm ohnehin die Augen auskratzen, daß er diese Heurath gemacht hat.“[658] In seiner Verzweiflung ob des anstößigen Verhaltens seiner Gemahlin wandte sich der Kurfürst an seine Schwiegereltern und ersuchte sie mit Nachdruck, in München zu erscheinen, um ihrer Tochter die Leviten zu lesen. Deutlich ließ er verlautbaren, er hätte sie schon längst weggeschickt, würde sie nicht aus einer so bedeutenden Dynastie stammen. Erzherzog Ferdinand Karl Anton allerdings – selbst von zahlreichen Sorgen niedergedrückt – betonte, er werde sich in die Eheprobleme des Kurfürstenpaars nicht einmischen. So wusste sich Carl Theodor keinen anderen Rat mehr, als seine Gattin rund um die Uhr bewachen und aushorchen zu lassen. Diese Maßnahmen aber verleiteten die junge Kurfürstin zu immer infameren Plänen, wie sie ihren Gatten weiter provozieren und kompromittieren könnte. Verbürgtermaßen titulierte sie ihn in coram publico als „altes Schwein“[659]. Dem nicht genug – obgleich sie sich ihrem Gemahl verweigerte, ließ sie sich auf zahlreiche amouröse Verquickungen ein. Zu ihren Liebhabern zählten beispielsweise der Hofmusikus Franz Eck, der zwielichtige Publizist Carl August Graf von Reisach, der Obersilberkämmerer Graf von Tauffkirchen, der Kämmerer Carl Graf von Arco (1769–1856), den der Kurfürst als Gesandtschaftskavalier zur diplomatischen Ausbildung nach London schickte, und der italienische Gardeoffizier Carlo Antonio, conte d’Antonelli.[660] Auch dieser musste umgehend den Münchner Hof verlassen, als er am Namenstag der Kurfürstin in flagranti mit ihr erwischt worden war. Da Maria Leopoldine sich gegen seine Verbannung stemmte, fühlte sich ihr Gemahl gezwungen, die skandalöse Affäre sogar dem Kaiser und Papst Pius VI. mitzuteilen. Größte Anstrengungen unternahm er, seinen Nebenbuhler außerhalb Kurbayerns unterzubringen. Zwar verurteilte Franz II. das „ausfällige Betragen der Frau Kurfürstin Erzherzogin“, jedoch lehnte er jegliche Intervention in familiären Angelegenheiten des Münchner Hofes entschieden ab. So wurden der Kurfürstin zudem alle möglichen Verhältnisse angedichtet, um ihr und zugleich den jeweiligen vermeintlichen Liebhabern zu schaden. Beispielsweise musste sich der Reichsgraf von Rumford im August 1795 der dreisten Frage der britischen Philanthropin Lady Mary Palmerston, geb. Mee (1752–1805), die er in sein Heim im „Palais Königsfeld“ in der Schwabinger Gasse (heute: Theatinerstraße) eingeladen hatte, stellen, ob er als Liebhaber der abgelegten kurfürstlichen Mätresse Gräfin von

Paumgarten auch mit der neuen Kurfürstin geschlafen habe.[661] Sollte durch solche Unterstellungen teils zufällig, teils bewusst ein Keil zwischen den Kurfürsten und seinen loyalen Minister getrieben werden? Rumford jedenfalls, der diese Verunglimpfung zurückwies, ließ sich nicht beirren, wandte sich weiterhin im kurfürstlichen Auftrag seiner Arbeit zu, verbesserte erneut das „militärische Arbeitshaus", experimentierte an neuen Koch- und Ernährungsmethoden und plante eine Erweiterung des „Theodor-Parks". Wie erleichtert er doch war, als Carl Theodor ihn schweren Herzens am 13. Oktober des Jahres für eine Londonreise beurlaubte, stufte er doch seinen Kriegsminister wegen des unermüdlichen Einsatzes für das Militär, die Allgemeinheit und vor allem für die notleidende Bevölkerung als die bedeutendste Persönlichkeit Pfalz-Bayerns ein! Knapp drei Jahre später sollte Carl Theodor ihn wieder zurückrufen.

Machtlos musste der Kurfürst zusehen, wie sich am 30. Januar 1795 Bergen op Zoom kampflos dem französischen General Jean-Charles Pichegru (1761–1804) ergeben musste. Seitdem diente sein Markiezenhof als französisches Militärlazarett, bis die Markgrafschaft und ihre Liegenschaften, darunter Herlaar und Sint-Michielsgestel, für die Summe von einer Million Franc an die Batavische Republik (1795–1806, danach Königreich Holland) verkauft wurde.

Um jeden Preis beabsichtigte der Kurfürst seit Juli 1795, seine ehemalige Residenzstadt Mannheim zu schonen. So beauftragte er seinen Außenminister Graf Vieregg, ein Reskript (3.9.1795) an Statthalter Oberndorff zu verfassen, um bei „einem wirklich sich ergebende[n] Nothfalle eine honorable Capitulation"[662] zu vereinbaren. Carl Theodor verhandelte nach dem Ausscheiden Preußens aus der Koalition gleichzeitig mit den Franzosen in Basel, signalisierte seine Kapitulationsbereitschaft und hoffte damit, günstige Friedensbedingungen zu erzielen.

Bereits am 5. September 1795 überschritt die französische Sambre- und Maas-Armee erneut den Rhein, so dass Düsseldorf einen Tag später kapitulieren musste. Hingegen konnte der französische General Jean-Baptiste Kléber (1753–1800) ungehindert rechtsrheinisch bis Mainz vorstoßen, weswegen in Mannheim Panik ausbrach, zumal die kaiserlichen Truppen die Stadt verlassen hatten, um die Verteidigungslinien an der Bergstraße zu sichern. Auf weitere Hilfe konnten die Mannheimer nicht hoffen, da infolge von Brot- und Getreidemangel Unruhen in München, Landshut, Straubing und Amberg ausgebrochen waren. Auf sich allein gestellt, überließ Oberndorff am 20. September Mannheim kampflos den Franzosen, um eine Beschießung zu verhindern. Die Soldaten von General Jean-Charles Pichegru (1761–1804) rückten in Mannheim ein. Ihm selbst boten die Franzosen sogar an, nach Lunéville, Toul oder Nancy fliehen zu können, was Oberndorff mit den Worten, er müsse auf seinem Posten verharren, ablehnte. Sodann ließ im November Reichsfeldmarschall François Sébastian Charles Joseph de Croix von Clerfayt und Carbonne (1733–1798) seine Kontingente vor dem Festungsring aufmarschieren. Nun begann eine Woche lang der „feurige Regen“ des Reichsheeres auf die Stadt, um den – aus österreichischer Sicht als solchen bewerteten – Mannheimer Verrat zu sühnen. 21.000 Geschosse zerstörten 200 Gebäude, darunter das kurfürstliche Opern- und das Ballhaus, und verursachten einen Schaden von über einer Million Gulden.[663] Wie musste dieser Verlust den Musikliebhaber Carl Theodor schmerzen? „Das militärische Arbeitshaus wurde bey der letzten Belagerung dieser Stadt [Mannheim] von den Oesterreichern angezuendet und bis auf den Grund niedergebrannt“[664], bedauerte Reichsgraf von Rumford. Nachdem die Reichstruppen Mannheim zurückerobert hatten, wurde Oberndorff als vermeintlicher Hochverräter verhaftet. Da der Kurfürst jedoch von der Loyalität seines ehemaligen Pagen wusste, wurde er nach einem mehrmonatigen Hausarrest entlassen. Zukünftig durfte er aber kein öffentliches Amt mehr ausüben.

Von Napoléon Bonapartes (1769–1821) Erfolgen in Oberitalien beflügelt, überquerte General Jean-Victor-Marie Moreau (1763–1813) im Juni 1796 den Rhein und drang bis Mitte August sogar bis zur Residenzstadt München vor, nachdem der französische General Jean-Baptiste Kléber (1753–1800) den kaiserlich-österreichischen Feldzeugmeister Wilhelm Ludwig Gustav von Wartensleben (1734–1798) in der Schlacht bei Friedberg in der Wetterau (9./10.7.1796) vernichtend geschlagen hatte. Ein Volkswiderstand allerdings unterblieb, denn den Schulterschluss ihres Landesherrn mit dem Kaiser lehnten die kurbayerischen Untertanen grundsätzlich ab und fürchteten weitaus mehr als die Franzosen eine österreichische Annexion infolge eines weiteren Tauschprojekts.

Wie schon wenige Monate zuvor in Mannheim ließ die kaiserliche Heerführung vermeintliche Verräter verhaften. Über die Desavouierung seiner innenpolitischen Widersacher war der Kurfürst nicht unglücklich und konnte seine Hände in Unschuld waschen. Welch große Hoffnungen hatten die Revolutionäre in Kurbayern mit Moreaus Vorstoß gelegt! So mancher hatte schon von einer „Süddeutschen Republik“ geträumt. Nun hatten sich die Wünsche des kurpfälzischen Finanzrats Johann Friedrich Georg List (1753–1806), des Heidelberger Privatdozenten Daniel Wilhelm Lin[c]k, des Geheimagenten Joseph Reibelt sowie der Mitglieder des Münchner „Jakobinerklubs“ in der Weinstraße oder der Publizisten mit dem Pseudonym „Frank und Frey“ in Luft aufgelöst.

Mit der Übergabe Mannheims hatte allerdings Carl Theodor nach Auffassung der Großmächte sein einziges Faustpfand am Mittelrhein verspielt, so dass man zukünftig darauf keine Rücksicht mehr zu nehmen hatte. Die Kurpfalz war zur Verhandlungsmasse für eine mitteleuropäische Neugliederung herabgesunken. Im Frieden von Campo Formio (17.10.1797), dem Ende des Ersten Koalitionskriegs, musste Kaiser Franz II. unter anderem auf die Österreichischen Niederlande und alle links des Rheins gelegenen Territorien zugunsten der siegreichen

Republik Frankreich, vertreten durch den Konsul Napoléon Bonaparte, im Tausch mit dem französisch besetzten Venetien verzichten. Damit gerieten sein so sehr geschätzter Geburtsort Drogenbusch wie auch seine Verwandten mütterlicherseits, darunter Ludwig Engelbert Marie Joseph Herzog von Arenberg, Aarschot und Meppen (reg. 1778–1803), unter französische Herrschaft. Für immer waren seine Markgrafschaft Bergen op Zoom und seine anderen linksrheinischen Gebiete verloren. Im Rastatter Kongress (9.12.1797) wurde über Gebietsentschädigungen debattiert. Carl Theodor lehnte es im Gegensatz zu anderen Regenten ab, dafür geistliche Reichsstände zu säkularisieren und die territorialen Verluste auf deren Kosten im Rechtsrheinischen zu kompensieren.[665] Im Gegenzug konnte er durch die Erhebung einer vom Papst genehmigten Dezimation, einer Sonderabgabe für alle geistlichen Stände Bayerns, seine Verluste nur geringfügig ausgleichen. Nun glaubte er, im Beitritt zur Zweiten Koalition gegen Frankreich seine verlorenen Länder, die linksrheinische Kurpfalz, die Herzogtümer Jülich und Berg sowie die Markgrafschaft Bergen op Zoom wieder zurückgewinnen zu können. Der noch engere Zusammenschluss mit dem Kaiser offenbarte allerdings, wie gefährdet die Integrität Kurbayerns war. Die Absicht des Wiener Hofs, eigene Gebietsverluste zu Carl Theodors Nachteil wettzumachen oder Kurbayern ganz zu annektieren, rückte in den Bereich des Möglichen. Diese Unsicherheiten verstärkten die Gegensätze zwischen dem kranken, mehr und mehr sich isolierenden Kurfürsten und dem Herzog Maximilian Joseph, seinem designierten Nachfolger, sowie den bayerischen Landständen. Doch am Ende scheiterte der Rastatter Kongress am Widerstand des Pariser Direktoriums. Der Zweite Koalitionskrieg (1798/99–1801/02) hatte damit begonnen.

Verzweifelt rief der Kurfürst seinen militärischen Experten Rumford zur „Rettung der Nation und des Kurfürstentums“[666] nach München zurück, da die französischen Revolutionstruppen immer weiter vorrückten und auch Kurbayern gefährdeten. Am 13. August 1798 konnte er ihn empfangen und neun Tage später als „Graf von Haag“ mit seiner jungen Gattin in fünf sechsspännigen Kutschen über Altötting, Linz und Prag zum Schloss Pillnitz bei Dresden fliehen. Friedrich August III. Kurfürst von Sachsen (reg. 1763–1806) hatte ihm als Gatte seiner Nichte Maria Amalie Auguste, geb. Pfalzgräfin von Zweibrücken-Birkenfeld-Bischweiler (1752–1828), den Sommersitz an der Elbe zur Verfügung gestellt. Währenddessen wurde das gesamte Militär von 11.000 Mann nach München zusammengezogen, um im Angriffsfall die Residenzstadt gegen das französische Revolutionsheer verteidigen zu können. Die Isarmetropole blieb allerdings verschont, da die Vertreter der kurbayerischen „Landstände“ und des Regentschaftsrats mit dem französischen General Moreau nach der Schlacht am Kastlberg den Waffenstillstand zu Pfaffenhofen (7.9.1796) aushandeln konnten, der aber angesichts des Siegeszugs von Erzherzog Karl gegenstandslos werden sollte.[667] Im Nachhinein dachte der am 5. Oktober zurückgekehrte Kurfürst ohnehin nicht daran, die harten Bedingungen Moreaus zu erfüllen. Der kurfürstliche Regentschaftsrat hatte in der Zwischenzeit den Stadtkommandanten und Generalmajor Maximilian Topor Graf von Morawitzky (1744–1817) mit dem Reichsgrafen von Rumford ersetzt. Vielleicht spielte dabei die Überlegung eine Rolle, dass man beim Misslingen dieser undankbaren Organisations- und Verteidigungsaufgabe die Schuld leichter einem Ausländer unterjubeln konnte. Doch der erfahrene Amerikaner löste die Verpflegung der Armee innerhalb der Stadtmauern mit Bravour. Entsprechend der jahrzehntelangen Strategie des Kurfürsten setzte er auf die pfalz-bayerische Neutralität und versuchte die Österreicher und Franzosen gegeneinander auszuspielen. Er brachte den österreichischen General der Kavallerie und Feldzeugmeister Karl Anton Maximilian Joseph Graf Baillet de la Tour (1737–1806) dazu, seine Truppen außerhalb Münchens aufzustellen, und sicherte ihm zu, er werde gegen die Franzosen kämpfen, falls sie die Residenzstadt angreifen würden. Danach besuchte er den französischen Kommandanten Moreau und erklärte ihm, wie wenig ein Angriff auf München den Franzosen bringen würde, da die kaiserlichen Truppen vor München ihr Biwak aufgeschlagen hätten und diese sie daran hindern würden, die Stadt einzunehmen. Da der französische General Jean-Baptiste Comte Jourdan (1762–1833) bei Amberg (24.8.1796) und Würzburg (3.9.1796) Niederlagen gegen den kaiserlichen Reichsfeldmarschall Carl Ludwig Erzherzog von Österreich (1771–1847) hinnehmen, sich nach Düsseldorf zurückziehen und dort sein Kommando niederlegen musste, war auch Moreau gezwungen, von München abzurücken. Auch Graf Baillet de la Tour brach mit seiner Armee nach Wien auf.

Damit hatte Carl Theodor wieder einmal das richtige Gespür bewiesen, als er in höchster Not Rumford nach München zurückberufen hatte. Über Nacht war dieser zum Nationalhelden aufgestiegen, da er die Residenzstadt ohne Blutvergießen und Zerstörung gerettet hatte. Am 17. Oktober 1796 legte er dennoch das Oberkommando nieder, um vom Kurfürsten zum Polizeiminister ernannt zu werden. Als solcher sollte er sich Tag für Tag abmühen, Meldezettel einführen, Sperrstunden anordnen und sich für eine Verbesserung des Strafvollzugs einsetzen.[668] Wie Carl Theodor schritt er mit seinen humanitären Ideen und der Einsicht in die Wechselwirkung zwischen Milieu und Moral seiner Zeit voran. Doch auch diesmal geriet er in Konflikt mit den Ministern und dem Münchner Magistrat, der für Sozialreformen dieser Art nichts übrighatte und Gerüchte in die Welt setzte, er ziehe in korrupter Art und Weise Gelder für das Militär, die Polizei und das „militärische Arbeitshaus" ab. Rumford hatte diese Probleme schon vorhergesehen: „Die Aufstellung einer guten Polizei halte ich für weniger schwierig, als den Ministern diese Pläne verständlich zu machen."[669] Wer begeisterte sich schon für sein Meldegesetz, eine Sperrstunde um 23.00 Uhr für Kaffee- und

Bierschenken, eine Reduzierung der Wirtshäuser, die Reinhaltung der Straßen und Plätze, die Qualitätskontrollen von Lebensmitteln und die Verbesserung der Zustände in den Zuchthäusern?[670]

Dennoch versuchte er, mit Hilfe des Kurfürsten weitere Pläne zu realisieren, die er bereits vor seiner Reise nach London (1795) entwickelt hatte. Dazu gehörte eine breite Promenade rund um die Altstadt, die nach dem Schleifen der militärisch sinnlosen und die Ausweitung der Stadt eindämmenden Festungsring angelegt werden sollte. Zunächst einmal hatte der Stadtrat Häuser in diesem Bereich genehmigt, um das Vorhaben zu boykottieren. Rumford allerdings hatte als Verteidiger Münchens die Möglichkeit wahrgenommen, alle neuen Gebäude aus militärischen Gründen wieder abreißen zu lassen. So konnte er als Polizeiminister zur Freude Carl Theodors die Befestigung niederlegen, um sodann einen mit Pappeln begrünten Straßenring anzulegen. Während er das Schwabinger, Isar- und Sendlinger Tor unverändert stehen ließ, hatte er schon fünf Jahre zuvor die Flankentürme des Neuhauser Tors von Baumeister Franz von Paula Thurn umbauen und nun ein repräsentatives halbkreisförmiges Rondell errichten lassen. Die neue Stadteinfahrt hatte er seinem hochgeschätzten kurfürstlichen Förderer gewidmet. Daran sollten auf immer und ewig die Inschriften „Neuhauser Thor bis zum 1. Mai 1791" und „KarlsThor seit erstem Mai 1791"[671] erinnern.

Wie aufgeschlossen sich der wissbegierige Kurfürst noch 1797 Rumfords Experimenten gegenüber zeigte, offenbarte sich, als er seinem Polizeiminister die kurfürstlichen Zeughäuser in Mannheim und vor allem in München zum Drehen von Bohrköpfen in gusseisernen Kanonenrohren zur Verfügung stellte, obgleich er sich bereits in einem sehr desolaten Gesundheitszustand befand und seine Welt im Zweiten Koalitions- und im Rosenkrieg mit Maria Leopoldine Schritt für Schritt unterging. Dazu bemerkte der Amerikaner: „Da ich vor kurzem die Ober-Aufsicht des Kanonen-Bohrens im Zeughause zu München hatte, so überraschte mich der beträchtliche Wärme-Grad, den eine metallene Kanone in kurzer Zeit beym Bohren erhält; mehr aber noch die weit größere Wärme der metallenen Späne (deren Wärme die des siedenden Wassers überstieg, wie ich durch Versuche fand), die durch Bohren abfielen."[672] Dabei konnte er beobachten: „Die Überraschung und das Staunen der Umstehenden, solch eine Wasser-Masse ohne Feuer zum Kochen gebracht zu sehen, war über alle Beschreibung groß."[673] Allein die Großzügigkeit des Kurfürsten ermöglichte ihm, die im späten 18. Jahrhundert beispielsweise durch den Pariser Chemiker Antoine Laurent de Lavoisier (1743–1794) vertretene und sogar noch im frühen 19. Jahrhundert vorherrschende kalorische Wärmelehre zu widerlegen, so dass er später propagieren konnte: „Ich glaube, ich werde das Calorium von der Bühne vertreiben."[674] Nach der kalorischen Wärmelehre ging man nämlich davon aus, dass eine endliche

Wärmemenge in einem Stoff – ähnlich wie eine Flüssigkeit – sich in den Körpern befinde, eine unsichtbare Flüssigkeit, die von Körper zu Körper fließe, die aber endlich sein müsse. Dagegen konnte der Amerikaner nachweisen, dass man beliebig Wärme durch Reibung erzeugen konnte. Selbst bemerkte er dazu: „Es scheint mir sehr schwer, wo nicht ganz unmöglich zu sein, sich eine bestimmte Idee von einem Etwas zu machen, das fähig wäre, so, wie die Wärme in den vorigen Versuchen, erregt und mitgeteilt zu werden; es müsste denn die Bewegung sein."[675] Carl Theodors Mäzenatentum hatte letztendlich zur Entdeckung der neuen, zukunftsweisenden kinetischen Wärmelehre geführt.[676] Noch 1865 sollte der US-amerikanische Wissenschaftler Edward Livingston Youmans (1821–1887) in seinem Essay „The correlation and conservation of forces" feststellen: „Rumford war der erste, der die Frage der Wärme aus dem Bereich der Metaphysik herausnahm und sie auf den Boden des physikalischen Experiments stellte; der erste, der die Unrichtigkeit der Annahme bewies, dass Wärme ein Körper sei; der erste, der das Mengenverhältnis zwischen der durch Reibung und der durch Verbrennung erzeugten Wärme errechnete."[677]

Trotz dieser grandiosen Erfolge fühlte sich Rumford in seiner Funktion als Polizeiminister mehr als gefährdet. In dieser schwierigen Lage suchte er den engen Kontakt mit seiner Tochter, die nach vielen Jahren von den USA zu ihm nach München gekommen war: „Sally ist der Trost meines Lebens, ein sehr braves Mädchen, das hier von jedermann, der sie kennt, geliebt wird."[678] Mit Argwohn betrachtete nämlich der Wiener Hof seine Idee, die Schlagkraft der Armee auf 26.000 Soldaten zu erhöhen, um Kurbayerns Unabhängigkeit von den Großmächten zu stärken. Besänftigend musste Carl Theodor eingreifen und auf Druck Kaiser Franz II. so manchen Verfechter dieses Plans entlassen. Um den Rücktritt als Polizeiminister (11.8.1798) und den Verlust der Oberaufsicht über den „Theodor-Park" zugunsten des Generalleutnants Reinhard Freiherrn von Werneck (1757–1842) abzufedern, suchte er nach einer neuen Verwendung für Benjamin Thompson und schlug vor, dass er den pensionierten, kurpfalzbayerischen Botschafter in London ersetzen könnte.[679]

Wie sehr dem Kurfürsten nach wie vor die Unterstützung des Katholizismus auch in England am Herzen lag, hatte sich schon eine Dekade zuvor gezeigt, als der Londoner Apostolische Vikar James Talbot (1726–1790), der sich wegen der Ausübung seines Bischofsamts vor Gericht zu verantworten hatte, ihn um finanzielle Hilfe gebeten hatte. Der Geistliche hatte beabsichtigt, die ehemalige kurbayerische Gesandtschaftskapelle am Londoner Golden Square Nr. 24., wo über dem Hauptportal die Devise „In Treue fest"[680] angebracht war, durch einen Neubau zu ersetzen. Sofort hatte sich Carl Theodor bereit erklärt, einen jährlichen Zuschuss von 1.500 Pfund und Gesandtschaftsschutz zu gewähren. Aus der Ferne hatte er jedoch zusehen müssen, wie im Juni 1780 bei einem „großen

Volkstumult wegen der Parlamentsacte zu Gunsten der Katholiken durch Lord [George] Gordon [1751–1793], das Volk [...] die [Gesandtschafts-]Kapelle [...] pluenderte und zerstoerte."[681] So wünschte sich der hochbetagte Kurfürst nichts sehnlicher, als dass ein enger, loyaler Vertrauter seine Interessen in London vertreten würde. Von seinem Vorschlag war Rumford sofort angetan, denn im Zentrum der weltweit führenden Wirtschafts- und Wissenschaftsnation konnte er bestens, wie er meinte, seinen Interessen nachgehen. So traf er zusammen mit seiner Tochter Sally am 19. September 1798 in London ein. Doch am Königshof im Buckingham und Saint James's Palace eröffnete man ihm, dass er als Amerikaner zum Generalbevollmächtigten des Kurfürsten Carl Theodor nicht akkreditiert werden könne, und wies ihn ab.[682] Damit behielt der kurpfalzbayerische Gesandte Siegmund Graf von Haslang (1740–1803) seinen gesamten bislang innegehabten Kompetenzbereich, obgleich durch den Schleichhandel seines Vaters kein gutes Licht auf dessen Familie gefallen war.[683] Rumford kannte diesen Diplomaten seit sechs Jahren über schriftliche Korrespondenzen[684] und wusste, dass dessen Familie durchgehend seit sechs Jahrzehnten die kurbayerischen Interessen vertreten hatte und auch mit dem kurpfälzischen Hof seit 1750 in Verbindung gestanden war. Schwer gekränkt sollte sich Carl Theodors Vertrauter aus der Politik zurückziehen und sich verstärkt seinen naturwissenschaftlichen Studien widmen.[685]

„Die ganze Stadt fing endlich an, frey zu athmen"

Nach und nach verbreitete die junge Kurfürstin Gerüchte über den schlechten Gesundheitszustand ihres Gemahls, so dass der Zweibrückischen Legionsrat Kaeser feststellte: „Die meiste Sage davon rührt von der gnädigsten Kurfürstin her, und die täuscht sich gerne selbst, weil sie diesen Fürsten gerne sterben sähe."[686] Auch wenn im Mai 1798 noch davon gesprochen wurde, dass Carl Theodor „ohngeachtet wiederholter Schläge sich ziemlich wohl befindet"[687], musste im November desselben Jahres der französische Gesandte Charles-Jean-Marie Alquier (amt. ab 1798) an den Außenminister Charles-Maurice de Talleyrand-Périgord (1754–1838) melden, dass die Leibärzte dem Kurfürsten nur noch drei Monate zu leben geben würden.[688] Zu dieser Zeit mussten sich die kaiserlichen Gesandten resigniert eingestehen, dass sie wenig erreicht hatten und der Kurfürst seiner Gemahlin nach jahrelangen Demütigungen ganz und gar ausgeliefert war, er nicht mehr die Kraft hatte, weiterhin Widerstand zu leisten, und deshalb allen Forderungen nachgab. Schließlich rührte am Abend des 12. Februar 1799 beim spanischen Kartenspiel „l'Hombre"[689] in der Münchner Residenz mit seinem Generalleibadjutanten Nikolaus Kasimir von Herding und seinem

Abb. 91: Hof- und Theatinerkirche St. Kajetan und Adelheid in München, in deren Wittelsbacher Fürstengruft Carl Theodor 1799 beerdigt wurde, erbaut von Agostino Barelli, Enrico Zuccalli und François de Cuvilllиés, 1663/75 und 1765

Oberstjägermeister Theodor Reichsgraf von Waldkirch den 74-jährigen Kurfürsten Carl Theodor ein weiterer Schlag. Er fiel bewusstlos in die Arme Herdings und lag sodann in Agonie. „Der eiligst herbeigerufene Leib- und Proto-Medicus Lorenz von Fischer und der Leibchirurg Anton von Winter, gaben sich zwar alle Muehe, den Churfuersten wieder zur Genesung zu bringen; allein alle angewendeten Heilungs- und Rettungs-Mittel, so wie die Berathung mit andern berufenen Hofaerzten, waren vergeblich.“[690]

Mit Spannung blickten die europäischen Herrscherhöfe nun auf die junge Kurfürstin, der in der Sterbestunde ihres Gemahls Entscheidungen von höchster Tragweite abgerungen wurden. Sie handelte entschlossen und tatkräftig: Sofort schrieb sie einen Brief an Maximilian Joseph Herzog von Pfalz-Zweibrücken – in der Eile jedoch ohne Orts- und Zeitangabe: „Lieber Neffe im wichtigsten Augenblick meines Lebens wende ich mich an Sie. Der Kurfürst ist in Agonie. Der Kurier, der Ihnen diese Nachricht überbringt, ist in Eile. Mir bleibt nur die Zeit, mich Ihnen zu empfehlen. Bedenken Sie, daß Sie mein

Abb. 92: Carl Theodor Kurfürst von Pfalz-Bayern, dessen immense Bedeutung seine kurbayerischen Untertanen weit unterschätzten. – Ölgemälde von Johann Wilhelm Hoffnaas, 1785

einziger Rückhalt sind, und daß ich, solange Sie mir gewogen sind, es mir immer zur Ehre gereichen lasse, gänzlich dem Hause Pfalz anzugehören. Ich hoffe, Sie sind überzeugt, daß ich Ihnen stets als aufrichtige Freundin anhänglich war. Jetzt bin ich Ihre Untertanin, und ich bin stolz darauf. Genau das habe ich gerade dem Grafen Seilern gesagt. Ich erwarte Sie mit Ungeduld und werde mich nach Ihren Befehlen richten."[691] Der Legationsrat Kaeser schickte umgehend dem Herzog von Pfalz-Zweibrücken eine Eilstafette mit der Empfehlung, ohne Verzögerung aufzubrechen, zunächst einmal nach Neuburg, von wo aus er schnell nach München eilen konnte.

Währenddessen verweigerte Maria Leopoldine dem österreichischen Abgesandten Josef Graf von Seilern den Zutritt zum Krankenbett ihres Gemahls, als dieser dem Kurfürsten noch im letzten lichten Augenblick die Unterschrift zu einem neu aufgesetzten Tauschvertrag entlocken wollte. Die folgenden Ereignisse in der Münchner Residenz beobachtete Lorenz Westenrieder: „Den 16. Hornung, welches ein Samstag war, wurde Vormittag der Churfürst für merklich besser ausgegeben, aber um halb zwei Uhr befiel ihn ein wiederholter Schlag und er geriet in die sogenannten letzten Züge. Die Thore wurden sogleich wieder geschlossen. Die Ordonannzen eilten durch die Gassen und alle Einwohner kamen in Bewegung. Alle Fenster wurden geöffnet, und es war eine allgemeine lautere Frage, ob es bald vorüber seyn würde. Ich [...] erwartete den Ausgang im Herkulessaal, durch welchen bereits alle Minister, Generäle, Geheime Räthe nach den inneren Zimmern eilten. Im Herkulessaal befanden sich mehrere Personen, die noch, ehe die Residenz geschlossen wurde, hierher gekommen waren und unaufhörlich durcheinander liefen [...]. Trat jemand aus den inneren Zimmern, so wurde er sogleich umrungen und mit Fragen bestürmt. Es war ein seltsames und gräßliches Schauspiel. Im Residenzhof standen die Pferde der baierischen Kourirs gesattelt, und vor dem Thor der Residenz saßen viele Ordonannzen zu Pferd. Die Spannung, Unruhe und Erwartung machte jedem die Zeit länger, als sie war [...]. Endlich ein Viertel und sechs Minuten nach drey Uhr verschied Carl Theodor. Sogleich öffneten sich die großen Flügelthüren, und die Kourirs mit ihnen eine große Menge anderer Leute stürzten im vollen Lauf heraus. Niemand sprach etwas, aber man sah, was es war [...]. Man läutete bei den Theatinern, und die ganz Stadt fing endlich an, frey zu athmen, denn jederman beklagte sich diese Tage, daß man vor innerer Unruhe und vor Furcht und Kummer, daß es wieder besser gehen könnte, nicht essen, nicht schlafen und nichts denken könne."[692] Man rief: „Er hat uns an Österreich verkaufen wollen"[693] (Abb. 91, 92). Ein Bauer, der während dieses Aufruhrs München verlassen wollte, wurde jedoch daran gehindert, da Wilhelm Pfalzgraf von Zweibrücken-Birkenfeld-Gelnhausen die Stadttore schließen hatte lassen, um das Verbreiten vorschneller Informationen zu verhindern. Der Landwirt rief mit lauter Stimme: „Vor 21 Jahren hättet ihr das Thor sperren sollen, damit er nicht hineingekommen wäre."[694]

Kaum zwei Wochen später erschienen in der Nacht französische Soldaten vom linken Rheinufer beim nahe Mannheim befindlichen Schlösschen Mühlau. Die dortige Schiffsmeisterin sandte Boten in das noch von Max Josephs Familie bewohnte Palais, um diese zu warnen. Sofort wurden die Zöglinge von Max IV. Joseph, des neuen Kurfürsten von Pfalz-Bayern, angezogen. Darunter befand sich auch der Kurprinz Ludwig. Man packte das „Nötigste zusammen, und im Morgengrauen jagten die Wagen Heidelberg zu. Der Posthalter Fröhlich ritt voraus und trieb seine Postillons vorwärts. Umstehende riefen den Knechten zu: ‚Rettet die Kinder; was mit uns geschieht, braucht euch nicht zu kümmern.' Von Heidelberg fuhr man weiter bis Ludwigsburg, am nächsten Tag nach Augsburg, den dritten nach Schwabhausen und den vierten nach München [...]. Kronprinz [sic!] Ludwig verließ schweren Herzens das Land seiner Kindheit, als ahnte er, daß es ein endgültiger Abschied von der rechtsrheinischen Pfalz war. In Mannheim und Heidelberg war schon der Frühling im Anzug, nach Bayern fuhr man durch Schnee ein. Das ganze Leben trauerte er seinem verlorenen Paradies nach."[695]

Doch in München „beym Hinritt des Max Joseph [...] zerfloß[en] die ganze Stadt und die ganze Nation in Thränen. Heute frohlockte alles und jeder wünschte dem anderen Glück."[696]

EPILOG

„Diese praechtigen Opern, diese kostbare[n] Sammlungen von Seltenheiten, diese großen Pallaeste und Gaerten, dieser unzaehlbare Schwarm von schimmernden Bedienten, macht nicht alles dem Hof den Vorwurf, daß das Eigenthum seiner Unterthanen in schlimmen Haenden ist?“[697] Mit dieser rhetorischen Frage urteilte pauschalisierend und äußerst subjektiv Johann Kaspar Riesbeck über Kurfürst Carl Theodors Mäzenatentum, über dessen Minister und Hofbedienstete. Doch wie erbärmlich wirkten seine impliziten Vorwürfe angesichts der fortschrittlichen Denkweise dieses Wittelsbachers, mit allen und jedermann seine Musik, Kunst, Gärten und naturwissenschaftliche Sammlungen zu teilen! Wer von Europas Fürsten dieser Ära hatte sich schon zu diesem Schritt bereit erklärt? Gerade als Wiener Schauspieler und Züricher Redakteur hätte er wissen müssen, wie weit man zu seiner Zeit als Figurant, Akteur, Kunstmaler, Musiker, Komponist und Naturwissenschaftler ohne die Unterstützung eines vorausschauenden und großzügig denkenden Landesvaters kam.

Zudem würdigte der Publizist Lorenz Westenrieder den Kurfürsten und vor allem dessen Minister Benjamin Thompson Reichsgraf von Rumford herab, verstand er sich doch als kämpferischer Lokalpatriot und Verteidiger der alten Kirchenordnung, als er rügte: „Er war ein schlimmer Regent mit seinen bösen Ratgebern und höllischen Mannheimern, die wahrlich auch einen großen, vielleicht den größten Teil der Suenden trugen, die er wider uns Baiern begangen hat.“[698] Wie konnte Westenrieder zu einer solch vernichtenden Einschätzung gelangen, zumal sein Landesvater sogar seine überaus großen Erwartungen, die er als Zensurrat 1778 propagiert hatte, in jeder Hinsicht erfüllt hatte? Bei näherer Betrachtung jedoch verdeutlicht Westenrieders Vita seine ganz und gar einseitige, ja verbitterte Haltung, hatte er doch 1779, wenn auch nur kurzfristig, dem Illuminatenorden angehört, der fünf Jahre danach vom Kurfürsten verboten worden war. Noch 1782 hatte sich Westenrieder dankbar geäußert: Dem „Churfuersten Carl Theodor, dem Gott ein langes, glueckliches, glueckliches Leben verleihe!“[699] 1785 hatte sich sein Landesvater geweigert, einer Empfehlung der Akademie der Wissenschaften nachzukommen und ihn als Mitglied derselben auf einen öffentlichen Lehrstuhl für Geschichte zu berufen oder ihn gar zum Landeshistoriographen zu ernennen.[700] Zurecht muss man Carl Theodors Entscheidung beipflichten, denn derartig polemische und abwegige

Herabwürdigungen hatten schon damals einem Historiker nicht zur Ehre gereicht. Dem nicht genug – unvergessen blieb Westenrieder die Absicht des infolge der Französischen Revolution und deren immensen Auswirkungen erschütterten Kurfürsten, die historische Klasse der Münchner Akademie der Wissenschaften aufzulösen oder sie mit der Mannheimer zu verbinden: „Es sei gefährlich und es gebe nur zu Uneinigkeiten Anlass, wenn man die vaterländische Historie zu sehr bearbeite."[701] Trotz alledem hatte Carl Theodor ihn zum kurfürstlichen „wirklichen frequentirenden geistlichen Rath" erhoben und ihm eine Besoldung von 200 Gulden gewährt. Darüber hatte sich Westenrieder noch am 9. November 1786 gefreut: „Ich habe also von dem heutigen Tag an gewisse tausend Gulden Einkünfte, eine Summe, welche ich nur zuweilen, im höchsten Unmut, von Stolz halb und schüchtern gewünscht habe. Deo Gratias! Deo Gratias! Deo Gratias!"[702] Offensichtlich stellte ihn diese Auszeichnung im Nachhinein nicht zufrieden. Sein Missmut rührte, wie es hieß, von einem schmerzhaften „Kinnbackenkrampf (trismus)"[703] her. Niederschmetternd klangen seine eigenen Worte: „Manchen Tag nahm eine unwillkürliche, unbeschreibliche Erbitterung gegen mich selbst und gegen mein armseliges Wesen in einem sichtlichen Grade zu, und ich wollte nicht mehr, dass Jemand in der Welt sich meiner erinnern, sich meiner erbarmen sollte. Ich machte mit eben der Sehnsucht, mit welcher glückliche Menschen der Annäherung ihres geliebten Gegenstandes entgegeneilen, Anstalten für die Annäherung meines Todes."[704]

Damit zählte der von seinem Leben zutiefst enttäuschte Münchner Kornhändlersohn zum Gros der kurbayerischen Untertanen, die infolge ihrer patriotisch engstirnigen Sichtweise nicht begriffen, wie sich nur durch den Einsatz bewährter Persönlichkeiten des Mannheimer Hofes und des Auslands kulturelle, soziale, wirtschaftliche und politische Fortschritte erzielen ließen. Ihnen war nicht klar geworden, wen die Welt in Wahrheit verloren hatte: den stets um seine Untertanen und seine Territorien besorgten, auf Neutralität bedachten Friedensfürsten, die „Sonne" des kurpfälzischen Hofes, den virtuosen Flötisten und Violoncellisten im Schwarm bedeutendster Komponisten, Europas passioniertesten Mäzen von Musik, bildender Kunst und Wissenschaft, den Apoll des Benrather „Maison de plaisance", den Schutzpatron der Nymphen, Nixen und Silfen im Schwetzinger Schlosspark, den fürsorglichen Vater des weit und breit ersten Volksparks sowie den herausragenden Militär-, Sozial- und Wirtschaftsreformer von sieben prosperierenden Ländern auf dem Weg zur napoleonischen Ära. Was wogen da schon herrschaftspolitische Ambitionen auf der Basis eines territorial sehr eingeschränkten Rahmens und damit eng geschnürten Aktionsradius, der mit dem der europäischen Großmächte Österreich, Preußen, Frankreich und Großbritannien nicht vergleichbar war? Wie hätte es Carl Theodor als Herr von sieben Ländern verhindern können, Spielball derselben zu werden?

So sollte es niemanden wundern, dass Carl August Sckell für seinen Onkel Friedrich Ludwig das Ableben des Landesherrn über die Maßen bedauerte: „Unser Künstler verlor durch den Tod des Churfuersten Carl Theodors seinen großen Goenner; durch dessen Unterstuetzung es ihm allein moeglich geworden war, sich die zu seiner Kunst noethige Ausbildung zu erringen."[705] Ohnehin bewahrten ihm die Kurpfälzer, Jülicher, Berger, Neuburger und vor allem die Sulzbacher über sein Ableben hinaus ihre Loyalität: „Ich will die Kinder und die Enkel lehren / Dich zu verehren. // So wird der Tage in der jungen Bluethe / Immer neu leben, wenn ich in den ersten / Schulen ein Denkmal meines Danks errichte / [...]. Ich will den Schleyer der vergangnen Zeiten / Aufziehn, die Bilder nach der Ordnung malen; / Aber vor allem / Seye Karl Philipp Theodor der Erste! / [...] Ihm muß die Jugend ewig ihr Andenken – / Ich mein Herz schenken!"[706] So sollten sich die geneigte Leserin und der geneigte Leser selbst eine Meinung bilden und sich an der Trauerrede des Propstes von Ertl des Münchner Theatinerstifts St. Kajetan und Adelheid im Februar 1799 orientieren: „Karl Theodor, unser hoechstseliger Landesvater entschlief und gieng zu seinen Vaetern; segnen wir also aus kindlicher Dankbarkeit seine Asche, verbessern wir unsere Urtheile, geben wir einer Kritik, die sich zu viel erlaubt, kein Gehoer, und flehen wir den Allerhoechsten um ewige Ruhe fuer seine Seele an. Dieß fordert der Geist unserer Religion; dieß fordert das Gefuehl der Dankbarkeit; dieß fordert endlich die Ehrerbietung, die man den Großen auch nach dem Tode schuldig ist."[707]

ANHANG

Anmerkungen

1 Vgl. Dollinger, Hans, 1999, S. 152.
2 Erstausstrahlung am 22. April 2024 im Bayerischen Fernsehen.
3 Vgl. Perlinger, Hans, o. O., S. 3.
4 Ebd.
5 Ebd.
6 Ebd.
7 Westenrieder, Lorenz, 1882/83, S. 62.
8 Ebd.
9 Ebd.
10 Vgl. Perlinger, Hans, o. O., S. 3.
11 Westenrieder, Lorenz, 1882/83, S. 62; vgl. Bayern, Adalbert Prinz von, 1957. S. 350 ff.
12 Vgl. Ebersold, Günther, 1985, S. 380.
13 Ders., S. 4.
14 Ders., S. 67.
15 Ders., S. 70.
16 Vorortrecherche im Matrikelbuch von Sint-Niklaaskerk in Drogenbos, 1998.
17 Vgl. Eekelen, Bart van, 2016, S. 26.
18 Vgl. Mörz, Stefan, 1999, S. 17.
19 Ebd.
20 Leinberger, Thomas, 1783, S. 68; vgl. Vogl, Elisabeth, 2006, S. 101.
21 Ders., S. 68.
22 Ausführlich bei: Vogl, Elisabeth, 2006, S. 101 f.
23 Leinberger, Thomas, 1783, S. 70.
24 Ders., 1783, S. 68.
25 Vgl. Eekelen, Bart van, 2016, S. 26; vgl. Veldhoven, Jef van, 2008, S. 2: In het rentmeester rekeningboek van Herlaar van 1730 staat hierover vermeld: „[…] de Reekencamer deesen 20 September 1730 weesende hiertoe specialijk geauthoriseert door acte indato 20[e] august laest leeden van haere Hoogh. die Vrouwen Hertoginne Douariere van Arenbergh en Aarschot geb: marquise van Grana etc. in hare qual. als […] van S:D:H den Prince Charles van Sulzbach haeren aghter cleijnen soon […]".
26 Vgl. Mörz, Stefan, 1999, S. 17.
27 Ders., S. 17.
28 Ders., 2013, S. 289.
29 Vgl. ausführlich bei: Heymans, Vincent, 2014, S. 222.
30 Vgl. Mörz, Stefan, 1999, S. 18.
31 Vgl. ausführlich bei: Weich, Karl, 1999, S. 155.
32 Vgl. Mörz, Stefan, 1999, S. 18.
33 Ebd.
34 Vgl. Weich, Karl, 1999, S. 155.
35 Leinberger, Thomas, 1783, S. 68.
36 Ders., S. 69.
37 Ausführlich bei: Vogl, Elisabeth, 2006, S. 105 f.
38 Vgl. Schmid, Alois, 2006, S. 32.
39 Leinberger, Thomas, 1783, S. 69 f.
40 Ders., S. 82.
41 Ders., S. 4.
42 Ders., S. 70 f.
43 Vgl. Mörz, Stefan, 1999, S. 18.
44 Vgl. Merveilleux, David François de: Amusemens des Eaux de Schwalsbach, des bains de Wisbaden et de Schlangenbad. Avec deux Relations curieuses; l'une de la nouvelle Jerusalem; Et l'autre d'une partie de la tartarie independante. Avec des Figures en Taille-douce. Nouvelle Edition, Liege 1739.
45 Vgl. ausführlich bei: Distler, Uwe, 1999, S. 395–399.
46 Vgl. Schmid, Alois, 2006, S. 283.
47 Ebd.
48 Leinberger, Thomas, 1783, S. 71.
49 Vgl. Mörz, Stefan, 1998, S. 30.
50 Vgl. ders., 1991, S. 19.
51 Ebd.
52 Ders., S. 19 f.
53 Ders., S. 20.

54 Ebd.

55 Lipowsky, Felix Joseph, 1828, S. 12; vgl. auch: Vehse, Carl Eduard, 1853, S. 132; ders., 1994, S. 32.

56 Bei eigener Überprüfung der Matrikelbücher der Universitäten in Leiden und Löwen (Leuven, Louvain) im Jahr 1998 waren keine Einträge zu finden. Es fehlten aber auch andere Namen der Hocharistokratie, so dass es für Kurfürst Carl Theodor durchaus möglich gewesen wäre, bei seinen Verwandten im Arenbergkasteel (16. Jh.) zu Löwen zu logieren, um dort die Professoren zu empfangen. Doch das konnte – weiß Gott nicht – die Absicht des Kurfürsten Carl III. Philipp gewesen sein!

57 Schwetzingen, den 14. September 1741, vgl. Du Moulin Eckart, Richard, 1895, S. 242 f.

58 Vgl. ausführlich: Wiese, Wolfgang, 1999, S. 57–62.

59 Vgl. Möhlig, Kornelia, 1993, S. 204.

60 Rohr, Bernhard von, 1728, Cap. VI, S. 362.

61 Ders., S. 361 f; vgl. Richter, Susan, 2005, S. 443 f.

62 Vgl. Mörz, Stefan, 2021, S. 44.

63 Vgl. Stahl, Marguerite, 1991, S. 19.

64 Oefele, Felix Andreas, Inv.-Nr.: Kleine Erwerbungen 60, Stadtarchiv, Mannheim, S. 6.

65 Ebd.

66 Vgl. Stierhof, Horst H.; Haller, Petra, 1987, S. 29, 31, die nach der Signatur den Florentiner Maler Bonaventura Gandi (1668–1734) als Schöpfer der Komposition angeben.

67 Burmeister, Enno, 1980, S. 111.

68 Oefele, Felix Andreas, Inv.-Nr.: Kleine Erwerbungen 60, Stadtarchiv, Mannheim, S. 6; vgl. Einträge zum 17. bis 22. Januar 1742; vgl. ausführlich bei: Hesse, Petra, 1999, S. 111–123.

69 Ebd., Einträge zum 14. Dezember 1741 und 17. Januar 1742; vgl. Hippokrates von Kos, lib. De Decent. Ornat, fol. mihi 18 num. 14. und Cerdán, Francisco, 1766, S. 35.

70 Vgl. Mörz, Stefan, 1997, S. 26.

71 Vgl. Ebersold, Günther, 1985, S. 27.

72 Vgl. ders., 1999, S. 23.

73 Vgl. dazu ausführlich: Pelker, Bärbel, 1999, S. 293.

74 Vgl. Reutter, Jochen, 1992, S. 105.

75 Vgl. Mörz, Stefan, 1999, S. 21.

76 Im Testament von Carl Theodors Großmutter Maria Anne Markgräfin von Bergen op Zoom zum 12. April 1736 wurde Kurfürst Carl III. Philipp als erster Vormund und Herzogin Maria Enrichetta als zweiter genannt! Vgl. Kortlever, Yolande, 2011, S. 85 f.

77 Brief von Elisabeth Auguste Kurfürstin von der Pfalz an Clemens Franz de Paula Herzog von Bayern vom 15. Mai 1743, vgl. Richter, Susan (Hg.), 2021, S. 114 f.

78 Leinberger, Thomas, 1783, S. 4 und 71.

79 Riesbeck, Johann Kaspar, 1784, S. 81.

80 Brief von Elisabeth Auguste Kurfürstin von der Pfalz an Clemens Franz de Paula vom 22. Juni 1743, vgl. Richter, Susan (Hg.), 2021, S. 128 f.

81 Vgl. Mörz, Stefan, 1991, S. 56.

82 Riesbeck, Johann Kaspar, 1784, S. 83.

83 Stengel, Stefan von, 1993, S. 67 f.

84 Vgl. Mörz, Stefan, 1999, S. 211.

85 Vgl. Kreutz, Wilhelm, 1999, S. 217.

86 Vgl. Nöhbauer, Hans F., 1994, S. 245.

87 Vgl. Friedell, Egon, 1927/31, S. 590.

88 Brief von Elisabeth Auguste Kurfürstin von der Pfalz an Clemens Franz de Paula vom 7. Mai 1743, vgl. Richter, Susan (Hg.), 2021, S. 110 f.

89 Ordinari Münchner Zeitung, Nr. XXVII zum 6. Juli 1743.

90 Brief von Elisabeth Auguste Kurfürstin von der Pfalz an Clemens Franz de Paula im November 1743, vgl. Richter, Susan (Hg.), 2021, S. 160 f.

91 Brief von Elisabeth Auguste Kurfürstin von der Pfalz an Clemens Franz de Paula vom 30. November 1743, vgl. Richter, Susan (Hg.), 2021, S. 162 f.

92 Brief von Elisabeth Auguste Kurfürstin von der Pfalz an Clemens Franz de Paula

vom 2. Dezember 1743, vgl. Richter, Susan (Hg.), 2021, S. 166 f.

93 Brief von Elisabeth Auguste Kurfürstin von der Pfalz an Clemens Franz de Paula vom 20. März 1744, vgl. Richter, Susan (Hg.), 2021, S. 192 f.

94 Vgl. Walter, Friedrich, 1907, S. 525 f.

95 Brief von Elisabeth Auguste Kurfürstin von der Pfalz an Clemens Franz de Paula vom 5. Mai 1744, vgl. Richter, Susan (Hg.), 2021, S. 198 f.

96 Brief von Elisabeth Auguste Kurfürstin von der Pfalz an Clemens Franz de Paula vom 2. Juli 1744, vgl. Richter, Susan (Hg.), 2021, S. 204 f.

97 Riesbeck, Johann Kaspar, 1784, S. 92 f.

98 Brief von Elisabeth Auguste Kurfürstin von der Pfalz an Clemens Franz de Paula vom 26. Januar 1745, vgl. Richter, Susan (Hg.), 2021, S. 214 f.

99 Vgl. dazu ausführlich: Zedinger, Renate, 2008, S. 187–196.

100 Vgl. Kreutz, Wilhelm, 1999, S. 219.

101 Vgl. Buddruss, Eckhard, 1999, S. 225.

102 Vgl. ausführlich bei: Olbrich, Meinhard, 1966, S. 19 f.

103 Leinberger, Thomas, 1783, S. 71.

104 Vgl. ausführlich: Gesche, Inga, 1999 S. 51 f.

105 Brief von Elisabeth Auguste Kurfürstin von der Pfalz an Clemens Franz de Paula vom 29. Oktober 1743, vgl. Richter, Susan (Hg.), 2021, S. 158 f.

106 Vgl. ausführlich bei: Gesche, Inga, 1999, S. 52.

107 Inv.-Nr.: Loc. 2621, Bd. 3, Geheimes Kabinett, Sächsisches Staatsarchiv, Dresden.

108 Pöllnitz, Karl Ludwig Wilhelm Freiherr von, Bd. 2, 1734, S. 36.

109 Pfälzischer Kleiner Kalender auf das Jahr 1770, Mannheim 1770, ohne Paganierung! Vgl. Pelker, Bärbel, 1999, S. 295.

110 Ausführlich dazu: Graf, Bernhard, 2019, S. 114–117.

111 Burney, Charles, Bd. 2, 1773, S. 73.

112 Riesbeck, Johann Kaspar, 1784, S. 83.

113 Schubart, Christian Friedrich Daniel; Heinrich, Conrad (Hg.), 1775, S. 183.

114 Schubart, Christian Friedrich Daniel, 1806, S. 130.

115 Brief von Wolfgang Amadé Mozart zum 9. Juli 1778; Mozart, Wolfgang Amadé, Bd. 2, 1962, S. 395.

116 Lindenborn, Heinrich, 1747, S. 20; Inv.-Nr.: D 173, Bibliothek des Stadtmuseums, Düsseldorf.

117 Ebd.

118 Vgl. Markowitz, Irene, 1980, S. 40, Anm. 1; Spohr, Edmund, 1999, S. 85.

119 Vgl. Stübel, Moritz, 1902, S. 100.

120 Vgl. Spohr, Edmund, 1999, S. 91; Schürmann, Sonja, 1996, S. 137.

121 Vgl. Redlich, Otto, 1934, S. 99; Spohr, Edmund, 1999, S. 100.

122 Inschrift an der Westfassade der Kapelle der Zitadelle zu Jülich: „DEO aeVITERNO et CaeLItIBVs saCrVM, fronte noVA CaroLI theoDorI spLenDeo IVssV, eX bVstIs phoeniX Vt reDIVIVVS abit" (1768); vgl. Eberhardt, Jürgen, 1993, S. 73, 80; Spohr, Edmund, 1999, S. 100.

123 Inschrift an den Glocken der Schlosskapelle zu Jülich: „CLEME(N)TISSIMO IUSSU SERENISSIMI D(OMI)NI CAROLI THEODORI ELECTORIS BAVARICO PALATINI ANNO 1786 FECIT WILLIBRORDUS STOCKI VON GÜLICH"; Spohr, Edmund, 1999, S. 100.

124 Hagedorn, Christian Ludwig von: Gesandtschaftsberichte; Inv.-Nr.: Loc. 2621, Bd. 5, S. 1747, Geheimes Kabinett, Sächsisches Staatsarchiv, Dresden.

125 Vgl. Löwenstein, Leopold, 1895, S. 316 ff.

126 Vgl. Hofakten, Generallandesarchiv, Karlsruhe; den Aufzeichnungen des fürstbischöflich-speyerischen Hofrats und Amtmanns Johann Adam Traitteur, Inv.-Nr. HS 206, GHA, München; den Hofkalendern und Botschafterberichten von Friedrich Carl von Moser (1723–1798) und R. A. Müller.

127 Dazu ausführlich: Schwarz-Düser, Anja, 1999, S. 175 f.

128 Brief von Elisabeth Auguste Kurfürstin von der Pfalz an Clemens Franz de Paula

vom 15. Januar 1744, vgl. Richter, Susan (Hg.), 2021, S. 170 f.

129 Brief von Elisabeth Auguste Kurfürstin von der Pfalz an Clemens Franz de Paula vom 28. Januar 1744, vgl. Richter, Susan (Hg.), 2021, S. 174 f.

130 Brief von Elisabeth Auguste Kurfürstin von der Pfalz an Clemens Franz de Paula vom 8. Februar 1744, vgl. Richter, Susan (Hg.), 2021, S. 180 f.

131 Vgl. Faschingsvergnügen am Hofe Karl Theodors 1744, 1927, Sp. 45 f.

132 Vgl. Die Fußwaschungszeremonie durch den Kurfürsten an Gründonnerstag, 1926, Sp. 205 f.

133 Vgl. Pelker, Bärbel, 1999, S. 294.

134 Brief von Christoph Martin Wieland an seinen Darmstädter Freund Johann Heinrich Merck vom 1. Dezember 1777; Seiffert, Hans Werner (Hg.), Brief Nr. 771, 1983, S. 687

135 Vgl. Pelker, Bärbel, 1992, S. 51–5

136 Rotenstein, Gottfried von, 1791, S. 102 f.

137 Vgl. Walter, Friedrich, 1907, S. 538.

138 Lauchery, Étienne (?), 1754, Titelblatt.

139 Mannheims Sehenswürdigkeiten im Jahre 1770, Sp. 10.

140 Riesbeck, Johann Kaspar, 1784, S. 83.

141 Vgl. Rosenberg, Heidrun, 1996/97, S. 132, Anm. 4.

142 Vgl. Krems, Eva-Bettina, 2013, S. 314.

143 Stengel, Stephan von, 1993, S. 66.

144 Mannheims Sehenswürdigkeiten im Jahre 1770, 1908, Sp. 10.

145 Causid, Simon: Verzeichnis der Hochfürstlich-Heßischen Gemählde-Sammlung in Cassel, Cassel 1783; vgl. Böttger, Peter, 1972, S. 54; Hofmann, Karl Ludwig, 1999, S. 242 f.

146 Vgl.: Bezzel, Oskar, Bd. 2, 1928, S. 383.

147 Vgl. dazu ausführlich: Olbrich, Meinhard, 1966, S. 259–264.

148 So im französisch-pfälzischen Vertrag am 17. Januar 1751 festgesetzt.

149 Verordnung zum 31. Juli 1758, vgl. Janson, Franz, Bd. 2, 1793, S. 96 ff.

150 Vgl. Krems, Eva-Bettina, 2013, S. 312.

151 Stengel, Stephan von, 1993, S. 62.

152 Vgl. Ebersold, Günther, 1997, S. 19.

153 Vgl. Stengel, Stephan von, 1993, S. 85 ff.

154 Vgl. ausführlich: Heber, Wiltrud, 1997, S. 35–41.

155 Vgl. dies., S. 5.

156 Vgl. dazu ausführlich: Schröck-Schmidt, 2020, S. 14–56.

157 Vgl. ausführlich: Reutter, Jochen, 1992, S. 105–107.

158 Burney, Charles, 2014, S. 71.

159 Schubart, Christian Friedrich Daniel, 1806, S. 129 f.

160 Vgl. Pelker, Bärbel, 2004, S. 391; Kreutz, Jörg, 1992, S. 1.

161 Vgl. ausführlich bei: Wiegand, Hermann, 1999, S. 159.

162 Vgl. Martin, Kurt, 1933, S. 139.

163 Schubart, Christian Friedrich Daniel, 1791, S. 210; Döppe, Friedrich (Hg.), 1952, S. 78.

164 Heinsius, Johann Samuel und Erben (Hg.), 1755, S. 176.

165 Vgl. Buddruss, Eckhard, 1999, S. 225 f; vgl. Olbrich, Meinhard, 1966, S. 238 f.

166 Vgl. Mörz, Stefan, 1991, S. 56.

167 Augsburgische Postzeitung, August 1763, Nr. 191; vgl. auch: Ordinari Münchner Zeitung, September 1763, Nr. CLVI, S. 565.

168 Brief von Elisabeth Auguste Kurfürstin von der Pfalz an Clemens Franz de Paula vom 7. Mai 1743, vgl. Richter, Susan (Hg.), 2021, S. 110 f.

169 Vgl. Küster, Katharina, 1999, S. 256.

170 Inv.-Nr. Faszikel 37, Pap. 120, Artikel 1751, Archiv der Akademie der bildenden Künste, Wien.

171 Vgl. Inv.-Nr. 77/1397, fol. 88, Generallandesarchiv, Karlsruhe.

172 Vgl. Schlosser, Friedrich Christoph, 1853, S. 251 f.

173 Die Vorzüge Mannheims, besungen von einem Verehrer des guten Geschmacks, Mannheim 1775; vgl. Pelker, Bärbel, 1992, S. 49.

174 Burney, Charles, 2014, S. 228 f.

175 Riesbeck, Johann Kaspar, 1784, S. 83; vgl. dazu: Wagner, Ralf Richard, 1999, S. 19.

176 Vgl. Leopold, Silke, 2013, S. 299.
177 Vgl. Mörz, Stefan, 1991, S. 95.
178 Ausführlich dazu: Hesse, Petra, 1999, S. 117.
179 Vgl. Pelker, Bärbel, 1992, S. 61–64; dies., 1999, S. 294.
180 Vgl. Wagner, Ralf Richard, 2010, S, 13–29.
181 Hirschfeld, Christian Cay Lorenz, Bd. V, 1785, S. 345.
182 Inv.-Nr.: Loc. 2627, Vol. XXV, Geheimes Kabinett, Sächsisches Hauptstaatsarchiv, Dresden.
183 Vgl. Wagner, Ralf Richard, 2010, S. 23.
184 Schubart, Christian Friedrich Daniel, 1791, S. 208; Döppe, Friedrich (Hg.), 1952, S. 77 f.
185 Seiner Churfuerstlichen Durchleucht zu Pfalz etc. etc. Hof- und Staats-Kalender fuer das Schalt-Jahr 1780, München 1780, S. 51.
186 Zeyher, Johann Georg; Roemer Georg Christian, 1809, S. 44; vgl. dazu: Wagner, Ralf Richard, 1999, S. 10.
187 Vgl. Wagner, Ralf Richard, 2009, S. 130 f.
188 Sckell, Carl August, 1825, S. VI f.; vgl. Lauterbach, Iris, 2002, S. 223.
189 Ders., S. VII.
190 Vgl. gesamter Brief von Jean-Baptiste de La Quintinie an Ludwig XIV. König von Frankreich: Quintinie, Jean-Baptist de La, 1690, o. S.
191 Sckell, Carl August, 1825, S. VIII.
192 Dazu: Schnupp, Stefan, 2013, S. 408.
193 Sckell, Carl August, 1825, S. VIII.
194 Frei übersetzt nach: Pope, Alexander, 1985, S. 16.
195 Quest-Ritson, Charles, 2001, S. 123.
196 Frei übersetzt nach: Addison, Joseph: The Spectator, Vol. 6., 1712, Nr. 412.
197 Brief Alexander Popes an Richard Burlington, 1731.
198 Sckell, Friedrich Ludwig von, 1825, S. 10 f.
199 Chambers, William, 1772, S. 21–41.
200 Vgl. Buttlar, Adrian von, 1980, S. 119; Hlavac, Christian, 2008, S. 151–164.
201 Vgl. Bauer, Hermann, 1997, S. 37.
202 Sckell, Carl August, 1825, S. VIII.
203 Ders., S. IX f.
204 Vgl. Reisinger, Claus, 1986, S. 35; Heber, Wiltrud, 1986, S. 469.
205 Sckell, Carl August, 1825, S. X.
206 Vgl. Werner, Ferdinand, 1999, S. 71.
207 Vgl. Grafik „Übersicht der Veranstaltungen in der Sommerresidenz Schwetzingen" bei Schröck-Schmidt, Wolfgang 2021, S. 142.
208 Hirschfeld, Christian Cay Lorenz, Bd. V, 1785, S. 346.
209 Ders., S. 344.
210 Sure 37, Vers 35 und Sure 47, Vers 19.
211 Sure 112, Verse 1–4.
212 Sure 111, Vers 1.
213 Inschrift im Kuppelsaal der Gartenmoschee zu Schwetzingen.
214 Hirschfeld, Christian Cay Lorenz, Bd. V, 1785, S. 345.
215 Ders., 6. Abschnitt: Gärten nach dem verschiedenen Charakter ihrer Besitzer, S. 26.
216 Vgl. ausführlich: Zacher, Inge, 1999, S. 76.
217 Vgl. Blondel, François: Cours d'Architecture. Enseigne Dans L'Academie Royale, 5 Bde., Paris 1675–1683.
218 Vgl. Heber, Wiltrud, 1996, S. 51; Kiby, Ulrika, 1995, S. 269; Müller-Arndt, Hella, 1957, S. 14 f.
219 Blondel, Jacques-François, Bd. 1, 1737, Kap. 4.
220 Vgl. Zacher, Inge, 1999, S. 81.
221 Vgl. ausführlich: Richter, Susan, 1999, S. 43–54.
222 Vgl. Mörz, Stefan, 1997, S. 43.
223 Ders., S. 169.
224 Vgl. dazu: Hepp, Friedrich, 1999, S. 141–150; dazu ausführlich: Roth, Andrea; Schröck-Schmidt, Wolfgang, 1999, S. 55–64.
225 Merveilleux, David François de, 1739, S. 310–312.
226 Vgl. Weech, Friedrich von, 1898, S. 64–67.
227 Brief von Heinrich Anton Freiherrn von Beckers zu Westerstetten an Berlin Johann Kaspar von Schlipp, den kurpfälzischen

Ministerresidenten in Berlin, vom 12. Dezember 1764; vgl. Inv.-Nr. Berlin 142, BayHStA, München.

228 Vgl. Vehse, Carl Eduard, 1994, S. 50.

229 Vgl. Utsch, Friedrich Wilhelm, 1913, S. 23 f.; Wagner, Ralf Richard, 1999, S. 11 f.

230 Wigard, Bonifaz, o. J., S. 5 f.; Inv.-Nr.: A 269 d, Stadtarchiv, Heidelberg; vgl. Wüst, Günther, 1988, S. 121–127.

231 Aus der Jülich und Bergischen Policey-Ordnung und besonderen Lands-Edicts gesammelte und erneuerte Jagd- und Forst-Satzungen de Anno 1761. Düsseldorf gedruckt in der Churfürstlichen-Hof-Buchdruckeri, § 23; Inv.-Nr.: A 417, Stadtarchiv, Heidelberg.

232 Ebd.

233 Ebd., § 12.

234 Mörz, Stefan, 1991, S. 55.

235 Bürger, Gottfried August, 1835, S. 20.

236 Traitteursche Papiere, Inv.-Nr. Hs. 206, GHA, München.

237 Brief des Kurfürsten Carl Theodor an François-Marie Arouet Voltaire vom 28. März 1761; vgl. Besterman, Theodore, 1953/65, Nr. 9703.

238 Schick, Ludovico, 1761, Frontispiz.

239 Ebd., S. 2; vgl. Genesis I.

240 Vgl. ausführlich bei: Henker, Michael, 1974, S. 871–877.

241 Vgl. Roland, Berthold, 1999, S. 31.

242 Gratulationsschreiben der Neuburgischen Landschaft an Kurfürst Carl Theodor zum 30. März 1761 mit beiliegendem gedruckten Gebetsblatt in deutscher und lateinischer Sprache; Inv.-Nr.: Corr. 1287, GHA, München.

243 1. Buch Mose, Genesis, 30, 22.

244 Vgl. Mannheimer Geschichtsblätter, Bd. 9 (1908), Nr. 8 und 9, Sp. 184–186; Ebersold, Günther, 1997, S. 34; Döring, Detlef; Menzel, Franziska; Otto, Rüdiger; Schlott, Rüdiger Otto Michael, 2012, S. 691.

245 Leinberger, Thomas, 1783, S. 73.

246 Brief des Kurfürsten Carl Theodors an Kaiser Franz I. Stephan vom 30. Juni 1761; Inv.-Nr.: Corr. Akt 1287, GHA, München.

247 Vgl. Ebersold, Günther, 1997, S. 36.

248 Schwarz, Johann Christian, 1908, S. 184.

249 Leinberger, Thomas, 1783, S. 73.

250 Brief von Elisabeth Auguste Kurfürstin von der Pfalz an Clemens Franz de Paula, Schwetzingen, den 8. August 1761, vgl. Richter, Susan (Hg.), 2021, S. 242.

251 Komplett abgeduckt bei: Fuchs, Carl Ludwig, 1999, S. 173 f.

252 Brief von Elisabeth Auguste Kurfürstin von der Pfalz an Clemens Franz de Paula vom 25. Oktober 1766, vgl. Richter, Susan (Hg.), 2021, S. 306 f.

253 Brief von Elisabeth Auguste Kurfürstin von der Pfalz an Clemens Franz de Paula vom 14. Juni 1768, vgl. Richter, Susan (Hg.), 2021, S. 346 f.

254 Inv.-Nr.: 2626, Vol. XXIV, Geheimes Kabinett, Sächsisches Staatsarchiv, Dresden.

255 Vgl. Walter, Friedrich (Hg.), 1912, Sp. 62.

256 Vogel, Matthäus, 1741, S. 108.

257 „DEO / VIRGINIQUE MAGTRI / ELISABETHA AUGUSTA ELECTRIX PALATINA / HOC TEMPLUM EXTRUXIT ANN SAL[UTIS] MDCCLXXV"; vgl. Schmidt, Peter; Warmbrunn, Paul; Untermann, Matthias, 2015, S. 418; Roth, Michael, 2021, S. 119.

258 Vgl. Gutzer, August, 1991, S. 53.

259 Vgl. Franz Anton Mais Nachruf auf die Kurfürstin Elisabeth Augusta, in: Mannheimer Geschichtsblätter (1920), Sp. 39 f.

260 Brief von Elisabeth Auguste Kurfürstin von der Pfalz an Clemens Franz de Paula vom 12. März 1743, vgl. Richter, Susan (Hg.), 2021, S. 84–91.

261 Brief von Elisabeth Auguste Kurfürstin von der Pfalz an Clemens Franz de Paula in der Karwoche (7. bis 11. April) 1743; vgl. Richter, Susan (Hg.), 2021, S. 78 f.

262 Brief von Elisabeth Auguste Kurfürstin von der Pfalz an Clemens Franz de Paula am 30. April 1743; vgl. Richter, Susan (Hg.), 2021, S. 108 f.; vgl. auch: Brief von Elisabeth Auguste Kurfürstin von der Pfalz an Clemens Franz de Paula vom 28.

Januar 1744, vgl. Richter, Susan (Hg.), 2021, S. 174 f.

263 Vgl. Brief des Ministers von Wrede an Christian IV. Herzog von Pfalz-Zweibrücken vom 30. Januar 1746, Inv.-Nr.: Corr. 1278, GHA, München.

264 Brief von Elisabeth Auguste Kurfürstin von der Pfalz an Clemens Franz de Paula, Schwetzingen, den 19. August 1746, vgl. Richter, Susan (Hg.), 2021, S. 226.

265 Brief von Elisabeth Auguste Kurfürstin von der Pfalz an Clemens Franz de Paula vom 23. Mai 1765, vgl. Richter, Susan (Hg.), 2021, S. 276 f.

266 Brief von Elisabeth Auguste Kurfürstin von der Pfalz an Clemens Franz de Paula vom 20. November 1769, vgl. Richter, Susan (Hg.), 2021, S. 352 f.

267 Reisenegger, Ignatio, 1770, fol. 2 v.

268 Vgl. Mörz, Stefan, 1997, S. 55.

269 Vgl. Inv.-Nr.: 52, Nachlass König Max I. Joseph, GHA, München.

270 Vgl. Mörz, Stefan, 1997, S. 55.

271 Vgl. Inv.-Nr.: Kasten blau 404/2d, BayHStA, München.

272 Brief der Kurfürstin Elisabeth Auguste an ihren Schwager Friedrich Michael Pfalzgraf von Pfalz-Zweibrücken-Birkenfeld zum 12. April 1767; übersetzt von: Fuchs, Carl Ludwig, 1999, S. 137.

273 Vgl. ausführlich bei: Fuchs, Carl Ludwig, 1999, S. 125–131, bes. 130.

274 Brief von Elisabeth Auguste Kurfürstin von der Pfalz an Clemens Franz de Paula vom 21. August 1767, vgl. Richter, Susan (Hg.), 2021, S. 316 f.

275 Brief von Elisabeth Auguste Kurfürstin von der Pfalz an Clemens Franz de Paula vom 10. Oktober 1767, vgl. Richter, Susan (Hg.), 2021, S. 324 f.

276 Vgl. Mörz, Stefan, 1997, S. 55.

277 Zu diesem Vorfall: Lumbroso, Albert, 1901, S. 129; Rall, Hans, 1993, S. 69 f.

278 Vgl. Mörz, Stefan, 1997, S. 57.

279 Vgl. Obser, Karl, 1907. S. 166.

280 Vgl. Corneilson, Paul E., 1992, S. 373.

281 Ebd., S. 373 f.

282 Vgl. Plate, Oliver, 2021, S. 68.

283 Riesbeck, Johann Kaspar, 1784, S. 80.

284 Vgl. Bauer, Gerhard, 1999, S. 377–379; Jung, Hermann, 1992, S. 204; Homering, Liselotte, 2013, S. 308.

285 Riaucour, Andreas von, Gesandtschaftsberichte; Inv.-Nr.: Loc. 2626, Bd. 21, 1768, Geheimes Kabinett, Sächsisches Staatsarchiv, Dresden.

286 Stengel, Stefan von, 1993, S. 75 f.

287 Vgl. ausführlich bei: Pelker, Bärbel, 1999, S. 301; Jung, Hermann, 1992, S. 205.

288 Vgl. Corneilson, Paul E., 1992, S. 385.

289 Müller, Johann Heinrich Friedrich: Müllers Abschiede von der k.k. Hof- und National-Schaubühne. Mit einer kurzen Biographie seines Lebens und einer gedrängten Geschichte des hiesigen Hoftheaters, Wien 1802; vgl. Herrmann, Wilhelm, 1999, S. 239–242.

290 Ebd.

291 Böttiger, Karl Wilhelm (Hg.): Bd. 1, 1838, S. 229.

292 Riesbeck, Johann Kaspar, 1784, S. 82.

293 Lipowsky, Felix Joseph, 1828, S. 85.

294 Ebd.

295 Vgl. Köllner, Adolph, 1854, S. 439; Svoboda, Karl J., 1999, S. 40.

296 Vgl. Ebersold, Günther, 1997, S. 40.

297 Vgl. Svoboda, Karl J., 1994, S. 113–123.

298 Riesbeck, Johann Kaspar, 1784, S. 82.

299 Todesanzeige für Josepha Gräfin von Heydeck, 1771; vgl. Ebersold, Günther, 1997, S. 44.

300 Vgl. Grabinschrift, Kapelle der Burg Zwingenberg: „HIC IACET COMITVM AB HEYDECK MATER JOSEPHA QUAE ANNO AETATIS SVAE VICESIMO TERTIO POSTUVAM ORBI GENVIT COMITEM TRES COMITISSAS, ABIIT AD CAELESTES DELICIAS DIE CCVIImo DECEMBRIS MDCCLVVI“; vgl. Ebersold, Günther, 1999, S. 44 f.

301 Vgl. Distler, Uwe, 1999, S. 395.

302 Vgl. Mörz, Stefan, 1997, S. 73.

303 Dazu ausführlich: Jahn, Cornelia, 1994, S. 38–46.

304 Dazu ausführlich: Gesche, Inga, 1999, S. 54–56.

305 Vgl. Bericht von Franz von und zu Lehrbach am 19. Juni 1776, Inv.-Nr.: Stk BR 135, Haus-, Hof- und Staatsarchiv, Wien.

306 Vgl. Ziehner, Ludwig, 1931, S. 146 f.

307 Ackermann, Johann Peter, 1788, S. 46–52.

308 Ebd.

309 Ebd.

310 Ebd.

311 Ebd.; vgl. auch: Lipowsky, Felix Joseph, 1828, S. 82.

312 Vgl. Hofmann, Friedrich H., Bd. 1, 1911, S. 4 f.

313 Vgl. Beaucamp-Markowsky, Barbara, 1999, S. 271.

314 Brief Andreas Graf von Riaucour an Heinrich Graf von Brühl, Mannheim, den 27. November 1755; vgl. aus der ersten Zeit der Frankenthaler Porzellanmanufaktur, in: Mannheimer Geschichtsblätter, Nr. 8 und 9 (1903), Sp. 203.

315 Ebd.

316 Ebd.

317 Vgl. Beaucamp-Markowsky, Barbara, 1999, S. 272.

318 Vgl. Das Verkaufslokal der Frankenthaler Porzellanmanufaktur im Mannheimer Kaufhaus 1755–1799, in: Mannheimer Geschichtsblätter, Nr. 8 und 9 (1900), Sp. 194 f.

319 Dazu ausführlich: Erbe, Michael, 2013, S. 405.

320 Ebd.

321 Vgl. Heuser, Emil, 1909, S. 8–27.

322 Ackermann, Johann Peter, 1788, S. 53.

323 Ebd., S. 53.

324 Vgl. Inv.-Nr.: MNC 19057, Musée National de Céramique, Sèvres.

325 „EN VIGET HIC CAROLVS QUAE PONDERA MAIESTATIS / AVGVSTI SCEPTRI DIGNE SALOMONICVS HAERES / LAVDE SACRI CVSTOS STVDII DEFENSOR ET ARTIS"; vgl. Beaucamp-Markowsky, Barbara, 1999, S. 329.

326 „HIC MIRARE DEAS NOBIS NOVA SAECVLA GIGNVNT / ELISABETHA DOCET VIRTVTE IMAGINE ACTV / CVLTA DEA IN TERRIS SVPERIS HABETVR AMICA"; vgl. Beaucamp-Markowsky, Barbara, 1999, S. 329.

327 Ackermann, Johann Peter, 1788, S. 53 f.

328 Tebbe, Karin, 2013, S. 350 f.

329 Vgl. dazu ausführlich bei: Fuchs, Carl Ludwig, 1993, S. 108 f., Nr. 85; Tebbe, Karin, 2019, S. 350 f.; Hepp, Frieder, 2021, S. 26.

330 Vgl. Anzeiger der Kabinetten. Merk= würdigkeiten, welche in Mannheim und selbiger Gegend zu sehen sind, in: Pfälzischer Kleiner Kalender auf das Jahr 1774, o. S.

331 Ackermann, Johann Peter, 1788, S. 54 f.; vgl. auch: Lipowsky, Felix Joseph, 1828, S. 83.

332 Ders., S. 55.

333 Ders., S. 55.

334 Ders., S. 54.

335 Vgl. ausführlich: Budde, Kai, 1999, S. 368 f.; Mörz, Stefan, 2013, S. 291.

336 Bemerkungen der Kuhrpfälzischen Physikalisch-Ökonomischen Gesellschaft, Mannheim 1774, Widmung.

337 Ebd., S. XXVI.

338 Ebd., S. XXXVI.

339 Jung, Johann Heinrich, 1779, S. 40.

340 Ders., S. 42 f.

341 Ausführlich bei: Simmermacher, René, 2006, S. 291–300; Swoboda, Franz, 1980, S. 102–104.

342 Ders., S. 293.

343 Swoboda, Franz, 1980, S. 104.

344 Simmermacher, René, 2006, S. 293.

345 „Zugabe zu der Mannheimer Zeitung, Montag, den 17. April 1769".

346 Vgl. ausführlich: März, Johannes, 2017, S. 1–83; Mosbacher Fayencen, Hg. Städtisches Reiss-Museum Mannheim, Mannheim 1970, S. 104 ff.; Swoboda, Franz, 1980, S. 104–106.

347 Vgl. Gesandtschaftsbericht der Mannheimer Hofkammer anläßlich der Einweihung des Fasses am 7. Dezember 1752.

348 Brief von Elisabeth Auguste Kurfürstin von der Pfalz an Clemens Franz de Paula vom 11. Januar 1766, vgl. Richter, Susan (Hg.), 2021, S. 292 f.
349 Vgl. Mörz, Stefan, 2013, S. 289.
350 Bianconi, Gian Lodovico, 1964, S. 71.
351 Vgl. Richter, Susan (Hg.), 2021, S. 164.
352 Leinberger, Thomas, 1783, S. 72.
353 Vgl. Ebersold, Günther, 1999, S. 231–235.
354 Graf von Portia?, Dr. Anton Winter?, vgl. Svoboda, Karl J., 1998, S. 44.
355 Goethe, Johann Wolfgang von, 1998, S. 145.
356 Brief von Chrisitan Ludwig von Hagendorn an seinen Bruder Friedrich vom 27. Januar 1746, vgl. Cremer, Claudia Susanne, 1989, S. 69.
357 Vgl. Reutter, Jochen, 1992, S. 109.
358 Vgl. ausführlich bei: Weich, Karl, 1999, S. 158.
359 Riesbeck, Johann Kaspar, 1784, S. 90 f.
360 Vgl. Svoboda, Karl J., 1998, S. 103
361 Ders., S. 99.
362 Ders., S. 101.
363 Mannheimer Zeitung zum 3. Oktober 1775; vgl. Lohmeyer, Karl, 1915, S. 14–16.
364 Mannlich, Johann Christian von, 1966, S. 196 f.
365 Vgl. Schiering, Wolfgang, 1999, S. 267.
366 Goethe, Johann Wolfgang von, 1814, S. 128–130.
367 Schiller, Friedrich, 1785, S. 177 f.
368 Lamey, Andreas, 1766, fol. C 1v und C 2r.
369 Vgl. ausführlich bei: Schibel, Wolfgang, 1999, S. 325–336.
370 Vgl. Mörz, Stefan, 2013, S. 291.
371 Vgl. ausführlich bei: Weich, Karl, 1999, S. 157 f.
372 Vgl. Mayer, Christian: Gruendliche Vertheidigung neuer Beobachtungen von Fixsterntrabanten, welche zu Mannheim auf der kurfuerstlichen Sternwarte entdecket worden sind, Mannheim 1778.
373 Vgl. ausführlich bei: Mörz, Stefan, 1999, S. 83; Budde, Kai, 1999, S. 359.
374 Dyck, Walther von, 1912, S. 2.
375 Vgl. dazu: Kreutz, Wilhelm, 1999, S. 220 f.; Immler, Gerhard, 2013, S. 396; Kreutz, Wilhelm, 2013, S. 411.
376 Kosten in den Jahren 1775/76 betrugen alljährlich für den Kurpfälzischen Hof 967.257 Gulden, für die Kunst- und Wissenschaftsanstalten 231.600 Gulden; vgl. Inv.-Nr.: Corr. Akt 882Vd, Generalkasse um 1775, GHA, München; Besoldungen bei Hof- und Staatsbehörden 1776, Inv.-Nr.: 77/1649, Generalslandesarchiv, Karlsruhe; Künstler: Hofrat Lamine vom 19. Januar 1777, Inv.-Nr.: 77/1642, Generallandesarchiv, Karlsruhe; vgl. ausführliche Zusammenstellung bei Mörz, Stefan, 1998, S. 82 f.
377 Leinberger, Thomas, 1783, S. 74 f.
378 Dazu: Kreutz, Wilhelm, 2013, S. 411.
379 Vgl. Vehse, Carl Eduard, 1853, S. 151.
380 Riesbeck, Johann Kaspar, 1784, S. 96.
381 Ders., S. 102.
382 Ebd.
383 Bianconi, Gian Lodovico, 1964, S. 25 und 28.
384 Vgl. Doeberl, Michael, 1928, S. 366.
385 Riesbeck, Johann Kaspar, 1784, S. 111.
386 Fessmaier, Johann Georg, 1801, S. 104.
387 Vgl. Engelbrecht, Jörg, 1999, S. 194.
388 Ausführlich bei: Unzer, Adolf, 1894, S. 68–113.
389 Vgl. Vehse, Carl Eduard, 1853, S. 154.
390 Ebd.
391 Vgl. ausführlich bei: Unzer, Adolf, 1897, S. 401–492.
392 Brief von Friedrich II. König von Preußen an Katharina II. Zarin von Russland; vgl. Jessen, Hans, 1978. S. 276 f.
393 Vgl. Engelbrecht, Jörg, 1999, S. 195; Rall, Hans, 1993, S. 191.
394 Vgl. Vehse, Carl Eduard, 1994, S. 50.
395 Vgl. Rall, Hans, 1993, S. 193.
396 Vgl. Vehse, Carl Eduard, 1994, S. 85.
397 Vgl. Pangels, Charlotte, 2004, S. 337.
398 Vgl. Ebersold, Günter, 1985, S. 266.
399 Riesbeck, Johann Kaspar, 1784, S. 86.
400 Vgl. Buddruss, Eckhard, 1999, S. 229.

401 Vgl. Witzleben, Hermann von; Vignau Ilka von, 1976, S. 126.
402 Streber, Ignatz, 1819, S. 13.
403 Sckell, Carl August, 1825, S. XI.
404 Inschrift auf dem Landshuter Sckelldenkmal an der Vorderseite: „Almae rerum matris / Naturae / Sectatori / Aemulo / Hoc in circuitu conductori / Frid. Ludovico Sckell / Primo / In Boioaria ut et in Palatinatu / Hujus generis cultori Sacrum"; vgl. Sckell, Carl August, 1825, S. XI.
405 „Et / Fratri / Mathaeo Sckell / Executori / An. MDCCLXXXIV"; vgl. Sckell, Carl August, 1825, S. XI.
406 Stengel, Stefan von, 1993, S. 100 f.
407 Vgl. Ebersold, Günther, 1997, S. 53 f.
408 Brief von Wolfgang Amadé Mozart an seinen Vater Leopold, Mannheim, den 12. November 1778; vgl. Jung, Hermann, 1992, S. 198.
409 Vgl. Ausführliche Zusammenstellung der Bevölkerung in den kurpfälzischen Stadten bei Mörz, Stefan, 1998, S. 123, 149.
410 Siehe Auflistung bei: Westenrieder, Lorenz, 1782, S. 218.
411 Vgl. Jung, Hermann, 1992, S. 203.
412 Ausführlich bei: Homering, Liselotte, 2013, S. 305.
413 Iffland, August Wilhelm, 1798, S. 114.
414 Müller-Seidel, Walter (Hg.), 1956, S. 130.
415 Inv.-Nr.: 77/6400-01, Generallandesarchiv, Karlsruhe.
416 Vgl. Cappel, Adalbert, 1980, S. 124–129; Mörz, Stefan, 2013, S. 294.
417 Vgl. Ebersold, Günther, 1997, S. 56.
418 Zueignung an Kurfürstin Elisabeth Auguste von Pfalz-Bayern im Erstdruck von Wolfgang Amadé Mozarts Sonaten für Klavier und Violine, KV 301–306, Paris 1777; vgl. Münster, Robert, 2002, S. 96–98.
419 Vgl. Münster, Robert, 2002, S. 100.
420 Vgl. Bayern, Adalbert Prinz von, 1957, S. 230.
421 Brief der Kurfürstin Elisabeth Augusta an Franz Albert Leopold von Oberndorff vom 28. Juni 1782, Inv.-Nr. K. schw. 13165, BayHStA, München.
422 Brief von Wolfgang Amadé Mozart an seinen Vater Leopold, 13. November 1780; vgl. Münster, Robert, 2002, S. 106.
423 Heuwieser, Max, 1790, S. 127.
424 Vgl. Larsen, Egon, 1961, S. 160.
425 Titel des Librettisten und Salzburger Hofkaplans Giambattista Varesco, 1781; vgl. Leopold, Silke, 2013, S. 299.
426 Vgl. Münster, Robert, 2002, S. 227.
427 Vgl. Schaumberg, Uta, 2020, S. 34.
428 Riesbeck, Johann Kaspar, 1784, S. 84.
429 Dazu in aller Ausführlichkeit: Gigl, Caroline, 1999, S. 58–498.
430 Dies., S. 500.
431 Ebd.
432 Ebd., S. 501.
433 Riesbeck, Johann Kaspar, 1784, S. 81.
434 Ders., S. 104.
435 Ders., S. 82.
436 Ders., S. 82 f.
437 Stengel, Stephan von, 1993, S. 103 f.
438 Vgl. Ebersold, Günther, 1999, S. 233; Stengel, Stephan von, 1997, S. 1.
439 Vgl. Putlitz, Gisbert zu (Hg.), 1986, S. 57.
440 Vgl. Ebersold, Günther, 1999, S. 233.
441 Vgl. Stengel, Stephan von, 1997, S. 9.
442 Ders., S. 9 f.
443 Ders., S. 24.
444 Ders., S. 45.
445 Ders., S. 50.
446 Ders., S. 68 f.
447 Ders., S. 69–72.
448 Ders., S. 77.
449 Ders., S. 82.
450 Ders., S, 87.
451 Ders., S. 90.
452 Ders., S. 90.
453 Ders., S. 92.
454 Ders., S. 98.
455 Ders., S. 78.
456 Ders., S. 99.
457 Ders., S. 163.
458 Schubart, Christian Friedrich Daniel, 1806, S. 129.
459 Westenrieder, Lorenz, 1783, S. 375–377.

460 Vgl. Schulzki, Heinz-Joachim, 1999, S. 284.
461 Inv.-Nr.: 77/2787, Generallandesarchiv, Karlsruhe; vgl. ausführlich: Graf, Bernhard, 2018, S. 100; ders., 2018, S. 168 f.
462 Münchner Inventar von 1783, Inv.-Nr.: 1713/1.1, Corr. Akten, GHA, München.
463 Zit. nach: Brunner, Herbert, 1970, S. 63.
464 Vgl. ausführlich dazu: Brunner, Herbert, 1977, S. 136.
465 Inv.-Nr.: Corr. Akt 1712 P 2 Nr. 1, GHA, München; HR 2917, BayHStA, München.
466 Vgl. ausführlich dazu: Weber, Ingrid S., 1992, S. 11–27.
467 Vgl. Küthmann, Harald, 1968, S. 2 f.; Schulzki, Heinz-Joachim, 1999, S. 289.
468 Rescript vom 15. September 1781, Inv.-Nr.: 1713/1.2, Corr. Akten, GHA, München.
469 Becker, Carl, 1922, S. 3–23.
470 Vgl. Brown, George I., 2002, S. 12.
471 Ders., S. 15.
472 Vgl. ausführlich bei: ders., S. 33.
473 Vgl., Miedaner, Stefan, 1989, S. 23; Brown, George I., 2002, S. 37.
474 Rumford, Benjamin Thompson Graf von, 1797, S. 6.
475 Iffland, August Wilhelm, 1798, S. 144.
476 Ebd., S. 152–154, 187.
477 Mémoire sur l'Etat actuel de l'Armée de Son Altesse Serenissimus Electorale, Monseigneur l'Electeur Palatine de Baviere &ca &ca et sur les Moyens de la mettre sur un meilleur pied, Inv.-Nr.: HS 78, Kriegsarchiv, BayHStA, München.
478 Ebd.
479 Ebd.
480 Brown, George I., 2002, S. 67 f.
481 Vgl. Larsen, Egon, 1961, S. 69.
482 Vgl. Brown, George I., 2002, S. 51, 113 f.
483 Miedaner, Stefan, 1989, S. 23.
484 Vgl. Ausführlich: Gigl, Caroline, 1999, S. 392 f., S. 501.
485 Vgl. Brown, George I., 2002, S. 49.
486 Ders., S. 70 f.
487 Bericht des österreichischen Gesandten Franz Sigismund Adalbert von Lehrbach zum 8. und 12. Januar sowie zum 26. März 1789.
488 Vgl. Mörz, Stefan, 1998, S. 152.
489 Brief von Kurfürstin Elisabeth Augusta an Franz Albert Leopold von Oberndorff zum 22. November 1788, Inv.-Nr.: K. schw. 13165, BayHStA, München.
490 Vgl. Franz Anton Mais Nachruf auf die Kurfürstin Elisabeth Augusta, in: Mannheimer Geschichtsblätter (1920), Sp. 39 f.
491 Ebd.
492 Rumford, Benjamin Thompson Graf von, 1797, S. 18–20.
493 Ders., S. 23 f.
494 Ders., S. 17.
495 Ders., S. 24 f.
496 Ders., S. 25.
497 Ders., S. 31.
498 Ders., S. 32.
499 Vgl. ders., S. 32 f.
500 Vgl. Titulus des einschlägigen Kupferstichs in Michael Wenings „Historico-Topographica Descriptio.“ Bd. 1: Rentamt München, 1701.
501 Rumford, Benjamin Thompson Graf von, 1797, S. 93.
502 Ders., S. 105.
503 Ders., S. 106; vgl. auch: Lipowsky, Felix Joseph, 1828, S. 219.
504 Ders., S. 49.
505 Lipowsky, Felix Joseph, 1816, S. 90 f.
506 Rumford, Benjamin Thompson Graf von, 1797, S. 49.
507 Ebd.
508 Ebd.
509 Ebd.
510 Ebd.
511 Ebd.
512 Vgl. ausführlich bei: Lipowsky, Felix Joseph, 1816, S. 91–95.
513 Rumford, Benjamin Thompson Graf von, 1797, S. 47.
514 Ders., S. 72.
515 Ders., S. 69; vgl. auch: Weiler, Sophie Juliane, 1787, S. 652–654.
516 Rumford, Benjamin Thompson Graf von, 1797, S. 253.
517 Brown, George I., 2002, S. 127.

518 Lipowsky, Felix Joseph, 1816, S. 91–95.
519 Rumford, Benjamin Thompson Graf von, 1797, S. 69 f.
520 Lipowsky, Felix Joseph, 1816, S. 95 f.
521 Ebd.
522 Rumford, Benjamin Thompson Graf von, 1797, S. 117.
523 Ders., S. 76.
524 Riesbeck, Johann Kaspar, 1784, S. 100.
525 Rumford, Benjamin Thompson Graf von, 1797, S. 130 f.
526 Ders., S. 135.
527 Ders., Bd. 1, S. 41 f.
528 Ders., S. 264 f.
529 Ders., S. 13.
530 Ders., S. 14.
531 Ders., S. 254.
532 Ders., S. 254 f.
533 Ders., S. 255 f.
534 Für die Information danke ich Herrn Dr. Thomas Weidner als stellvertretenden Direktor des Stadtmuseums in München.
535 Rumford, Benjamin Thompson Graf von, 1797, S. 358.
536 Ders., S. 359.
537 Ders., S. 360.
538 Ders., S. 361.
539 Blackwood's Magazine, Bd. XIV, Dezember 1823.
540 Bauer, U., 1916, S. 532.
541 Riesbeck, Johann Kaspar, 1784, S. 87.
542 Ders., S. 109.
543 „d'Avoir une bonne Armée à peux de frais"; ebd., S. 14.
544 Rumford, Benjamin Thompson Graf von, 1797, S. 291 f.
545 Ders., S. 6.
546 Ders., S. 6.
547 Ders., S. 6–8.
548 Ders., S. 9 f.
549 Ders., S. 10 f.
550 Ders., S. 11 f.
551 Ders., S. 6.
552 Vgl. Brown, George, I., 2002, S. 72.
553 Ebd.
554 Vgl. Larsen, Egon, 1961, S. 74.
555 Inv.-Nr.: 1190, fol. 59, Kurbayern Hofkammer, BayHStA, München; vgl. Freyberg, Pankraz Frhr. Von, 1989, S. 80–83.
556 Vgl. Larsen, Egon, 1961, S. 95.
557 Ebd.
558 Vgl. Spohr, Edmund, 1999, S. 95
559 Vgl. Lang, Joseph, Gregor, Bd. 2, 1976, S. 159
560 Wolf, Georg, Jacob, 1930, S. 262.
561 Ebd.
562 Vgl. Schmid, Elmar D., 1989, S. 50.
563 Westenrieder, Lorenz, 1782, S. 75 f.
564 Spahr, Gebhard (Hg.), 1964, S. 73.
565 Sckell, Carl August, 1825, S. XII f.
566 Vgl. dazu: „Theodor Park / Vermessen / Von den churfürstl[ichen] Forst=Eleven a[nn]o 1793"; Inv.-Nr.: PLS 5692, BayHStA, München.
567 Sckell, Friedrich Ludwig von, 1825, S. 45.
568 Ders., S. 76 f.; vgl. ausführlich: Albert, Jost, 2002, S. 283 f.
569 Ders., S. 197 f.
570 Der baierische Landbot, 26ten May 1790, Nr. 43; vgl. Freyberg, Pankraz Frhr. von, 1989, S. 85–92.
571 Ebd.
572 Vgl. Chambers, William, 1757, S. 5 f.; Karnehm, Christl, 1989, S. 117.
573 Denkschrift von Friedrich Ludwig Sckell vom 6. März 1807; vgl. Hallbaum, Franz, 1927, S. 103–112, 182–222; Rose, Hans, 1931, S. 172–188; Freyberg, Pankraz Frhr. von, 1989, S. 104.
574 Sckell, Friedrich Ludwig von, 1825, S. 201 f.
575 Der baierische Landbot, 26ten May 1790, Nr. 43.
576 München, den 10ten März 1790 / Carl Theodor Churfuerst / Vid. Freyherr von Vieregg. / Ad. Mandatum Serenissimi / Domini Electoris proprium. / Schultes.
577 Ebd., 24. bis 28. März 1790, Nr. 25.
578 Ebd., 26ten May 1790, Nr. 43.
579 Ebd.
580 Ebd., 6ten July 1790, Nr. 55.
581 Der baierische Landbot, 26ten May 1790, Nr. 43.
582 Vgl. Schmid, Elmar D., 1989, S. 52.

583 Vgl. ausführlich bei: Karnehm, Christl, 1989, S. 114, 118.
584 Inschrift am Rumford-Denkmal des Englischen Gartens, vgl.: Schmid, Elmar D., 1989, S. 50; vgl. auch die Worte von Rumford, Benjamin Thompson Reichsgraf von, 1797, S. V-VII.
585 Riesbeck, Johann Kaspar, 1784, S. 95 f.
586 Krenner, Franz von, 1803, S. 33, 99.
587 Ders., S. 95.
588 Ders., S. 61.
589 Vgl. Vehse, Carl Eduard, 1994, S. 93.
590 Vgl. Riesbeck, Johann Kaspar, 1784, S. 112.
591 Ebd.
592 Ders., S. 112 f.
593 Krenner, Franz von, 1803, S. 95.
594 Ders., S. 49.
595 Ders., S. 61.
596 Ders., S. 57.
597 Vgl. Vehse, Carl Eduard, 1994, S. 94.
598 Inv.-Nr.: Hauptcassa 16, S. 197 r, Kurbayern, BayHStA, München.
599 Vgl. Inv.-Nr.: Hauptcassa 30, S. 198 v, Kurbayern, BayHStA, München.
600 Riesbeck, Johann Kaspar, 1784, S. 120.
601 Vgl. Vehse, Carl Eduard, 1853, S. 170; ausführlich: ders., 1994, S. 63–78.
602 Vgl. ausführlich bei: Hauk, Franz, 2006, S. 21.
603 Vgl. Winkler, Iris, 2003, S. 18.
604 Vgl. Rupp, Rainer, 2008, S. 5.
605 Vgl., Aulock, Maximilian von; Brendel, Daniela; Hilger, Silke; Zube, Jascha (Hg.), 2021, S. 14
606 Dies., S. 12.
607 Dazu ausführlich: Lipowsky, Karl Theodor, 1828, S. 248.
608 „Dulce est meminisse laborum"; vgl. Tyroff, Konrad (Hg.), Bd. 2, 1819, o. S.
609 Vgl. Brown, George I., 2002, S. 56.
610 Vgl. Heigel, Karl Theodor von, 1915, S. 21.
611 Vgl. Brown, George I., 2002, S. 57.
612 Häusser, Ludwig, Bd. 2, 1856, S. 981 f.
613 Inv.-Nr: 77/2853 und 77/2841, Generallandesarchiv, Karlsruhe; vgl. Rentsch, Dietrich, 1981, S. 302.
614 Vgl. dazu ausführlich: Freller, Thomas, S. 185–199.
615 Vgl. Vehse, Carl Eduard, 1853, S. 163.
616 Ebd.
617 Ders., S. 162 f.
618 Vgl. Inv.-Nr. 32: Protokoll der Geheimen Staatskonferenz vom 17. April 1802, Staatsrat 4, fol. 3 v, BayHStA, München; vgl. auch: Vehse, Carl Eduard, 1853, S. 163; ders., 1994, S. 55; Nadler, Markus, 2004, S. 400.
619 Dazu ausführlich: Lipowsky, Karl Theodor, 1828, S. 248.
620 Inv.-Nr.: 72/684, Generallandesarchiv, Karlsruhe.
621 Lipowsky, Karl Theodor, 1828, S. 271.
622 Vgl. Brenner, Johann B., 1837, S. 237–239; Binhack, Franz, 1900, S. 225–231, 257–264, 289–308; Scheglmann, Alfons Maria, 1908, S. 231–233.
623 Zschokke, Heinrich, 1828, S. 68 f.
624 Vehse, Carl Eduard, 1853, S. 163.
625 Ders., S. 162; vgl. Vehse, Carl Eduard, 1994, S. 54.
626 Vgl. Mörz, Stefan, 1997, S. 178.
627 Forster, George, 1791, S. 106–109.
628 Vgl. Kreutz, Wilhelm, 1999, S. 410 f.
629 Vgl. Mörz, Stefan, 1997, S. 192.
630 Vgl. Spohr, Edmund, 1999, S. 96.
631 Ders., S. 99.
632 Vgl. Borkopp, Birgitt, 1999, S. 144.
633 Ausführliche Liste bei: Fuchs, Carl Ludwig, 1999, S. 131.
634 Liste der Hofdamen der Kurfürstin Elisabeth Augusta bei: Richter, Susan, 2005, S. 467–480.
635 Vgl. Beyer, Andreas, 1996, S. 88.
636 Vgl. Mörz, Stefan, 1997, S. 55 f.
637 „Verzeichnis Deren von Mannheim überschickten Churfürstlichen Juwelen"; vgl. Fuchs, Carl Ludwig, 1999, S. 137.
638 Brief des Reichskanzlers Johann Amadeus Franz de Paula Graf Thugut an Ludwig Graf von Lehrbach zum 28. August 1794; Inv.-Nr.: Fasz. 87/1794, Staats- und Hausarchiv, Wien; Nachlass von Gundelinde Prinzessin von Bayern, Abschrift der

Gräfin Preysing, geb. Prinzessin von Bayern, 45.
639 Ebd.
640 Franz Sigismund Adalbert von und zu Lehrbach an den kaiserlichen Geschäftsträger in München Tautphoeus, Wien, den 31. Dezember 1794; Nachlass von Gundelinde Prinzessin von Bayern, Abschrift der Gräfin Preysing, geb. Prinzessin von Bayern, 1.
641 Franz Sigismund Adalbert von und zu Lehrbach vom 3. September 1794, Wiener Hausarchiv; Nachlass von Gundelinde Prinzessin von Bayern, Abschrift der Gräfin Preysing, geb. Prinzessin von Bayern, 45.
642 Brief des Kurfürsten Carl Theodor an Kaiser Franz II. zum 19. September 1794; Wiener Hausarchiv; Nachlass von Gundelinde Prinzessin von Bayern, Abschrift der Gräfin Preysing, geb. Prinzessin von Bayern, 45.
643 Vgl. Krauss-Meyl, Sylvia, 2013, S. 34 f.
644 Dies., S. 35.
645 Vgl. Gigl, Caroline, 1999, S. 500.
646 13. Februar 1795, Wiener Hausarchiv; Nachlass von Gundelinde Prinzessin von Bayern, Abschrift der Gräfin Preysing, geb. Prinzessin von Bayern, 56.
647 Nachlass von Gundelinde Prinzessin von Bayern, Abschrift der Gräfin Preysing, geb. Prinzessin von Bayern, 174.
648 Nachlass von Gundelinde Prinzessin von Bayern, Abschrift der Gräfin Preysing, geb. Prinzessin von Bayern, 154; vgl. Krauss-Meyl, Sylvia, 2013, S. 34 f.
649 Vgl. Zoller, Franz Carl, 1825, S. 329.
650 Inv.-Nr. Corr.-Akten 862, Nr. 18, GHA, München; vgl. Locher Wolfgang G., 2006, S. 261–263.
651 Lipowsky, Felix Joseph, 1828, S. 274.
652 Wellnhofer, Matthias, 1939, S. 73–75; vgl. Freyberg, Pankraz Frhr. von, 1989, S. 170.
653 Vehse, Carl Eduard, 1853, S. 158.
654 Tagebucheintrag von Ludwig I. König von Bayern zum 2. April 1845.
655 Brief von Auguste Wilhelmine Herzogin von Pfalz-Zweibrücken an Luise von Nassau, Mannheim, den 2. Januar 1795; vgl. Bayern, Adalbert Prinz von, 1957, S. 255.
656 Brief von Ludwig Graf von Lehrbach an den Reichskanzlers Johann Amadeus Franz de Paula Graf Thugut zum 12. Mai 1795, Hausarchiv, Wien; vgl. Bayern, Adalbert Prinz von, 1957, S. 257.
657 Vgl. Schattenhofer, Michael, 1989, S. 53.
658 Brief von Ludwig Graf von Lehrbach an den Reichskanzlers Johann Amadeus Franz de Paula Graf Thugut, München, den 9. August 1796, Hausarchiv, Wien; Nachlass von Gundelinde Prinzessin von Bayern, Abschrift der Gräfin Preysing, geb. Prinzessin von Bayern, 59.
659 Tagebücher der pfalzbaierischen Regierungsgeschichte 1797–1799, Inv.-Nr.: 286, Handschriften, GHA, München.
660 Vgl. Vehse, Carl Eduard, 1853, S. 207; ders., 1994, S. 90.
661 Vgl. Brown, George I., 2002, S. 48, 59 f.
662 Ders., S. 412 f.
663 Kreutz, Wilhelm, 2013, S. 415.
664 Rumford, Benjamin Thompson Graf von, 1797, S. 106.
665 Im Gegensatz dazu die Präzedenzfälle zu den Klosteraufhebungen in Kurbayern unter seiner Herrschaft; vgl. Jahn, Cornelia, 1994, S. 198.
666 Vgl. Brown, George I., 2002, S. 61.
667 Vehse, Carl Eduard, 1853, S. 200.
668 Vgl. Brown, George I., 2002, S, 63 f.
669 Ebd., S. 80.
670 Ebd., S. 81.
671 Vgl. dazu: Lipowsky, Karl Theodor, 1828, S. 299.
672 Rumford, Benjamin Thompson Graf von, Bd. II, 2, 1800, S. 356.
673 Ders., S. 373.
674 Vgl. Brown, George, 2002, S. 108.
675 Ders., S. 384.
676 Ders., S. 104; vgl. Lemons, Don S., 2009, S. 20.
677 Vgl. Larsen, Egon, 1961, S. 175; Youmans, Edward Livingston, 1873, S. 28.

678 Ebd., S. 154.
679 Vgl. Miedaner, Stefan, 1989, S. 27.
680 Vgl. Fuller, Reginald, 1973, S. 33–41.
681 Vgl. Vehse, Carl Eduard, 1853, S. 165; ders., 1994, S. 56.
682 Miedaner Stefan, 1989, S. 27 f.
683 Vgl. Vehse, Carl Eduard, 1994, S. 56.
684 Briefwechsel zwischen Benjamin Thompson Reichsgraf von Rumford und Franz Sigismund Graf von Haslang, Inv.-Nr. 435 und 436, Gesandtschaft London (1792), BayHStA, München.
685 Kurbayerische Gesandte in London: Johann Franz von Haslang (amt: bis 1739); Joseph Franz Xaver Graf von Haslang (amt. 1739–1783); vgl. Briefe von Joseph Xaver Graf von Haslang an den Minister Freiherrn von Wrede in Mannheim, Inv.-Nr.: 411 (1750–1754); an Jordan in Mannheim, Inv.-Nr.: 414, (1754); an Geo. Lockhart in Düsseldorf, Inv.-Nr.: 417 (1756); an Heinrich Anton Freiherr von Beckers in Mannheim, Inv.-Nr.: 421 (1762–1771); an Martin Joseph George in Haag und in Mannheim, Inv.-Nr.: 424 (1766–1774); an Georg Freiherrn von Stengel in Schwetzingen, Inv.-Nr.: 426 (1770); an den Hofbibliothekar Haefflin in Mannheim, Inv.-Nr.: 364 (1773); an den General Joseph Maria Freiherrn von Pagnozzi in Mannheim, Inv.-Nr.: 431 (1774); an den Grafen de Portia in Mannheim und Schwetzingen, Inv.-Nr.: 432 (1775–1776) und an den Minister Franz Carl Freiherrn von Hompesch in Mannheim, Inv.-Nr.: 433 (1776), BayHStA, München; vgl. Brown, George, 2002, S. 64.
686 Brief von Kaeser an Maximilian Joseph Herzog von Pfalz-Zweibrücken vom 11. Dezember 1798, Inv.-Nr.: Kasten blau 196/5 d, BayHStA, München.
687 Zentner aus Raststatt vom 16. Mai 1798; Inv.-Nr.: Kasten schwarz 9902, BayHStA, München; Kaeser vom 29. Mai 1797, Inv.-Nr.: Kasten blau 196/5c, BayHStA, München.
688 Vgl. Brief des Gesandten Charles-Jan-Marie Alquier (amt. ab 1798) an den Außenminister Charles-Maurice de Talleyrand-Périgord, München, den 23. November 1798; vgl. Weis, Eberhard, 1971, S. 394.
689 Vgl. dazu: Lipowsky, Karl Theodor, 1828, S. 319.
690 Ders., S. 319 f.
691 Inv.-Nr.: 118, Nachlass Max I. Joseph, GHA, München.
692 Westenrieder, Lorenz, 1882/83, S. 61 f.; vgl. dazu auch: Lipowsky, Karl Theodor, 1828, S. 320.
693 Vgl. Ebersold, Günther, 1985, S. 380.
694 Westenrieder, Lorenz, 1882/83, S. 62.
695 Ebersold, Günther, 1985, S. 358.
696 Westenrieder, Lorenz, 1882/83, S. 62.
697 Riesbeck, Johann Kaspar, 1784, S. 89.
698 Westenrieder, Lorenz, 1882/83, S. 62.
699 Westenrieder, Lorenz, 1782, S. 22.
700 Vgl. ders., 1890, S. 56.
701 Vgl. ders., S. 57.
702 Ebd.
703 Ders., S. 66.
704 Ders., S. 66 f.
705 Sckell, Carl August, 1825, S. XIII.
706 Leinberger, Thomas, 1783, S. 6.
707 Lipowsky, Felix Joseph, 1828, S. 311 f.

Genealogie der Wittelsbacher (Ausschnitt)

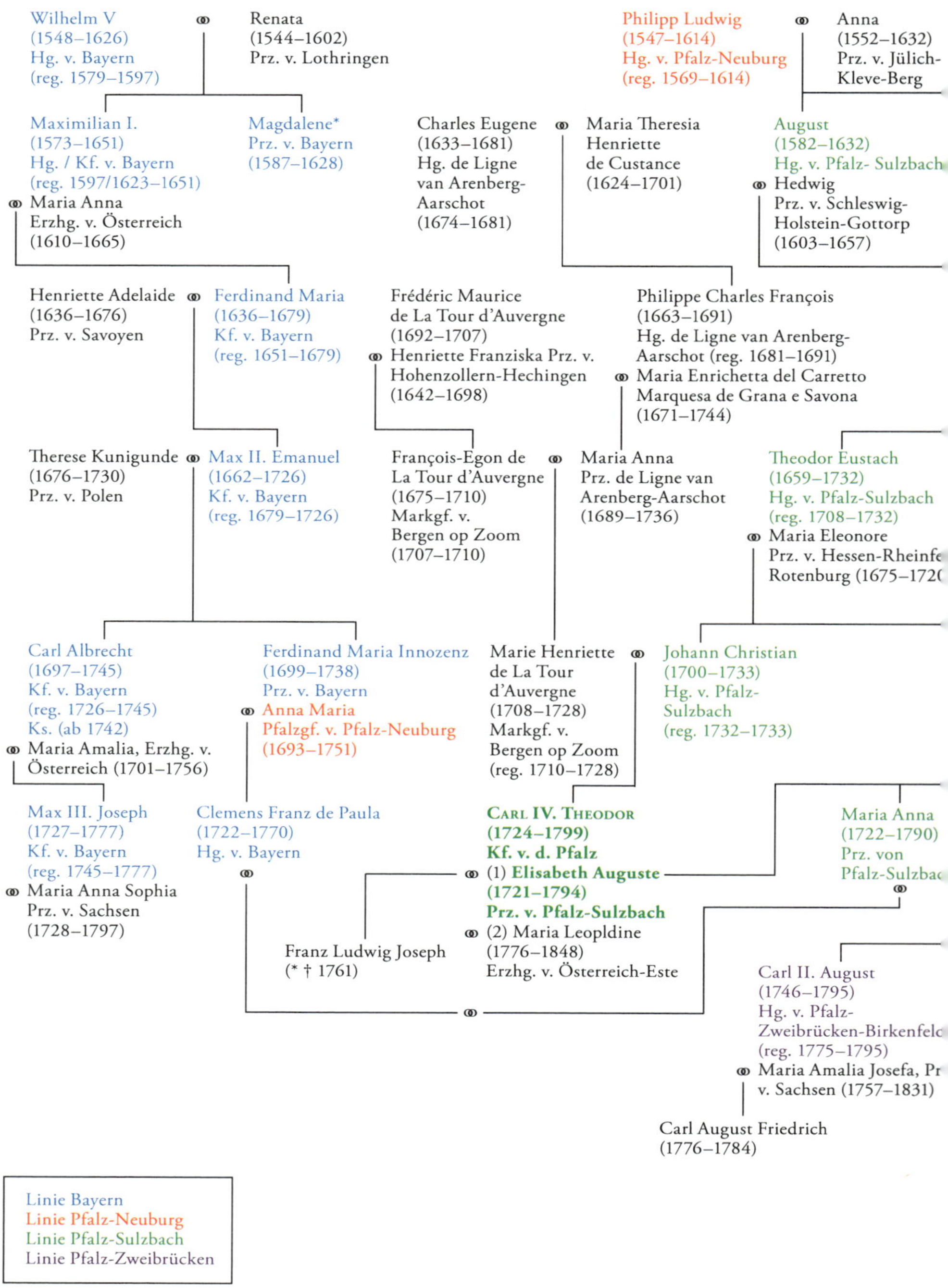

Otto Heinrich
(1580–1581)

Wolfgang Wilhelm
(1578–1653)
Hg. v. Pfalz-Neuburg,
Jülich u. Berg
(reg. 1614–1653)
⚭ Magdalene*, Prz. v.
Bayern (1587–1628)

Johann Friedrich
(1587–1644)
Hg. v. Pfalz-Hiltpoltstein
⚭ Sophie Agnes
(1604–1664)
Landgf. v.
Hessen-Darmstadt

Christian August
(1622–1708)
Hg. v. Pfalz-Sulzbach
(reg. 1656–1708)
⚭ Amalie Gf. v.
Nassau-Siegen
(1613–1669)

Philipp Wilhelm
(1615–1690)
Kf. v. d. Pfalz
(reg. 1653/85–1690)
⚭ Elisabeth Amalia
Landgf. v. Hessen-
Darmstadt (1635–1709)

Christian I.
(1598–1654)
Pfalzgf. v. Birkenfeld-
Bischweiler (reg. 1630–1654)
⚭ Magdalena Katharina
(1607–1648)
Pfalzgf. v. Zweibrücken

*4 weitere
Kinder*

Carl III. Philipp
(1661–1742)
Kf. v. d. Pfalz
(reg. 1716–1742)
⚭ Luise Charlotte
Prz. v. Radziwill
(1667–1695)

Johann Wilhelm
(1658–1716)
Kf. v. d. Pfalz
(reg. 1679/90–1716)
⚭ (1) Maria Anna Josepha
(1654–1689)
Erzhg. v. Österreich
(2) Anna Maria Luisa de'
Medici (1667–1743)

Christian II.
(1637–1717)
Hg. v. Zweibrücken-
Birkenfeld-Bischweiler
(reg. 1654/71–1717)
⚭ Katharina Agathe
Gf. v. Rappoltstein
(1648–1683)

Joseph Carl Emanuel
(1694–1729)
Pfalzgf. v. Pfalz-
Sulzbach
⚭ Elisabeth Auguste Sophie
(1693–1728)
Prz. v.
Pfalz-Neuburg

Christian III.
(1674–1735)
Hg. v. Pfalz-Zweibrücken-
Birkenfeld-Bischweiler
(1717/34–1735)
⚭ Karoline Gf. v. Nassau-
Saarbrücken (1704–1774)

Maria Franziska
Dorothea (1724–1794)
Prz. v. Pfalz-
Sulzbach
⚭ Friedrich Michael
(1724–1767)
Pfalzgf. v. Pfalz-
Zweibrücken-Birkenfeld

Christian IV.
(1722–1775)
Hg. v. Pfalz-
Zweibrücken-
Birkenfeld
(reg. 1735–1775)
⚭ Marie Anne Camasse
Gf. v. Forbach
(1734–1807)

Clemens August
(1749–1750)

Maria Amalie Auguste
(1752–1828)
⚭ Friedrich August I.
(1750–1827)
Kf. / Kg. v. Sachsen
(reg. 1763–1806/27)

Maria Anna
(1753–1824)
⚭ Wilhelm Pfalzgf.
v. Zweibrücken
Birkenfeld-Geln-
hausen (1752–1837)

Max IV./I. Joseph
(1756–1825)
Hg. v. Pfalz-Zweibrücken-
Birkenfeld, Kf. u.
Kg. v. Bayern
(reg. 1795/99/1806–1825)
⚭ Auguste Wilhelmine
(1765–1796)
Prz. v. Hessen-Darmstadt

Maria Elisabeth
(1784–1849)

Pius August
(1786–1837)
Hg. in Bayern

Ludwig I.
(1786–1868)
Kg. v. Bayern
(reg. 1825–1848)

Auguste Amalie
(1788–1851)

Amalia
(1790–1794)

Charlotte
(1792–1873)

Karl Theodor
(1795–1875)

Archive und Bibliotheken

De archieven van de Raad en Rekenkamer van de markiezen, Bergen op Zoom
- Eintrag zum 20. September 1730

Sächsisches Staatsarchiv, Dresden
- 12880 Siegel und andere Exponate
- Geheimes Kabinett (10026), Loc. 1261, 2621, 2623, 2626, 2627

Bibliothek des Stadtmuseums, Düsseldorf
- D 173

Stadtarchiv, Heidelberg
- A 269 d; A 417

Generallandesarchiv, Karlsruhe
- Inv.-Nr.: 72/684; 77/1205; 77/1397; 77/1642; 77/1649; 77/2787, 77/2862; 77/6400; 77/7909

Staatsarchiv, Ludwigsburg
- Archiv der Freiherren von Sturmfeder, B 139 a, Büschel 31

Stadtarchiv, Ludwigshafen
- M 333

Stadtarchiv, Mannheim
- Oefele, Felix Andreas, Tagebuch, Kleine Erwerbungen 690

Bayerisches Hauptstaatsarchiv, München (BayHStA):
- Gesandtschaft Berlin 142
- Gesandtschaft London 364, 410, 411, 414, 417, 418, 421, 424, 426, 431, 432, 433, 435, 436
- Hausurkunden 1857
- HR 2917
- Kasten blau 196/5d; 404/2d
- Kasten schwarz 13165
- Kurbayern Hauptcassa 16; 30
- Kurbayern Hofkammer 1190
- Nachlass Matthias Wellnhofer 6
- Staatsrat 4

Bayerisches Hauptstaatsarchiv, Abt. III: Geheimes Hausarchiv, München (GHA)
- Corr. Akten: 466; 862, 882Vd; 1249/2; 1287; 1704,3 1712 P 2 Nr. 1; 1713/1.1 und 2
- Handschriften: 206; 286
- Hausurkunden: 1889
- HS-rep.: 67/2
- Nachlass König Max I. Joseph: 32; 52; 118
- Nachlass von Gundelinde Prinzessin von Bayern: Abschriften der Gräfin von Preysing, geb. Prinzessin von Bayern, Nachlass der Kurfürstin Maria Leopoldine
- PLS 5692

Bayerisches Hauptstaatsarchiv, Abt. IV: Kriegsarchiv, München
- HS 78

Schlossarchiv, Sünching
- Seinsheim, Auguste von: Zur Geschichte meines Vaters, Ms. 7. März 1835

Archiv der Akademie der bildenden Künste, Wien
- Artikel 1751, Faszikel 37, Pap. 120.

Haus-, Hof- und Staatsarchiv, Wien
- Stk BR 135

Literaturverzeichnis

Gedruckte Quellen

Ackermann, Johann Peter: Historische Rede von den ehemaligen Schicksalen, und dem jetzigen bluehenden Zustande der dritten Kurpfaelzischen Hauptstadt Frankenthal; welche bei Gelegenheit des feierlichen Dankfestes das diese Stadt wegen der aus ihrer durch das feindliche franzoesische Kriegsherr vor hundert Jahren angerichteten gaenzlichen Einaescherung geschehenen Wiederherstellung durch die unzaehligen Wohlthaten Seiner itzo glorreichst regierenden Kurfuerstlichen Durchlaucht Carl Theodor den 26ten des Monats November 1788 feierte, Frankenthal 1788.

Anonymus: An den Englischen Garten in München, in: Der kleine Hausfreund, München 1811.

Anonymus: Reglement und Verordnung, Wornach des Durchlaeuchtigsten Fuerstens und Herrn, Herr Carl Theodor, Pfaltz-Graffen bey Rhein [...] und Churfuersten [...] Samtbliche Commandirende und jeglichen Officiers der Grenadiers- und Infanterie-Regimenter sich in Zukunft zu richten, und durchgehends ohnfehlbar zu geleben haben, Mannheim 1750.

Anonymus: Versuch einer Gallerie Chur Pfalz Bayerischer Staatsdiener und Beamten. Erste Lieferung enthaltend die Lebens-Geschichte des Hochgebohrnen des heil[igen] Röm[ischen] Reichs Grafen, Herrn, Herrn Carl Theodor von Bettschart in der Halden etc. seiner Churfürstlich[en] Durchlaucht zu Pfalz Bayern hochbetrauten Geheimen Raths und Staats-Referendarii der Herzogthümer Sulzbach und Neuburg, dann des Hohen Maltheser-Ordens Ehren Ritters, Gedruckt im Lande wo Wahrheit gedruckt werden darf, Hof 1791.

Annalen der Baierischen Litteratur vom Jahr 1781, Bd. 2, Nürnberg 1782.

Anzeiger der Kabinetten. Merk=würdigkeiten, welche in Mannheim und selbiger Gegend zu sehen sind, in: Pfälzischer Kleiner Kalender auf das Jahr 1774, Mannheim 1774, o. S.

Augsburgische Postzeitung, August 1763, Nr. 191.

Ausführlicher Bericht derer Ceremonien, Welche bey der Ihro Chur-Fürstl. Durchlaucht zu Pfaltz / Carl Theodorn, Pfaltz-Grafen bey Rhein [...], Unterthaenigst geleisteten Huldigung In Hoechst-Deroselben Residenz und Haupt-Stadt Mannheim, Den 29. April 1744 vorgegangen sind, Mannheim 1744.

Bemerkungen der Kuhrpfaelzischen physikalisch-oekonomischen Gesellschaft vom Jahre 1774, Mannheim 1774.

Besterman, Theodore (Hg.): Voltaire's Correspondence, 107 Bde., Genève 1953/65.

Bianconi, Gian Lodovico: Lettere al Marchese Filippo Hercolani Ciamberlano delle MM. LL. II. RR. ed App. Sopra alcune particolarità della Baviera, ed altri paesi della Germania, Lucca 1763.

Ders.: Briefe an den Marchese Hercolani über die Merkwürdigkeiten Bayerns und anderer deutscher Länder 1762, Hg. Horst Rüdiger, Mainz, Berlin 1964.

Blackwood's Edinburgh Magazine, Vol. XIV, Dezember 1823.

Blondel, François: Cours d'Architecture. Enseigne Dans L'Academie Royale, 5 Bde., Paris 1675–1683.

Blondel, Jacques-François: De la distribution des maisons de plaisance et de la décoration des édifices en géneral, 2 Bde., Paris 1737–1738.

Braun, Heinrich: Anleitung zur deutschen Sprachkunst, zum bequemen Gebrauche von ihm selbst ins Kurze gezogen, 2. Aufl., Muenchen 1789.

Böttiger, Karl Wilhelm (Hg.): Literarische Zustände und Zeitgenossen in Schilderungen aus Karl August Böttiger's handschriftlichen Nachlasse, 2 Bde., Leipzig 1838.

Bürger, Gottfried August: Der Bauer. An seinen durchlauchtigen Tyrannen, in: Bürgers sämmtliche Werke, Hg. August Wilhelm Bohtz, Göttingen 1835, S. 20.

Burney, Charles: Tagebuch einer musikalischen Reise durch Frankreich, Italien, Flandern, die Niederlande und am Rhein bis Wien, durch Böhmen, Sachsen, Brandenburg, Hamburg und Hol-

land 1770–1772. Üb. C. D. Ebeling, Hamburg 1770 und 1772 (Faksimile-Neudruck, Hg. Michael Holzinger, 3. Aufl., Wilhelmshaven 2014).
Ders.: Carl Burney's der Musik Doctors Tagebuch seiner Musikalischen Reisen, Bd. 2, Hamburg 1773.
Butt, John (Hg.): The Poems of Alexander Pope, Yale University Press 1963.
Casanova, Giacomo: Die Geschichte meines Lebens, Hg. Erich Loos. Erstmals nach der Urfassung ins Deutsche übersetzt von Heinz von Sauter, 12 Bde., Berlin 1964–1967.
Castiglione Baldassare: Il Cortigiano. Novamente stampato, et con somma diligentia revisto con la sva tavola di novo aggivnta, o. O. 1549.
Causid, Simon: Verzeichniß der Hochfürstlich-Heßischen Gemählde-Sammlung in Cassel, Cassel 1783.
Cerdán, Francisco: Disertacion medico-clinica-politico-forense; por la que se manifiestan las principales materias, en las que deben ser instruìdos los Practicantes de Medicina, antes de exercer dicha Facultad [...], Murcia 1766.
Chambers, William: Designs of Chinese Buildings. Furniture Dresses. Machines and Utensils, London 1757.
Ders.: A Dissertation on Oriental Gardening, London 1772.
Chur=Bayrischer Hof=Kalender auf das Jahr [...], München 1742, 1746 und 1749.
Chur=Bayrischer Hof=Kalender und Schematismus auf das Jahr [...], München 1762 und 1763.
Churbajerischer Hof= und Staats=Calender für das Jahr [...], München 1765 bis 1773.
Churbajerisches Intelligenzblatt 9, November 1776, Nr. 46.
Churpfaelzischer Hofkalender, Mannheim 1777.
Chur=Pfaeltzischen Staats und Stands=Calender auf das gemeine Jahr 1734 [...], Heydelberg 1734.
Chur=Pfaeltzischer Hoff= und Staatskalender, auf das Jahr [...], Mannheim 1748 bis 1770.
Codex Maximilianeus Bavaricus, Civilis. Oder Neu Verbessert – und Ergänzt – Chur=Bayrisches Land=Recht, München 1756.
Collini, Cosimo Alessandro: Precis de l'histoire du Palatinat du Rhin. Depuis que la Maison Régnante la posséde jusqu'à nos jours, Frankfurt am Main, Leipzig 1763.
Croy, Emmanuel de: Erinnerungen meines Lebens. Eine Reise durch den Westen des Heiligen Römischen Reiches. Erstausgabe des Tagebuchs von 1741/42, Hg. Elisabeth Hergeth, Münster 1999.
Der baierische Landbot (Eine Wochenschrift fuer alle Staende), Nr. 25, München, vom 24. bis 28. März 1790; Nr. 43, München, vom 26. bis 30. Mai 1790; Nr. 55, München vom 7. bis 11. Juli 1790.
Der Pfälzische Kleine Calender auf das Jahr 1770, Mannheim 1770.
Deutsch, Otto Erich (Hg.): Mozart. Dokumente seines Lebens, Kassel 1961.
Ders.; Eibl, Joseph Heinz (Hg.): Mozart. Dokumente seines Lebens, München, Kassel 1991.
Döppe, Friedrich (Hg.): Christian Friedrich Daniel Schubart. Leben und Gesinnungen. Eine Selbstbiographie, Leipzig 1952.
Ein Erlaß Karl Theodors an seine Beamten, in: Mannheimer Geschichtsblätter, Heft 5 (1901), Sp. 115.
Fessmaier, Johann Georg: Grundriss des baierischen Staatsrechtes, Ingolstadt 1801.
Florin, Franz Philipp: Oeconomus prudens et legalis continuatus. Oder Grosser Herren Stands und Adelicher Haus=Vatter [...], Nürnberg 1719.
Forster, George: Ansichten vom Niederrhein, von Brabant, Flandern, Holland, England und Frankreich, im April, Mai und Junius 1790, Berlin 1791 (Neudruck: Frankfurt am Main 1969).
Gesandtschafts-Aeusserungen und Gegenerklaerungen, welche den 17ten Julii 1778 auf dem Reichstag zu Regensburg von den Comitialgesandtschaften in Curia aufs neue abgelegt worden [...], Regensburg 1778.

Goethe, Johann Wolfgang von: Aus meinem Leben. Dichtung und Wahrheit, Bd. 3, Tübingen 1814.

Ders.: Wilhelm Meisters Lehrjahre, in: Goethes Werke, Bd. VII: Romane und Novellen II, Hamburger Ausgabe, München 1998.

Heinsius, Johann Samuel und Erben (Hg.): Neue Genealogisch=Historische Nachrichten von den vornehmsten Gegebenheiten, welche sich an den Europäischen Höfen zutragen, worinn zugleich vieler Standes-Personen Lebens-Beschreibungen vorgenommen, Teil 62, Leipzig 1755.

Hemmern, Jakob: Abhandlung ueber die deutsche Sprache zum Nutzen der Pfalz, in oeffentlicher akademischer Versammlung vorgelesen, Mannheim 1769.

Heuwieser, Max: Auszug aus dem Fremdenbuch des Museums des berühmten Naturforschers Dr. Jakob Christian Schaeffer in Regensburg † 1790, in: Historischer Verein für Oberpfalz und Regensburg, Regenburg 1790, S. 109–182.

Hirschfeld, Christian Cay Lorenz: Theorie der Gartenkunst, 5 Bde., Leipzig 1779–1785 (= Digitale Edition von Jochen A. Bär, Vechta 2019, Quellen zur Literatur- und Kunstreflexion des 18. und 19. Jahrhunderts, Reihe A, Nr. 1601/5).

Hoch=Adelicher Damen=Kalender auf das Jahr MDCCLVIII, München 1758.

Huebner, Johann: Reales Staats=Zeitungs= und Conversations=Lexicon, Leipzig 1782.

Hunold, Christian Friedrich: Der allerneuesten Art Hoeflich und Galant zu Schreiben. Oder Auserlesener Briefe / Andrer Theil / In vielen vorfallenden / auch curieusen Angelegenheiten mit Nutzen zu gebrauchen, Hamburg 1709.

Iffland, August Wilhelm: Meine theatralische Laufbahn, Leipzig 1798.

Ders.: Briefe an seine Schwester etc., Hg. Ludwig Geiger, Berlin 1904 (= Schriften der Gesellschaft für Theatergeschichte, Bd. 5).

Janson, Franz: Materilalien zu einem kuenftigen Gesezbuche fuer die Churpfaelzischen Lande, und zum Nachschlagen bei kuenftigen Vorlesungen ueber das Churpfaelzische Privatrecht, das ist: Churpfaelzische Verordnungen nach der Chronologie, 2 Bde., Heidelberg 1792/93.

Jessen, Hans (Hg.): Katharina II. von Rußland in Augenzeugenberichten, München 1978.

Jung, Johann Heinrich: Rede auf dem Namenstag der Kurfürstin Maria Elisabetha Augusta, Mannheim, Lautern 1779.

Junker, Carl Ludwig: Zwanzig Componisten eine Skizze, Bern 1776.

Kaemmerer, Johann Jakob: Der wolthaetige Priester geschildert in einer Rede, Heidelberg 1785.

Koester, Philipp Christian Ludwig: Glueckwunschendes Freuden-Opffer. Welches bey Gelegenheit Der Von dem Durchlauchtigst=Großmaechtigen Fuersten und Herrn Herrn Carl Theodor Pfalz-Grafen bey Rhein / des Heiligen Roemischen Reichs Ertz=Schatz=Meister und Churfuersten, in Bayern, zu Guelich, Cleve und Berg Hertzogen Fuersten zu Moerß, Marquis zu Bergen Opzoom, Grafen zu Veldentz, Sponheim, der Marck und Ravenspurg, Herrn zu Ravenstein, [et]c. [et]c. In Dero Haupt- und Residentz=Stadt Mannheim Den 29. April 1744 eingenommenen Erb=Huldigung Zu Bezeugung seiner unterthaenigsten Pflicht. [...] inbruenstig gen Himmel steigen lassen, Mannheim 1744.

Krebel, Gottlob Friedrich: Europaeisches Genealogisches Handbuch, in welchem die neuesten Nachrichten von allen Haeusern ietztregierender Europaeischer Kaiser und Koenige, und aller geist= und weltlichen Chur= und Fuersten, wie auch Grafen des Heiligen Roemischen Reichs ingleichen aller Cardinaele, Mitglieder Koeniglicher Orden, auch Dom= und Capitularherren derer Erz= und Hochstifter in Deutschland [...], Leipzig 1766.

Krenner, Franz von (Hg.): Baierischer Finanz-Zustand in den Jahren 1777, 1792, 1798, 1799 und 1800, München 1803.

Lamey, Andreas: Oratio academica Carolo Theodoro Principi Electori D. VII Novembr. 1765 Jussu Sociorum Dicta, Mannheim 1766.

Lang, Joseph Gregor: Reise auf dem Rhein vom Siebengebirge bis Düsseldorf, Hg. Willy Leson, 2 Bde., Köln 1976.
Lauchery, Étienne (?): L'Allegresse Du Jour, Mannheim 1754.
Leinberger, Thomas: Die Beherrscher der Stadt Sulzbach durch achthundert Jahre, vorgestellt an dem Jubeltage des durchlauchtigsten Kurfuersten von Pfalz und Bayern Karl Philipp Theodors funfzig Jahre regierenden Herzogens von Sulzbach etc. etc., Sulzbach 1783.
Lindenborn, Heinrich: Die in einer ausserordentlichen Beleuchtung brennende Liebe und Ehrfurcht, als unsre Sonn, die sich so lang schien zu verbergen. Durch ihre Gegenwart bestrahlt das Haubt der Bergen, Das ist: Als [...] Carl Theodor mit [...] Maria Elisabetha [...] Die Haupt- und Residentz-Stadt Düsseldorff Erfreueten [...], Düsseldorf 1747.
Lipowsky, Felix Joseph: Baierisches Musik=Lexikon, Muenchen 1811.
Ders.: Geschichten der Vorstadt Au bei Muenchen, Muenchen 1816.
Ders.: Karl Theodor, Churfuerst von Pfalz=Bayern, Herzog von Juelich und Berg [et]c. [et]c. wie Er war, und wie es wahr ist, aber dessen Leben und Thaten. Aus oeffentlichen Verhandlungen und historischen Quellen getreu dargestellt, Sulzbach 1828.
Mannheimer Zeitung vom 3. Oktober 1775.
Mannheims Sehenswürdigkeiten im Jahre 1770, in: Mannheimer Geschichtsblätter II, Nr. 9 (1908), Sp. 6–17.
Mannlich, Johann Christian von: Rokoko und Revolution, Hg. Friedrich Matthaesius nach Eugen Stollreither, Stuttgart 1966.
Mayer, Christian: Gruendliche Vertheidigung neuer Beobachtungen von Fixsterntrabanten, welche zu Mannheim auf der kurfuerstlichen Sternwarte entdecket worden sind, Mannheim 1778.
Merveilleux, David François de: Amusemens des Eaux de Schwalsbach, des bains de Wisbaden et de Schlangenbad. Avec deux Relations curieuses; l'une de la nouvelle Jerusalem; Et l'autre d'une partie de la tartarie independante. Avec des Figures en Taille-douce. Nouvelle Edition, Liege 1739.
Ders.: Amusemens des Eaux de Schwalbach, / Oder Zeitvertreibe / Bey den Wassern zu Schwalbach, / Denen Baedern zu Wisbaden, / und dem Schlangenbade; / Nebst / Zweyen lesenswuerdigen Erzehlungen; / Darunter die eine von dem Neuen Jerusalem, / Und die andere von einem Theil / Der unter Niemandens Bothmaeßigkeit stehenden Tartarey handelt, Luettich 1739.
Ders.: Fuchsprellen und Hofball in Mannheim unter dem Kurfürsten Karl Philipp, in: Mannheimer Geschichtsblätter Nr. XIV (1913), S. 140–142.
Moser, Friedrich Carl von: Teutsches Hof=Recht, Bd. VI, 2, Frankfurt am Main, Leipzig 1755.
Ders.: Teutsches Staatsrecht, Bd. 14, Frankfurt am Main 1774.
Mozart: Briefe und Aufzeichnungen, Gesamtausgabe, Hg. Internationale Stiftung Mozarteum Salzburg. Gesammelt von Wilhelm A. Bauer und Otto Erich Deutsch. Erläutert von Joseph Heinz Eibl, 7 Bde., Kassel, Basel 1962–1975.
Müller, Johann Heinrich Friedrich: Müllers Abschied von der k. k. Hof- und Nationalschaubühne. Mit einer kurzen Biographie und gedrängten Geschichte des hiesigen Hoftheaters, Wien 1802.
Müller-Seidel, Walter (Hg.): Schillers Werke 1956. Nationalausgabe. Im Auftrag des Goethe- und Schiller-Archivs und des Schiller-Nationalmuseums, Hg. Julius Petersen und Hermann Schneider, Bd. 23: Briefwechsel. Schillers Briefe 1772–1785, Weimar 1956.
Nicolai, Friedrich: Beschreibung einer Reise durch Deutschland und die Schweiz im Jahre 1781, Bd. 6, Berlin, Stettin 1785.
Ordinari Münchner Zeitung, Nr. XXVII zum 6. Juli 1743; Nr. CLVI, September 1763; Nr. CLXXXIV, 6. November 1790.
Pezzl, Johann: Reise durch den Baierischen Kreis, Salzburg, Leipzig 1784.

Pöllnitz, Karl Ludwig Wilhelm Freiherr von: Mémoires contenant. Les Observations qu'il a faites dans ses voyages et le caractere des Personnes qui composent les principales cours de l'Europe, 3 Bde, Liège 1734 (englische Ausgabe: 1738/39).
Ders.: Nachrichten. Enthaltend, was derselbe auf seinen Reisen besonders angemerket, nicht weniger die Eigenschafften, dererjeniger Personen, woraus die vornehmste[n] Höfe in Europa bestehen, Franckfurt am Mayn 1735.
Ders.: Nouveaux mémoires du Baron Pöllnitz contenant l'histoire de sa vie et la relations de ses premiers voyages, 2 Bde., Amsterdam 1737 und Frankfurt am Main 1738.
Ders.: Über den Hof Carl Philipps 1730, in: Mannheimer Geschichtsblätter, Heft 12 (1926), Sp. 236–245.
Pope, Alexander: An Essay on Critcism, in: Pope. Poems, Hg. Douglas Grant, Angus Ross, London 1985, S. 16–35.
Quintinie, Jean-Baptiste de La: Instruction pour Les Jardins Fruitiers et Potagers. Avec un Traité des Orangers, suivi de quelques Réflexions sur l'Agriculture, Paris 1690.
Reisenegger, Ignatio: Trauerrede auf den toedtlichen Hintritt Clementis Francisci de Paula des durchleuchtigsten Fuersten und Herrn in Ober= und Nieder Baiern [...] in der churfuerstlichen Hofkirche der wohlerwuerdigen Herren PP. Theatinern zu Muenchen Seiner hoechstseligen Durchleucht Leichenbegaengniß den 13., 14., und 16. August gehalten wurde, Muenchen 1770.
Richter, Susan (Hg.): Amo te solo. Briefe der Kurfürstin Elisabeth Augusta an Clemens Franz, Herzog in Bayern 1743–1770. Edition, Übersetzung und Kommentar, Heidelberg 2021.
Riesbeck, Johann Kaspar (Üb.): Briefe eines reisenden Franzosen ueber Deutschland. An seinen Bruder zu Paris, 1. Bd., 2. Aufl., Zürich 1784.
Röder, Philipp Ludwig Hermann: Reisen durch das suedliche Teutschland, Bd. 4, Frankfurt am Main, Leipzig 1795.
Rohr, Julius Bernhard von: Einleitung zur Staats-Klugheit, Oder: Vorstellung wie christliche und weise Regenten zur Befoerderung ihrer eigenen und ihres Landes Glueckseeligkeit Ihre Unterthanen zu beherrschen pflegen, Leipzig 1718.
Einleitung zur Ceremoniel-Wissenschafft der Privat-Personen [...], Berlin 1728 (Nachdruck: Leipzig 1990).
Ders.: Einleitung zur Ceremoniel-Wissenschafft der großen Herren [...], Berlin 1733 (Reprint, Hg. Monika Schlechte, Weinheim 1990).
Rotenstein, Gottfried von: Lustreise in die Rheingegenden, Frankfurt, Leipzig 1791.
Rumford, Benjamin Thompson Graf von: Kleine Schriften politischen, ökonomischen und philosophischen Inhalts, Hg. Friedrich Justin Bertuch, 2 Bde., 1. Aufl., Weimar 1797, 2. Aufl., Weimar 1800.
Schäffer, Georg Henrich Christian: Hohe Pflichten der Unterthanen gegen Gott und den König, welche, als de Durchlauchtigste Fürst und Herr Herr Carl Theodor, Pfaltzgraf bey Rhein [...]. In der Churfuerstlichen Residenz-Stadt Mannheim. In Hoechster Person. Auf den 29. April 1744 die Huldigung einzunehmen gnaedigst entschlossen [...], Mannheim 1744.
Schematismus der churfuerstlichen Hoff=Statt, die Hoff=Staebe und Aembter [...] für das Jahr MDCCXLVIII, in: Churpfaelzischer Hoff- und Staats-Kalender, Mannheim 1748.
Schick, Ludovico: SPES PALATINUS. Das ist, Churpfaelzische Hoffnung Zu einem Maennlichen Erben [...], Heydelberg 1761.
Schiller, Friedrich: Brief eines reisenden Dänen. Der Antikensaal zu Mannheim, in: Thalia – Erster Band, Heft 1, Leipzig 1785, S. 176–184.
Schubart, Christian Friedrich Daniel; Stage, Conrad Heinrich (Hg.): Deutsche Chronik, Augsburg, Ulm 1774–1777.
Ders.: Leben und Gesinnungen. Von ihm selbst, im Kerker aufgesetzt, Erster Theil, Stuttgart 1791.

Ders.: Ideen zu einer Aesthetik der Tonkunst, Hg. Ludwig Schubart, Wien 1806 (2. Nachdruck: Hildesheim 1990).

Schwarz, Johann Christian: Kurze Trostzeilen für die am 29. Juni 1761 in äußerste Traurigkeit versetzte Chur-Pfälzische Unterthanen an eben diesem Höchst betrüblichen Tage entworfen, in: Mannheimer Geschichtsblätter, Bd. 9 (1908), S. 184–186.

Sckell, Carl August: Vorrede zur zweiten Auflage, in: Betraege zur bildenden Gartenkunst für angehende Gartenkünstler und Gartenliebhaber, Hg. Friedrich Ludwig von Sckell, München 1825, S. III-XXII.

Sckell Friedrich Ludwig von: Beitraege zur bildenden Gartenkunst für angehende Gartenkünstler und Gartenliebhaber, 2. Aufl., München 1825 (Neudruck: Worms 1998).

Seedorff, Franz: Send=Schreiben uber die strittige Glaubens=Fragen: Worinn die fuernehmste Beweg=Ursachen enthalten; Krafft deren der Durchleuchtigste Fuerst und Herr H[err] Friderich Pfaltz=Graff bey Rhein, Hertzog in Bayern, Graff zu Veldentz, Sponheim und Rappoltstein, Herr zu Hohenackh etc. etc. entschlossen, Mit der Heiligen, Catholischen, Apostolischen, Roemischen Kirch / Sich wieder zu vereinigen, Mannheim 1748.

Seiffert, Hans Werner (Hg.): Wielands Briefwechsel. Briefe aus der Weimarer Zeit, Bd. 5, Berlin 1983.

Seiner Churfuerstlichen Durchleucht zu Pfalz etc. etc. Hof- und Staats-Kalender fuer das Schalt-Jahr 1780, München 1780.

Spahr, Gebhard (Hg.): Johann Nepomuk Hauntinger. Reise durch Schwaben und Bayern im Jahr 1784, Weißenhorn 1964.

Stengel, Stephan von: Denkwürdigkeiten, Hg. Günther Ebersold, Mannheim 1993 (= Schriften der Gesellschaft der Freunde Mannheims, Heft 23).

Ders.: Kurfürst Karl Theodor in Rom. Tagebuch seiner zweiten Romreise 1783, Hg. Günther Ebersold, Mannheim 1997 (= Schriften der Gesellschaft der Freunde Mannheims und der ehemaligen Kurpfalz. Mannheimer Altertumsverein von 1859, Heft 24).

Vogel, Matthäus: Lauretanische Wallfarth Zu der Oggersheimer Loreto-Capell Deren Patrum Societ. Jesu: Oder Gründlicher Bericht, Sowohl von dem wahren Heil. Hauß zu Loreto, als auch von anderen Lauretanischen Capellen, nahmentlich von jener, welche zu Oggersheim, unweit der Chur-Pfältzischen Residentz-Stadt Mannheim im Jahr 1733 aufgerichtet worden, wie auch Verschiedene Unterweisungen, und Andachts-Ubungen, Welche zur Christilich und heylsamen Besuchung dieser Capell dienlich seynd, Zum Nutzen der frommen Wallfahrthern, wie auch aller anderen eyfrigen Christen, Heydelberg 1741.

Tyroff, Konrad (Hg.): Wappenbuch des gesammten Adels des Königreichs Baiern. Aus der Adelsmatrikel gezogen, Bd. 2, Nürnberg 1819.

Walter, Friedrich: Mannheim in Vergangenheit und Gegenwart, 2 Bde., Mannheim 1907.

Ders. (Hg.): Aus Oggersheims glanzvollen Tagen, in: Mannheimer Geschichtsblätter, Heft 13 (1912), Sp. 62–65.

Weiler, Sophie Juliane: Augsburgisches Kochbuch, Augsburg 1787.

Wellnhofer, Matthias: Das erste Volksfest im Englischen Garten im Jahr 1795, in: Altheimatland. Blätter für Heimat und Volkskunde, Folge 19, Jg. 15, München 1939, S. 73–75.

Westenrieder, Lorenz von: Beschreibung der Haupt- und Residenzstadt Muenchen, Muenchen 1782.

Ders.: Von dem Zustand der Musik in Muenchen, in: Jahrbuch der Menschengeschichte in Bayern 1783, 1. Jg., Bd. 2 (1783), S. 366–380.

Ders.: Aus dem handschriftlichen Nachlasse. Denkwürdigkeiten und Tagebücher, Hg. August Kluckhohn, 2 Bde., München 1882/83.

Widder, Johann Goswin: Versuch einer vollstaendigen Geographisch-Historischen Beschreibung der kurfuerstlichen Pfalz am Rheine, 3 Bde., Frankfurt, Leipzig 1786/87.

Wigard, Johann Bonifaz: Beschreibung der Feyerlichkeiten an dem Ufer des Neckars, welche bey Gelegenheit eines von Seiner Churfuerstlichen Durchleucht zu Pfalz in dem Elsenzbacher Thale bey Neckargemuende am 15ten Julii 1788 gehaltenen Lustjagens, und zu Wasser genommenen Rueckkehr von den Unterthanen des Oberamts Heidelberg veranstaltet wurden, Heidelberg o. J.

Zapf, Georg Wilhelm (?): Vollstaendige Beschreibung der weltberuehmten Churfuerstlich-Baierischen Schatzkammer und derselben Kostbarkeiten in der Residenzstadt Muenchen, Augsburg 1778.

Zedler, Johann Heinrich: Grosses vollstaendiges Universal-Lexikon aller Wissenschafften und Kuenste, welche bißhero durch menschlichen Verstand und Witz erfunden und verbessert worden, 64 Bde., Halle, Leipzig 1732–1750.

Zeyher, Johann Michael; Roemer, Georg Christian: Beschreibung der Gartenanlage zu Schwetzingen. Mit 8 Kupfern und einem Plane des Gartens, Mannheim 1809.

Sekundärliteratur

Albert, Jost: Wiesentäler und Hügel bei Friedrich Ludwig von Sckell. Grundsätze, Arbeitstechnik, künstliche Qualität, in: Friedrich Ludwig von Sckell (1750–1823). Gartenkünstler und Stadtplaner, Hg. Iris Lauterbach, Worms 2002, S. 274–288.

Andermann, Kurt (Hg.): Residenzen – Aspekte hauptstädtischer Zentralität von der frühen Neuzeit bis zum Ende der Monarchie, Sigmaringen 1992 (= Oberrheinische Studien, Bd. 10).

Anonymus: Minister Karl Theodor Graf von Bettschard. Ein Zeitbild aus der Regierung Karl Theodors, in: Die Oberpfalz, 33. Jg. (1939), S. 13–15, 102–106.

Arnim, Max: Johann Friedrich von Uffenbachs Reise durch die Pfalz 1731, in: Mannheimer Geschichtsblätter II, Bd. 29 (1928), Sp. 123–142, 147–163.

Aulock, Maximilian von; Brendel, Daniela; Hilger, Silke; Zube, Jascha (Hg.): Kritische Editionen. Empfehlungen für Oper und Konzert, Berlin 2021.

Aus der ersten Zeit der Frankenthaler Porzellanmanufaktur, in: Mannheimer Geschichtsblätter, Nr. 8 und 9 (1903), Sp. 203.

Bariggio, Jakob: Die Geschichte Mannheims, Mannheim 1861.

Bäumler, Suzanne (Hg.): Von Kaisers Gnaden. 500 Jahre Pfalz-Neuburg. Katalog zur Bayerischen Landesausstellung 2005, Neuburg an der Donau, Regensburg 2005.

Barsig, Walter (Ed.): Otting im Spiegel seiner Geschichte, Reimlingen 2009.

Batey, Mavis: Alexander Pope. The Poet and the Landscape, London 1999.

Bauer, Anna: München. Ehemaliges Gartenschloß des Herzogs Franz von Paula, in: Johann Michael Fischer, Hg. Gabriele Dischinger, Bd. II, Tübingen, Berlin 1997, S. 222–225.

Bauer, Hermann: Idee und Entstehung des Landschaftsgartens in England, in: Inszenierte Natur, Landschaftskunst im 19. und 20. Jahrhundert, Hg. Barbara Braumüller; Ulrich Kuder; Thomas Zoglauer, Stuttgart 1997, S. 18–37.

Bauer, Gerhard: Schreiben in Mannheim und in der Kurpfalz Carl Theodors, in: Lebenslust und Frömmigkeit. Kurfürst Carl Theodor (1724–1799) zwischen Barock und Aufklärung, Hg. Alfried Wieczorek; Hansjörg Probst; Wieland Koenig, Bd. 1, Regensburg 1999, S. 373–385.

Bauer, Alexander: Graf und Gräfin Rumford, in: Wochenschrift für Volksbildung, Urania, 9. Jg., 41/42, Wien 1916, S. 532.

Bayern, Adalbert Prinz von: Max I. Joseph. Pfalzgraf, Kurfürst und König, München 1957.

Ders.: Der Herzog und die Tänzerin, Neustadt an der Waldnaab 1966.

Ders.: Als die Residenz noch Residenz war, München 1967.

Ders.: Die Wittelsbacher Geschichte unserer Familie, München 1979.

Beaucamp-Markowsky, Barbara: Die Porzellanmanufaktur Frankenthal, in: Lebenslust und Frömmigkeit. Kurfürst Carl Theodor (1724–1799) zwischen Barock und Aufklärung, Hg. Alfried Wieczorek; Hansjörg Probst; Wieland Koenig, Bd. 1, Regensburg 1999, S. 271–280.

Dies.: Apotheose des Kurfürstenpaars Carl Theodor und Elisabeth Auguste, in: Lebenslust und Frömmigkeit. Kurfürst Carl Theodor (1724–1799) zwischen Barock und Aufklärung, Hg. Alfried Wieczorek; Hansjörg Probst; Wieland Koenig, Bd. 2, Regensburg 1999, S. 329–332.

Becker, Albert: Projektemacher am Hofe Christians IV. von Zweibrücken, in: Pfälzisches Museum, Bd. 34 (1917), S. 94 f.

Becker, Carl: The Declaration of Independence. A Study in the History of political Ideas, New York 1922.

Bertelsmeier-Kierst, Christa (Hg.): Elisabeth von Thüringen und die neue Frömmigkeit in Europa, Frankfurt am Main 2008.

Beyer, Andreas: Baldassare Castiglione. Der Hofmann. Lebensart in der Renaissance, Berlin 1996.

Bezzel, Oskar: Geschichte des Kurpfälzischen Heeres in den Kriegen zu Ende des 17. und im Laufe des 18. Jahrhunderts, 2 Bde., München 1925–1928.

Biedermann, Margret: Die Malerfamilie Kobell, in: Lebenslust und Frömmigkeit. Kurfürst Carl Theodor (1724–1799) zwischen Barock und Aufklärung, Hg. Alfried Wieczorek; Hansjörg Probst; Wieland Koenig, Bd. 1, Regensburg 1999, S. 261–266.

Binder, Armin: Der Hammer Philippsburg, in: „Die Mitten im Winter grünende Pfaltz". 350 Jahre Wittelsbacher Fürstentum Pfalz-Sulzbach, Aufsatzteil und Katalog zur Sonderausstellung des Stadtmuseums Sulzbach-Rosenberg und des Stadtarchivs Amberg vom 2. Juni – 16. September 2006, Sulzbach-Rosenberg 2006, S. 301–305.

Binhack, Franz: Drei Jahre aus der Geschichte der Abtei Waldsassen (1792–1795), in: Cisterzienser-Chronik, Bd. 12 (1900), S. 225–231, 257–264, 289–308.

Böhm, Ludwig Werner: Zensur im 18. Jahrhundert. Das Verbot der Mannheimer Schreibtafel, in: Baden, Bd. 4 (1952), S. 35–37.

Böttger, Peter: Die Alte Pinakothek in München. Architektur, Ausstattung und museales Programm, München 1972 (= Studien zur Kunst des 19. Jahrhunderts, Bd. 15).

Borkopp, Birgitt: Leinenhemd des Kurfürsten Carl Theodor, in: Lebenslust und Frömmigkeit. Kurfürst Carl Theodor (1724–1799) zwischen Barock und Aufklärung, Hg. Alfried Wieczorek; Hansjörg Probst; Wieland Koenig, Bd. 2 (Katalog), Regensburg 1999, S. 144 f.

Braun, Claudia: Kurfürst Carl Theodor als Denkmalpfleger, in: Lebenslust und Frömmigkeit. Kurfürst Carl Theodor (1724–1799) zwischen Barock und Aufklärung, Hg. Alfried Wieczorek; Hansjörg Probst; Wieland Koenig, Bd. 1, Regensburg 1999, S. 347–352.

Braunfels, Wolfgang: Die Kunst im Heiligen Römischen Reich, Bd. 1: Die weltlichen Fürstentümer, München 1979.

Breitenbruch, Bernd: Christian Friedrich Daniel Schubart bis zu seiner Gefangensetzung 1777, Weißenhorn 1989 (= Veröffentlichungen der Stadtbibliothek Ulm, Bd. 9).

Breithaupt, Ulrich von: Die Affäre Bettschart: „Amtsgebrechen". Korruption und Öffentlichkeit unter Kurfürst Karl Theodor von Pfalzbayern, Mag. masch., München 1995.

Brenner, Johann B.: Geschichte des Klosters und Stiftes Waldsassen, Nürnberg 1837.

Brown, George I.: Graf Rumford. Das abenteuerliche Leben des Benjamin Thompson. Mit 41 Schwarzweißabbildungen. Aus dem Englischen übersetzt und für die deutschsprachige Ausgabe bearbeitet und ergänzt von Anita Ehlers, München 2002.

Brunner, Herbert: Schatzkammer der Residenz München. Katalog, 3. Aufl., München 1970.

Ders.: Kronen und Herrschaftszeichen. In der Schatzkammer der Residenz München, München, Zürich 1977.

Budde, Kai: Die naturwissenschaftlichen Interessen des Kurfürsten, in: Lebenslust und Frömmigkeit. Kurfürst Carl Theodor (1724–1799) zwischen Barock und Aufklärung, Hg. Alfried Wieczorek; Hansjörg Probst; Wieland Koenig, Bd. 1, Regensburg 1999, S. 359–371.

Buddruss, Eckhard: Versailles und Carl Theodor: Vom Statthalter Frankreichs im Reich zum Enfant terrible, in: Lebenslust und Frömmigkeit. Kurfürst Carl Theodor (1724–1799) zwischen Barock und Aufklärung, Hg. Alfried Wieczorek; Hansjörg Probst; Wieland Koenig, Bd. 1, Regensburg 1999, S. 225–229.

Burghardt, Franz J.: Die Geheimen Räte der Herzogtümer Jülich und Berg 1692–1742, Diss. masch., Meschede 1992.

Busch-Salmen, Gabriele: „... Auch unter dem Tache die feinsten Wohnungen". Neue Dokumente zu Sozialstatus und Wohnsituation der Mannheimer Hofmusiker, in: Die Mannheimer Hofkapelle im Zeitalter Carl Theodors, Hg. Ludwig Finscher, Mannheim 1992, S. 21–35.

Burmeister, Enno: Jagdschloß Grünau, in: 475 Jahre Fürstentum Pfalz-Neuburg. Ausstellung im Schloß Grünau bei Neuburg an der Donau. 20. Juni 1980 – 19. Oktober 1980, München 1980, S. 110–113.

Buttlar, Adrian von: Der Landschaftsgarten, München 1980.

Ders.: Vom Landschaftsgarten zum Volkspark. Der englische Garten in München, in: Viktorianisches England in deutscher Perspektive, München 1983, S. 133–143 (= Prinz-Albert-Studien, Bd. 1).

Cappel, Adalbert: Johann Jakob Hemmer und die Societas Meteorologicae Palatinae (1780–95), in: Pfälzische Heimat, Bd. 31 (1980), S. 124–129.

Carrow, Burton Stimson: The Relationship between the Mannheim School and the Music of Franz Beck, Henri Blanchard and Pierre Gaveaux, 2 Bde., Diss. Masch., New York 1956.

Christmann-Glück, Charlotte (Hg.): Die Wiege der Könige – 600 Jahre Herzogtum Pfalz-Zweibrücken. Landesausstellung im Stadtmuseum Zweibrücken, 29. August – 14. November 2010, Zweibrücken 2010.

Corneilson, Paul E.: Opera et Mannheim, Ann Arbor 1992.

Ders.: Die Oper am Kurfürstlichen Hof zu Mannheim, in: Die Mannheimer Hofkapelle im Zeitalter Carl Theodors, Hg. Ludwig Finscher, Mannheim 1992, S. 113–129.

Cremer, Claudia Susanne: Hagedorns Geschmack. Studien zur Kunstkennerschaft in Deutschland im 18. Jahrhundert, Bonn 1989.

Cser, Andreas: Zur Sozialgeschichte des letzten Heidelberger Fasses. Frondienste für den Weintransport, in: Schlösser Baden-Württemberg, Quartalbeilage zu einer Teilauflage des Staatsanzeigers für Baden-Württemberg, Heft 1, Stuttgart 1999, S. 18 f.

Ders.: Die großen Heidelberger Fässer. Fürstenprestige, wirtschaftliche Unvernunft und Untertanenprotest, Karlsruhe 2009.

Dahms, Sibylle: Das Mannheimer Ballett im Zeichen der Ballettreform des 18. Jahrhunderts, in: Die Mannheimer Hofkapelle im Zeitalter Carl Theodors, Hg. Ludwig Finscher, Mannheim 1992, S. 131–140.

Darblay, Jeanne-Marie (Hg.): Picknick – Vergnügen, Lust & Genuß, Cham 1994.

Davidts, Michiel H.: La Vérité. Rien que la Vérité. Toute ... la Vérité dite concernant l'église de Droogenbosch, Brussel 1868.

Destouches, Joseph Anton von: Die Haupt- und Residenzstadt München und ihre Umgebungen, München 1828.

Dieffenbacher, Julius (Hg.): Christian Friedrich Schwans Selbstbiographie, in: Mannheimer Geschichtsblätter (1901), Sp. 147–158, 170–192, 202–216, 227–235.

Distler, Uwe: Der Einfluß des kurpfälzischen Ministers von Oberndorff auf die Politik Pfalzbayerns 1778/95, in: Lebenslust und Frömmigkeit. Kurfürst Carl Theodor (1724–1799) zwischen

Barock und Aufklärung, Hg. Alfried Wieczorek; Hansjörg Probst; Wieland Koenig, Bd. 1, Regensburg 1999, S. 395–399.

Ders.: Franz Albert Leopold von Oberndorff. Die Politik Pfalzbayerns (1778–1795), Kaiserslautern 2000.

Doeberl, Michael: Entwicklungsgeschichte Bayerns, Bd. 2: Vom Westfälischen Frieden bis zum Tode König Maximilians I., 3. Aufl., München 1928.

Döring, Detlef; Menzel, Franziska; Otto, Rüdiger; Schlott, Michael (Hg.): Johann Christoph Gottsched. Briefwechsel unter Einschluß des Briefwechsels von Luise Adelgunde Victorie Gottsched, Bd. 6: Juli 1739 – Juli 1740, Berlin, New York 2012.

Dollinger, Hans: Die Münchner Straßennamen. Hg. in Zusammenarbeit mit dem Stadtarchiv, dem Städtischen Vermessungsamt und dem Baureferat der Landeshauptstadt, 4. Aufl., München 1999.

Dombart, Theodor: Der Englische Garten zu München. Geschichte seiner Entstehung und seines Ausbaues zur großstädtischen Parkanalage. Geschichte und Landschaft der Stadt und Region München, Rosenheim 1989.

Ders.: Bei der Anlage des Englischen Gartens, in: 200 Jahre Englischer Garten München 1789–1989. Offizielle Festschrift 200 Jahre Englischer Garten München 1789–1989, Hg. Pankraz Freiherr von Freyberg, München 1989, S. 48 f.

Du Moulin Eckart, Richard: Zweibrücken und Versailles, in: Neue Heidelberger Jahrbücher (1895), S. 229–280.

Dyck, Walther von: Georg von Reichenbach, München 1912 (= Lebensbeschreibungen und Urkunden, Hg. Deutsches Museum München).

Eberhardt, Jürgen: Die Zitadelle von Jülich – Wehranlagen, Residenzschloß und Schloßkapelle – Forschungen zur Planungs- und Baugeschichte, Jülich 1993.

Ebersold, Günther: Rokoko, Reform und Revolution. Ein politisches Lebensbild des Kurfürsten Karl Theodor, Frankfurt am Main 1985.

Ders.: „Am Hofe ist nichts eine Kleinigkeit …“. 14 Geschichten aus der Mannheimer Zeit des Kurfürsten Karl Theodor, Heidelberg 1997.

Ders.: Karl August Fürst von Bretzenheim, der Sohn Carl Theodors, in: Lebenslust und Frömmigkeit. Kurfürst Carl Theodor (1724–1799) zwischen Barock und Aufklärung, Hg. Alfried Wieczorek; Hansjörg Probst; Wieland Koenig, Bd. 1, Regensburg 1999, S. 43–47.

Ders.: Die Italiensehnsucht des Kurfürsten, in: Lebenslust und Frömmigkeit. Kurfürst Carl Theodor (1724–1799) zwischen Barock und Aufklärung, Hg. Alfried Wieczorek; Hansjörg Probst; Wieland Koenig, Bd. 1, Regensburg 1999, S. 231–235.

Eder, Anneliese: Vom Brunnen zur Wasserleitung. Aus der Vorgeschichte der Mannheimer Wasserversorgung, in: Mannheimer Hefte, Heft 2 (1956), S. 25–31.

Eichner, Elisabeth: Das Kurpfälzische Porträt im 18. Jahrhundert. Untersuchungen zur Porträtmalerei am Hofe der beiden Kurfürsten Carl Philipp und Carl Theodor, Diss. masch., Heidelberg 1981.

Ein Akademiekonzert im Rittersaal des Mannheimer Schlosses 1785, in: Mannheimer Geschichtsblätter, Heft 10 (1909), Sp. 210 f.

Eekelen, Bart van: Het Markiezenhof in internationaal verband. De positie van Bergen op Zoom en het Bergse hof binnen de bezittingen van Carl Theodor van de Palts (1724–1799). Deel 1', in: De Waterschans, Bd. 46 (2016), S. 25–34, Deel 2', in: De Waterschans, Bd. 46 (2016), S. 166–182.

Eichler, Ulrike; Freyberg, Pankraz Freiherr von: Literarischer Spaziergang durch den Englischen Garten, in: 200 Jahre Englischer Garten München 1789–1989. Offizielle Festschrift 200 Jahre Englischer Garten München 1789–1989, Hg. Pankraz Freiherr von Freyberg, München 1989, S. 172–222.

Ellwardt, Kathrin: Schloss Mannheim zur Zeit des Kurfürsten Carl Philipp, in: Krone der Kurpfalz. Barockschloss Mannheim. Geschichte und Ausstattung, Hg. Staatliche Schlösser und Gärten Baden-Württemberg, Petersberg 2007, S. 47–69.

Engelbrecht, Jörg: Carl Theodor und die „Niederen Lande“ – Die Herzogtümer Jülich und Berg im Rahmen des kurpfälzischen Länderverbandes, in: Lebenslust und Frömmigkeit. Kurfürst Carl Theodor (1724–1799) zwischen Barock und Aufklärung, Hg. Alfried Wieczorek; Hansjörg Probst; Wieland Koenig, Bd. 1, Regensburg 1999, S. 193–199.

Erbe, Michael: Der Rhein als Wirtschafts- und Verkehrsraum – Bindeglied zwischen den kurpfälzischen Territorien und Grenze der Kurpfalz, in: Die Wittelsbacher am Rhein. Die Kurpfalz und Europa. Begleitband zur 2. Ausstellung der Länder Baden-Württemberg, Rheinland-Pfalz und Hessen, Hg. Alfried Wieczorek; Bernd Schneidmüller; Alexander Schubert; Stefan Weinfurter, Regensburg 2013, S. 403–407.

Ernst, Albrecht: Die reformierte Kirche der Kurpfalz nach dem Dreißigjährigen Krieg (1649–85), Stuttgart 1996 (= Veröffentlichung der Kommission für Geschichtliche Landeskunde in Baden-Württemberg, Reihe B, Bd. 133).

Esterházy de Galantha, Kasimir Graf: Die Geschichte der Familie Baumgarten, Ering 1988.

Externbrink, Sven (Hg.): Der Siebenjährige Krieg (1756–1763). Ein europäischer Weltkrieg im Zeitalter der Aufklärung, Berlin 2010.

Faschingsvergnügen am Hofe Karl Theodors 1744, in: Mannheimer Geschichtsblätter (1927), Sp. 45 f.

Feder, Heinrich von: Geschichte der Stadt Mannheim nach den Quellen bearbeitet, 2 Bde. Mannheim, Straßburg 1875/77.

Fimpeler-Philippen, Annette: „... und dieses alles ist von der Lebensart des gemeinen Volkes zu verstehen“. Wirtschaftliche und soziale Grundlagen zur Regierungszeit Carl Theodors in Düsseldorf, in: Nicolas de Pigage 1723–1796. Architekt des Kurfürsten Carl Theodor. Zum 200. Todestag, Hg. Stadtmuseum Düsseldorf, Düsseldorf, Köln 1996, S. 146–156.

Finscher, Ludwig (Hg.): Die Mannheimer Hofkapelle im Zeitalter Carl Theodors, Mannheim 1992.

Ders.: Mozart und Mannheim, in: Die Mannheimer Hofkapelle im Zeitalter Carl Theodors, Hg. Ludwig Finscher, Mannheim 1992, S. 71–96.

Ders.: Mannheimer Orchester- und Kammermusik, in: Die Mannheimer Hofkapelle im Zeitalter Carl Theodors, Hg. Ludwig Finscher, Mannheim 1992, S. 141–176.

Ders.; Pelker, Bärbel; Thomsen-Fürst, Rüdiger (Hg.): Mannheim. Ein Paradies der Tonkünstler? Kongreßbericht Mannheim 1999, Frankfurt am Main u. a. 2002.

Forsyth, Michael: Bauwerke für Musik, München 1992.

Fragment der Lebensgeschichte des Mannheimer Kupferstechers Ernst, in: Mannheimer Geschichtsblätter, Heft 3 (1908), Sp. 50–55, Heft 4 (1908), Sp. 83–88, Heft 5 (1908), Sp. 111–116.

Freller, Thomas: Der Sulzbacher Landrichter und Lehenspropst Reichsgraf Karl Theodor von Bettschart und der Begründer der modernen Strafrechtslehre Anselm Ritter von Feuerbach. Die Aufarbeitung einer Staats- und Justizaffäre, in: Verhandlungen des Historischen Vereins der Oberpfalz und Regensburg, Bd. 155 (2015), S. 185–199.

Freyberg, Pankraz Freiherr von: Die „Geburtsurkunde“ des Englischen Gartens – Eine Neuentdeckung, in: 200 Jahre Englischer Garten München 1789–1989. Offizielle Festschrift 200 Jahre Englischer Garten München 1789–1989, Hg. Pankraz Freiherr von Freyberg, München 1989, S. 77–83.

Ders.: Die älteste Beschreibung des Englischen Gartens, in: 200 Jahre Englischer Garten München 1789–1989. Offizielle Festschrift 200 Jahre Englischer Garten München 1789–1989, Hg. Pankraz Freiherr von Freyberg, München 1989, S. 84–92.

Ders.: Die „Denkschrift“ Friedrich Ludwig von Sckells, in: 200 Jahre Englischer Garten München 1789–1989. Offizielle Festschrift 200 Jahre Englischer Garten München 1789–1989, Hg. Pankraz Freiherr von Freyberg, München 1989, S. 93–113.

Ders.: Das erste Volksfest im Englischen Garten im Jahre 1795, in: 200 Jahre Englischer Garten München 1789–1989. Offizielle Festschrift 200 Jahre Englischer Garten München 1789–1989, Hg. Pankraz Freiherr von Freyberg, München 1989, S. 164–171.

Friedell, Egon: Kulturgeschichte der Neuzeit, 3 Bde., München 1927/31.

Friedmann, Helmut: Alt-Mannheim im Wandel seiner Physiognomie, Struktur und Funktionen (1606–1965), Bad Godesberg 1968 (= Forschungen zur deutschen Landeskunde, Bd. 168).

Frühsorge, Gotthardt: Oeconomie des Hofes. Zur politischen Funktion der Vaterrolle des Fürsten im Oeconomus prudens et legalis des Franz Philipp Florin, in: Europäische Hofkultur im 16. und 17. Jahrhundert, Hg. August Buck u. a., Bd. II, Hamburg 1981, S. 211–215.

Fuchs, Achim: Pfalz-Sulzbach und seine Jubiläumsmedaillen für Kurfürst Karl Theodor von 1783, in: Jahrbuch für Numismatik und Geldgeschichte, Bd. 66 (2016), S. 338–371.

Fuchs, Carl Ludwig: Schloß Schwetzingen, Schwetzingen 1991.

Ders.: Die Solitaires der Manufaktur Frankenthal. Ausstellungskatalog, Heidelberg 1993.

Ders.: Die Juwelen der Elisabeth Auguste, in: Lebenslust und Frömmigkeit. Kurfürst Carl Theodor (1724–1799) zwischen Barock und Aufklärung, Handbuch zur Ausstellung, Hg. Alfried Wieczorek; Hansjörg Probst; Wieland Koenig, Bd. 1, Regensburg 1999, S. 123–140.

Ders.: Die Orden des Kurfürsten und der Kurfürstin, in: Lebenslust und Frömmigkeit – Kurfürst Carl Theodor (1724–1799) zwischen Barock und Aufklärung, Handbuch zur Ausstellung, Hg. Alfried Wieczorek; Hansjörg Probst; Wieland Koenig, Bd. 1, Regensburg 1999, S. 167–174.

Fuller, Reginald: A short history of Warwick Street Church, formely the Royal Bavarian Chapel, Katholisches Pfarramt Warwick Street Church, London 1973.

Die Fußwaschungszeremonie durch den Kurfürsten an Gründonnerstag, in: Mannheimer Geschichtsblätter, Heft 10 (1926), Sp. 205 f.

Gerber, Ernst Ludwig: Neues historisch-biographisches Lexikon der Tonkünstler, Bd. IV, Leipzig 1814.

Gesche, Inga: Schloß Oggersheim, in: Nicolas de Pigage 1723–1796. Architekt des Kurfürsten Carl Theodor. Zum 200. Todestag, Hg. Stadtmuseum Düsseldorf, Düsseldorf, Köln 1996, S. 104–112.

Dies.: Die Bautätigkeit des Kurfürstenpaars in Mannheim und Oggersheim, in: Lebenslust und Frömmigkeit. Kurfürst Carl Theodor (1724–1799) zwischen Barock und Aufklärung, Handbuch zur Ausstellung, Hg. Alfried Wieczorek; Hansjörg Probst; Wieland Koenig, Bd. 1, Regensburg 1999, S. 51–56.

Gigl, Caroline: Die Zentralbehörden Kurfürst Karl Theodors in München 1778–1799, Hg. Kommission für bayerische Landesgeschichte bei der bayerischen Akademie der Wissenschaften, München 1999 (= Schriftenreihe zur bayerischen Landesgeschichte, Bd. 121).

Dies.: Carl Theodor und Bayern, in: Lebenslust und Frömmigkeit. Kurfürst Carl Theodor (1724–1799) zwischen Barock und Aufklärung, Handbuch zur Ausstellung, Hg. Alfried Wieczorek; Hansjörg Probst; Wieland Koenig, Bd. 1, Regensburg 1999, S. 389–393.

Godsey, William D.; Hyden-Hanscho, Veronika (Hg.): Das Haus Arenberg und die Habsburger Monarchie. Eine transterritoriale Adelsfamilie zwischen Fürstendienst und Eigenständigkeit (16. – 20. Jahrhundert), Regensburg 2019.

Göller, Leopold: Der Zuschuß der Stadt Mannheim zum Oggersheimer Kirchenbau, in: Mannheimer Geschichtsblätter, Heft 10 (1924), Sp. 185–191.

Görler, Ingeborg (Hg.): So sahen sie Mannheim, Stuttgart, Aalen 1974.

Graf, Bernhard: Im Glanz edler Steine. Die Wittelsbacher und ihre Juwelen, München 2018.

Ders.: Schätze der Wittelsbacher. Die bayerische Herrscherfamilie auf Europas Thronen, in: Elemente. The Munich Show. Mineralientage München, München 2018, S. 130–211.

Ders.: Mozarts vergessene Vorfahren. Eine Künstlerfamilie aus Augsburg und Schwaben, München 2019.

Greindl, Gabriele: Kurfürst Karl Theodor von Bayern (1724–1799), in: 200 Jahre Englischer Garten München 1789–1989. Offizielle Festschrift 200 Jahre Englischer Garten München 1789–1989, Hg. Pankraz Freiherr von Freyberg, München 1989, S. 18–22.

Groening, Monika: Karl Theodors stumme Revolution. Stephan Freiherr von Stengel (1750–1822) und seine staats- und wirtschaftspolitischen Innovationen in Bayern, Ubstadt-Weiher 2001 (= Mannheimer Geschichtsblätter, Neue Folge, Bd. 3)

Gutzer, August: Votivtafeln. Bildzeugnisse von Hilfsbedürftigkeit und Gottvertrauen aus der Loretokapelle in der Wallfahrtskirche zu Oggersheim. Geschichte der lauretanischen Wallfahrt, Mannheim 1991.

Haberkamp, Gertraut: Eine bisher unbekannte Widmung Mozarts an die Kurfürstin Maria Elisabeth von Bayern zur Erstausgabe der Sonaten für Klavier und Violine KV 301–306, in: Musik in Bayern, Heft 18/19 (1979), S. 5–13.

Hänlein, Theodor (Hg.): Carl Theodors erster Aufenthalt in Rom 1774/75, in: Mannheimer Geschichtsblätter, Bd. 34, ½ (1933), Sp. 17–26 und Bd. 34, 3 (1933), Sp. 41–58.

Häusser, Ludwig: Geschichte der Rheinischen Pfalz, 2 Bde., Heidelberg 1845–1856.

Hallbaum, Franz: Der Landschaftsgarten. Sein Entstehen und seine Einführung in Deutschland durch Friedrich Ludwig von Sckell 1750–1823, München 1927.

Ham, Willem Adriaan van: Het Doorluchtig huis van Bergen op Zoom, Charlottesville 1977.

Ders.: Het bezit van de Heer van Bergen op Zoom. Een overzicht van de bezittingen van de heren en markiezen van Bergen op Zoom in Westelijke Noord-Brabant en elders (1287–1795), 'S-Hertogenbosch 1980.

Ders.: Het Markiezenhof te Bergen op Zoom. Een overzicht vanuit de bronnen van zijn geschiedenis tot 1795, Bergen op Zoom 1986.

Ders.: Karel Theodoor van de Paltz. Een boeiende historische persoonlijkheid, in: De Waterschans, Bd. 2 (1994), S. 67–69.

Ders.: Karl Theodor. Sein Erbe in den Niederlanden und sein Andenken in Bergen op Zoom, in: Heimat zwischen Sülz und Dhünn. Geschichte und Volkskunde in Bergisch Gladbach und Umgebung (2003), S. 2–9.

Handrick, Wolfgang: Der bayerische Löwe im Dienste des österreichischen Adlers. Das kurfürstliche Auxiliarkorps in den Niederlanden 1746–1749, in: Militärgeschichtliche Zeitschrift, Bd. 2, Potsdam 1991, S. 25–60.

Hartmann, Johannes: Johann Egydius und Karl Theodor Freiherr von Bettschart, in: Stadtarchiv Sulzbach-Rosenberg, Freiherr von Bettscharts Beschreibung des Sulzbacher Landgerichts – eine spätbarocke Prachthandschrift von 1783, Sulzbach-Rosenberg 2010 (= Schriftenreihe des Stadtmuseums und Stadtarchivs Sulzbach-Rosenberg, Bd. XXVII).

Hartmann, Peter Claus: Karl Albrecht. Karl VII. Glücklicher Kurfürst. Unglücklicher Kaiser, Regensburg 1985.

Ders.: Kurfürst Karl Albrecht als König von Böhmen, in: Gesellschaftsgeschichte. Festschrift Karl Bosl, Hg. Ferdinand Seibt, Bd. 2, München 1988, S. 201–234.

Hasenkampf, Uta: „Allein diese alte symmetrische Gartenkunst [...] hat doch auch ihre Vorzüge". Der formale Garten im Werk von Friedrich Ludwig Sckell am Beispiel der Gärten von Nymphenburg und Schwetzingen, in: Friedrich Ludwig von Sckell (1750–1823). Gartenkünstler und Stadtplaner, Hg. Iris Lauterbach, Worms 2002, S. 245–252.

Hauk, Franz: Weltenburg und Ingolstadt: Stätten der Ausbildung, in: Begegnung mit Johann Simon Mayr, Hg. Marcello Eynard; Franz Hauk; Iris Winkler, Ingolstadt, Bergamo 2006, S. 20–24.

Ders.: Das Haus de Bassus: Förderung im Zeichen der Aufklärung, in: Begegnung mit Johann Simon Mayr, Hg. Marcello Eynard; Franz Hauk; Iris Winkler, Ingolstadt, Bergamo 2006, S. 25–31.

Heber, Wiltrud: Die Arbeiten des Nicolas de Pigage in den ehemals kurpfälzischen Residenzen Mannheim und Schwetzingen, Worms 1986.

Dies: Pigages Leben und Werk, in: Nicolas de Pigage 1723–1796. Architekt des Kurfürsten Carl Theodor. Zum 200. Todestag, Hg. Stadtmuseum Düsseldorf, Düsseldorf, Köln 1996, S. 16–80.

Heigel, Karl Theodor von: Benjamin Thompson, Graf von Rumford, München 1915 (= Festrede aus Anlass der 100. Wiederkehr des Todestags Rumfords).

Heinlein, Stefan: Der Österreichische Erbfolgekrieg oder Fürst Wilhelm Heinrich im Schlepptau Frankreichs, in: Wilhelm-Heinrich von Nassau-Zweibrücken. Staatsmann, Feldherr, Städtebauer. 1718–2018, Hg. Roland Mönig, Saarbrücken 2018, S. 71–80.

Henker, Michael: Die jülich-bergische Frage in der Wittelsbacher Hausunion von 1724, in: Zeitschrift für bayerische Landesgeschichte, Bd. 37 (1974), S. 871–877.

Hepp, Frieder: „Der Fürsten Jagd-Lust“ – Zur kurpfälzischen Jagd, in: Lebenslust und Frömmigkeit. Kurfürst Carl Theodor (1724–1799) zwischen Barock und Aufklärung, Hg. Alfried Wieczorek; Hansjörg Probst; Wieland Koenig, Bd. 1, Regensburg 1999, S. 141–150.

Ders.: „So fahre wohl, o Fürst!“, in: Barockschloss Mannheim. Kurfürstliche Residenz im neuen Glanz, Sonder-Journal zur Wiederherstellung, Mannheim 2007.

Ders.: Elisabeth Augusta in den Sammlungen des Kurpfälzischen Museums Heidelberg, in: „Wir seynd dahier mitten in gröster Gala begriffen …“. Band zum 300. Geburtstag von Kurfürstin Elisabeth Augusta von der Pfalz (1721–1794), Hg. Susan Richter; Wolfgang Schröck-Schmidt, Altlußheim 2021, S. 13–30.

Herrmann, Wilhelm: Comédie française und deutschsprachige Wandertruppen, in: Mannheim und sein Nationaltheater. Menschen – Geschichte(n) – Perspektiven, Hg. Liselotte Homering; Karin von Welck, Mannheim 1998, S. 356–367 (= Schriften zur Mannheimer Theater- und Musikgeschichte, Hg. Karin von Welck, Bd. 1).

Ders.: Hoftheater – Volkstheater – Nationaltheater. Die Wanderbühnen in Mannheim des 18. Jahrhunderts und ihr Beitrag zur Gründung des Nationaltheaters, Frankfurt am Main 1999 (= Quellen und Studien zur Geschichte der Mannheimer Hofkapelle, Hg. Forschungsstelle Mannheimer Hofkapelle der Heidelberger Akademie der Wissenschaften unter Leitung von Ludwig Finscher, Bd. 5).

Heß, Christel: Presse und Publizistik in der Kurpfalz in der zweiten Hälfte des 18. Jahrhunderts, Frankfurt am Main u. a. 1987 (= Europäische Hochschulschriften, Reihe 3, Bd. 322).

Hesse, Petra: Die Kleidung am Mannheimer Hof zur Zeit des Kurfürsten Carl Theodor, in: Lebenslust und Frömmigkeit. Kurfürst Carl Theodor (1724–1799) zwischen Barock und Aufklärung, Hg. Alfried Wieczorek; Hansjörg Probst; Wieland Koenig, Bd. 1, Regensburg 1999, S. 111–123.

Heuser, Emil: Frankenthaler Gruppen und Figuren. Ein Verzeichnis von mehr als 800 figürlicher und etwa 500 anderen kunstgewerblichen Erzeugnissen der kurfürstlich pfälzischen Porzellanfabrik, Frankenthal, Speier 1899.

Der.: Die Porzellanwerke von Frankenthal nach dem Pariser und dem Mannheimer Preisverzeichnis, Neustadt an der Haardt 1909.

Der.: Porzellan von Straßburg und Frankenthal im 18. Jahrhundert, Neustadt an der Haardt 1922.

Heymans, Vincent: Le Palais du Coudenberg à Bruxelles. Du château médiéval au site archéologiques, Brüssel 2014.

Hildebrand, Dorette: Das kulturelle Leben Bayerns im letzten Viertel des 18. Jahrhunderts im Spiegel von drei bayerischen Zeitschriften, München 1971 (= Miscellanea Bavarica Monacensia, Bd. 36).

Hippel, Wolfgang von: Die Kurpfalz zur Zeit Carl Theodors – Wirtschaftliche Aspekte, in: Lebenslust und Frömmigkeit. Kurfürst Carl Theodor (1724–1799) zwischen Barock und Aufklärung, Hg. Alfried Wieczorek; Hansjörg Probst; Wieland Koenig, Bd. 1, Regensburg 1999, S. 183–192.

Hlavac, Christian: Prince de Ligne. Der Gartenbesessene und Kosmopolit in Wien, in: Die Gartenkunst, Bd. 1 (2008), S. 151–164.

Höft, Brigitte: Komponisten, Komponistinnen und Virtuosen, in: Die Mannheimer Hofkapelle im Zeitalter Carl Theodors, Hg. Ludwig Finscher, Mannheim 1992, S. 59–70.

Hofmann, Friedrich H.: Frankenthaler Porzellan, 2 Bde., München 1911.

Hofmann, Karl Ludwig: Die kurfürstliche Gemäldegalerie in Mannheim – von der Fürstensammlung zur Bildungseinrichtung, in: Lebenslust und Frömmigkeit. Kurfürst Carl Theodor (1724–1799) zwischen Barock und Aufklärung, Hg. Alfried Wieczorek; Hansjörg Probst; Wieland Koenig, Bd. 1, Regensburg 1999, S. 239–243.

Homering, Liselotte: Zwischen absolutistischem Machtanspruch und bürgerlicher Aufgeklärtheit – Kurfürst Carl Theodor und das Theater, in: Lebenslust und Frömmigkeit. Kurfürst Carl Theodor (1724–1799) zwischen Barock und Aufklärung, Hg. Alfried Wieczorek; Hansjörg Probst; Wieland Koenig, Bd. 1, Regensburg 1999, S. 305–321.

Dies.: „KurPfalz ist mein Vaterland“ – Literatur und Theater am kurpfälzischen Hof, in: Die Wittelsbacher am Rhein. Die Kurpfalz und Europa. Begleitband zur 2. Ausstellung der Länder Baden-Württemberg, Rheinland-Pfalz und Hessen, Hg. Alfried Wieczorek; Bernd Schneidmüller; Alexander Schubert; Stefan Weinfurter, Regensburg 2013, S. 304–311.

Huber, Brigitte: Johann Georg Edlinger. Porträts ohne Schmeichelei, München 2020.

Huijbregts, Gijs A.: Karel Theodoor (1724–1799). Een nieuw boek over onze laatste markies, in: De Waterschans, Bd. 24 (1994), S. 61–65.

Ders.: De geschiedenis van Bergen op Zoom XVII: onder Hohenzollern en De la Tour d'Auvergne van 1671 tot 1714, in: De Waterschlans Bd. 33 (2003), S. 67–76.

Ders.: De geschiedenis van Bergen op Zoom XVIII: tussen Utrecht en Aken 1713–1748, in: De Waterschlans Bd. 33 (2003), S. 90–101.

Hummel, Stefanie: Drei Portraits der Wittelsbacher Familie in Schloss Herrnsheim bei Worms, in: „Wir seynd dahier mitten in gröster Gala begriffen ...“. Band zum 300. Geburtstag von Kurfürstin Elisabeth Augusta von der Pfalz (1721–1794), Hg. Susan Richter; Wolfgang Schröck-Schmidt, Altlußheim 2021, S. 31–42.

Huth, Hans: Die Kunstdenkmäler des Stadtkreises Mannheim, 2 Bde., München 1982 (= Die Kunstdenkmäler in Baden-Württemberg, Stadtkreis Mannheim).

Immler, Gerhard: Hausvertrag zwischen Kurfürst Maximilian III. Joseph von Bayern und Kurfürst Carl Theodor von der Pfalz, in: Die Wittelsbacher am Rhein. Die Kurpfalz und Europa. Begleitband zur 2. Ausstellung der Länder Baden-Württemberg, Rheinland-Pfalz und Hessen, Hg. Alfried Wieczorek; Bernd Schneidmüller; Alexander Schubert; Stefan Weinfurter, Regensburg 2013, S. 396.

Jahn, Cornelia: Klosteraufhebungen und Klosterpolitik in Bayern unter Kurfürst Karl Theodor 1778–1784, München 1994.

Jung, Hermann: Mannheim nach 1777. Ausprägung einer bürgerlichen Musikkultur bis zur Mitte des 19. Jahrhunderts, in: Die Mannheimer Hofkapelle im Zeitalter Carl Theodors, Hg. Ludwig Finscher, Mannheim 1992, S. 197–218.

Keiper, Johann: Kurpfalzbayerische Forstverwaltung, in: Forstwissenschaftliches Zentralblatt (1905), S. 451–468, 592–607.

Karnehm, Christl: Bauten und Denkmäler im Englischen Garten einst und heute von A-Z, in: 200 Jahre Englischer Garten München 1789–1989. Offizielle Festschrift 200 Jahre Englischer Garten München 1789–1989, Hg. Pankraz Freiherr von Freyberg, München 1989, S. 114–137.

Kirchgässner, Bernhard: Kunst und Kultur zwischen Hof und Bürgertum. Die kurfürstliche Residenzstadt Mannheim im 18. Jahrhundert, in: Städtische Kultur der Barockzeit, Hg. Wilhelm Rausch, Linz 1982 (= Beiträge zur Geschichte der Städte Mitteleuropas, Bd. 6).

Kistner, Adolf: Die Pflege der Naturwissenschaften in Mannheim zur Zeit Karl Theodors, Mannheim 1930.

Klingensmith, Samuel John: The Utility of Splendor. Ceremony, Social Life, and Architecture at the Court of Bavaria, 1600–1800, Chicago, London 1993.

Klughohn, August: Über Lorenz von Westenrieders Leben und Schriften, Bamberg 1890 (= Bayerische Bibliothek, Hg. Karl von Reinhardstoettner & Karl Trautmann, Bd. 12).

Köllner, Adolph: Geschichte der Herrschaft Kirchheim-Boland und Stauf, Wiesbaden 1854.

Kohl, Alexander: Die Sulzbacher Annabergwallfahrt, „Die Mitten im Winter grünende Pfaltz". 350 Jahre Wittelsbacher Fürstentum Pfalz-Sulzbach, Aufsatzteil und Katalog zur Sonderausstellung des Stadtmuseums Sulzbach-Rosenberg und des Stadtarchivs Amberg vom 2. Juni – 16. September 2006, Sulzbach-Rosenberg 2006, S. 167–185.

Kortlever, Yolande: Marie Anne van Arenberg prinses van Auvergne, markiezin van Bergen op Zoom. Verstoten door familie, vereerd als heilige, in: De Waterschans, Bd. 41 (2011), S. 73–91.

Krauss-Meyl, Sylvia: Kurfürst Carl Theodor und die Kurfürstin Maria Leopoldine, in: Lebenslust und Frömmigkeit. Kurfürst Carl Theodor (1724–1799) zwischen Barock und Aufklärung, Hg. Alfried Wieczorek; Hansjörg Probst; Wieland Koenig, Bd. 1, Regensburg 1999, S. 401–407.

Dies.: Das „Enfant Terrible" des Königshauses. Maria Leopoldine, Bayerns letzte Kurfürstin, 3. Aufl., Regensburg 2013.

Krauß, Martin: Armenwesen und Gesundheitsfürsorge in Mannheim vor der Industrialisierung 1750–1850/60, Sigmaringen 1993 (= Quellen und Darstellungen zur Mannheimer Stadtgeschichte, Bd. 2).

Krems, Eva-Bettina: Kurfürstliche Galerien in Düsseldorf, Mannheim und München (1680–1800), in: Die Wittelsbacher am Rhein. Die Kurpfalz und Europa. Begleitband zur 2. Ausstellung der Länder Baden-Württemberg, Rheinland-Pfalz und Hessen, Hg. Alfried Wieczorek; Bernd Schneidmüller; Alexander Schubert; Stefan Weinfurter, Regensburg 2013, S. 312–314.

Kreuter, Karl: Geschichte der Stadt Oggersheim, Speyer 1910.

Ders.: Kurfürstin Elisabeth Auguste von der Pfalz-Bayern (1721–1794). Ein heimatgeschichtlicher Beitrag zum 700jährigen Jubiläum des Anfalles der Pfalz an das Haus Wittelsbach, Oggersheim 1914.

Kreutz, Jörg: Aufklärung und französische Hofkultur im Zeitalter Carl Theodors in Mannheim, in: Die Mannheimer Hofkapelle im Zeitalter Carl Theodors, Hg. Ludwig Finscher, Mannheim 1992, S. 1–19.

Ders.: Außenpolitik und diplomatische Beziehungen bis 1789, in: Lebenslust und Frömmigkeit. Kurfürst Carl Theodor (1724–1799) zwischen Barock und Aufklärung, Hg. Alfried Wieczorek; Hansjörg Probst; Wieland Koenig, Bd. 1, Regensburg 1999, S. 217–223.

Ders.: Cosimo Alessandro Collini (1727–1806) – ein Freund Voltaires am Mannheimer Hof, in: Lebenslust und Frömmigkeit. Kurfürst Carl Theodor (1724–1799) zwischen Barock und Aufklärung, Hg. Alfried Wieczorek; Hansjörg Probst; Wieland Koenig, Bd. 1, Regensburg 1999, S. 353–358.

Ders.: Revolution und Gegenrevolution, in: Lebenslust und Frömmigkeit. Kurfürst Carl Theodor (1724–1799) zwischen Barock und Aufklärung, Hg. Alfried Wieczorek; Hansjörg Probst; Wieland Koenig, Bd. 1, Regensburg 1999, S. 411–414.

Kreutz, Wilhelm: Von Mannheim nach München – Der lange Abschied der Wittelsbacher vom Rhein und das lange Nachleben ihrer Herrschaft an Rhein und Neckar, in: Die Wittelsbacher am Rhein. Die Kurpfalz und Europa. Begleitband zur 2. Ausstellung der Länder Baden-Württemberg, Rheinland-Pfalz und Hessen, Hg. Alfried Wieczorek; Bernd Schneidmüller; Alexander Schubert; Stefan Weinfurter, Regensburg 2013, S. 410–417.

Krock, Andreas: Die propagandistische Wirkung der graphischen Darstellung des Kurfürstenpaares, in: Lebenslust und Frömmigkeit. Kurfürst Carl Theodor (1724–1799) zwischen Barock und Aufklärung, Hg. Alfried Wieczorek; Hansjörg Probst; Wieland Koenig, Bd. 1, Regensburg 1999, S. 103–109.

Küster, Katharina: Sie war in allem Betracht eine seltene und verdienstvolle Frau: Anna Dorothea Therbusch, die Berliner Porträtistin Carl Theodors, in: Lebenslust und Frömmigkeit. Kurfürst Carl Theodor (1724–1799) zwischen Barock und Aufklärung, Hg. Alfried Wieczorek; Hansjörg Probst; Wieland Koenig, Bd. 1, Regensburg 1999, S. 255–260.

Küthmann, Harald: Zur Geschichte der Münzsammlung und zum Entstehen ihrer Antikenabteilung, in: Sylloge Nummorum Graecorum. Deutschland – Staatliche Münzsammlung München, Bd. 1., Berlin 1968, S. 1–4.

Kunz, Wolfgang: In Treue fest zur Kurpfalz: Freiherr Peter Emanuel von Zedtwitz-Liebenstein (1715–1786). Domherr und Minister, in: Mannheimer Geschichtsblätter, N. F. Bd. 2 (1995), S. 283–296.

Lack, Peter: Die Gärtner- und Künstlerfamilie Sckell, in: Friedrich Ludwig von Sckell (1750–1823). Gartenkünstler und Stadtplaner, Hg. Iris Lauterbach, Worms 2002, S. 195–210.

Larsen, Egon: Graf Rumford. Ein Amerikaner in München, Passau 1961.

Lauterbach, Iris (Hg.): Friedrich Ludwig von Sckell (1750–1823). Gartenkünstler und Stadtplaner, Worms, 2002.

Dies.: Sckell und Frankreich. „l'unique Endroit pour former un jeune Homme dans la Connoissance de Botanique si essentiele pour un Jardinier", in: Friedrich Ludwig von Sckell (1750–1823). Gartenkünstler und Stadtplaner, Hg. Iris Lauterbach, Worms 2002, S. 221–243.

Lehmbruch, Hans: „So wirkte Sckell". Friedrich Ludwig von Sckell als Stadtplaner in München, in: Friedrich Ludwig von Sckell (1750–1823). Gartenkünstler und Stadtplaner, Hg. Iris Lauterbach, Worms 2002, S. 326–384.

Lehner, Dorothea: Friedrich Ludwig von Sckell, in: 200 Jahre Englischer Garten München 1789–1989. Offizielle Festschrift 200 Jahre Englischer Garten München 1789–1989, Hg. Pankraz Freiherr von Freyberg, München 1989, S. 41–47.

Lemons, Don S.: Mere Thermodynamics, Baltimore 2009.

Leopold, Silke; Pelker, Bärbel: Hofoper in Schwetzingen. Musik – Bühnenkunst – Architektur, Heidelberg 2004.

Dies.: Die „Schule des wahrhaft guten Geschmacks in der Tonkunst" – Carl Theodor und die Mannheimer Hofmusik, in: Die Wittelsbacher am Rhein. Die Kurpfalz und Europa. Begleitband zur 2. Ausstellung der Länder Baden-Württemberg, Rheinland-Pfalz und Hessen, Hg. Alfried Wieczorek; Bernd Schneidmüller; Alexander Schubert; Stefan Weinfurter, Regensburg 2013, S. 296–303.

Dies.: Süddeutsche Hofkapellen im 18. Jahrhundert. Eine Bestandsaufnahme, Heidelberg 2018 (= Schriften zur Südwestdeutschen Hofmusik, Hg. von der Forschungsstelle Südwestdeutsche Hofmusik der Heidelberger Akademie der Wissenschaften unter Leitung von Silke Leopold, Bd. 1).

Locher, Wolfgang G.: Schleis von Löwenfeld – ein oberpfälzisches Ärztegeschlecht, in: „Die Mitten im Winter grünende Pfaltz". 350 Jahre Wittelsbacher Fürstentum Pfalz-Sulzbach, Aufsatzteil und Katalog zur Sonderausstellung des Stadtmuseums Sulzbach-Rosenberg und des Stadtarchivs Amberg vom 2. Juni – 16. September 2006, Sulzbach-Rosenberg 2006, S. 261–270.

Lochner, Karl: Schloss und Garten Oggersheim 1720–1794, Speyer am Rhein 1960.

Löwenstein, Leopold: Beiträge zur Geschichte der Juden in Deutschland, Bd. 1: Geschichte der Juden in der Kurpfalz, Frankfurt am Main 1895.

Lohmeyer, Karl: Pfälzische Torbauten Nicolaus von Pigage`s und verwandte Bauwerke, Heidelberg 1915.

Ders.: Das barocke Heidelberg und seine Meister, Sonderdruck aus dem Heidelberger Stadtbuch, Heidelberg 1927.

Loster-Schneider, Gudrun: Mannheim in Reisebeschreibungen des 18. Jahrhunderts, Mannheim 1987 (= Schriften der Gesellschaft der Freunde Mannheims, Bd. 20).

Lumbroso, Albert: Revue Napoléonienne. Paraissant tous deux mois, Turin 1901.

März, Johannes: Die Fayencefabrik zu Mosbach in Baden, Jena 1906 (Neudruck: New York 2017).

Maesel, Markus: Der Kurpfälzische Reformierte Kirchenrat im 18. Jahrhundert, Heidelberg 1997 (= Heidelberger Abhandlungen zur Mittleren und Neueren Geschichte, Bd. 10).

Markowitz, Irene: Kurfürst Carl Theodor und Düsseldorf, in: Kurfürst Carl Theodor zu Pfalz, der Erbauer von Schloß Benrath, Ausstellungskatalog, Düsseldorf 1979/80, S. 39–44.

Martin, Kurt: Die Kunstdenkmäler des Amtsbezirks Mannheim. Stadt Schwetzingen, Karlsruhe 1933.

Miedaner, Stefan: Sir Benjamin Thompson, Graf von Rumford, in: 200 Jahre Englischer Garten München 1789–1989. Offizielle Festschrift 200 Jahre Englischer Garten München 1789–1989, Hg. Pankraz Freiherr von Freyberg, München 1989, S. 23–28.

Möhlig, Kornelia: Die Gemäldegalerie des Kurfürsten Johann Wilhelm von Pfalz-Neuburg (1658–1716) in Düsseldorf, Köln 1993.

Mörz, Stefan: Verwaltungsstrukturen der Kurpfalz zum Zeitpunkt des bayerischen Erbfalls, in: Mitteilungen des Historischen Vereins der Pfalz, Bd. 84 (1986), S. 403–465.

Ders.: Aufgeklärter Absolutismus in der Kurpfalz während der Mannheimer Regierungszeit des Kurfürsten Karl Theodor 1742–77, Stuttgart 1991 (= Veröffentlichungen der Kommission für Geschichtliche Landeskunde in Baden-Württemberg, Reihe B, Bd. 120).

Ders.: Die letzte Kurfürstin. Elisabeth Augusta von der Pfalz, die Gemahlin Karl Theodors, Stuttgart, Berlin, Köln 1997.

Ders.: Haupt- und Residenzstadt. Carl Theodor, sein Hof und Mannheim, Mannheim 1998 (= Kleine Schriften des Stadtarchivs Mannheim, Nr. 12).

Ders.: Vom nachgeborenen Prinzen zum Erben der Kurpfalz – Von Brüssel nach Mannheim – Kindheit und Jugend Carl Theodors, in: Lebenslust und Frömmigkeit. Kurfürst Carl Theodor (1724–1799) zwischen Barock und Aufklärung, Hg. Alfried Wieczorek; Hansjörg Probst; Wieland Koenig, Bd. 1, Regensburg 1999, S. 17–21.

Ders.: Keine ideale Ehe – Carl Theodor und Elisabeth Auguste, in: Lebenslust und Frömmigkeit. Kurfürst Carl Theodor (1724–1799) zwischen Barock und Aufklärung, Hg. Alfried Wieczorek; Hansjörg Probst; Wieland Koenig, Bd. 1, Regensburg 1999, S. 23–28.

Ders.: „Un prince attentif" – Carl Theodor als Landesfürst, in: Lebenslust und Frömmigkeit. Kurfürst Carl Theodor (1724–1799) zwischen Barock und Aufklärung, Hg. Alfried Wieczorek; Hansjörg Probst; Wieland Koenig, Bd. 1, Regensburg 1999, S. 211–216.

Ders.: Vor 275 Jahren geboren: Kurfürst Carl Theodor von Pfalz-Bayern. „Monsieur verdienten es, als Privatmann geboren zu sein", in: Schlösser Baden-Württemberg, Quartalbeilage zu einer Teilauflage des Staatsanzeigers für Baden-Württemberg, Heft 1, Stuttgart 1999, S. 2–7.

Ders.: Einleitung, in: Kurpfälzischer Hof- und Staats-Kalender auf das Jahr 1777, Hg. Universitätsbibliothek Mannheim, Mannheim 2000, S. 3–8.

Ders.: „Die Oper ist mir das liebste …". Kurfürstin Elisabeth Augusta und die Hofmusik, in: Mannheim – Ein Paradies der Tonkünstler? Kongreßbericht Mannheim 1999, Hg. Ludwig Finscher; Bärbel Pelker; Rüdiger Thomsen-Fürst, Frankfurt am Main u. a. 2002, S. 35–42.

Ders.: Glanz der Residenz zur Karl-Theodor-Zeit. 1743–1777, in: Geschichte der Stadt Mannheim, Hg. Ulrich Niess; Michael Caroli, Bd. 1: 1607–1801, Heidelberg, Ubstadt-Weiher, Basel 2007, S. 372–527.

Ders.: „Der Tempel der Wissenschaften, der Erstaunen erregt …". Akademiegründungen im Kontext des kurpfälzischen aufgeklärten Absolutismus Kurfürst Carl Theodors, in: Die Wittelsbacher am Rhein. Die Kurpfalz und Europa. Begleitband zur 2. Ausstellung der Länder Baden-Württemberg, Rheinland-Pfalz und Hessen, Hg. Alfried Wieczorek; Bernd Schneidmüller; Alexander Schubert; Stefan Weinfurter, Regensburg 2013, S. 289–295.

Ders.: Vom Zentrum höfischen Lebens zum „Trost der Pfalzgrafschaft" – Elisabeth Augustas Lebensbogen, in: „Wir seynd dahier mitten in gröster Gala begriffen …". Band zum 300. Geburtstag von Kurfürstin Elisabeth Augusta von der Pfalz (1721–1794), Hg. Susan Richter; Wolfgang Schröck-Schmidt, Altlußheim 2021, S. 43–58.

Mosbacher Fayencen 1770–1836, Hg. Städtisches Reiss-Museum Mannheim, Mannheim 1970.

Müller, Carla Th.: Schloß Mannheim, Schwetzingen 1995.
Müller, Markus Christopher: Ein Gelehrter am Münchner Hof. Die Tagebücher des Andreas Felix von Oefele (1706–1780), Kallmünz in der Oberpfalz 2020.
Münster, Robert: Mozart, Wolfgang Amadé: Idomeneo 1781–1981. Essays, Forschungsberichte, Katalog zur Ausstellung der Bayerischen Staatsbibliothek, 27. Mai – 31. Juli 1981, Bd. 27, München 1981.
Ders.: „ich bin hier sehr beliebt". Mozart und das kurfürstliche Bayern, Tutzing 1993.
Ders.: Maximilian Clemens Graf von Seinsheim und Franz Ludwig Graf von Hatzfeld, in: Mozarts Idomeneo und die Musik zur Zeit Karl Theodors. In: Bericht über das Symposium der Gesellschaft für Bayerische Musikgeschichte und der Musikhistorischen Kommission der Bayerischen Akademie der Wissenschaften München, 7. – 9. Juli 1999, Hg. Theodor Göllner und Stephan Hörner, München 2001, S. 89–92.
Ders.: „Die hiesige ongenierte Lebensart gefallet allen [...]". Nachrichten zum Münchner Musikleben der Jahre 1772 bis 1779 aus den Briefen Joseph Franz von Seinsheims an seinen Bruder Adam Friedrich von Seinsheim, In: Bericht über das Symposium der Gesellschaft für Bayerische Musikgeschichte und der Musikhistorischen Kommission der Bayerischen Akademie der Wissenschaften München, 7. – 9. Juli 1999, Hg. Theodor Göllner und Stephan Hörner, München 2001, S. 237–151.
Ders.: „ich würde München gewis Ehre machen". Mozart und der kurfürstliche Hof zu München. Mit einleitenden Gedanken von Heinz Friedrich Mozart in seiner Zeit, Weißenhorn 2002.
Ders.: Herzog Clemens Franz von Paula von Bayern (1722–1770) und seine Münchner Hofmusik, Tutzing 2008.
Ders.: Die Münchner Hofmusik bis 1800, in: Süddeutsche Hofkapellen im 18. Jahrhundert. Eine Bestandsaufnahme, Hg. Silke Leopold; Bärbel Pelker, Heidelberg 2018, S. 367–408.
Müller, Carla T.: Schloß Mannheim. Ein Kurzführer, Schwetzingen 1995 (= Kurzführer der Staatlichen Schlösser und Gärten Baden-Württemberg, Hg. Oberfinanzdirektion Karlsruhe).
Müller, Rainer A.: Der Fürstenhof in der frühen Neuzeit, München 1995 (= Enzyklopädie Deutscher Geschichte, Bd. 33).
Nadler, Markus: Neuburg an der Donau. Das Landgericht Neuburg und die Pfleggerichte Burgheim und Reichertshofen, München 2004 (= Historischer Atlas von Bayern, Teil Schwaben, Reihe 1, Heft 16).
Nebinger, Gerhard: Das Fürstentum Neuburg und sein Territorium, in: 475 Jahre Fürstentum Pfalz-Neuburg. Ausstellung im Schloß Grünau bei Neuburg an der Donau. 20. Juni 1980 – 19. Oktober 1980, München 1980, S. 9–42.
Nöhbauer, Hans F.: Die Chronik Bayerns, Dortmund 1994.
Noack, Friedrich: Pfälzische Romfahrer, in: Zeitschrift für die Geschichte des Oberrheins, Neue Folge, Bd. 34 (1926), S. 391–420.
Obser, Karl: Aufzeichnungen des Staatskanzlers Fürsten von Hardenberg über seinen Aufenthalt am Oberrhein im Jahre 1772, in: Zeitschrift für die Geschichte des Oberrheins, Bd. 55 (1907), S. 145–216.
Oeser, Max: Geschichte Mannheims, Mannheim 1904.
Olbrich, Meinhard: Die Politik des Kurfürsten Karl Theodor von der Pfalz zwischen den Kriegen (1748–1756), Bonn 1966 (= Bonner Historische Forschungen, Hg. Max Braubach, Bd. 27).
Olivier, Jean-Jacques: Les Comédiens français dans les cours d'Allemagne au XVIIIe siècle, 4 Bde., Paris 1901/05.
Oswald-Schmitt, Marie-Christin: Die Zirkelhäuser, in: Schloss Schwetzingen, Hg. Ralf Richard Wagner; Wolfgang Schröck-Schmidt; Wolfgang Wiese, Petersberg 2020, S. 56–63.
Pangels, Charlotte: Friedrich der Große. Bruder, Freund und König, Kreuzlingen, München 2004.

Pelker, Bärbel: Musikalische Akademien am Hof Carl Theodors in Mannheim, in: Die Mannheimer Hofkapelle im Zeitalter Carl Theodors, Hg. Ludwig Finscher, Mannheim 1992, S. 49–58.

Dies.: Theateraufführungen und musikalische Akademien am Hof Carl Theodors in Mannheim. Eine Chronik der Jahre 1742–1777, in: Die Mannheimer Hofkapelle im Zeitalter Carl Theodors, Hg. Ludwig Finscher, Mannheim 1992, S. 219–259.

Dies.: „... es läst sich eine schöne Musik machen ...“, in: Lebenslust und Frömmigkeit. Kurfürst Carl Theodor (1724–1799) zwischen Barock und Aufklärung, Hg. Alfried Wieczorek; Hansjörg Probst; Wieland Koenig, Bd. 1, Regensburg 1999, S. 293–303.

Dies.: Beck, Franz (Ignaz Aloys), in: Die Musik in Geschichte und Gegenwart, Personalteil 2, Hg. Ludwig Finscher, Kassel u. a. 1999, Sp. 606–609.

Dies.: Sommer in der Campagne – Impressionen aus Schwetzingen, in: Hofoper in Schwetzingen. Musik, Bühnenkunst, Architektur, Hg. Silke Leopold; Bärbel Pelker, Heidelberg 2004, S. 10–37.

Dies.: Chronologie zu Musik und Theater in Schwetzingen (1743–2003), in: Hofoper in Schwetzingen. Musik, Bühnenkunst, Architektur, Hg. Silke Leopold; Bärbel Pelker, Heidelberg 2004, S. 389–432.

Dies.; Thomsen-Fürst, Rüdiger: Georg Joseph Vogler (1749–1814). Materialien zu Leben und Werk unter besonderer Berücksichtigung der pfalz-bayerischen Dienstjahre, Frankfurt am Main, Berlin, Bern, Buxelles, New York, Oxford, Wien 2016 (= Quellen und Studien zur Geschichte der Mannheimer Hofkapelle, Hg. Forschungsstelle Mannheimer Hofkapelle der Heidelberger Akademie der Wissenschaften unter Leitung von Ludwig Finscher und Silke Leopold, Bd. 6).

Dies.: Die kurpfälzische Hofmusik in Mannheim und Schwetzingen (1720–1778), in: Süddeutsche Hofkapellen im 18. Jahrhundert. Eine Bestandsaufnahme, Hg. Silke Leopold; Bärbel Pelker, Heidelberg 2018, S. 195–366.

Pelucchi, Pier Angelo: Primi contatti con Bergamo, in: Begegnung mit Johann Simon Mayr, Hg. Marcello Eynard; Franz Hauk; Iris Winkler, Ingolstadt, Bergamo 2006, S. 32–35.

Perlinger, Hans: Karl Theodor: Herr über sieben Länder, in: http://www.gemeindeforschung.de, S. 1–5.

Pirl, Uwe: „Jagddivertissements“ in Schwetzingen, in: Die Lust am Jagen. Jagdsitten und Jagdfeste am kurpfälzischen Hof im 18. Jahrhundert, Hg. Staatliche Schlösser und Gärten Baden-Württemberg, Ubstadt-Weiher 1999, S. 7–18.

Ders.: Von mancherley Arten der Lust-Jagten und Jagt-Divertissements, in: Die Lust am Jagen. Jagdsitten und Jagdfeste am kurpfälzischen Hof im 18. Jahrhundert, Hg. Staatliche Schlösser und Gärten Baden-Württemberg, Ubstadt-Weiher 1999, S. 33–42.

Plate, Oliver: Elisabeth Augusta und das Schauspiel. Von der „Comédie française“ zum Nationaltheater, in: „Wir seynd dahier mitten in gröster Gala begriffen ...“. Band zum 300. Geburtstag von Kurfürstin Elisabeth Augusta von der Pfalz (1721–1794), Hg. Susan Richter; Wolfgang Schröck-Schmidt, Altlußheim 2021, S. 59–74.

Porges, August von u. a. (Hg.): Österreichischer Erbfolge-Krieg 1740–1748, 10 Bde., Wien 1896–1905.

Präger, Christmut: Kirche, Darleih-Kasse, Kaufhaus, Kunst. Stationen kurfürstlichen Nachlebens im bürgerlichen Zeitalter, in: Lebenslust und Frömmigkeit. Kurfürst Carl Theodor (1724–1799) zwischen Barock und Aufklärung, Hg. Alfried Wieczorek; Hansjörg Probst; Wieland Koenig, Bd. 1, Regensburg 1999, S. 425–433.

Press, Volker: Calvinismus und Territorialstaat, Stuttgart 1970 (= Kieler Historische Studien, Bd. 7).

Putlitz, Gisbert zu (Hg.): 600 Jahre Ruprecht-Karls-Universität Heidelberg 1386–1986. Geschichte und Forschung, Heidelberg 1986.

Quest-Ritson, Charles: The English Garden. A Social History, London 2001.

Rabe, Hannah: Pfälzische Reichs- und Außenpolitik am Vorabend des Österreichischen Erbfolgekriegs 1740–1742, Meisenheim am Glan 1961.

Rall, Hans: Kurfürst Karl Theodor. Regierender Herr in sieben Ländern 1724–1799, Mannheim u. a. 1993 (= Forschung zur Geschichte Mannheims und der Kurpfalz, Neue Folge, Bd. 8).

Redlich, Otto: Aus den Tagen Karl Theodors, in: Das Tor. Düsseldorfer Heimatblätter. Monatsschrift des Heimatvereins „Düsseldorfer Jonges" e. V., Jg. 3, Heft 6, Düsseldorf 1934, S. 99–104.

Reinhard, Eugen: Die Residenz in der Kulturlandschaft Südwestdeutschlands. Ihre Topographie und ihr Umland, in: Residenzen – Aspekte hauptstädtischer Zentralität von der frühen Neuzeit bis zum Ende der Monarchie, Hg. Kurt Andermann, Sigmaringen 1992, S. 25–46 (= Oberrheinische Studien, Bd. 10).

Reisinger, Claus: Der Schlossgarten zu Schwetzingen, Worms 1986.

Rentsch, Dietrich: Zum Jagdwesen an südwestdeutschen Fürstenhöfen im Barockzeitalter, in: Barock in Baden-Württemberg. Vom Ende des Dreißigjährigen Krieges bis zur Französischen Revolution. Ausstellungskatalog, Hg. Badisches Landesmuseum Karlsruhe, Bd. 2, Karlsruhe 1981, S. 293–310.

Reutter, Jochen: Die Kirchenmusik am Mannheimer Hof, in: Die Mannheimer Hofkapelle im Zeitalter Carl Theodors, Hg. Ludwig Finscher, Mannheim 1992, S. 97–112.

Richter, Susan: Giacomo Casanovas Aufenthalt in Schwetzingen. Eine Betrachtung zu seinem 200. Todestag, in: Mannheimer Geschichtsblätter, N. F. Bd. 5 (1998), S. 91–110.

Dies.: Elisabeth Auguste als Jägerin – Skizze einer Leidenschaft, in: Die Lust am Jagen. Jagdsitten und Jagdfeste am kurpfälzischen Hof im 18. Jahrhundert, Hg. Staatliche Schlösser und Gärten Baden-Württemberg, Ubstadt-Weiher 1999, S. 27–32.

Dies.: Der kurfürstlichen Parforce-Park in Käfertal, in: Die Lust am Jagen. Jagdsitten und Jagdfeste am kurpfälzischen Hof im 18. Jahrhundert, Hg. Staatliche Schlösser und Gärten Baden-Württemberg, Ubstadt-Weiher 1999, S. 43–54.

Dies.: Die Churpfälzische Jaegerey, in: Die Lust am Jagen. Jagdsitten und Jagdfeste am kurpfälzischen Hof im 18. Jahrhundert, Hg. Staatliche Schlösser und Gärten Baden-Württemberg, Ubstadt-Weiher 1999, S. 65–76.

Dies.: Ein Zyklus und seine Pendants – die Schwetzinger Jagdbilder, in: Die Lust am Jagen. Jagdsitten und Jagdfeste am kurpfälzischen Hof im 18. Jahrhundert, Hg. Staatliche Schlösser und Gärten Baden-Württemberg, Ubstadt-Weiher 1999, S. 77–93.

Dies.; Wagner, Ralf Richard: Geburt und Taufe Carl Theodors. Eine Betrachtung zum 275 Geburtstag des Kurfürsten, in: Mannheimer Geschichtsblätter, N. F. Bd. 6 (2000), S. 297–305.

Dies.: „Schwetzingen, ein grüner Schausaal", in: Fürstliche Gartenlust. Historische Schlossgärten in Baden-Württemberg, Hg. Staatliche Schlösser und Gärten Baden-Württemberg, Stuttgart 2002, S. 72–75.

Dies.: Weisheit und Thorheit – Zwei Gutachten zum Regierungsantritt Karl Theodors von der Pfalz und ihr Einfluss auf seine Politik, in: Mannheimer Geschichtsblätter, N. D. Bd. 11 (2004), S. 89–158.

Dies.: Hofdame – ein Beruf für Frauenzimmer? Betätigungsfelder adeliger Damen am Beispiel des kurpfälzischen Hofes im 18. Jahrhundert, in: Zeitschrift für die Geschichte des Oberrheins, Neue Folge, Bd. 114, Stuttgart 2005, S. 441–480.

Dies.: Die Schwetzinger Moschee – ein Tempel der Weltweisheit? Ein Beitrag zur kulturgeschichtlichen Bedeutung von Gartenmoscheen im Zeitalter der Aufklärung, in: Archiv für Kulturgeschichte, Bd. 90/1 (2008), S. 109–128.

Dies.: Schröck-Schmidt, Wolfgang (Hg.): „Wir seynd dahier mitten in gröster Gala begriffen …". Zum 300. Geburtstag von Kurfürstin Elisabeth Augusta von der Pfalz (1721–1794), Altlußheim 2021.

Dies.: Von anhaltender und wiedererlangter Bedeutung – Einführende Gedanken zum 300. Geburtstag von Kurfürstin Elisabeth Augusta, in: „Wir seynd dahier mitten in gröster Gala begriffen …". Band zum 300. Geburtstag von Kurfürstin Elisabeth Augusta von der Pfalz (1721–1794), Hg. Susan Richter; Wolfgang Schröck-Schmidt, Altlußheim 2021, S. 7–12.

Dies.: SPES PALATINUS – Die Hoffnung auf einen Erbprinzen als vergemeinschaftende Identitätsstiftung zwischen Dynastie und Untertanen, in: „Wir seynd dahier mitten in gröster Gala begriffen …". Band zum 300. Geburtstag von Kurfürstin Elisabeth Augusta von der Pfalz (1721–1794), Hg. Susan Richter; Wolfgang Schröck-Schmidt, Altlußheim 2021, S. 75–96.

Rösel, Jochen: Fürstentum Pfalz-Sulzbach. Die Geschichte der Staatsgewalt, in: „Die Mitten im Winter grünende Pfaltz". 350 Jahre Wittelsbacher Fürstentum Pfalz-Sulzbach, Aufsatzteil und Katalog zur Sonderausstellung des Stadtmuseums Sulzbach-Rosenberg und des Stadtarchivs Amberg vom 2. Juni – 16. September 2006, Sulzbach-Rosenberg 2006, S. 19–39.

Roland, Berthold: Carl Theodor und die Zweibrücker Verwandten – Kurpfalz-Kurbayern und Pfalz-Zweibrücken, in: Lebenslust und Frömmigkeit. Kurfürst Carl Theodor (1724–1799) zwischen Barock und Aufklärung, Hg. Alfried Wieczorek; Hansjörg Probst; Wieland Koenig, Bd. 1, Regensburg 1999, S. 29–36.

Rose, Hans: Eine unveröffentlichte Gedenkschrift Friedrich Ludwig von Sckells über den Englischen Garten in München, in: Münchner Jahrbuch der Bildenden Kunst, Neue Folge, Bd. VIII, München 1931, S. 172–188.

Rosenberg, Heidrun: „… mindeste Connexion nicht habend …". Zu den Galeriepublikationsprojekten von Wilhelm Lambert Krahe und Nicolas de Pigage, in: Nicolas de Pigage 1723–1796. Architekt des Kurfürsten Carl Theodor. Zum 200. Todestag, Hg. Stadtmuseum Düsseldorf, Düsseldorf, Köln 1996, S. 119–135.

Roth, Andrea; Schröck-Schmidt, Wolfgang: Beschreibung der eingestellten, kurfürstlichen Jagden zu Neckargemünd, in: Die Lust am Jagen. Jagdsitten und Jagdfeste am kurpfälzischen Hof im 18. Jahrhundert, Hg. Staatliche Schlösser und Gärten Baden-Württemberg, Ubstadt-Weiher 1999, S. 55–64.

Roth, Michael: Die Kurfürstin als Bauhandwerkerin. Die Grundsteinlegung der Loretokirche in Oggersheim, in: „Wir seynd dahier mitten in gröster Gala begriffen …". Band zum 300. Geburtstag von Kurfürstin Elisabeth Augusta von der Pfalz (1721–1794), Hg. Susan Richter; Wolfgang Schröck-Schmidt, Altlußheim 2021, S. 111–124.

Rupp, Rainer: Johann Simon Mayr – der bayerische „Vater der italienischen Oper", Abensberg 2008.

Schaab, Meinrad: Mannheim. Typus und Individualität einer oberrheinischen Festungs-, Residenz- und Industriestadt, in: Mannheimer Hefte, Heft 1 (1977), S. 7–17.

Ders.: Geschichte der Kurpfalz, Bd. 2: Neuzeit, Stuttgart, Berlin, Köln 1992.

Schattenhofer, Michael: Der englische Garten, 1789–1989, München 1989.

Schaumberg, Uta: Musik am Münchner Hof von Kurfürst Karl Theodor. Kabinettpräsentation und Werkstattkonzert in der Bayerischen Staatsbibliothek, in: Bibliotheksforum Bayern, Jg. 14, Heft 1 (2020), S. 33–35.

Schibel, Wolfgang: Die Hofbibliothek Carl Theodors und ihr Umfeld, in: Lebenslust und Frömmigkeit. Kurfürst Carl Theodor (1724–1799) zwischen Barock und Aufklärung, Hg. Alfried Wieczorek; Hansjörg Probst; Wieland Koenig, Bd. 1, Regensburg 1999, S. 325–336.

Schiering, Wolfgang: Der Antikensaal oder Saal der Statuen, in: Lebenslust und Frömmigkeit. Kurfürst Carl Theodor (1724–1799) zwischen Barock und Aufklärung, Hg. Alfried Wieczorek; Hansjörg Probst; Wieland Koenig, Bd. 1, Regensburg 1999, S. 267–269.

Scheglmann, Alfons Maria: Geschichte der Säkularisation im rechtsrheinischen Bayern, Bd. 3.2, Regensburg 1908.

Schlosser, Friedrich Christoph: Geschichte des achtzehnten Jahrhunderts und des neunzehnten bis zum Sturz des französischen Kaiserreichs, Bd. 3, Heidelberg 1853.

Schmid, Alois: Max III. Joseph und die europäischen Mächte. Die Außenpolitik des Kurfürstentums Bayern von 1745–1765, München 1978.

Ders.: Maria Amalia, Erzherzogin von Österreich, in: Neue Deutsche Biographie, Bd. 16 (1990), S. 175 f.
Ders.: Maria Anna. Herzogin von Bayern, geborene Pfalzgräfin von Pfalz-Sulzbach, in: Neue Deutsche Biographie, Bd. 16 (1990). S. 181 f.
Ders.: Maximilian III. Joseph, in: Neue Deutsche Biographie, Bd. 16 (1990), S. 485–487.
Ders.: Die Herrscher Bayerns. 25 historische Portraits von Tassilo III. bis Ludwig III., München 2006.
Ders.: Sulzbach und Bayern. Eine tausendjährige Nachbarschaft, in: „Die Mitten im Winter grünende Pfaltz". 350 Jahre Wittelsbacher Fürstentum Pfalz-Sulzbach, Aufsatzteil und Katalog zur Sonderausstellung des Stadtmuseums Sulzbach-Rosenberg und des Stadtarchivs Amberg vom 2. Juni – 16. September 2006, Sulzbach-Rosenberg 2006, S. 9–17.
Schmid, Elmar D.: Englischer Garten. München. Amtlicher Führer, München 1989.
Ders.: Die Entstehung des Englischen Gartens in München, in: 200 Jahre Englischer Garten München 1789–1989. Offizielle Festschrift 200 Jahre Englischer Garten München 1789–1989, Hg. Pankraz Freiherr von Freyberg, München 1989, S. 50–62.
Schmidt, Hans: Kurfürst Karl Philipp, Mannheim 1964 (= Forschungen zur Geschichte Mannheims und der Kurpfalz, Neue Folge, Bd. 2).
Schmidt, Peter; Warmbrunn, Paul; Untermann, Matthias: Oggersheim, St. Mariä Verkündigung, in: Pfälzisches Klosterlexikon. Handbuch der pfälzischen Klöster, Stifte und Kommenden, Hg. Jürgen Keddigkeit; Matthias Untermann; Hans Ammerich; Pia Heberer; Charlotte Lagemann, Bd. 3: M-R, Kaiserslautern 2015, S. 418.
Schnupp, Stefan: Das Gesandtschaftswesen Kurfürst Carl Theodors – Von der kurpfälzischen zur pfalzbayerischen Diplomatie, in: Die Wittelsbacher am Rhein. Die Kurpfalz und Europa. Begleitband zur 2. Ausstellung der Länder Baden-Württemberg, Rheinland-Pfalz und Hessen, Hg. Alfried Wieczorek; Bernd Schneidmüller; Alexander Schubert; Stefan Weinfurter, Regensburg 2013, S. 408–409.
Schrader, Karin: Der Bildnismaler Johann Georg Ziesenis (1716–1776). Leben und Werk mit kritischem Œuvrekatalog, Münster 1995.
Schröck-Schmidt, Wolfgang: Von der Wasserburg zum Barockschloss, in: Schloss Schwetzingen, Hg. Ralf Richard Wagner; Wolfgang Schröck-Schmidt; Wolfgang Wiese, Petersberg 2020, S. 5–56.
Ders.: Festkultur im Schwetzinger Schloss in der zweiten Hälfte des 18. Jahrhunderts, in: „Wir seynd dahier mitten in gröster Gala begriffen …". Band zum 300. Geburtstag von Kurfürstin Elisabeth Augusta von der Pfalz (1721–1794), Hg. Susan Richter; Wolfgang Schröck-Schmidt, Altlußheim 2021, S. 139–158.
Schürmann, Sonja: Die bauliche Entwicklung Düsseldorfs während der Dienstzeit des Oberbaudirektors Nicolas de Pigage, in: Nicolas de Pigage 1723–1796. Architekt des Kurfürsten Carl Theodor. Zum 200. Todestag, Hg. Stadtmuseum Düsseldorf, Düsseldorf, Köln 1996, S. 136–145.
Schulzki, Heinz-Joachim: Das Münz- und Medaillenkabinett, in: Lebenslust und Frömmigkeit. Kurfürst Carl Theodor (1724–1799) zwischen Barock und Aufklärung, Hg. Alfried Wieczorek; Hansjörg Probst; Wieland Koenig, Bd. 1, Regensburg 1999, S. 281–291.
Schwarz, Anja: „Wir seynd dahier mitten in größter Gala begriffen …". Die Namens- und Geburtstagsfeste am kurpfälzischen Hof in Mannheim zur Regierungszeit des Kurfürsten Karl Theodor 1743–77, Mag. masch., Stuttgart 1996.
Schwarz-Düser, Anja: Die Namens- und Geburtstagsfeiern am Mannheimer Hof, in: Lebenslust und Frömmigkeit. Kurfürst Carl Theodor (1724–1799) zwischen Barock und Aufklärung, Hg. Alfried Wieczorek; Hansjörg Probst; Wieland Koenig, Bd. 1, Regensburg 1999, S. 175–180.
Schwenk, Sigrid: Artemis-Diana-Suchspiel im Schwetzinger Park, in: Die Lust am Jagen. Jagdsitten und Jagdfeste am kurpfälzischen Hof im 18. Jahrhundert, Hg. Staatliche Schlösser und Gärten Baden-Württemberg, Ubstadt-Weiher 1999, S. 95–102.

Seeberg-Elverfeldt, Roland: Das Archiv der Freiherren Sturmfeder von und zu Oppenweiler, Karlsruhe 1956.

Sellin, Volker: Die Finanzpolitik Karl Ludwigs von der Pfalz, Stuttgart 1978.

Siemon, Gerhard: Die bildende Kunst des Gärtners Friedrich Ludwig von Sckell. Ein Werk der Erinnerung, in: Friedrich Ludwig von Sckell (1750–1823). Gartenkünstler und Stadtplaner, Hg. Iris Lauterbach, Worms 2002, S. 253–273.

Simmermacher, René: Die Fayence Manufaktur Hammer Philippsburg bei Sulzbach (-Rosenberg) in der Oberpfalz, in: „Die Mitten im Winter grünende Pfaltz". 350 Jahre Wittelsbacher Fürstentum Pfalz-Sulzbach, Aufsatzteil und Katalog zur Sonderausstellung des Stadtmuseums Sulzbach-Rosenberg und des Stadtarchivs Amberg vom 2. Juni – 16. September 2006, Sulzbach-Rosenberg 2006, S. 291–300.

Spohr, Edmund: Die Haupt- und Residenzstadt Düsseldorf, in: Lebenslust und Frömmigkeit. Kurfürst Carl Theodor (1724–1799) zwischen Barock und Aufklärung, Hg. Alfried Wieczorek; Hansjörg Probst; Wieland Koenig, Bd. 1, Regensburg 1999, S. 85–102.

Staudinger, Karl: Geschichte des kurbayerischen Heeres unter Kurfürst Karl Albrecht – Kaiser Karl VII. – und Kurfürst Max III. Joseph 1726–1777, Bd. 2, München 1909.

Stahl, Marguerite: Franz Beck. Un élève de Stamitz à Bordeaux. Étude monographique et historique. Catalogue des œuvres, Bordeaux 1991 (= Revue historique de Bordeaux et du département de la Gironde, hors-série).

Steiner-Welz, Sonja: 400 Jahre Stadt Mannheim, Bd. 8, 2. Aufl., Mannheim 2006.

Stemper, Annelise: Die Medaillen der Pfalzgrafen und Kurfürsten bei Rhein. Pfälzische Geschichte im Spiegel der Medaille, Bd. 1: Die Kurlinien, Worms 1997.

Stiebert, Gregor: Elisabeth Augusta als Protektorin der Ökonomie, in: „Wir seynd dahier mitten in gröster Gala begriffen …". Band zum 300. Geburtstag von Kurfürstin Elisabeth Augusta von der Pfalz (1721–1794), Hg. Susan Richter; Wolfgang Schröck-Schmidt, Altlußheim 2021, S. 125–138.

Stierhof, Horst H.: Das Haus Pfalz-Neuburg und die bildende Kunst, in: 475 Jahre Fürstentum Pfalz-Neuburg. Ausstellung im Schloß Grünau bei Neuburg an der Donau. 20. Juni 1980 – 19. Oktober 1980, München 1980, S. 90–100.

Ders.; Haller, Petra: Schlossmuseum Neuburg an der Donau. Amtlicher Führer, München 1987.

Stockert, Harald: „… viele adeliche Häuser". Stadtsitz, Landschlösser und adlige Lebenswelten in Mannheim und der Kurpfalz, Mannheim 2011.

Stollberg-Rilinger, Barbara: Maria Theresia. Die Kaiserin in ihrer Zeit. Eine Biographie, 5. Aufl., München 2018.

Strauven, Dietmar: Die wittelsbachischen Hausverträge 1761–79, Düsseldorf 1969.

Streber, Ignatz: Andenken an Herzog Ludwig von Bayern, Wilhelms des IV. Bruder. Ein Beytrag zur vaterländischen Münzkunde, München 1819.

Stübel, Moritz: Christian Ludwig von Hagedorn. Ein Diplomat und Sammler des 18. Jahrhunderts, Leipzig 1902.

Stübler, Eberhard: Geschichte der medizinischen Fakultät der Universität Heidelberg 1386–1925, Heidelberg 1926.

Stupperich, Reinhard: Das Antiquarium Carl Theodors in Mannheim, in: Lebenslust und Frömmigkeit. Kurfürst Carl Theodor (1724–1799) zwischen Barock und Aufklärung, Hg. Alfried Wieczorek; Hansjörg Probst; Wieland Koenig, Bd. 1, Regensburg 1999, S. 337–345.

Svoboda, Karl J.: Prinzessinnen und Favoritinnen. Kurpfälzische Frauengestalten am Mannheimer Hof, 2. Aufl., Mannheim 1994.

Ders.: Eine kurfürstliche Winterreise nach Italien. Die Reise des Grafen von Veldenz alias des Kurfürsten Carl Theodor von der Pfalz von Mannheim nach Rom im Jahr 1774/75 – Von Wegen

und Wägen, von Teppichen und Trüffeln, von Speckhälsen und Spalieren –, Ubstadt-Weiher 1998.
Ders.: Mätressen und Kinder Carl Theodors in seiner Mannheimer Zeit, in: Lebenslust und Frömmigkeit. Kurfürst Carl Theodor (1724–1799) zwischen Barock und Aufklärung, Hg. Alfried Wieczorek; Hansjörg Probst; Wieland Koenig, Bd. 1, Regensburg 1999, S. 37–42.
Swoboda, Franz: Die keramischen Manufakturen in den Pfalz-Neuburger Landen im 18. Jahrhundert, in: 475 Jahre Fürstentum Pfalz-Neuburg. Ausstellung im Schloß Grünau bei Neuburg an der Donau. 20. Juni 1980 – 19. Oktober 1980, München 1980, S. 101–109.
Taubert, Karl Heinz: Höfische Tänze. Ihre Geschichte und Choreographie, Mainz u. a. 1968.
Tebbe, Karin: Das Frühstücksgeschirr der Kurfürstin Elisabeth Auguste, in: Die Wittelsbacher am Rhein. Die Kurpfalz und Europa. Begleitband zur 2. Ausstellung der Länder Baden-Württemberg, Rheinland-Pfalz und Hessen, Hg. Alfried Wieczorek; Bernd Schneidmüller; Alexander Schubert; Stefan Weinfurter, Regensburg 2013, S. 350 f.
Teutsch, Friedrich: Mannheim im 18. Jahrhundert – Grundriß, Aufriß und Bevölkerung, in: Lebenslust und Frömmigkeit. Kurfürst Carl Theodor (1724–1799) zwischen Barock und Aufklärung, Hg. Alfried Wieczorek; Hansjörg Probst; Wieland Koenig, Bd. 1, Regensburg 1999, S. 201–209.
Theil, Johannes: … unter Abfeuerung von Kanonen. Gottesdienste, Kirchenfeste und Kirchenmusik in der Mannheimer Hofkapelle nach dem Kurpfälzischen Hof- und Staatskalender, Mannheim 2008.
Thölken, Gabriele: Hofmaler und Hofmalerinnen, in: Lebenslust und Frömmigkeit. Kurfürst Carl Theodor (1724–1799) zwischen Barock und Aufklärung, Hg. Alfried Wieczorek; Hansjörg Probst; Wieland Koenig, Bd. 1, Regensburg 1999, S. 245–253.
Trautmann, Karl: Die Façadenmalereien am ehemaligen Kadettenkorps-Gebäude in München und ihr Meister Ambrosius Hörmannstorfer, in: Monatsschrift des Historischen Vereins von Oberbayern, Bd. 5 (1896), S. 70 ff.
Tyson, Alan: Mozart. Studies of the autograph scores, Cambridge/Mass 1987.
Unzer, Adolf: Hertzbergs Anteil an den preußisch-österreichischen Verhandlungen 1778/79, Frankfurt am Main 1890.
Ders.: Die Entstehung der pfälzisch-österreichischen Convention vom 3. Januar 1778, in: Mitteilungen des Instituts für Österreichische Geschichtsforschung, Bd. 15, Heft 1, Innsbruck 1894, S. 68–113.
Ders.: Der Herzog von Zweibrücken und die Sendung des Grafen Goertz, in: Mitteilungen des Instituts für Österreichische Geschichtsforschung, Bd. 18, Heft 3–4, Innsbruck 1897, S. 401–492.
Ders.: Der Friede von Teschen. Ein Beitrag zur Geschichte des bayerischen Erbfolgestreites, Kiel 1903.
Utsch, Friedrich Wilhelm: Der Jäger aus Kurpfalz, München 1913.
Vehse, Eduard: Geschichte der Höfe der Häuser Baiern, Württemberg, Baden und Hessen, Zweiter Theil, Hamburg 1853.
Ders.: Die Höfe zu Bayern. Von Kurfürst Carl Theodor bis König Maximilian II. Joseph 1777 bis 1852, Leipzig 1994.
Das Verkaufslokal der Frankenthaler Porzellanmanufaktur im Mannheimer Kaufhaus 1755–1799, in: Mannheimer Geschichtsblätter, Nr. 8 und 9 (1900), Sp. 194 f.
Veit, Joachim: Zur Entstehung des klassischen und romantischen Orchesters in Mannheim, in: Die Mannheimer Hofkapelle im Zeitalter Carl Theodors, Hg. Ludwig Finscher, Mannheim 1992, S. 177–195.
Veldhoven, Jef van: Karel Theodoor de laatste heer van Sint-Michielsgestel. Oud en Nieuw Herlaar en Gemonde (1729–1799), Sint-Michielsgestel 2008.

Vogl, Elisabeth: Die Sulzbacher Fürstengruft, in: „Die Mitten im Winter grünende Pfaltz". 350 Jahre Wittelsbacher Fürstentum Pfalz-Sulzbach, Aufsatzteil und Katalog zur Sonderausstellung des Stadtmuseums Sulzbach-Rosenberg und des Stadtarchivs Amberg vom 2. Juni – 16. September 2006, Sulzbach-Rosenberg 2006, S. 89–108.

Dies.: Zeichen herrschaftlichen Lebens – Sulzbach als Wittelsbacher Residenz, in: „Die Mitten im Winter grünende Pfaltz". 350 Jahre Wittelsbacher Fürstentum Pfalz-Sulzbach, Aufsatzteil und Katalog zur Sonderausstellung des Stadtmuseums Sulzbach-Rosenberg und des Stadtarchivs Amberg vom 2. Juni – 16. September 2006, Sulzbach-Rosenberg 2006, S. 207–221.

Voss, Jürgen: Mannheim, Residenz der Kurfürsten von der Pfalz, in: Residenzen – Aspekte hauptstädtischer Zentralität von der frühen Neuzeit bis zum Ende der Monarchie, Hg. Kurt Andermann, Sigmaringen 1992, S. 322–336.

Ders.: Die Kurpfalz im Zeichen der Französischen Revolution, in: Die Französische Revolution und die Oberrheinlande (1789–98), Hg. Volker Rödel, Sigmaringen 1991, S. 9–32 (= Oberrheinische Studien, Bd. 9).

Wagner, Ralf Richard: Kurfürst Carl Theodor – ein Jäger aus Kurpfalz? in: Die Lust am Jagen. Jagdsitten und Jagdfeste am kurpfälzischen Hof im 18. Jahrhundert, Hg. Staatliche Schlösser und Gärten Baden-Württemberg, Ubstadt-Weiher 1999, S. 19–25.

Ders.: Vom „Jäger=Panqvet", in: Die Lust am Jagen. Jagdsitten und Jagdfeste am kurpfälzischen Hof im 18. Jahrhundert, Hg. Staatliche Schlösser und Gärten Baden-Württemberg, Ubstadt-Weiher 1999, S. 103–118.

Ders.: „In seinem Paradise Schwetzingen [...]". Das Badhaus des Kurfürsten Carl Theodor von der Pfalz, Ubstadt-Weiher u. a. 2009.

Ders.: Die „Thermes Théodoriques" in der kurpfälzischen Sommerresidenz Schwetzingen, in: Mitteilungen der Residenzen-Kommission der Akademie der Wissenschaften zu Göttingen, Jg. 20, Nr. 1, Kiel 2010, S. 13–29.

Ders.: Das Schlosstheater, in: Schloss Schwetzingen, Hg. Ralf Richard Wagner; Wolfgang Schröck-Schmidt; Wolfgang Wiese, Petersberg 2020, S. 63–70.

Walter, Friedrich: Geschichte des Theaters und der Musik am kurpfälzischen Hof, Leipzig 1898.

Ders.: Karl Philipps Regierungsantritt und seine ersten Besuche in Mannheim, in: Mannheimer Geschichtsblätter, Heft 11 (1901), Sp. 235–241.

Ders.: Aus dem Leben eines Abenteurers, in: Mannheimer Geschichtsblätter, Bd. 7 (1906), Sp. 197–200.

Ders.: Mannheim in Vergangenheit und Gegenwart. Jubiläumsausgabe der Stadt, Bd. 1: Geschichte Mannheims von den ersten Anfängen bis zum Übergang an Baden (1802), Mannheim 1907.

Ders.: Das Mannheimer Schloß, Karlsruhe 1922 (= Vom Bodensee zu Main. Heimatblätter, Hg. Landesverein Badische Heimat, Heft 20).

Ders.: Bauwerke der Kurfürstenzeit in Mannheim, Augsburg 1928.

Ders.: Die Mobiliarausstattung des Mannheimer Schlosses 1775, in: Mannheimer Geschichtsblätter, Heft 7, 8, 9 (1929), Sp. 160–166, Heft 10, (1929), Sp. 180–189, Heft 11, (1929), Sp. 202–213.

Ders.: Aufgabe und Vermächtnis einer Deutschen Stadt. Drei Jahrhunderte Alt-Mannheim, Frankfurt am Main 1952.

Wappmann, Volker: Zwischen Traum und Wirklichkeit – Aus der Familiengeschichte des Hauses-Pfalz-Sulzbach, in: „Die Mitten im Winter grünende Pfaltz". 350 Jahre Wittelsbacher Fürstentum Pfalz-Sulzbach, Aufsatzteil und Katalog zur Sonderausstellung des Stadtmuseums Sulzbach-Rosenberg und des Stadtarchivs Amberg vom 2. Juni – 16. September 2006, Sulzbach-Rosenberg 2006, S. 75–88.

Warmuth, Oswald: Aus dem Tagebuch der ersten Romreise des Kurfürsten Karl Theodor, in: Das Bayerland, 19. Jg. 45 (1908), S. 538 f und 19. Jg. 46 (1908), S. 548 f.

Weber, Hermann: Die Politik des Kurfürsten Karl Theodor von der Pfalz während des Österreichischen Erbfolgekrieges (1742–1748), Bonn 1956 (= Bonner Historische Studien, Bd. 6).

Ders.: Die Bedeutung der Dynastien für die europäische Geschichte in der Frühen Neuzeit, in: Zeitschrift für bayerische Landesgeschichte, Bd. 44,1 (1981), S. 5–32.

Weber, Ingrid S.: Kostbare Steine. Die Gemmensammlung des Kurfürsten Johann Wilhelm von der Pfalz, München 1992.

Weech, Friedrich von: Römische Prälaten am Deutschen Rhein. 1761–1764, Heidelberg 1898 (= Neujahrsblaetter der Badischen Historischen Kommission, Neue Folge, Bd. 1).

Weich, Karl SJ: Mannheim. Das neue Jerusalem. Die Jesuiten in Mannheim 1720–1773, Mannheim 1997.

Ders.: Jesuiten am Hof Carl Theodors, in: Lebenslust und Frömmigkeit. Kurfürst Carl Theodor (1724–1799) zwischen Barock und Aufklärung, Hg. Alfried Wieczorek; Hansjörg Probst; Wieland Koenig, Bd. 1, Regensburg 1999, S. 153–158.

Weis, Eberhard: Montgelas 1759–1799. Zwischen Revolution und Reform, München 1971.

Werner, Ferdinand: Der Garten der kurfürstlichen Sommerresidenz Schwetzingen, in: Lebenslust und Frömmigkeit. Kurfürst Carl Theodor (1724–1799) zwischen Barock und Aufklärung, Hg. Alfried Wieczorek; Hansjörg Probst; Wieland Koenig, Bd. 1, Regensburg 1999, S. 63–72.

Ders.: Die kurfürstliche Residenz zu Mannheim, Worms 2006.

Wertz, Hubert Wolfgang: Schwetzingen. Der barocke Garten, in: Fürstliche Gartenlust. Historische Schlossgärten in Baden-Württemberg, Hg. Staatliche Schlösser und Gärten Baden-Württemberg, Stuttgart 2002.

Wiegand, Hermann: Zwei geistige Antipoden am Hof Carl Theodors – Voltaire und Desbillons, in: Lebenslust und Frömmigkeit. Kurfürst Carl Theodor (1724–1799) zwischen Barock und Aufklärung, Hg. Alfried Wieczorek; Hansjörg Probst; Wieland Koenig, Bd. 1, Regensburg 1999, S. 159–165.

Wiese, Wolfgang: Hofschreiner und Möbellieferanten in den Residenzen Mannheim und Schwetzingen, in: Katalog zur Ausstellung Möbel für den Fürstenhof, Karlsruhe 1994, S. 23–42.

Ders.: „Die churfürstlichen Zimmer sind schön". Zur Ausstattung des Mannheimer Schlosses im 18. und 19. Jahrhundert, in: Lebenslust und Frömmigkeit. Kurfürst Carl Theodor (1724–1799) zwischen Barock und Aufklärung, Hg. Alfried Wieczorek; Hansjörg Probst; Wieland Koenig, Bd. 1, Regensburg 1999, S. 57–62.

Ders.: Die Höchstseelige Churfürstin – Zum Tod von Elisabeth Augusta 1794, in: „Wir seynd dahier mitten in gröster Gala begriffen …". Band zum 300. Geburtstag von Kurfürstin Elisabeth Augusta von der Pfalz (1721–1794), Hg. Susan Richter; Wolfgang Schröck-Schmidt, Altlußheim 2021, S. 159 f.

Wieczorek, Alfried; Probst, Hansjörg; Koenig, Wieland (Hg.): Lebenslust und Frömmigkeit. Kurfürst Carl Theodor (1724–1799) zwischen Barock und Aufklärung, 2 Bde., Regensburg 1999.

Willson, Anthony Beckles: Mr Pope & Others at Cross Deep, Twickenham in the 18th Century, Twickenham 1996.

Wiltschko, Stefan: Schloß Heidelberg: Das Große Faß als Besuchermagnet. Nur noch „schöner Schein", in: Schlösser Baden-Württemberg, Quartalbeilage zu einer Teilauflage des Staatsanzeigers für Baden-Württemberg, Heft 1, Stuttgart 1999, S. 16 f.

Winkler, Iris: Giovanni Simone Mayr in Venedig, München, Salzburg 2003, (= Mayr-Studien, Bd. 4).

Dies.: Napoleons Traumrollen. Alexander und Trajan im Werk des Komponisten Giovanni Simone Mayr. Musik und Kulturpolitik im napoleonischen Venedig und Mailand, München, Salzburg 2014 (= Mayr-Studien, Bd. 7).

Witzleben, Hermann von; Vignau, Ilka von: Die Herzöge in Bayern. Von der Pfalz zum Tegernsee, München 1976.

Wolf, Georg Jacob: Das Kurfürstliche München 1620–1800. Zeitgenössische Dokumente und Bilder, München 1930.

Wolf, Jürgen Rainer: Gabriel Grupellos „Pyramide" auf dem Paradeplatz in Mannheim. Ein Düsseldorfer Gießprojekt aus dem Jahre 1705, in: Mannheimer Geschichtsblätter, N. F. Bd. 1, Sigmaringen 1994, S. 69–108.

Würtz, Roland: Die Organisation der Mannheimer Hofkapelle, in: Die Mannheimer Hofkapelle im Zeitalter Carl Theodors, Hg. Ludwig Finscher, Mannheim 1992, S. 37–48.

Wüst, Günther: Tausend Jahr Neckargemünd 988–1988. Beiträge zur Geschichte einer Neckartalgemeinde, Neckargemünd 1988.

Youmans, Edward Livingston: The Correlation and Conservation. A Series of Expositions, New York 1873.

Zacher, Inge: Der Oberbaudirektor en négligé. Die Porträts des Nicolas de Pigage, gemalt von Anna Dorothea Therbusch, in: Nicolas de Pigage 1723–1796. Architekt des Kurfürsten Carl Theodor. Zum 200. Todestag, Hg. Stadtmuseum Düsseldorf, Düsseldorf, Köln 1996, S. 113–118.

Dies.: Schloß Benrath und sein Park – Stand der Forschung, in: Nicolas de Pigage 1723–1796. Architekt des Kurfürsten Carl Theodor. Zum 200. Todestag, Hg. Stadtmuseum Düsseldorf, Düsseldorf, Köln 1996, S. 157–162.

Dies.; Bürger Joachim de: Die Stukkaturen in Schloß Benrath und ihre Restaurierung, in: Nicolas de Pigage 1723–1796. Architekt des Kurfürsten Carl Theodor. Zum 200. Todestag, Hg. Stadtmuseum Düsseldorf, Düsseldorf, Köln 1996, S. 170–174.

Dies.: Schloß und Park Benrath in Düsseldorf, 2. Aufl., Köln, Neuss 1998 (= Rheinische Kunststätten, Heft 14).

Dies.: Carl Theodor als Bauherr in Benrath, in: Lebenslust und Frömmigkeit. Kurfürst Carl Theodor (1724–1799) zwischen Barock und Aufklärung, Hg. Alfried Wieczorek; Hansjörg Probst; Wieland Koenig, Bd. 1, Regensburg 1999, S. 73–83.

Zedinger, Renate: Franz Stephan von Lothringen (1708–1765). Monarch – Manager – Mäzen, Wien, Köln, Weimar 2008 (= Schriftenreihe der Österreichischen Gesellschaft zur Erforschung des 18. Jahrhunderts, Hg. Wolfgang Schmale, Bd. 13).

Das Zeremoniell beim Empfang der Gesandten im kurfürstlichen Schloß, in: Mannheimer Geschichtsblätter, Heft 5 (1928), Sp. 116.

Ziehner, Ludwig: Zur Geschichte des kurpfälzischen Wollgewerbes im 17. und 18. Jahrhundert. Ein Beitrag zur Gewerbegeschichte des Merkantilismus, in: Vierteljahresschrift für Sozial- und Wirtschaftsgeschichte, Beiheft 22 zur Vierteljahresschrift für Sozial- und Wirtschaftsgeschichte, Stuttgart 1931, S. 146 f.

Zoller, Franz Carl: Geschichte und Denkwuerdigkeiten der Stadt Innsbruck und der umliegenden Gegend, Zweyter Theil, vom Kaiser Leopold I. an, bis zur Uebergabe Tirols an den König von Bayern, mit Berücksichtigung der gleichzeitigen Kriegs=Ereignisse, Innsbruck 1825.

Zschokke, Heinrich: Der baierischen Geschichte sechstes Buch. Beschluß, Aarau 1828.

Abbildungsnachweis

Benrath – Stiftung Schloss und Park, Fotos von Bernhard Graf: S. 47 (B 141), 92 unten, 93, 94;
Düsseldorf – Stadtmuseum, S. 211 (C 5049);
Frankenthal – Erkenbert-Museum, Fotos von Bernhard Graf: S. 124, 129 (G 530);
Heidelberg – Kurpfälzisches Museum, Fotos: Bernhard Graf: S. 20 (Sammlung Graimberg 1879, G 432), 38 links (Sammlung Graimberg 1879, G 19), 38 rechts (Sammlung Graimberg 1879, G 20), 97, 104 (Sammlung Graimberg 1879, G 1192), 105 (Sammlung Graimberg 1879, G 1191), 108 rechts (Sammlung Graimberg 1879, G 1194), 116 (Sammlung Graimberg 1879, G 1053), 117 (Sammlung Graimberg 1879, G 348), 128 (KMH Po 770), 153 (Sammlung Graimberg 1879, G 28), 173 rechts, 215 (Sammlung Graimberg 1879, G 40);
Mannheim – Reiss-Engelhorn-Museen: S. 14 (O 21), 17 links (RMM 1978/4), 32 (RMM 1966/2), 75 (1970/6), 120 (1988/21), 231 (O 452);
Mannheim – Staatliche Schlösser und Gärten Baden-Württemberg: Fotos von Bernhard Graf: S. 49, 60 oben, 60 unten, 61, 74;
München – Bayerisches Hauptstaatsarchiv, Fotos von Bernhard Graf: S. 200 (Kurbayern Hauptkassa 30);
München – Bayerisches Nationalmuseum, Fotos von Bernhard Graf: Cover (R 5783), S. 78 (Mu 172 und Mu 176), 108 links (D 17), 126 (L 49/34), 140 oben, 140 unten (R 3815.1), 157 (L 73/79), 210 (R 5802), 213 (T 4821);
München – Bildarchiv Bernhard Graf: S. 13, 18, 23, 25, 26, 34, 37, 52, 53, 54, 70 oben, 92 oben, 109, 119, 132, 141, 144, 147, 151, 152, 169 oben, 169 unten, 178, 179, 181, 185, 189, 192, 196, 198, 214, 218, 219, 230;
München – Museum Fünf Kontinente, Foto von Achim Bunz: S. 195;
München – Staatliche Münzsammlung, Fotos von Bernhard Graf: S. 172 oben, 172 unten;
Neuburg an der Donau – Schlossverwaltung, Foto: Bernhard Graf: S. 35, 161;
Public domain: S. 17 rechts, 28, 42, 133, 149, 160, 165, 167, 173 links;
Schwetzingen – Staatliche Schlösser und Gärten Baden-Württemberg, Fotos von Bernhard Graf: S. 70 unten, 71, 79, 81, 82, 89;
Sulzbach-Rosenberg – Stadtmuseum, Foto von Bernhard Graf: S. 29 (Depot);

Inventarnummern in Klammern

Dank

Diese Publikation hätte ohne die intensive Zusammenarbeit mit Archiven, Bibliotheken, Institutionen, Wissenschaftlern und Kuratoren nicht entstehen können.

Vor allem danke ich S.K.H. Franz Herzog von Bayern und S.K.H Max Emanuel Herzog in Bayern, die mich auf mehrfache Art und Weise unterstützt und wertvolle Hinweise gegeben haben. Ohne deren Hilfe wäre die Drucklegung dieses Buches nicht möglich gewesen. Zusätzlich bin ich Herrn Wolfgang Preuss, dem BR-Redaktionsleiter von „Wir in Bayern", zu großem Dank verpflichtet, der mich anregt hat, aus meiner alten Filmdokumentation „Herr der sieben Länder. Kurfürst Carl Theodor von Baiern und der Pfalz" (1999) anlässlich des 300. Geburtstagsjubiläums ein Remake zu gestalten: „Kurfürst Carl Theodor von Pfalz-Bayern. Des Glückes Wunder" (2024). Damit eröffnete sich die Möglichkeit, die Wirkstätten des Protagonisten nochmals vor Ort zu besuchen, aktuell zu fotografieren und zu filmen. Darüber hinaus gab es viele weitere Personen, die mich mit ihrem Wissen großzügig informiert, mit ihren Beständen erheblich bereichert und mir den Zugang zu Schlössern, Gärten und Sammlungen ermöglicht haben:

- Jost Albert, Gartendirektor der Bayerischen Verwaltung der staatlichen Schlösser, Gärten und Seen, München
- Dr. Susanne Anna, Direktorin des Stadtmuseums, Düsseldorf
- Dorothea Band M.A., Leiterin der Presseabteilung des Bayerischen Nationalmuseums, München
- Beatrix Bastl, Direktorin der Bibliothek und des Archivs der Akademie der Bildenden Künste, Wien
- Dr. Klaus J. Becker, stellvertretender Archivleiter des Stadtarchivs, Ludwigshafen
- Toni Beer, Direktor, Biergarten am Chinesischen Turm, München
- Clarissa Bluhm M.A., Presse- und Öffentlichkeitsarbeit Museum Fünf Kontinente, München
- Dr. Peter Blum, leitender Archivdirektor des Stadtarchivs, Heidelberg
- Achim Bunz, photography, München
- Dr. Egon von Ellrichshausen-Rothenburg, Präsident der Habsburger Stiftung, Linz
- Thomas Greinwald, Garmisch-Partenkirchen
- S.K.K.H. Erzherzog Markus von Habsburg-Lothringen, Bad Ischl
- Dr. Johannes-Geert Hagmann, stellvertretender Bereichsleiter Ausstellungen, Sammlungen, Deutsches Museum, München
- Johannes Hartmann, Stadtarchivar, Sulzbach-Rosenberg
- Prof. Dr. Frieder Hepp, Direktor des Kurpfälzischen Museums, Heidelberg
- Dr. Gerhard Immler, Leiter des Geheimen Hausarchivs, München
- Hofrat Mag. Thomas Just, Direktor des Haus-, Hof- und Staatsarchivs, Wien
- Dr. Frank Matthias Kammel, Generaldirektor des Bayerischen Nationalmuseums, München
- Sven-Patric Klameth, Referent des Englischen Gartens, Bayerische Verwaltung der staatlichen Schlösser, Gärten und Seen, München
- Sigrid Kleinbongartz M.A., stellvertretende Direktorin des Stadtmuseums, Düsseldorf
- Thomas Köster, Verwaltungsvorstand des Englischen Gartens, München
- Dr. Tanja Kohwagner-Nikolai als Referentin für das Schloss Neuburg, Bayerische Verwaltung der staatlichen Schlösser, Gärten und Seen, München
- Herbert Kraft, München
- Andreas Krock M.A., Sammlungsleiter der Gemälde, Grafiken und Skulpturen der Reiss-Engelhorn-Museen, Mannheim
- Dr. Brigitte Langner, Museumsdirektorin der Bayerischen Verwaltung staatlicher Schlösser, Gärten und Seen
- Tanja Lorenz, stellvertretende Leiterin der Schlossverwaltung, Schwetzingen

- Herbert Mader, Stadtpfarrer der katholischen Pfarrei St. Marien, Sulzbach-Rosenberg
- Lisa Maier-Bode, Presseabteilung der Stiftung Schloss und Park Benrath, Düsseldorf
- Sonja Menold, Leiterin der Schlossverwaltung, Mannheim
- Sandra Moritz, Leiterin der Schlossverwaltung, Schwetzingen
- Dr. Peter Müller, Abteilungsleiter des Staatsarchivs, Ludwigsburg
- Dr. Bärbel Pelker, Heidelberger Akademie der Wissenschaften, Forschungsstelle Mannheimer Hofkapelle, Heidelberg
- Marcell Perse, Museum Zitadelle, Jülich
- Birgit Reitberger, Leiterin der Schlossverwaltung, Neuburg an der Donau
- Bernd Rogge, technischer Leiter und stellvertretender Verwaltungsvorstand des Englischen Gartens, München
- Bernd Schreiber, Präsident der Bayerischen Verwaltung staatlicher Schlösser, Gärten und Seen
- Birgit Schröck-Schmidt, stellvertretende Leiterin der Schlossverwaltung, Mannheim
- Dr. Angelika Schuster-Fox, Kuratorin des Bayerischen Nationalmuseums, München
- Annina Seele M.A., Kommunikation und Marketing, Kurpfälzisches Museum, Heidelberg
- Dana Staus, Stiftung Schloss und Park Benrath, Düsseldorf
- Dr. Harald Stockert, Direktor des Marchivums, Mannheim
- Dr. Karin Tebbe, stellvertretende Direktorin des Kurpfälzischen Museums, Heidelberg
- Dr. Ralf Wagner, Konservator des Schlosses und der Gartenarchitekturen von Schwetzingen, Bruchsal und der Großherzoglichen Grabkapelle, Karlsruhe
- Dr. Thomas Weidner, stellvertretender Direktor des Stadtmuseums, München
- Dr. Maria Lucia Weigel, Leiterin des Erkenbert-Museums, Frankenthal
- Dr. Elisabeth Weinberger, Leiterin der Abteilung II des Bayerischen Hauptstaatsarchivs, München
- Dr. Andrea Wettmann, Direktorin des Staatsarchivs, Dresden
- Edith Zimmermann, Leiterin des Stadtmuseums, Sulzbach-Rosenberg